Ministère de la Jeunesse, de l'Éducation nationale et de la Recherche

ONL
Observatoire National de la Lecture

LE MANUEL DE LECTURE AU CP

Réflexions, analyses et critères de choix

Ouvrage collectif dirigé par :
Bruno Germain
Isabelle le Guay, Nadine Robert

Avec la collaboration de :
Alain Bentolila, Jacques David, Marie-Carmen Dupuy, Michel Fayol, Claudine Garcia Debanc, Jean Hébrard, Isabelle Jalabert, Francis Marcoin, José Morais, Martine Rémond
Membres du comité scientifique de l'ONL

Alain Choppin, Hervé Duchauffour, Raymond Le Loch, Jean-Marc Muroni, Monique Touzin

Michèle Thaurel-Richard,
Chargée d'étude à la Direction de l'évaluation et de la prospective, DEP

scérén [CNDP]

SAVOIR LIVRE

En 1985, six éditeurs réfléchissant ensemble à l'avenir du système éducatif – dont ils sont des acteurs et des observateurs attentifs – et à la place du livre et des autres supports pédagogiques ont créé l'association Savoir Livre. Il s'agit des éditeurs : BELIN, BORDAS, HACHETTE, HATIER, MAGNARD, NATHAN. Savoir Livre a l'ambition de susciter études et rencontres sur l'éducation et les moyens pédagogiques, de participer au débat social sur l'accès à la lecture et à la culture, enfin, de développer et faire connaître toutes les initiatives qui tendent à former mieux et plus les citoyens du monde. À ce titre, Savoir Livre publie certains ouvrages spécialisés (catalogue sur demande au siège de l'Association : 40, rue Grégoire-de-Tours 75006 Paris).

Couverture : Grégoire Bourdin Maquette : Alain Cianci Mise en pages : Claire Masella

ISBN CNDP : 2 240 01290 0, ISBN SAVOIR LIVRE : 2 907 29622 1, ISBN HATIER : 2 218 74566 6

Sommaire

Deuxième partie

Préface

L'année du cours préparatoire est cruciale dans la mesure où elle détermine une grande part du destin non seulement scolaire, mais aussi personnel, des enfants. Dans l'apprentissage de la lecture et de l'écriture au cycle 2, même si celui-ci commence en grande section de maternelle et se poursuit au CE1, le CP constitue l'étape décisive. Or l'échec en ce domaine a de graves conséquences. D'abord parce qu'il sera difficilement rattrapable au cycle 3 : on sait que le "noyau dur" des élèves qui ne maîtrisent pas la lecture ni l'écriture émerge dès le début de l'école primaire et que l'on retrouve la même proportion d'élèves en échec à l'occasion des évaluations de CE2 et de 6e. De ces difficultés découlent de surcroît celles qui se rencontreront dans les autres disciplines : l'échec dans l'apprentissage de la lecture peut sans aucun doute être considéré comme la matrice de nombreux échecs ultérieurs. Nous devons en outre avoir conscience du drame intime que connaissent les enfants qui ne parviennent pas à franchir l'obstacle : ils éprouvent – pour la première fois peut-être, et à un âge où ils sont encore volontiers conformistes – le sentiment d'avoir raté une marche et de ne pas être tout à fait "comme les autres".

Ce sont ces raisons qui m'ont conduit à faire de la prévention de l'illettrisme la priorité absolue de l'action du ministère. Derrière les lacunes de notre système il faut voir sans doute, davantage qu'un problème de méthodes, l'effet d'un "désamour" de la société pour la langue. Notre culture valorise l'innovation au détriment de la tradition, et l'expression de la subjectivité aux dépens du respect des normes. Or la langue est un héritage – aucun d'entre nous ne l'a inventée –, et son apprentissage, celui de l'orthographe et de la syntaxe, est par essence normatif. La séduction qu'ont pu exercer les activités encourageant la spontanéité et l'expression de soi a conduit à relativiser la place de l'apprentissage de la lecture et de l'écriture dans les enseignements, et à diminuer le temps qui leur était consacré. Ces dernières années, l'horaire réservé à ces apprentissages pouvait varier, d'une classe à une autre, dans une proportion de 1 à 5.

Il fallait donc rectifier le tir, ce à quoi j'ai commencé à m'employer dès avant d'être ministre, lorsque j'étais président du Conseil national des programmes. J'avais alors, par exemple, fortement soutenu le projet d'introduire, pour la première fois à l'école primaire, un programme de littérature. Il apparaît dans les nouveaux programmes – en vigueur depuis la rentrée 2002 –, au sein desquels j'ai également souhaité voir figurer un encadré précisant le temps quotidien qui doit être consacré à la lecture et à l'écriture. J'entends aujourd'hui veiller, en mobilisant en ce sens les inspecteurs, au respect scrupuleux de ces consignes. Des mesures importantes sont d'autre part mises en œuvre dès cette année : la diffusion d'un livret – *Lire au CP* – ambitionne d'apporter aux maîtres une aide afin de mieux repérer et résoudre les principales difficultés dans l'apprentissage de la lecture et de l'écriture ; la mise en place pour deux ans (2002-2004), dans une dizaine d'académies différentes, d'une centaine de cours préparatoires à dix élèves permettra d'expérimenter les effets d'une réduction d'effectifs, ciblée, mais massive ; les centres vacances et de loisirs ont commencé à proposer aux enfants des activités originales destinées à faire découvrir et aimer la lecture ; une évaluation des modes d'utilisation des supports multimédias est en cours, qui devrait conduire à valider de nouvelles pratiques pédagogiques pour l'apprentissage de la lecture.

Toutes les volontés et les compétences doivent être mobilisées pour répondre au défi auquel nous devons impérativement faire face : faire reculer l'illettrisme. Il faudra notamment que les IUFM prennent davantage en compte cette priorité, de sorte que les futurs maîtres soient mieux éclairés sur les méthodes d'apprentissage de la lecture. Dans cette perspective, les travaux effectués depuis quelques années par l'ONL s'avèrent particulièrement riches et utiles, d'autant que celui-ci s'attache aujourd'hui à faire valoir les implications de ses analyses sur les aspects les plus concrets de la pédagogie.

L'autonomie des maîtres est bien entendu indispensable, mais il faut les aider à se repérer au sein de la diversité des méthodes et des outils qui sont à leur disposition. D'où l'intérêt de cet ouvrage qui se propose d'examiner les manuels de lecture au CP, de manière à procéder à une clarification de la méthodologie susceptible de faciliter la progression des apprentis lecteurs – à un stade de la scolarité qui est, comme je l'ai dit, décisif pour l'histoire scolaire et personnelle des enfants. L'ouvrage signale opportunément l'enjeu des choix pédagogiques qui doivent être faits : l'apprentissage de la lecture et de l'écriture exige l'application continue et réfléchie d'une méthode qui puisse guider l'enfant dans sa progression. Le rôle des manuels est à cet égard essentiel, sans pour autant annuler l'autonomie du maître, lequel doit s'efforcer de connaître les caractéristiques de l'outil qu'il a choisi et en concevoir le meilleur usage possible. L'éclairage comparatif proposé ici est de ce point de vue à la fois pertinent et utile.

Je voudrais en outre rappeler que les nouveaux programmes donnent des orientations en matière de méthode. Ils précisent, chaque fois que possible, l'ordre des apprentissages qu'il faut respecter, quelle que soit la méthode choisie, pour assurer le progrès de tous les élèves. Ils mettent l'accent, par exemple, sur la nécessité de faire découvrir assez tôt le principe alphabétique (correspondance des sons et des lettres, ou, pour mieux dire, des "phonèmes"et des "graphèmes"), et indiquent les principales compétences techniques que les élèves doivent exercer pour pouvoir "déchiffrer", puis lire de manière courante. Ils insistent aussi sur l'importance de la lecture (dans un premier temps la lecture à haute voix par le maître) et la discussion de textes littéraires, de manière à ce que le plaisir du sens partagé accompagne et demeure toujours l'horizon des efforts de "déchiffrage" imposés aux enfants. C'est bien entendu à l'art des maîtres que revient la tâche délicate de réaliser l'équilibre entre le travail, pénible parce que non naturel, auquel il faut astreindre les enfants pour les faire entrer dans le monde de l'écrit, et la communication du plaisir de lire qui en constitue la finalité.

Luc Ferry
Ministre de la Jeunesse, de l'Éducation nationale et de la Recherche

Avant-propos

On ne s'étonnera pas que l'Observatoire national de la lecture se soit saisi de l'étude, délicate et complexe, des manuels de lecture au cours préparatoire. L'Observatoire se place ainsi, de nouveau, au croisement des recherches sur la lecture et de la pratique en classe ; il poursuit sa mission d'accompagnement et d'aide des formateurs et enseignants en matière de lecture et de son apprentissage.

Cet ouvrage s'inscrit dans le plan de prévention de l'illettrisme, tel que le ministre Luc Ferry l'a défini ; il prolonge une précédente publication de l'ONL *Apprendre à lire, au cycle 2* (1998). Il doit permettre de mieux choisir et d'utiliser avec pertinence les manuels de lecture en classe de CP, en vue d'un apprentissage bien maîtrisé du lire/écrire, dès l'entrée à l'école élémentaire.

Cette étude a été réalisée grâce à une excellente collaboration avec la Direction de l'évaluation et de la prospective, pour l'ensemble des traitements statistiques.

Il s'agit d'une publication collective. Je tiens toutefois à remercier particulièrement Bruno Germain qui a dirigé ce travail, lequel lui doit beaucoup, les auteurs et les membres du comité scientifique de l'ONL qui y ont collaboré, ainsi qu'Isabelle Mazel, secrétaire générale, et Daniel Dubois, inspecteur général honoraire de l'Éducation nationale, pour leur relecture critique et constructive.

Les recommandations proposées en fin d'ouvrage devraient permettre à chaque enseignant d'approfondir et d'éclairer sa connaissance des manuels de lecture de CP ; elles seront d'autant mieux mises en œuvre que le reste de l'ouvrage aura été exploré avec attention.

Bernard Cerquiglini
Président de l'Observatoire national de la lecture

Présentation de l'ouvrage

Bruno Germain, *Chargé de mission à l'ONL*

Les manuels scolaires, plus particulièrement ceux qui se proposent d'être les supports de l'apprentissage de la lecture en cours préparatoire, deuxième année du cycle 2 de l'enseignement primaire, sont des outils essentiels mis à la disposition des professeur(e)s des écoles et des élèves.
Néanmoins, diverses études sur les pratiques[1] des enseignants montrent qu'ils n'ont pas toujours une vision précise des manuels. Ils les choisissent sur des critères extrêmement variés et personnels, ne savent pas toujours ce qu'ils sous-tendent comme procédures théoriques d'apprentissage, et enfin les utilisent de diverses manières en fonction de leurs attentes, de leur expérience de classe et des autres outils dont ils disposent. Ceci est très sensiblement vrai pour les ouvrages de lecture de CP.

S'intéresser à l'étude de ces manuels n'est pas chose aisée. L'ONL s'est attaché à observer précisément ce qu'ils sont (leurs contenus et progressions) et ce qu'ils "font" (l'apprentissage qu'ils engagent).

Les publications de manuels sont abondantes – plus de cent trente titres – chacune comportant le livre de l'élève, des cahiers d'activités, un livre du maître, accompagnés souvent de cahiers d'écriture, d'albums, d'affiches, de fiches, de cédéroms ou de cassettes audio ou vidéo, etc. La variété des présentations cache parfois artificiellement une grande proximité de méthodes sous-jacentes, génériquement regroupées, le plus souvent, sous le terme de "méthodes mixtes", aux contours mal définis.

L'ONL a cherché à distinguer le plus objectivement possible les manuels entre eux, sans en faire un palmarès, afin d'éclairer les caractéristiques réelles de chacun, à partir de critères d'apprentissage et de contenus distinctifs et pertinents. Nous espérons ainsi apporter une double aide aux enseignants :
– une meilleure connaissance des spécificités de l'apprentissage mis en œuvre dans les manuels. En repérant ce sur quoi insistent ces manuels et ce qu'ils négligent, les praticiens pourront les mettre en œuvre dans de meilleurs conditions ;
– les moyens d'étudier et de choisir un manuel de manière raisonnée et construite.

1 Métoudi M., Duchauffour H. (2001), *Des manuels et des maîtres*, Les cahiers, Paris, Savoir Livre.

2 Direction de la Programmation et du Développement – DPD (1999), Responsable du numéro : Michèle Thaurel-Richard, L'enseignement de la lecture au CP et au CE1, *Les dossiers*, n° 106, Paris.

Cet ouvrage se présente en deux parties.
La première partie est l'occasion de faire un état des lieux sur la place du manuel dans l'enseignement, d'une part, et sur l'état des connaissances scientifiques en matière d'apprentissage de la lecture, particulièrement en CP, d'autre part.
En effet, l'apprentissage de la lecture est homogène dans son objet et hétérogène et multiple dans les approches pluridisciplinaires qui l'éclairent. Plusieurs auteurs, principalement membres de l'ONL, ont donc contribué à approfondir certains aspects importants de l'entrée dans l'écrit, à travers les dimensions psychologiques, linguistiques, sociales et littéraires.

L'étude analytique et comparative de quelques manuels de lecture, que nous avons choisi de présenter dans la seconde partie de l'ouvrage, cherche à montrer les caractéristiques majeures qui peuvent aujourd'hui engager diversement l'apprentissage de la lecture dans ces supports.

L'ouvrage se conclut sur la proposition d'un guide d'observation des manuels de lecture, à destination des enseignants, qui permettra d'appliquer notre démarche de travail à de nouvelles publications. L'ONL poursuivra, par ailleurs, l'analyse méthodique de nouveautés, dont il présentera régulièrement les résultats sur son site Internet, www.inrp.fr/onl.

L'Observatoire national de la lecture s'appuie sur des positions théoriques précises et sur l'ensemble de ses recommandations pour le cycle 2. Afin de mieux éclairer chacun, il prend en compte les nouveaux programmes et se fait l'écho de la diversité des points de vue.

LES MANUELS ET LEURS USAGES

Les manuels occupent une place importante dans les apprentissages, autant pour les élèves que pour les enseignants et les parents. On imagine mal qu'un professeur travaille sans outils et sans supports. Le maître doit choisir parmi ceux qui existent, mais il doit savoir les utiliser et les prolonger lorsque c'est opportun. C'est cette représentation de l'objet et de ses usages qui est évoquée dans un premier temps.

Former les enseignants au choix et à l'utilisation de leurs manuels, histoire et actualité

Alain Choppin, *Chercheur à l'INRP*

Quand, dans les premières années de la Révolution, les Conventionnels s'attachèrent à fonder un système d'enseignement national, ils virent dans les manuels scolaires – les livres élémentaires, comme on les désignait alors – la solution la plus appropriée pour remédier au manque de formation dont souffraient ceux qui faisaient alors profession de maîtres d'école.
Tenus de n'utiliser que les ouvrages prescrits par la représentation nationale[3] ou, par la suite, sélectionnés par des commissions d'examen, les enseignants se trouvaient réduits au psittacisme : c'est ce qu'illustre fort bien le succès que connurent tout au long du XIXe siècle les manuels "par demandes et par réponses" qui, à l'imitation des catéchismes[4], réduisaient l'activité du maître comme celle de l'élève à la mémorisation et à la répétition d'un discours préétabli, morcelé et, par conséquent, qui n'est pas toujours intelligible. C'est alors le manuel, et non l'enseignant, qui est au centre du dispositif d'apprentissage, comme le déclare Lakanal aux parlementaires : « *les colonnes qui doivent supporter l'édifice de l'éducation sont les livres élémentaires* »[5].

Il va falloir près d'un siècle pour que ce rapport s'inverse. Si, en 1837, le ministre Salvandy considère encore que « *le choix de ces ouvrages ne saurait être abandonné sans direction à la volonté des instituteurs* »[6], Ferdinand Buisson conclut le rapport sur les livres de classe qu'il adresse en novembre 1879 au ministre Ferry en affirmant qu'« *il y aurait de graves inconvénients à vouloir imposer aux maîtres leurs instruments d'étude, et [qu']il n'y en a aucun à leur laisser librement indiquer ceux qu'ils préfèrent* »[7]. Ce revirement des autorités qui conduira à confier aux enseignants des divers niveaux le libre choix de leurs outils[8] est l'aboutissement d'un long processus ; il résulte pour une grande part des progrès réalisés depuis les premières années de la monarchie de Juillet dans le domaine de la formation des maîtres (extension du réseau des écoles normales, développement du rôle de l'inspection primaire

3 Décret du 29 frimaire an II, dit Décret Bouquier (19 décembre 1793).

4 Si la structure de l'ouvrage était conservée, le message originel était à l'évidence détourné dans un sens conforme aux objectifs des révolutionnaires, comme en témoignent des titres tels que Catéchisme républicain, Catéchisme du citoyen, Catéchisme de la raison, etc.

5 Rapport de Lakanal sur le projet de décret relatif aux livres élémentaires (13 juin 1793).

6 Circulaire du 22 juin 1837.

7 Rapport du ministre du 6 novembre 1879.

8 Arrêté du 16 juin 1880 et circulaire du 10 décembre 1881.

et, plus tardivement, instauration de conférences pédagogiques) ; il témoigne aussi de l'enthousiasme qui prévaut alors pour tout ce qui touche aux questions d'éducation.

L'objectif affiché par Jules Ferry est « *de faire abandonner volontairement par les intéressés les deux sortes de mauvais livres dont il faut que nos écoles se défassent : – d'une part, le livre vieilli, hérissé d'abstractions et de termes techniques, (...) faisait (...) de la lecture, de cette lecture courante qui devrait être l'âme de la classe, un insipide exercice mécanique ; – d'autre part, le livre trop commode, où le maître trouve sa leçon toute faite, questions et réponses, devoirs et exercices, le livre qui dispense le maître d'expliquer et l'élève de comprendre, en substituant à l'imprévu de la classe parlée et vivante les recettes de l'enseignement automatique* »[9].

Mais la question n'est pas seulement liée au choix des ouvrages ; elle tient aussi à leurs usages. « *Ce qui importe, ce n'est pas l'action du livre, c'est la vôtre* », écrit en 1883 Jules Ferry aux instituteurs et institutrices publics, et de poursuivre : « *Le livre est fait pour vous et non vous pour le livre. (...) Vous pouvez vous réserver de choisir vous-même, dans différents auteurs, des extraits destinés à être lus, dictés, appris.* ***Il est juste que vous ayez à cet égard autant de liberté que vous avez de responsabilité***[10] »[11].

Mais, paradoxalement, jusqu'à la fin des années 1950, enquêtes et rapports d'inspection signalent régulièrement que les pratiques d'une grande partie des enseignants s'accordent bien peu avec les attentes de l'administration. Les choix sont souvent malheureux, comme le dénonce en 1900 le ministre Leygues : « *Si le nombre des livres scolaires n'a cessé de s'accroître, ce ne sont pas toujours les meilleurs qu'on trouve entre les mains des élèves* »[12] ; des usages aussi trop peu critiques, ce que reflètent des formulations telles que : « *Que le maître ne soit jamais l'esclave du livre !* » (1886)[13], ou encore « *échapper au servage étroit du manuel* » (1957)[14]. La formation des enseignants n'est cependant pas alors remise en cause ; c'est sur le manuel, jugé trop directif, trop contraignant que se focalisent pendant plus d'un demi-siècle les débats : « *Les manuels sont un moyen d'abrutissement. Ils servent, bassement parfois, les programmes officiels* »[15]. Les éditeurs, périodiquement mis en cause, arguent qu'ils ne font que suivre les instructions officielles et se conformer aux attentes de leurs clients et prescripteurs, les enseignants eux-mêmes.

9 Circulaire aux recteurs du 7 octobre 1880.
10 Mis en relief par mes soins.
11 Circulaire aux instituteurs et institutrices publics du 17 novembre 1883.
12 Circulaire du 16 février 1900.
13 F. Buisson. *Dictionnaire de pédagogie et d'instruction primaire*, 1886.
14 Instructions du 1er octobre 1957.
15 Élise Freinet. Naissance d'une pédagogie populaire. Paris : Maspero, 1969.

L'École connaît, dans les années 1970, un profond bouleversement : la poussée démographique et la démocratisation de l'enseignement amorcée au début de la décennie précédente aboutissent à la création du collège unique (loi Haby, 1975) qui, en supprimant les filières, entraîne l'hétérogénéité des populations scolarisées. Par ailleurs, l'accélération des évolutions sociales tend à multiplier les attentes vis-à-vis de l'institution scolaire et suscite l'apparition de nouvelles méthodes, avec le primat de l'expression orale, le développement des travaux de groupe, des activités documentaires et le recours de plus en plus fréquent à d'autres supports. On assiste alors, notamment dans le primaire, à une désaffection progressive pour le manuel que plusieurs facteurs viennent renforcer : un environnement pédagogique qui, en réaction avec l'enseignement traditionnel, tend à privilégier l'exploitation de documents bruts et l'élaboration d'instruments personnels ; un recours de plus en plus fréquent à la reprographie que les progrès techniques rendent chaque jour plus simple et plus rapide ; la pénurie de manuels qui gagne un nombre croissant d'écoles élémentaires.

Ces transformations touchent au statut même du manuel : la place accordée à l'exposé des connaissances est considérablement réduite au profit des documents, des activités et des exercices, ce qui provoque un transfert, plus ou moins marqué suivant les disciplines et les niveaux, des savoirs depuis le manuel vers le maître. Elles concernent aussi sa structure : à l'organisation linéaire, séquentielle des manuels traditionnels se substitue une structure éclatée, morcelée, où chaque élément tire sa fonction spécifique, récurrente et immuable, de sa disposition dans l'espace de la page, de ses particularités typographiques (polices, corps, graisses, tramés…) ou de ses attributs pictogrammiques (symboles, codes couleurs).

Mais elles modifient aussi le rôle de l'enseignant qui, dans un tel contexte, devient le moteur principal de l'ouvrage : c'est à lui qu'il appartient désormais, en fonction des objectifs qu'il s'est fixés et du public auquel il s'adresse, d'élaborer – ou de faire élaborer – une cohérence entre ces éléments disjoints, de définir un itinéraire de lecture parmi une multitude de possibles, en apportant des compléments de connaissances ou en recourant, s'il le juge opportun, à d'autres supports.
Les manuels modernes ne se prêtent pas à un usage exclusif, et encore moins servile : leur utilisation exige des enseignants qu'ils mettent en œuvre des compétences nouvelles ; elle suppose également qu'ils adoptent une attitude autonome et donc beaucoup plus critique face à un objet dont le poids symbolique reste très fort. Il faut "désacraliser" un outil qui, en dépit d'une longue tradition, n'est qu'un outil d'apprentissage parmi d'autres : il faut apprendre à déstructurer, à recomposer, à détourner le manuel de son usage prédéfini pour l'adapter à ses objectifs et à son public.

Depuis quelques années, le discours sur les manuels en France – mais aussi dans quelques pays voisins[16] – a considérablement évolué : de critique – même si le sujet reste propice à la polémique –, il s'est fait plus constructif et une intense réflexion s'est engagée sur la nature, le statut et les usages des manuels[17]. Les évolutions qu'ont connues et sont appelés à connaître le manuel et les supports pédagogiques renvoient – enfin ! – à la formation des enseignants au choix et à l'utilisation de leurs outils, une formation qui intégrerait, dans la diversité et la complémentarité de leurs usages, technologies nouvelles et supports plus traditionnels.
On admet ainsi aujourd'hui qu'un enseignant, comme tout professionnel, ne doit pas s'interdire de recourir aux outils traditionnels comme aux technologies nouvelles dont il peut disposer. La liberté de l'enseignant réside autant dans la variété de l'offre éditoriale que dans la diversité des applications pédagogiques, dont le choix relève de sa responsabilité.

Ces dernières années, dans certains IUFM, souvent avec le concours de l'INRP et/ou des milieux professionnels, on voit se multiplier des actions qui proposent aux enseignants des informations factuelles sur l'objet manuel et qui les invitent à développer une attitude autonome et critique face au choix et à l'utilisation de leurs outils d'enseignement. Qu'elles consistent en l'élaboration d'instruments d'évaluation, une réflexion de nature didactique, historique ou éditoriale, ces initiatives se sont trouvées en quelque sorte légitimées par les conclusions de l'enquête nationale conduite en 1998 par l'Inspection générale de l'Éducation nationale sur l'utilisation des manuels scolaires[18]. Le rapport remis au ministre constate la complexité et l'instrumentalisation croissante des livres de classe et, par voie de conséquence, la place restreinte qui y est désormais accordée aux connaissances ; il

16 Notamment en Belgique où s'est tenue en août 1999 à Liège une université d'été qui avait pour thème : « Les manuels scolaires : le retour » et au cours de laquelle a été fortement affirmée la nécessité de former les enseignants au choix et à l'utilisation des manuels.

17 En témoignent toute une série de manifestations récentes : Colloque « Enseigner le français avec ou sans manuels ». Saint-Lô, 24-26 octobre 1996 ; Colloque « Les manuels scolaires », Reims, 9 mars 1998 ; Colloque « Les contenus d'enseignement en question ». Saint-Brieuc, 24-25 mars 1999 ; Colloque « Le Livre à l'école du XXIe siècle », Blois, 10-12 mai 1999 ; Colloque « Livre @ Internet », Paris, 6 octobre 1999. Citons aussi plusieurs revues spécialisées qui ont consacré ces dernières années un dossier, souvent très documenté, à la question des manuels : *Argos*, 20 (décembre 1997) ; *Enseignants Magazine*, 7 (avril 1998) ; *Cahiers pédagogiques pour l'enseignement du second degré*, 369 (décembre 1998) ; *Échanges*, 38 (mai 1999) ; *Page des libraires Éducation* (mai 2000).

18 France : ministère de l'Éducation nationale, de la Recherche et de la Technologie. Rapport de l'Inspection générale 1999. Paris : la Documentation française, 1999. Chapitre 2 : le manuel scolaire, p. 59-100.

dénonce des ouvrages "paradoxalement trop adaptés aux pratiques" et trop proches, dans leur structure comme dans leurs finalités, des moyens modernes d'information et de communication ; il recommande, *in fine*, **que le manuel redevienne un livre de lecture et de référence**.

L'Inspection générale de conclure ses recommandations par cette formule « ***Une redéfinition du manuel suppose, en amont, une formation des enseignants***[19] ».

Ainsi, la complexité des manuels récents, mais aussi l'usage substitutif, alternatif ou complémentaire d'autres supports militent-ils pour une formation générique et globale des enseignants au choix et à l'utilisation de leurs outils, indispensable à l'exercice même de leur métier.

19 Mis en relief par mes soins.

Utiliser une méthode de lecture, une pratique entre amour et haine

Hervé Duchauffour, *Chargé de la formation et de la recherche à l'IUFM de Paris*

Les instructions officielles de 2002 insistent sur le fait que l'apprentissage de la lecture doit s'amorcer en grande section de maternelle (ce qui était déjà proposé en 1995[20]) pour se poursuivre jusqu'au cycle 3[21]. Elles préconisent par ailleurs un bain de lecture dès l'entrée en maternelle continué tout au long de la scolarité. Cependant l'année du cours préparatoire, le CP, focalise toutes les attentions. C'est l'année de l'apprentissage systématique de la lecture, celle où se joue bien (trop) souvent encore la future scolarité de l'enfant[22]. Pour ce faire, les maîtres adoptent des méthodes différentes[23] au fil des courants théoriques. Les plus hardis ont tout tenté, de la syllabique à la méthode globale et toutes les variantes entre ces deux extrêmes, jouant aussi tour à tour de la lecture silencieuse et de la lecture à haute voix, utilisant ou abandonnant les méthodes d'apprentissage. Pour en savoir plus sur les choix et les usages des manuels scolaires, des enseignants ont été interrogés. Parmi eux, des maîtres de CP ont raconté comment au quotidien ils utilisaient les méthodes de lecture[24]. L'analyse de ces entretiens nous permet de présenter ici quelques éléments forts, photographie de certaines représentations et pratiques.

Les maîtres de CP, comme beaucoup d'autres maîtres, ne dérogent pas à la règle quand il s'agit de commenter les manuels utilisés[25]. La première réaction est toujours empreinte

20 « Initiation à la culture écrite », p. 23, *Programmes de l'école primaire*, 1995, MEN, CNDP.

21 Dans ces programmes *(op. cit.)*, « L'apprentissage de la lecture» est une rubrique qui préconise la poursuite du travail amorcé à la maternelle pour le cycle 2 (p. 44). « Lecture » est une rubrique qui invite à « compléter les apprentissages du cycle précédent » pour le cycle 3 (p. 57-58).

22 De nombreuses études montrent que les élèves maintenus au CP ont peu de chances de poursuivre leur scolarité jusqu'au baccalauréat. En référence : Crahay M., 1996, *Peut-on lutter contre l'échec scolaire ?*, Bruxelles, De Bœck.

23 Les instructions *(op. cit.)* rappellent qu'il n'y a pas « de méthode imposée d'apprentissage de la lecture. Toute méthode peut être utilisée à condition que son efficacité soit démontrée et qu'elle réponde aux besoins et aux possibilités des élèves » (p. 45).

24 Les entretiens ont été menés à l'occasion d'une recherche plus générale sur le choix et l'utilisation des manuels scolaires à l'école élémentaire. Les résultats de cette étude ont fait l'objet d'une publication : Métoudi M., Duchauffour H., 2001, *Des manuels et des maîtres*, Paris, Les cahiers de Savoir Livre, diffusion Belin.

25 Dans cette étude, les maîtres interrogés ont vu leur classe équipée gracieusement par les éditeurs en manuels scolaires *via* l'association Savoir Livre. Ils ont eux-mêmes choisi les ouvrages ; certains enseignants ont fait le choix de nouvelles méthodes, d'autres ont préféré s'en tenir à une méthode déjà connue d'eux.

de suspicion. Les enseignants *a priori* n'apprécient guère les manuels. Ils déclarent pouvoir travailler sans livre de lecture, et ils justifient cette position de multiples façons. La contradiction interne des arguments énoncés fait s'interroger : avancent-ils de véritables raisons résultant de l'expérience ou d'une analyse ? Mettent-ils en avant des arguties pour se conformer à une mode ? Le contenu des manuels est jugé trop peu riche : « *Je crois que le livre ne peut pas tout apporter. On a des manuels, dans les grandes lignes, c'est bien, mais c'est incomplet pour moi. Il manque des choses, des types d'exercices…* », voire monotone : « *Au niveau du contenu, c'est quand même limité. Ça devient ennuyeux parce c'est toujours les mêmes textes...* » ; on le dit inadapté aux élèves : « *On a travaillé sur un album… mais le problème, c'est le cahier d'activités. Le bloc-fiches, c'est absolument inutilisable pour nous, parce que ça ne correspond pas du tout aux enfants qu'on a. Donc on refait toutes les fiches de travail…* » Parfois même, on reproche au livre de donner une "fausse" image de la lecture : « *Je pense que les enfants ont une fausse idée de la lecture. Pour certains gamins lire, c'était relire. Dans ce sens le manuel ça va être un peu gênant, parce que forcément on le prend et on relit ce qu'on a déjà vu en classe, donc ça peut renforcer l'idée que lire c'est relire…* » Contrairement aux manuels des autres niveaux de classe, les maîtres reprochent au manuel de lecture de ne pas permettre d'individualiser le travail des élèves : « *Face à l'hétérogénéité de la classe, c'est sûr qu'on ne peut pas, avec tous les enfants, avancer au même rythme. Alors, souvent, le grand travers des manuels notamment en méthode de lecture, c'est qu'il y a un rythme, une progression, qu'à la fin d'une période on est arrivé à telle page. Ça ne correspond à rien…* » Par nature, le manuel n'est jamais celui dont l'enseignant rêve, cet outil magique qui répondrait à toutes les attentes. Chacun souligne les inconvénients majeurs, qui ne sont pas les mêmes d'un maître à l'autre, rendant impossible la mission des éditeurs et des auteurs à fournir un manuel modèle.

Cette défiance perdure même quand une méthode est utilisée. En effet, celle-ci est toujours suspectée de manques et est donc souvent employée avec d'autres supports. Elle sert une progression déclarée plus ambitieuse. De fait, la moitié des maîtres n'utilisent pas le guide du maître. Quand ils s'en servent, seule la moitié des méthodes de lecture est utilisée en conformité avec les prescriptions des guides pédagogiques. Certains maîtres ne voient même aucun inconvénient à utiliser un manuel de lecture et un guide du maître d'une autre collection. En fait, chaque enseignant utilise la méthode de lecture et le manuel de l'élève en fonction de sa manière d'enseigner : « *Je ne me sers pas vraiment du manuel mais de tout ce qui va autour du manuel, tout ce qui est soutien et évaluation. C'est très intéressant parce qu'il y a une progression. C'est une méthode qui suit les progrès de l'enfant parce qu'il y a des fichiers de soutien en fonction des non-acquisitions ; il y a des textes spécifiques pour rattraper les retards. C'est très bien ça permet un travail individuel…* », ou bien encore : « *Je ne suis pas à la lettre, mais dans ce livre il y a des comptines pour mémoriser les sons qui sont bien. Ça évite d'aller chercher dans différents livres...* » Ce n'est que très rarement qu'un maître signale se plier strictement à la méthode.

Paradoxalement, et malgré un regard critique, les enseignants reconnaissent que, quand ils utilisent un manuel de lecture, cela leur procure un confort extrêmement précieux : « *Ne pas avoir de méthode, c'est un travail monstrueux parce qu'il faut beaucoup fabriquer. C'est un investissement* ». Au-delà de la commodité matérielle reconnue : « *Le cahier d'exercices a été très utile, il m'a évité de faire des stencils. Pour les fiches de lecture, ça m'évite de chercher des exercices, de les fabriquer, de les faire, de chercher des illustrations. Il m'a satisfaite, pour le côté pratique...* », les enseignants admettent aussi que leur tâche de préparation est facilitée puisqu'un auteur s'est penché sur la démarche, les objectifs et les moyens d'apprendre à lire. La méthode rend service, elle est un confort pédagogique, surtout quand on est débutant : « *Comme c'était mon premier CP, j'avais besoin d'être guidée... Sans livre, effectivement, c'est très difficile pour un débutant, je l'ai expérimenté moi-même... Pour un débutant, c'est plus facile d'utiliser un manuel...* » Suivre une méthode de lecture a une autre vertu qui, elle, semble très spécifique à ce niveau (CP) et à cet apprentissage (la lecture). Le discours des maîtres permet de mettre au jour l'angoisse ressentie chaque année quant à cette mission, la plus lourde qui soit : apprendre à lire à des enfants. Le manuel de lecture et sa méthode jouent alors un rôle important en ce qu'ils dégagent l'enseignant du stress qui le ronge. La seule présence du livre diminue la pression qu'ils ressentent, cela quel que soit le degré d'ancienneté dans la profession : « *Quand on me l'a présentée [la méthode], j'ai dit que l'idée était intéressante, parce que ce travail, cette responsabilité à porter n'est pas non plus évidente et qu'il fallait se tourner vers d'autres alternatives et peut-être aussi revoir ma conception du manuel, qui est très critique en fait. Sans manuel, on doit être beaucoup plus rigoureux avec soi-même parce qu'on n'a pas de cadre, de garde-fou et on est complètement responsable de l'évolution et des résultats des enfants. Donc, ce n'est pas évident à porter...* » Le manuel joue un rôle d'étayage grâce à son caractère structurant : « *Le livre m'a permis de plus structurer. On se disperse moins, on essaie de suivre, en proposant des choses accessoires, mais disons qu'on a une ligne directrice. On utilise le livre en l'adaptant à ses élèves...* » L'architecture même de la méthode fixe un cadre plus rassurant que contraignant et augmente la lisibilité aussi bien pour le maître, les enfants que pour les parents. Ainsi, les maîtres révèlent que l'usage d'un manuel de lecture pour les élèves est un moyen pour eux de fixer des repères : « *Au niveau des résultats disons que je suis étonné... je suis quand même étonné, disons qu'ils ont plus de références au livre. Quand ils entendent un son, ils disent : ça, je l'ai entendu. Ça leur sert de référence, le livre...* » Le plaisir procuré par un ouvrage neuf à l'esthétisme renouvelé est aussi souligné comme un élément favorable à l'apprentissage : « *Vraiment les conditions de travail de l'élève ont été améliorées, j'en suis persuadée : les conditions de travail, en fait, c'est moi qui les crée, mais l'élève va disposer d'outils plus agréables...»* Dans tous les cas, les avantages déclarés pour les élèves sont le pendant des avantages déclarés par les maîtres pour eux-mêmes.

Ainsi, balancés entre rejet et envie de l'utilisation du manuel, entre dénonciation et gratification, les enseignants semblent surtout avoir du mal à faire le deuil de leur représentation du maître d'école idéal, c'est-à-dire celui qui prépare et construit tous ses supports pédagogiques. Le sentiment de ne pas être un "bon" enseignant si on suit une méthode de lecture et la culpabilité qui en découle côtoient le plaisir et l'assurance que l'usage procure. Le maître oscille donc entre amour et haine vis-à-vis du manuel. Il est vrai que les maîtres ne semblent pas aidés par une formation qui parfois encore les conforte dans ces représentations: « *Moi je fais partie de la première promotion d'IUFM, au niveau de la formation on a un peu banni les manuels donc ensuite il est difficile de les utiliser, on a voulu appliquer ce qu'on avait appris... ; ça se passait un peu en faisant fi des manuels... C'est vrai que c'est difficile de changer (pour utiliser un manuel) quand on est entré dans une autre façon de fonctionner... Moi, je reprendrai (ce livre), qui a des travers, mais sur le principe, je trouve que c'est très intéressant, mais il faudrait que ce soit réellement conçu par des enseignants* »(CP). L'abandon de ces représentations est pourtant un préalable à toute utilisation performante du manuel. Quand il n'est pas réalisé, et en dehors du malaise ressenti, il provoque des aberrations, comme ne pas faire circuler le manuel entre l'école et la maison de peur que les enfants (ou les parents) anticipent les leçons: « *Disons que ce qui m'a freiné dans la distribution des livres, c'est les parents... Ils faisaient travailler les enfants sur les leçons suivantes, il n'y avait plus de découverte, il n'y avait plus d'intérêt, ce n'était plus un travail de classe. L'enfant venait à l'école en sachant lire la page suivante... ; ça enlevait beaucoup d'intérêt à l'apprentissage de la lecture, il aurait fallu aller quatre pages plus loin pour que ce soit quelque chose de nouveau... alors qu'avec ce livre, cette année, les enfants ont du plaisir à lire ce qu'ils ont déjà lu, les personnages...* » L'idée d'être dépossédé de son rôle est toujours aussi insupportable pour certains maîtres. Mais n'est-il pas temps de repenser ce rôle ? L'enjeu est donc aujourd'hui de passer d'une posture d'alchimiste, « *notre travail ici ressemble plus à un travail de laborantin, on s'inspire de plein de méthodes, on essaie d'en trouver une...* », qui produit souvent dans le secret des remèdes à l'ignorance, à celle du professionnel muni d'un matériel pédagogique performant qu'il aura choisi. Adopter le manuel ne signifie pas abandonner toute action sur l'équipement proposé. Les maîtres savent adapter et avoir recours si nécessaire à leurs propres outils quand ceux qui sont fournis ne correspondent pas aux conditions de classe. Mais un usage nouveau du manuel permet surtout de dégager le maître d'une certaine contingence matérielle et en conséquence de le rendre plus disponible dans la classe pour ses élèves, plus à l'écoute.
Mais ne serait-ce pas là que précisément réside la difficulté à changer de posture ?

Le manuel scolaire : le point de vue des parents

Marie-Carmen Dupuy, *représentante de la PEEP, membre de l'ONL*
Isabelle Jalabert, *représentante de la FCPE, membre de l'ONL*

On pourrait poser en préalable la question de l'existence même du manuel scolaire à l'heure d'Internet et du multimédia. A-t-il encore pour les parents d'élèves quelque utilité ?
La réponse est sans conteste oui, toutes les études et enquêtes faites par les fédérations de parents d'élèves et les éditeurs le confirment.

Quels sont donc les points positifs qu'apprécient les familles ?

➤ Le manuel est avant tout perçu comme le lien entre l'école et la maison. C'est même parfois le seul !
En feuilletant son livre ou en le lisant avec ses parents, l'enfant parle de sa vie à l'école. C'est un outil démocratique que chaque enfant peut apporter chez lui et qui permet de favoriser une culture commune à tous les enfants d'une classe.
➤ C'est le manuel qui permet souvent aux parents de connaître le programme ou le contenu de la leçon.
L'école réclame en effet aux parents de suivre le travail de l'enfant à la maison, à juste titre d'ailleurs. C'est un bon moyen de montrer à l'enfant l'intérêt que chacun porte à sa scolarité. Bien entendu, ce suivi doit se situer dans une dimension d'accompagnement et d'aide, une continuité légitime entre les divers lieux d'apprentissage de l'enfant, en particulier l'école et le contexte familial.
➤ Tous les parents ne sont pas pédagogues : le livre est alors bien utile ! Les parents souhaitant aider leur enfant, ou tout simplement s'assurer qu'il a bien fait ce que demande le maître, l'utilisent comme alors support. Il leur permet de ne pas se sentir trop démunis devant un problème rencontré par l'enfant, ou en raison de leurs propres difficultés.

Outil pédagogique, le manuel devrait pouvoir être pour les parents un outil d'évaluation indépendamment de l'appréciation du livret scolaire ou du cahier de classe, et leur permettre de vérifier si l'enfant a compris et appris la leçon, a bien acquis telle ou telle compétence et est capable de l'utiliser en situation d'autonomie…
Il devrait aussi devenir un outil d'auto-évaluation pour l'enfant en lui permettant d'acquérir une certaine autonomie dans son travail à la maison. Avec le manuel, l'enfant apprend à mémoriser ses leçons, à les préparer ou les approfondir et à les mettre en pratique à l'aide d'exercices appropriés.

Apprendre à l'utiliser, c'est apprendre à se documenter et entrer dans le monde de l'écrit. Le manuel scolaire n'a pas seulement un aspect pédagogique : il représente pour certaines familles le seul moyen d'accéder à la culture de l'écrit. Il devient l'ouvrage de référence, celui qu'on feuillette, d'autant plus qu'il est beaucoup plus attractif aujourd'hui qu'autrefois.
Il peut ainsi contribuer à donner une meilleure image de l'école aux parents les plus démunis face à la scolarité de leurs enfants.

Dans ce que nous venons de détailler, cinq idées sont à retenir ; le manuel est :
➤ un lien entre l'école et la famille ;
➤ un soutien pour les parents ;
➤ un outil d'évaluation ;
➤ une aide à l'autonomie de l'enfant ;
➤ un outil culturel.

Mais la pratique et la mise en œuvre de ces points positifs se heurtent à un obstacle : le manuel scolaire est très souvent conçu avant tout pour des enseignants dans le cadre de leur classe, et non pour des enfants et leurs parents dans une utilisation non "professionnelle". En effet, il n'est pas toujours utilisable à la maison et ne répond pas assez aux besoins des parents.

Le scénario idéal du travail à la maison devrait être :
➤ le maître donne un travail oral ou écrit que **l'enfant doit pouvoir exécuter seul**, ce qui suppose des explications préalables **orales et écrites** en classe ;
➤ à la maison, l'enfant fait son travail avec le manuel comme support. Ses parents vérifient avec lui et **l'enfant doit pouvoir expliquer à ses parents ce qu'il a fait et pourquoi il l'a fait** ;
➤ il est évident que parfois l'enfant a mal compris ou n'a pas écouté : il a alors besoin d'aide. Si le manuel scolaire ne comporte ni explication ni outil pédagogique simple, de nombreux parents se retrouvent dans l'impossibilité d'aider leur enfant ou risquent d'introduire des confusions dans sa pensée.

C'est donc bien la question de la raison d'être du manuel qui est posée :
➤ si c'est un outil du maître, sa place est en classe et non dans le cartable. Et il reste à inventer un autre outil de référence et de liaison école-maison ;
➤ si c'est un outil de travail pour l'enfant, à l'école comme à la maison, il doit être utilisable par chacun des acteurs : parent, enfant, enseignant.

En effet, les leçons du manuel ne permettent pas toujours aux parents de comprendre la démarche de l'enseignant : le risque est alors de proposer à l'enfant des explications contradictoires. La méthodologie n'y est pas toujours suffisamment précisée. Les rencontres parents-enseignants sont l'occasion d'une explication de la démarche pédagogique du maître mais pour compléter et affirmer ces explications, il y a nécessité, dans le manuel scolaire, d'un préalable qui en définisse la démarche méthodologique leçon par leçon.
Il doit permettre la présentation du programme et rappeler les compétences que l'élève doit avoir acquises en fin de cycle.

Il doit être aussi, nous l'avons dit, un instrument de référence et , à ce titre, doit toujours mettre à disposition de ses utilisateurs un index, un lexique, une bibliographie... C'est une ressource documentaire, souvent la seule dont disposera l'enfant en dehors de l'école.

Le risque est grand, en effet, que, devant un manuel inutilisable par les parents, ceux-ci, ou du moins certains d'entre eux, aient recours aux cahiers parascolaires ce qui aurait pour conséquence d'aggraver les différences entre élèves au détriment des plus fragiles.

ÉTAT DES LIEUX SUR L'APPRENTISSAGE DE LA LECTURE AU CP

Nous rappelons ici les priorités générales de la lecture en CP.
Elles sont ensuite approfondies et développées par les experts de l'ONL.
La diversité de ces contributions n'est pas une marque d'hétérogénéité.
Elle montre, au contraire, s'il le fallait, l'étendue des dimensions
de l'apprentissage de la lecture,
dans un ensemble complexe mais cohérent.

État des connaissances sur les priorités de l'apprentissage de la lecture

Isabelle Le Guay, *Orthophoniste, membre honoraire de l'ONL*
Nadine Robert, *Professeure des écoles, maîtresse formatrice*

Il importe de connaître ce qu'impose la langue française et l'investissement à réaliser par l'apprenti lecteur.
Lire est une activité cognitive complexe. Cela suppose que le lecteur mette en œuvre, dans son projet de lecture, deux activités différentes : celle qui consiste à identifier les mots écrits et celle qui permet de (re)composer le sens du message écrit, en ayant replacé la signification des mots dans le contexte verbal (le texte) et non verbal (les supports des textes). Le lecteur va piloter ces deux activités en fonction de ses connaissances et savoir-faire dans le but de répondre à son propre projet de lecture. Ainsi trois éléments interagissent dans le même temps : l'implication du lecteur, l'identification des mots et la construction du sens.

Chez le lecteur expert les activités d'identification des mots sont automatisées, libérant les capacités intellectuelles au profit de la compréhension. L'apprenti lecteur, en revanche, doit s'approprier des compétences d'identification des mots écrits. Cette activité d'identification nécessite un apprentissage qui lui demande, dans un premier temps, beaucoup d'investissement intellectuel au détriment de la compréhension.

L'identification des mots

La connaissance par l'élève du principe alphabétique permettant la mise en place de l'identification des mots remporte un large consensus de la part des chercheurs et pédagogues Les dernières instructions officielles[26] recentrent les apprentissages fondamentaux sur les activités qui aideront les apprentis lecteurs à mieux gérer les problèmes d'identification des mots. Elles précisent que l'analyse du matériel graphique avec la découverte du code alphabétique de notre langue est incontournable.
Le système d'écriture de notre langue consiste à mettre en relation des transcriptions visuelles : les lettres (les graphèmes), avec des éléments sonores : les sons (les phonèmes). Si la majorité des graphèmes sert à transcrire des phonèmes sans ambiguïté (d → [d], u → [y]) , souvent un phonème peut se transcrire de plusieurs façons ([o] → o, au, eau ; [s] → s, ss, c, ç, t…). De plus, un graphème se prononcera différemment selon son environnement (c → [k] cadeau, c → [s] citron).

26 *Horaires et programmes d'enseignement de l'école primaire*, Bulletin officiel n° 1, hors-série, du 14 février 2002.

Certaines lettres fournissent des indications de sens. Elles sont idéovisuelles pour :
– la morphologie syntaxique (ex. : le s du pluriel, le e du féminin, les terminaisons verbales…).
– la morphologie lexicale (ex. : grand / grande / grandir / grandement /… ; chat / chatte / chaton, etc.).
Ainsi, il n'y a pas de correspondance parfaite terme à terme entre l'oral et l'écrit et ce dans aucune langue alphabétique. Pourtant, malgré cela, notre système d'écriture reste essentiellement phonographique : les lettres servent, de façon prévisible, à transcrire des sons dans 80 % des cas au moins. L'enfant doit réaliser que notre système d'écriture est largement phonographique. Il découvre et apprend à maîtriser des unités distinctives de la langue (phonèmes, graphèmes) qui ne sont pas porteuses de sens. Pour l'apprenti lecteur, cela suppose de se libérer de la prégnance du sens, ce qui représente un effort particulier.

La relation graphème-phonème et la combinaison permettant la formation de la syllabe doivent être expliquées et travaillées avec l'élève qui ne peut pas les assimiler et les comprendre seul. Cette assimilation du principe alphabétique permet à l'enfant de réaliser que, lorsqu'il aura appris toutes les conventions d'écriture du français, il sera capable de tout décoder, qu'il aura donc acquis l'autonomie d'identification des mots.
Toutefois, pour que l'apprenti lecteur développe les habilités d'identification des mots, il faut l'entraîner à automatiser ces procédures de correspondance.
On admet aujourd'hui que le lecteur expert utilise plusieurs procédures pour identifier les mots. Il importe que tous les élèves les acquièrent et les maîtrisent.

La lecture *logographique* traite les mots comme une image. C'est le dessin du mot qui est identifié, sans prise d'indices linguistiques. Le mot est perçu comme une silhouette. Pour l'apprenti lecteur, certains mots grammaticaux ou familiers rencontrés fréquemment dans la lecture de textes sont assimilés de cette manière. Cette façon de lire est très largement répandue à l'école maternelle.

Entrant dans la lecture *alphabétique*, le lecteur prend conscience du principe alphabétique, il découvre et s'approprie les relations graphèmes-phonèmes et apprend à recomposer l'image sonore des mots. On dit de l'apprenti lecteur qu'il décode les mots. On parle alors de décodage graphophonologique, d'utilisation de la procédure d'assemblage. Les lettres sont associées pour construire des syllabes prononçables, puis les syllabes sont elles-mêmes associées pour composer le mot dont on connaît l'image sonore. Cette lecture, appelée aussi voie indirecte, permet de lire n'importe quel mot inconnu. Elle est mise en place au cours préparatoire et sera activée chaque fois que nécessaire par le lecteur adulte.

La lecture par voie directe permet au lecteur d'identifier le mot dans son ensemble parce qu'il dispose d'une image "*orthographique*" associée à sa signification dans sa mémoire. Cette lecture se distingue de la lecture logographique parce qu'elle s'appuie sur une perception d'indices linguistiques. La procédure engagée, appelée adressage ou voie directe, permet une identification quasi instantanée, après avoir rencontré plusieurs fois les mots.
La voie directe d'accès au sens se fait, selon certains chercheurs, par analogie et selon d'autres, par lecture orthographique. Cette distinction est issue d'approches différentes d'analyse des mots.

Dans la première conception, pour accéder directement au sens, le lecteur, après avoir rencontré plusieurs fois un même mot, serait amené à découvrir par analogie le fonctionnement de son écriture. Les unités d'analyse du mot peuvent être plus ou moins longues et pourraient porter sur des critères sémantiques, morphologiques, orthographiques… Il importerait de développer une reconnaissance qui permettrait de mettre en relation la composition du mot et sa signification.

Dans la seconde conception, l'accès direct au sens se fait par lecture orthographique, le mot est reconnu visuellement, auditivement et sémantiquement. Cette lecture s'appuie sur l'écriture alphabétique de notre langue mais également sur son analyse morphologique, lexicale et syntaxique. Les mécanismes de reconnaissance orthographique sont encore mal maîtrisés. Toutefois, il semblerait que l'automatisation des procédures de décodage graphophonologique et le nombre de fois où le mot est rencontré par l'apprenant favoriseraient la mise en place de la reconnaissance orthographique. Cette conception est défendue dans les nouveaux programmes.

L'écriture des mots permet de mettre en mémoire des composants graphiques de manière plus sûre que la lecture. Cette activité favorise la mise en place d'une lecture par la voie directe. La lecture et l'écriture sont ainsi complémentaires : la lecture mobilise des compétences de reconnaissance s'appuyant sur les graphies pour arriver aux phonèmes alors que l'activité d'écriture part des phonèmes pour arriver aux graphies.
On peut reconnaître une image sans pour autant être capable de la dessiner (lecture). Il en est de même pour un mot. Son écriture force l'apprenant à analyser, structurer, fixer, consolider les formes orthographiques, que le modèle soit présent (copie) ou absent (dictée ou écriture libre). Le perpétuel aller/retour entre les deux procédures lecture/écriture renforce les représentations orthographiques.

Si le lecteur expert utilise le plus souvent une reconnaissance immédiate des mots, il peut avoir recours au décodage graphophonologique pour recomposer un mot nouveau et parfois à une lecture logographique. L'apprenti lecteur utilise, selon les mots rencontrés, l'une ou l'autre de ces procédures. Il importe donc de permettre à tous les élèves, d'accéder à une lecture orthographique des mots très rapidement, dès le cycle 2, puis de l'approfondir au cycle 3. Ainsi, on peut dire que les activités d'identification des mots s'inscrivent dans le temps.

La reconstruction du sens du message écrit

Les instructions officielles de 1985 ont défini les objectifs de l'activité de lecture : « Lire, c'est comprendre ». On insistait alors sur l'objectif terminal. Aujourd'hui, les nouveaux programmes précisent qu'il faut travailler parallèlement avec l'apprenti lecteur les activités d'identification des mots et les activités qui conduisent à la compréhension des messages écrits.

La compréhension des textes lus est tributaire de la qualité d'identification des mots. Plus l'apprenti lecteur a automatisé l'identification des mots, plus il est disponible pour gérer les indices qui traitent la compréhension. Inversement, plus il a de difficultés dans l'identification de mots, moins il est disponible pour construire le sens du texte.

De même une bonne compréhension du langage oral est un facteur déterminant pour une bonne compréhension de l'écrit. Les liens existant entre l'oral et l'écrit sont très étroits et l'élève qui a une bonne maîtrise et une pratique régulière de la langue orale aborde l'écrit dans une position favorable. Une bonne structuration de la langue orale, un vocabulaire riche, la compréhension des relations de causalité ou de temporalité, la maîtrise des notions de passé, futur, présent… sont autant d'éléments qui l'aideront dans son apprentissage de la lecture. Tous les enfants doivent donc être entraînés à formuler leur pensée, à donner leur avis, à savoir poser des questions…

Cependant, la langue écrite comporte des spécificités de communication (absence d'interlocuteur, permanence de l'écrit, situation de communication différée…) qui rendent parfois l'écriture des messages plus complexe (lexique, syntaxe, organisation textuelle). Elle peut être abordée à travers la lecture orale de textes. Le maître en lisant à haute voix donne à entendre du texte. Il peut alors attirer l'attention de ses élèves sur certaines difficultés : la signification de certains mots, les différentes désignations d'un personnage, la valeur des pronoms, les expansions du nom… Les histoires lues régulièrement à haute voix contribueront à une meilleure compréhension des textes lus, par la suite, silencieusement par l'élève. L'enfant au contact du texte oralisé enrichit ses propres compétences langagières.

L'école maternelle sensibilise le jeune enfant à la langue écrite. Ces activités de lecture de textes à haute voix doivent être maintenues, au cycle 2 et même au-delà, parce qu'elles permettent, dans un premier temps, d'engager l'apprentissage de la compréhension.

Les textes donnés à lire à l'apprenti lecteur ne peuvent avoir les mêmes richesses de structures et de contenus, l'élève n'ayant pas suffisamment automatisé l'identification des mots.
Le lecteur doit traiter dans le même temps les informations lexicales, syntaxiques, textuelles et mettre en relation ce qu'il découvre dans le texte avec ce qu'il connaît déjà. Plus il avance dans le texte, plus il doit synthétiser l'information recueillie de manière à relier les informations nouvelles aux anciennes. Le lecteur doit à la fois respecter ce que l'auteur a effectivement écrit et se construire une représentation personnelle, en liaison avec son projet de lecture et en faisant appel à ses connaissances.

Il existe une relation très forte entre l'étendue de la connaissance du lexique et la compréhension des textes écrits. En d'autres termes, la présence de mots peu connus affecte la compréhension des textes écrits. En effet, les jeunes lecteurs comme les adultes sont gênés par la rencontre de mots inconnus. Un texte est adapté aux enfants s'il comporte moins de 1 % de mots nouveaux inconnus. Au-delà, cela produit une rupture dans la construction du sens du texte. Le lecteur doit chercher par tâtonnement (parfois relecture) la signification du mot compatible avec le maintien de la cohérence du texte en cours de construction. La capacité du lecteur à traiter la morphologie des mots, la polysémie… facilitera la compréhension des mots nouveaux.
La compréhension de phrases ne peut naître de la juxtaposition sémantique des mots identifiés. C'est dans les liens que les mots établissent entre eux que va se construire le sens d'une phrase. La position des mots avant ou après le verbe, la gestion des prépositions… sont autant d'indices que le jeune lecteur devra gérer. Certaines structures syntaxiques sont plus difficiles à comprendre, par exemple, les phrases passives, les phrases relatives… En classe de cours préparatoire, il ne s'agit pas de faire de la grammaire explicite en permanence mais de lever les difficultés de sens. Qui fait quoi ? où ? quand ? comment ?, doit peu à peu être compris par l'enfant dans les textes.
Un texte n'est pas une suite de phrases isolées et accolées. Le sens se construit grâce aux mots de liaisons interphrastiques, qui instaurent des relations logiques ou chronologiques, grâce aux indicateurs de rappel (pronoms, ou autres substituts du nom), mais également grâce aux inférences que les lecteurs peuvent réaliser. Les inférences sont des informations non explicitées que le lecteur peut déduire s'il a, d'une part, les connaissances requises et, d'autre part, une capacité d'attention ou de mémoire suffisante pour le faire, exemple : « Pierre regarde par la fenêtre. Il prend son imperméable pour sortir ». Dans l'écriture de ces phrases, il n'est pas explicitement dit qu'il pleut ou qu'il va pleuvoir… Une mauvaise gestion de la cohérence de phrase ou des inférences peut faire obstacle à la compréhension d'un jeune lecteur si elle provoque une rupture dans la construction de la représentation du texte.

Loin de penser que l'apprenti lecteur apprendra à gérer seul ces indices à la suite de lectures multiples ou immergé dans un "bain d'écrits", il semble qu'il importe au contraire de l'aider à reconnaître et maîtriser les marques linguistiques. En d'autres termes, on peut aider les élèves à (re)construire le sens exact d'un texte, en abordant régulièrement les obstacles à la compréhension.

L'implication affective et les capacités cognitives du lecteur

Au-delà du travail systématique et progressif qui permet de conduire l'élève à une bonne compréhension de textes, l'enfant doit avoir un projet de lecture. Ce projet se construit à partir de sa motivation et de ses capacités cognitives.

L'état psychologique, affectif et physique joue un rôle essentiel dans les possibilités d'apprentissage de l'enfant. Ce qu'il a déjà vécu dans le domaine de la lecture avant l'apprentissage proprement dit lui donne plus ou moins le désir d'entrer dans le monde de l'écrit. Certains travaux de recherche en sociolinguistique montrent combien il importe de développer le désir d'apprendre à lire. La promesse du plaisir de la lecture est le moteur d'un élan vers l'apprentissage.

L'environnement culturel et le soutien familial sont des facteurs importants pour que l'enfant ait le désir et le plaisir de lire. Mais cela n'est pas suffisant, il faut que l'enfant ait l'habitude :

– de rencontrer des textes de type et de genre différents : textes narratifs, poétiques, documentaires, revues, encyclopédies… de façon à ne pas être déstabilisé par manque d'expérience ;

– d'apprendre à utiliser ses propres connaissances antérieures et son vécu culturel pour comprendre le sujet abordé dans le texte lu. Si l'enfant a trop peu de connaissances culturelles sur le sujet traité, il ne pourra pas éprouver de plaisir en lisant ;

– de savoir que les objectifs de lecture peuvent être multiples : se distraire, se documenter, s'informer, apprendre… Ils entraînent des comportements de lecture différents auxquels l'enfant doit être sensibilisé. La motivation et l'objectif à atteindre jouent un rôle important pour que l'enfant lise avec plaisir.

La disponibilité de l'enfant ne doit être bloquée ni par la crainte ni la peur de l'échec. Il s'agit de proposer à l'élève des activités proches de ses zones de compétence afin de développer son autonomie de lecture. La distanciation et l'autonomie de l'enfant par rapport à la tâche proposée montrent sa capacité à réfléchir sur ce qu'il est en train d'apprendre. Le questionnement sur la manière dont il effectue une tâche donne des indications précieuses sur les procédures qu'il a utilisées pour accomplir celle-ci. En outre, cela lui permet une réflexion sur ses propres stratégies de lecture, ralentissement, retour en arrière…

Les capacités cognitives jouent un rôle essentiel pour l'identification des mots ainsi que pour la compréhension des textes. Parmi elles, les principales sont l'activation de la mémoire et la focalisation de l'attention.

La mémoire visuelle nous permet de retrouver des formes et des traits caractéristiques des lettres, la mémoire phonologique est importante pour l'acquisition des correspondances graphophonologiques et la mémoire sémantique pour le lexique.
La mémoire de travail, dans laquelle est englobée souvent la mémoire immédiate, traite à titre temporaire toute information nouvelle utilisée dans les démarches de compréhension, d'apprentissage et de raisonnement. Elle joue un rôle dans l'identification des mots, dans la mémorisation des correspondances graphèmes-phonèmes. Elle est particulièrement active dans le domaine phonologique permettant de retenir à court terme ce que nous lisons ou entendons. Elle permet de se rappeler et d'organiser ce qui vient d'être lu et elle est utilisée dans des démarches de compréhension pour extraire les éléments essentiels de quelques phrases, éléments qui seront gardés en mémoire à long terme.

La mémoire à long terme permet la combinaison de propositions et d'hypothèses de sens (à partir d'indices de cohérence mis en mémoire et des connaissances stockées) ainsi que l'exploitation des informations conservées. La mémoire à long terme donne la possibilité d'un traitement permettant de relier des contenus, de les entrelacer pour en faire une entité enrichie. Elle utilise le contenu de notre vécu et de tout ce qui a été appris lors des lectures.

Tout au long de la phase d'apprentissage, l'enfant a besoin de faire preuve d'une réelle capacité d'attention. L'attention focalisée aide à se fixer à une tâche avec l'intention de résoudre les questions posées ou encore de rechercher dans la mémoire ce dont on a besoin pour comprendre ce qui est lu. Elle est liée au contenu des apprentissages. Si la tâche à accomplir est trop loin des capacités de l'enfant, ce dernier ne sera pas capable de soutenir son attention longtemps.

Il importe de repérer et d'évaluer les capacités cognitives du jeune lecteur afin de lui proposer un apprentissage adapté à ses besoins.

Conclusion

Contrairement au langage oral que le jeune enfant apprend spontanément par imitation et communication avec son entourage, la lecture demande un apprentissage rigoureux et systématique avec l'implication de l'élève. Ce qui ne peut se faire que si un équilibre est établi pédagogiquement entre les activités d'identification des mots et de compréhension des textes.

Il importe pour l'enseignant de repérer les difficultés que l'entrée dans l'écrit peut occasionner, de savoir juger leur importance et leur gravité. *Lire au CP, repérer les difficultés pour mieux agir*, livret complémentaire accompagnant les nouveaux programmes, est un outil destiné aux enseignants de CP, afin de les aider dans cette tâche.

Les manuels de lecture tiennent diversement compte des contraintes d'apprentissage et de l'équilibre à trouver entre ses différentes composantes. Il est donc intéressant de les explorer et de les étudier en profondeur, puisque ce sont des outils fréquemment employés par les enseignants et recommandés par les textes officiels.

Place de l'activité orale dans l'apprentissage de la lecture en CP

Jean Hébrard, *Inspecteur général de l'Éducation nationale, membre de l'ONL*

Les relations entre activité langagière orale et activité langagière écrite sont l'un des points aveugles des pédagogies de la lecture du cours préparatoire. Elles le sont d'autant plus que les options méthodologiques le plus souvent ouvertes aux maîtres les conduisent à travailler en permanence en relation à des signes écrits – au CP, on lit au tableau ou sur le livret et on écrit sur l'ardoise ou sur le cahier – en imaginant qu'ainsi on "lit" ou on "écrit" seulement sans prendre garde que l'on utilise tout autant la langue orale dans ses multiples dimensions : on "oralise" des textes, on écrit des "paroles"entendues, mais surtout on "parle".

Des "sons" de la langue aux "phonèmes"

Les relations entre oral et écrit ont pourtant évolué à deux reprises dans l'histoire récente des pédagogies de la lecture. Dans les années 1970, d'abord, sous l'impact des premières tentatives d'application des connaissances linguistiques à l'enseignement, une modification importante est intervenue dans l'explicitation de l'articulation entre ce que l'on appelait encore les "lettres" et les "sons" du français. Les descriptions phonétiques jusque-là disponibles n'avaient pas permis, du fait de leur extrême sophistication, d'éclaircir ce qu'il fallait entendre par "sons" de la langue. Ces derniers étaient le plus souvent confondus avec leur écriture : on parlait volontiers des cinq voyelles du français en les confondant avec les lettres a, e, i, o et u ; on évoquait les sons "ail" ou "oi" parce que c'étaient des écritures fréquentes de la langue ; etc. La diffusion dans le monde de l'école des travaux de la phonologie, pourtant déjà anciens, a brutalement fait prendre conscience que les trente-six phonèmes répertoriés du français ont permis de mettre de l'ordre dans le maquis des "sons". Ils offraient, en particulier, la possibilité de désigner ces derniers en s'appuyant sur d'autres entités (les "phonèmes") que sur les "lettres". Le cheminement s'est fait, pour la France, par l'intermédiaire des pays francophones plus directement liés aux travaux de recherche nord-américains – le Québec et la Belgique – mais aussi sous l'autorité des spécialistes français qui avaient développé, pendant la même période, une linguistique descriptive dont la dimension phonologique était centrale (André Martinet et ses élèves ont joué là un rôle majeur). Les auteurs de manuels scolaires qui ont révolutionné le marché pendant ces années en ont retenu un principe simple : on ne peut pas confondre les lettres et les sons, les graphèmes et les phonèmes. Retraduite en consignes pédagogiques, cette proposition s'est rapidement énoncée, pour les élèves, sous la forme d'une opposition entre deux attitudes face à tout mot écrit : voir (et épeler) les lettres qui le constituent (« Je vois… ») / entendre les sons que ces lettres codent dans la séquence orale correspondante (« J'entends… »). La méthode élaborée par Gisèle Préfontaine au Québec (*Le Sablier*) un temps à la mode en France dans les années 1970 mais, plus encore, le livret mis au point par Charles Touyarot et ses collègues (*Au Fil des mots*) pour les éditions Nathan (1977) ont joué un rôle décisif dans cette mutation. À partir de cette époque, plutôt que de partir des graphèmes simples les moins équivoques pour aller vers les phonèmes correspondants et composer les premières syllabes (ba, be, bi, bo, bu…), on a mené en parallèle un double travail : épellation phonétique des mots ou des phrases supports ("analyse" dans le jargon d'alors), assemblage des lettres dont la valeur phonétique était connue des élèves pour constituer des syllabes ("synthèse"). La permanence d'un "départ global", c'est-à-dire de la mise en mémoire de quelques mots supports de la petite histoire constituant le fil rouge de la méthode, offrait naturellement le matériel de l'épellation phonétique. Seule la méthode du Sablier allait jusqu'à donner à l'épellation phonétique un statut réellement "oral" dans la mesure où elle faisait le choix de partir de comptines pour effectuer cette opération, c'est-à-dire de matériaux oraux effectivement mémorisés par les élèves et, donc, pouvant constituer le support d'une activité pour des enfants non encore lecteurs. Car la véritable difficulté était là : comment faire travailler des groupes importants d'élèves sur des matériaux aussi difficiles à matérialiser que de la langue orale, des matériaux aussi peu susceptibles de fixer l'attention encore flottante de jeunes enfants ?

Depuis une dizaine d'années, cette orientation didactique a été structurée grâce aux nombreux travaux scientifiques qui ont permis de mieux comprendre les processus de reconnaissance de mots et, en amont, la construction du principe alphabétique. Il est rapidement apparu que l'épellation phonétique ne pouvait pas être un préalable à l'apprentissage de la lecture. L'accès à cette compétence est le plus souvent la conséquence de l'alphabétisation. La "conscience" des structures phonétiques de la langue, préalable à cette étape, a été mieux définie lorsqu'on en a fait l'un des aspects majeurs de l'activité "épilinguistique" de l'enfant. Des techniques didactiques ont été mises au point pour susciter et entraîner cette activité : repérage de la syllabe par des usages rythmés du langage (chants, comptines, jeux de doigts, danses, poésie, paroles rythmées par des instruments, etc.). On a affiné les exercices de segmentation progressive de la syllabe orale (distinction de l'attaque et de la rime, de l'attaque et de la coda, etc.), de classement des syllabes ou des fragments de syllabes (par la production et la reconnaissance d'assonances, de rimes). Du matériel a été proposé aux maîtres pour les aider dans leur tâche délicate. Ces activités ont été situées aussi bien à l'école maternelle (en grande section essentiellement), qu'à l'école élémentaire (en début de CP). Il reste à les diffuser dans les classes et à convaincre les maîtres de CP qu'elles sont encore très utiles à ce niveau. On a aussi pris conscience que des problèmes plus complexes se posent lorsque la langue maternelle de l'enfant n'est pas la langue d'alphabétisation, particulièrement dans les cas où le bilinguisme n'est pas encore bien installé au moment où commence l'apprentissage de la lecture. Les enfants concernés payent un très lourd tribut à l'échec scolaire, que ce soit lorsque la langue maternelle reste une langue couramment utilisée hors de l'école (comme dans certains départements d'outre-mer) ou lorsque celle-ci est limitée à des usages familiaux (en situation d'immigration). Plusieurs spécialistes pensent qu'il est difficile de prendre conscience du matériel phonétique d'une langue que l'on maîtrise encore mal, en particulier lorsque les interférences phonologiques entre la langue maternelle et la langue d'alphabétisation restent nombreuses. Les méthodologues qui se sont penchés sur le problème croient que, dans ce cas, il n'est pas inutile d'envisager (lorsque c'est possible) un travail de type "épilinguistique" sur la langue maternelle elle-même, de manière à ce que l'enfant élabore en parallèle les caractéristiques phonologiques des deux langues.

La construction du principe alphabétique ne repose pas uniquement sur la familiarisation avec les unités distinctives orales de la langue de scolarisation. L'enfant doit comprendre qu'il existe une liaison entre ces unités et les signes graphiques qu'il peut voir autour de lui. Il doit comprendre aussi comment s'effectue cette liaison. Du point de vue scientifique, les travaux portant sur la structure graphique des codes alphabétiques ont été beaucoup plus tardifs et limités à des équipes de chercheurs très spécialisés (Nina Catach a joué, en France, un rôle essentiel dans la diffusion de ces connaissances). Du point de vue didactique, dans la tradition scolaire, l'accent a été mis sur les activités de fusion syllabique (avec deux lettres dont je connais la valeur phonologique, je peux trouver la valeur phonétique de la syllabe correspondante) conduisant à d'extraordinaires contorsions pour faire prononcer aux élèves les phonèmes consonantiques séparés de leur voyelle d'appui. Des précurseurs (comme Célestin Freinet par exemple) avaient pourtant remarqué qu'il était tout aussi important de faire pratiquer aux élèves des activités d'analyse du matériel graphique, visant à faire segmenter les mots écrits en comparant deux mots différents comportant une syllabe identique (je vois les mêmes suites de lettres dans deux mots différents et ces mêmes suites renvoient aux mêmes segments oraux) quitte à se trouver en face de vraies difficultés lorsque la segmentation du matériel graphique devient ambiguë et susceptible de plusieurs interprétations phonologiques (comme dans le fameux « les poules du couvent couvent »).

On sait aujourd'hui qu'il est possible de faire construire le principe alphabétique par un travail de type "résolution de problème" (que dois-je faire si je veux écrire « maman » et si je ne peux le copier à partir d'un modèle ?) conduit patiemment depuis la fin de la moyenne section jusqu'au cours préparatoire. Il met en jeu non seulement la conscience phonique (qu'est-ce que j'entends ? comment je vais coder ce que j'entends ?), mais aussi la possibilité de s'engager dans un dialogue avec l'adulte pour examiner les phénomènes sélectionnés, les interpréter, en déduire des principes, les généraliser (parfois de façon abusive), les critiquer et les reformuler lorsque de nouveaux phénomènes résistent, etc. Bref, il y a peut-être là une première expérience de l'activité scientifique au sens où elle a été élaborée par les promoteurs de la Main à la pâte et, comme dans cette activité, l'échange oral en reste l'axe principal.

Apprendre à comprendre : de la langue écrite au langage

La deuxième étape de restructuration des relations entre langage oral et langage écrit dans la méthodologie de l'enseignement de la lecture au cours préparatoire est beaucoup plus récente. D'une certaine manière, elle relève plus de l'émergence d'une problématique nouvelle que d'un ensemble de réponses méthodologiques assurées aux questions posées.

La question s'est d'abord posée en aval du cours préparatoire comme une interrogation récurrente sur les raisons des échecs graves de l'alphabétisation que les évaluations nationales de CE2 révélaient au terme du cycle 2. Si quelques élèves, en effet, manifestaient à cette occasion une incapacité à traiter le matériel écrit (rarement plus de 8 à 10 %), un nombre beaucoup plus important d'entre eux (15 à 20 %) se révélaient capables de déchiffrer à peu près correctement mais incapables de comprendre un texte simple. Les psychologues et les psycholinguistes, relayés en France par l'Observatoire national de la lecture, avaient, dès la décennie 1990, soutenu l'hypothèse que les problèmes de compréhension n'étaient pas fondamentalement différents à l'oral et à l'écrit. Dès lors, les difficultés rencontrées par certains élèves pour comprendre des textes simples pouvaient être interprétées comme relativement indépendantes de leurs compétences à reconnaître des mots par la voie directe ou par la voie indirecte (sans oublier évidemment que l'impossibilité de reconnaître rapidement les mots interdit toute compréhension).

En 1998, les évaluations nationales de CE2 comportent pour la première fois des épreuves de compréhension orale de textes simples lus à haute voix par le maître : consignes ordinaires de la classe, courte nouvelle extraite d'un ouvrage de littérature de jeunesse. Il apparaît alors que de nombreux élèves ne comprennent pas mieux à l'oral qu'à l'écrit. On imagine immédiatement qu'un effort tout particulier doit être fait dans leur direction, non seulement dans l'enseignement de la langue écrite mais aussi, antérieurement et parallèlement, dans le cadre d'un enseignement de la langue orale. C'est se heurter de front à l'un des paradoxes des programmes de l'école primaire. La langue orale ne s'enseigne qu'à l'école maternelle. Arrivé au CP, l'élève est définitivement et exclusivement confronté à la seule langue écrite et, le plus souvent, dans sa seule dimension "graphémique". Si l'on fait une place à l'oral dans les programmes, depuis 1971, c'est uniquement dans la perspective d'un développement des compétences de communication, pensées essentiellement d'un point de vue psychosociologique.

Il faudra quatre ans pour corriger, par touches successives, cette anomalie. Un premier rassemblement des réseaux académiques « maîtrise de la langue » est organisé dès 1998 à la Bibliothèque nationale de France pour poser le problème. Un rapport est commandé à l'Inspection générale, un colloque national est convoqué à Nantes en 1999. Une série de circulaires propose d'instaurer un véritable enseignement de la langue orale à l'école maternelle, puis à l'école élémentaire. L'essentiel de cette nouvelle orientation repose sur la distinction entre deux activités langagières : celle qui accompagne l'action (langage en situation), celle qui évoque un univers de référence distinct de celui dans lequel est installée la communication (langage d'évocation). Cette distinction repose sur l'idée que l'accès à la décentration de la référence qui commence vers trois ans est loin d'être acquis à six et suppose un patient travail didactique, d'autant plus décisif que, dans certains cas, il n'est pas relayé dans le milieu familial. Or, il est évident que le langage écrit que l'élève va devoir découvrir dans ses lectures relève quasi exclusivement de ce langage d'évocation. Il en a la structure syntaxique (usage des anaphores plutôt que des déictiques, des connecteurs, des relations temporelles et aspectuelles complexes, etc.) et la complexité lexicale (emploi de termes d'autant plus précis que l'univers de référence auquel ils renvoient ne peut être désigné du regard ou du doigt). Si l'on souhaite que l'apprenti lecteur "reconnaisse" ce qu'il lit, faut-il encore que ce qu'il lit ne soit pas totalement étranger à son expérience de locuteur.

Cette orientation avait été esquissée dans les programmes de l'école maternelle de 1996 sans pour autant mordre sur les programmes de l'école élémentaire. Elle est affinée et structurée en 2002 et, surtout, étendue à toute l'école primaire et, plus particulièrement au cycle 2. Il est en particulier recommandé aux maîtres de poursuivre en CP le travail de maîtrise du langage d'évocation commencé à l'école maternelle en privilégiant deux exercices princeps : la pédagogie de l'album (pour nourrir l'élève d'une langue d'évocation élaborée avant même qu'il sache lire), la dictée à l'adulte (pour lui permettre de produire cette langue dans des situations de communication explicites avant même qu'il sache écrire). Dans les deux cas, même si le point de départ ou le point d'arrivée sont des textes écrits, l'essentiel de l'activité se déroule dans l'oral et repose sur le dialogue qui s'instaure entre l'adulte et les enfants : reformulation du texte entendu soutenue par les interactions du maître dans le premier cas, production d'un discours et reprises des énoncés lorsque l'adulte le requiert dans le second cas.

Dans les programmes de 2002, on considère que ces activités orales restent impératives pour tous les élèves tout au long du cycle 2, parallèlement à l'enseignement proprement dit de la lecture. Ces mêmes activités deviennent décisives lorsque certains élèves arrivent en cours préparatoire avec des compétences d'évocation limitées : difficultés à expliquer à un interlocuteur un événement auquel ce dernier n'a pas assisté ; difficultés à anticiper le déroulement d'un événement relaté (annonce de nouvelle), d'une histoire racontée (récit littéraire) ; difficultés à reformuler dans ses propres mots une courte histoire entendue, difficultés de mémorisation des histoires plus longues, etc.

On sait que la capacité de manier avec facilité le langage d'évocation est fortement liée à l'environnement éducatif familial des élèves. L'école devient donc le principal recours lorsque cet environnement, pour de multiples raisons (habitudes éducatives, précarité, diglossie familiale, etc.), vient à faire défaut comme support principal de cette acquisition.

Comme à l'école maternelle, il importe de bien distinguer au cours préparatoire les activités qui relèvent de la maîtrise du langage d'évocation et celles qui relèvent des processus d'intercommunication : dialogue, conversation, débat, etc. Les programmes 2002 les situent d'ailleurs dans deux champs d'activité différents : la maîtrise du langage pour les premiers, le "vivre ensemble" pour les seconds.

Toujours dans la même perspective, les derniers textes officiels ont proposé que tout l'effort que l'enseignant fait porter sur la compréhension ne se limite surtout pas à la compréhension des textes lus. En effet, les compétences de lecture d'un élève de cours préparatoire sont encore si limitées qu'on ne peut envisager d'offrir à sa compréhension que des textes très courts et extrêmement redondants. C'est dire que si on limite l'effort didactique à ces types de textes, la compréhension ne sera plus travaillée pendant de longs mois : il n'y a pas grand-chose à comprendre dans les pages des manuels de lecture du cours préparatoire, pas plus d'ailleurs que dans les albums explicitement destinés à cet apprentissage. Il convient donc de continuer à travailler la compréhension comme on le faisait à l'école maternelle, sur des textes longs et complexes comme d'authentiques albums ou de petits documentaires. On utilisera les mêmes techniques orales : lectures par l'adulte, reformulation par les élèves, dialogue d'ajustement de la reformulation, débat interprétatif. Cela n'exonère évidemment pas le maître de s'assurer de la compréhension des textes lus par ailleurs et d'aider les élèves à mettre en place des stratégies de compréhension écrite.

Certains enseignants ont tenté ces dernières années de construire l'enseignement de la lecture *stricto sensu* sur des albums de littérature de jeunesse. Ce ne sont certainement pas les meilleurs supports pour construire le principe alphabétique. De plus, en les utilisant dans cette perspective, on détruit la dimension narrative du texte et on confine l'activité de compréhension dans des fragments difficiles à articuler entre eux. Il est certainement préférable, au cours préparatoire, de séparer encore les deux activités et de réserver l'album aux pratiques orales.

Pour les enfants dont le français n'est pas la langue maternelle, des problèmes identiques se posent. Leur accès au langage d'évocation est lié à la mise en place d'un bilinguisme équilibré susceptible de faire une place aux différentes langues qu'il parle. Exactement comme il est difficile de construire une conscience phonique cohérente dans une langue qu'on maîtrise mal, il est très difficile de passer, dans une langue seconde encore rudimentaire, des échanges en contexte (dans lesquels les gestes et les mimiques assurent une grande part de l'intercompréhension) à la possibilité d'évoquer un événement ignoré de son interlocuteur ou de comprendre la relation d'un fait dont on ignore tout. Les enseignants sont souvent abusés par la maîtrise du premier niveau (communication en contexte) que manifestent certains élèves dont le français n'est pas la langue maternelle. Être à l'aise dans la communication quotidienne ne signifie pas savoir se servir d'une langue pour construire des apprentissages. Dans ces situations, il est certainement nécessaire de renforcer les compétences de langue seconde des élèves à l'oral. On peut aussi se demander s'il n'est pas nécessaire, pour favoriser un bilinguisme efficace, de soutenir en langue maternelle aussi le passage de la communication en contexte à l'évocation.

Conclusion

Les enseignants qui travaillent en cours préparatoire sont souvent obnubilés par l'apprentissage de la lecture au sens strict du terme. Ils pensent rarement à l'inscrire dans un soutien plus large de l'activité langagière, donc de l'oral. On peut imaginer que, loin d'être une perte de temps, le prolongement des activités caractéristiques de la grande section sur tout le cycle 2 est absolument nécessaire à tous les élèves et, plus encore, à tous ceux qui ne bénéficient pas dans le milieu familial d'un renforcement permanent des compétences orales.

On sait que les “manières de parler” sont l’une des caractéristiques les plus marquées de la “distinction” sociale. Elles ne signifient pas seulement l’appartenance à un milieu donné. Elles sont aussi la base essentielle de la réussite scolaire. Il serait tout à fait détestable que l’école renvoie à la sphère familiale l’accès à un “parler” élaboré, se contentant d’en constater l’absence chez certains de ses élèves et déplorant ensuite que ces mêmes enfants entrent difficilement dans la langue écrite.

De la découverte du principe alphabétique à la maîtrise du code orthographique et à l'automatisation du décodage

José Morais, *Professeur à l'Université libre de Bruxelles, laboratoire de psychologie expérimentale, membre de l'ONL*

Selon une conception qui est la plus populaire et qui est aussi, malheureusement, fort répandue dans les milieux de l'enseignement de la lecture, les lettres de l'alphabet correspondent à des sons de la langue. Tout le monde sait que les lettres ont des noms, que par exemple le nom de la lettre B est « bé », et croit savoir en fait, mais c'est erroné, que la fonction de cette lettre est de représenter le son « be ». L'apprentissage de la lecture pourrait consister, dès lors, à acquérir la connaissance des correspondances lettre/son et à s'entraîner à fusionner les sons successifs. C'est contre cette idée que les différents types de méthodes globales se sont élevées, tout en commettant fondamentalement la même erreur que les anciennes méthodes.

En fait, les lettres et certaines combinaisons de lettres de l'alphabet ne représentent pas des sons, mais des *phonèmes*. Les phonèmes sont les plus petits éléments constitutifs de la chaîne parlée permettant de faire des distinctions sémantiques. Par exemple, le mot «bal» peut être décrit comme résultant de la combinaison, dans l'ordre, de /b/, /a/ et /l/. Il peut ainsi être distingué, parmi d'autres mots, de « cal », « bol » et « bar », respectivement.

Dans l'histoire de l'écriture, il y a environ trois mille ans, les Grecs ont réalisé une avancée extrêmement importante : ils ont commencé à représenter par écrit, de manière spécifique, chaque consonne et chaque voyelle de la langue. Étant donné les caractéristiques de leur langue (en particulier l'existence de syllabes réduites à la voyelle et le fait que les différences de voyelle dans les syllabes comprenant des consonnes entraînaient des sens très différents), les Grecs ont dû réserver des caractères spécifiques pour les voyelles. Ceci a conduit aussi à l'utilisation de caractères spécifiques pour les consonnes.

Or, il arrive que si la voyelle est prononçable isolément, des consonnes telles que /b/, /d/, /g/, /p/, /t/ ou /k/, ne le sont pas. Nous pouvons prononcer /ba/, /bi/, /bo/ en une seule émission de voix, mais nous ne pouvons pas prononcer /b/ tout seul. Lorsque nous prononçons /be/, pour nous rapprocher le plus possible de /b/, en fait nous prononçons une syllabe constituée de consonne et de voyelle, au même titre que les autres syllabes qui commencent par /b/. Donc, beaucoup de lettres correspondent à des consonnes, notamment aux consonnes mentionnées, mais ne représentent pas des sons prononçables seuls.

En représentant graphiquement de manière spécifique ces consonnes, les Grecs n'étaient probablement pas conscients du fait qu'ils représentaient en réalité un niveau hautement abstrait de la structure phonologique de leur langue. La nature tangible de la voyelle s'opposait à la nature subtile de la consonne. Comme les Grecs, tous les autres peuples qui, depuis lors, ont adopté un alphabet pour représenter leur propre langue, ont cru que les caractères consonantiques étaient, à l'instar des caractères vocaliques, des symboles créés pour représenter des sons de parole. À chaque génération d'enseignants de la lecture dans un système alphabétique, cette méprise s'est répétée ; et à chaque génération d'enfants apprenant à lire dans notre système d'écriture la difficulté de comprendre ce que représentent réellement les caractères consonantiques s'est renouvelée.

La compréhension de ce niveau abstrait de représentation de la phonologie de la langue qu'est le niveau des phonèmes présente des difficultés considérables. Il n'est donc pas étonnant que le concept de phonème lui-même n'ait été formulé par les linguistes que dans la deuxième moitié du XIXe siècle. Il n'est pas étonnant non plus que les recherches réalisées en psycholinguistique dans les années 1960 aient pour la plupart ignoré ou sous-estimé le rôle que joue la compréhension de la relation entre les lettres et les phonèmes dans le processus d'apprentissage de la lecture et de l'écriture.

Ce n'est que depuis une trentaine d'années que les psycholinguistes ont véritablement commencé à analyser ce processus d'apprentissage en relation avec la notion de phonème et qu'ils ont montré la nécessité de le fonder sur la découverte du *principe alphabétique*. Naturellement, les innombrables générations d'enfants qui ont appris à lire et à écrire dans un système alphabétique n'ont pas attendu la psycholinguistique contemporaine pour redécouvrir ce principe. Tant bien que mal, la plupart des enfants y parviennent, grâce à l'exposition au matériel écrit, à leurs capacités et à leur motivation, et grâce à la compétence et à l'amour, même lorsque les actes ne sont pas les plus appropriés, de leurs enseignants et de leurs familles.

Comme nous l'avons déjà dit, la notion de principe alphabétique se réfère au fait que, dans l'écriture alphabétique, les lettres (par exemple « b ») ou groupes de lettres (comme « ch », « ou », etc.) représentent des phonèmes. Comprendre le principe alphabétique implique donc de découvrir que la parole peut être représentée comme une séquence de phonèmes. Cette *conscience phonémique* se manifeste par le fait d'être capable, par exemple, de compter trois « sons » élémentaires dans le mot « bouc », ou d'inverser « so » en « os ». Elle n'est observée ni chez l'enfant pré-lecteur ni chez l'adulte illettré, cette dernière observation permettant de rejeter l'idée qu'elle apparaîtrait de manière spontanée, à un certain moment de la croissance, par un pur effet de maturation cognitive.

L'enfant apprenti lecteur doit découvrir le principe alphabétique pour pouvoir ensuite progresser vers la manière de lire du lecteur compétent. La compréhension de ce principe par l'apprenti lecteur dépend d'une instruction plus ou moins explicite, laquelle peut prendre beaucoup de formes. Mais, étant donné le fait, signalé ci-dessus, que certaines consonnes ne peuvent pas être prononcées isolément, la connaissance du nom ou du « son » de la lettre n'est pas suffisante pour saisir ce principe. Par conséquent, l'enfant doit se fonder sur les *indices* que peut fournir cette connaissance et sur, notamment, la comparaison entre des « familles » de mots qui sont proposées à sa considération et qui partagent une même lettre (par exemple, « bar » – « bol ») ou ne diffèrent que par une lettre (« bar » – « car »).

Le rôle essentiel de la conscience phonémique dans l'apprentissage de la lecture, ainsi d'ailleurs que l'instruction visant à faire prendre conscience à l'enfant des phonèmes, ont été démontrés par de nombreuses études. La performance aux tâches qui impliquent un accès conscient aux phonèmes est hautement corrélée avec le niveau de lecture dans les premières années d'école primaire. Plus probant, l'entraînement des habiletés de traitement phonémique intentionnel, en particulier lorsqu'il est fait conjointement avec l'entraînement sur la connaissance des correspondances entre graphème (lettre ou groupe de lettres comme « ch » dans « chat », « on », etc.) et phonème, produit des effets positifs sur le niveau de lecture.

Cela dit, pour parvenir à utiliser efficacement le *décodage grapho-phonologique* dans la lecture de mots qui n'ont jamais ou rarement été rencontrés, il ne suffit pas à l'apprenti lecteur d'avoir compris le principe alphabétique et d'être devenu capable de se représenter les phonèmes séparément les uns des autres. Il lui faut encore acquérir, d'une part, la connaissance de l'intégralité du code orthographique utilisé pour représenter sa langue et, d'autre part, l'habileté de fusion ou d'intégration phonémique.

Le *code orthographique* est l'ensemble des *correspondances graphème-phonème* (pertinentes pour la lecture) et *phonème-graphème* (pertinentes pour l'écriture) d'une langue particulière. Ces correspondances peuvent être décrites par un système de règles. Certaines de ces règles sont simples : ainsi, la prononciation de la lettre « b » ne dépend ni de sa position dans le mot ni des lettres ou graphèmes voisins. D'autres règles sont plus complexes ; ainsi, en français, la lettre « m » se lit /m/ lorsqu'elle apparaît entre des voyelles (comme dans le mot « chameau »), mais elle ne se lit pas et contribue à nasaliser la voyelle précédente si elle-même est suivie d'une consonne (comme dans « champion »).

Les règles simples sont généralement enseignées explicitement et l'enfant les utilise de manière consciente, intentionnelle. C'est aussi le cas d'un certain nombre de règles positionnelles et contextuelles. Mais beaucoup d'autres de ces règles font l'objet d'un apprentissage implicite, sans prise de conscience, sous l'effet de l'exposition répétée aux régularités présentes dans les mots que l'enfant doit lire. Cela ne dispense pas l'enseignant de veiller à la manière dont l'enfant apprenti lecteur affronte les difficultés du décodage et de lui fournir le cas échéant les explicitations appropriées.

L'*habileté de fusion phonologique* est particulièrement cruciale au début de l'apprentissage de la lecture. Son intervention dans la lecture dépend logiquement de la compréhension du principe alphabétique et de l'acquisition de la connaissance des valeurs phonémiques des lettres présentes dans les mots à lire. Ainsi, l'enfant qui resterait fixé sur la seule représentation mentale des sons des lettres et ne se représenterait pas les correspondants phonémiques de celles-ci, ne ferait que prononcer ensemble, par exemple, les sons des lettres du mot bal, de telle sorte qu'il lirait, peut-être de plus en plus vite, « be-a-le », mais ne parviendrait jamais à lire « bal ».

Avec l'expérience de la lecture, l'enfant commence à constituer des *représentations intermédiaires* entre le graphème-phonème et le mot. L'un des constituants intermédiaires les plus importants, du moins en français, est la syllabe. La représentation de la syllabe apparaît vers la fin de la première année, en tout cas chez les bons lecteurs. Cela constitue un pas indispensable vers l'automatisation de la procédure de décodage grapho-phonologique. Les *représentations orthographiques* des mots sont acquises essentiellement à l'occasion des multiples répétitions de tentatives réussies de décodage phonologique de nouveaux mots.

Les processus que nous venons d'évoquer concernent **l'étape de l'activité de lecture qui est spécifique de la lecture**. En effet, les processus de compréhension interviennent aussi lors de l'écoute du langage oral. Bien évidemment, le but de l'activité de lecture, que nous soyons lecteurs compétents ou jeunes lecteurs, est la compréhension du texte ; mais, plus notre capacité à identifier les mots écrits est automatisée, plus notre attention pourra être consacrée à l'extraction du sens. Le degré de maîtrise de l'habileté d'identification lexicale, bien qu'indépendante des processus de compréhension, constitue ainsi une condition cruciale de la réussite de ces derniers.

Lire et comprendre

Michel Fayol, *Professeur de psychologie – Université de Clermont-Ferrand, Directeur du LAPSCO/CNRS, membre de l'ONL*

La lecture : assurer la dynamique de la compréhension

Lire est un processus dynamique dont l'objectif est la construction d'une représentation (ce qu'on appelle parfois techniquement un modèle de situation), interprétation qui, à la fois, respecte ce que l'auteur du texte a effectivement rédigé et oblige le lecteur à faire appel à ses connaissances conceptuelles et langagières, celles-ci étant mobilisées en fonction des objectifs poursuivis.

L'élaboration d'un modèle cohérent de situation ne peut se satisfaire de la construction de représentations fragmentaires juxtaposées portant sur des segments plus ou moins longs du texte mais n'aboutissant pas à une interprétation intégrée. Or, ce risque est fréquent chez les enfants ou les novices, qui ne parviennent souvent qu'à des interprétations partielles ou erronées, qu'il convient donc soit de prévenir soit de corriger. Pour les prévenir, il est possible, d'une part, de choisir soigneusement les textes et, d'autre part, de les préparer avant même de les soumettre aux élèves. Pour les corriger, il est envisageable soit de guider soigneusement l'interprétation au cours même de son émergence, soit de confronter après coup les interprétations diverses élaborées par différents enfants à partir d'un même texte. Évidemment, ces différentes possibilités sont complémentaires, mais le choix des textes de départ y tient une place fondamentale. De là le rôle que peuvent jouer les manuels.

Lire : travailler la maîtrise de la langue

Le caractère dynamique de la lecture nécessite que la construction de la représentation s'effectue de manière continue, par mise au point ininterrompue de l'interprétation, au fur et à mesure que des informations nouvelles – correspondant aux traitements des mots, phrases, paragraphes successifs – sont introduites. Selon les obstacles ou les difficultés rencontrés, le déroulement de la compréhension lors de la lecture peut donner lieu, contrairement à ce qui se passe à l'oral, à des fluctuations – ralentissements voire retours en arrière – de sorte que toutes les informations soient traitées et intégrées. Toutefois, la nécessité d'assurer la continuité de la construction de la représentation intégrée impose que le traitement ne soit pas interrompu par des obstacles trop nombreux. C'est pourquoi il est nécessaire d'accorder beaucoup d'importance à la maîtrise de la langue : travail sur le lexique, sur la syntaxe, sur la structure des textes. Ces différentes dimensions peuvent là encore donner lieu à un travail effectué soit en amont, notamment dans le choix des textes et la préparation à la lecture de ceux-ci, soit en aval, au moment même de l'exploitation en classe. Il va de soi que le travail en amont peut et doit être associé à celui qui est réalisé en aval : tout ne peut être anticipé et préalablement étudié ; tout ne peut non plus être traité au moment de l'exploitation du texte. Il appartient aux enseignants à la fois de choisir les textes, d'en adapter la préparation au niveau des élèves et d'en exploiter des aspects spécifiques dans les "leçons"[27]. Il est toutefois possible, pour un niveau donné de scolarité, d'anticiper les difficultés potentielles, et donc de concevoir des manuels comportant des dispositifs didactiques incluant les préparations et exploitations des textes retenus.

Lire : des apprentissages différenciés

La lecture fait l'objet d'un apprentissage au cours de la scolarité. Toutefois, cet apprentissage comporte différentes dimensions, qui doivent être distinguées. Premièrement, certaines donnent lieu à une instruction directe portant explicitement sur tel ou tel aspect de la langue. Par exemple, on étudie explicitement les différentes graphies associées au son /o/, ou encore la lecture d'un mot irrégulier comme "femme", ou encore le sens et l'exploitation du morphème re- (qui permet de "fabriquer" de nombreux mots : repeindre, repenser, etc.). Par contraste, certains apprentissages se réalisent en quelque sorte de manière implicite, par la pratique, et sans même que les enfants (ou les adultes) en aient conscience. Par exemple, c'est par la rencontre répétée au cours de la lecture ou de la production de textes des suites de lettres constitutives des mots que les apprenants acquièrent "l'intuition" orthographique qui leur permet de percevoir, sans le plus souvent être en mesure de l'exprimer, que telle configuration sonore d'un mot nouvellement rencontré et incluant le son /o/ s'écrira tantôt « o » tantôt « eau » en fonction des sons et/ou des lettres qui le précèdent ou le suivent immédiatement. De tels apprentissages implicites ont un rôle fondamental : ils permettent aux enfants d'acquérir un capital de savoirs et de savoir-faire immédiatement utilisable et qui pourra, ou non, ultérieurement conduire à une prise de conscience et à une exploitation explicite. Les contributions respectives de l'apprentissage explicite et de l'apprentissage implicite ne peuvent être établies de manière précise que par l'enseignant lui-même, en fonction de la classe et de la progression, et donc du manuel en usage, s'il en utilise un.

Lire : des supports et des activités

Au total, l'apprentissage progressif (en cycle 2) et continué (en cycle 3) de la lecture et de la compréhension **nécessite** que les enseignants établissent en fonction des objectifs et des contraintes propres à un niveau donné de classe une **progression** dans les apprentissages.

27 On distingue la "leçon", c'est-à-dire le contenu de l'apprentissage, de la séquence, ensemble de séances ou moments organisés dans une perspective didactique (et formalisés dans l'emploi du temps) de transmission de ces contenus.

Celle-ci s'appuie à la fois sur des supports (ouvrages dédiés spécifiquement à l'apprentissage de la lecture ; albums de littérature de jeunesse exploités de manière particulière ; productions propres aux enfants eux-mêmes, par exemple dans le cadre de la correspondance scolaire) et sur des activités qui leur sont associées.
Ces activités visent la réalisation d'apprentissages soit implicites (ce qui impose des contraintes dans le choix des textes, du lexique, etc.), soit explicites (ce qui oblige à délimiter des objectifs précis) et peuvent porter sur des dimensions liées à la maîtrise de la langue ou sur l'amélioration de la gestion de la compréhension au cours même de la lecture, dont nous allons voir qu'elle pose souvent problème.

Deux dimensions complémentaires : comprendre et identifier des mots

La lecture est une activité complexe qui peut s'analyser selon au moins deux dimensions complémentaires.
La première concerne la compréhension : elle constitue l'objectif de l'activité de lecture. Elle n'est toutefois pas spécifique de celle-ci. En effet, la compréhension s'exerce également lorsque nous regardons un film ou lorsque nous suivons une conversation. Elle précède donc l'apprentissage de la lecture (et peut être exercée avant lui, notamment en cycle 1) et se poursuit parallèlement à cet apprentissage et après qu'il a été réalisé. Cela permet d'envisager de conduire des activités portant spécifiquement sur la compréhension, en les "décrochant" de la lecture elle-même.
La seconde dimension est, elle, spécifique de la lecture. Elle concerne le décodage et l'identification des mots, c'est-à-dire, pour ceux qui sont déjà connus, l'accès à leurs formes phonologique (comment ils se prononcent) et orthographique (comment ils s'écrivent) ainsi qu'à leur sens. Contrairement à ce que laisse supposer l'intuition des lecteurs experts (dont les enseignants !), cette dimension est hautement complexe et son apprentissage pose problème (à tous les enfants à une certaine période et à quelques-uns pendant plusieurs années).

Difficultés spécifiques de chacune des dimensions

Il existe une forte corrélation entre décodage et compréhension : en général, ceux qui identifient vite et bien les mots sont aussi ceux qui comprennent vite et bien. Toutefois, certains enfants manifestent une différence très forte entre ces deux dimensions. Ainsi les dyslexiques, qui présentent des difficultés de décodage malgré des habiletés normales de compréhension[28]. Ainsi encore pour les enfants qui présentent des difficultés spécifiques en compréhension en l'absence de tout déficit en reconnaissance de mots (10 à 15 % de la

28 Observatoire national de la lecture (1998), *Apprendre à lire*, Odile Jacob, Paris.

population scolaire ; Fayol, 1996). L'utilisation d'épreuves spécifiques permet de mettre en évidence que les populations d'enfants se répartissent sur ces deux dimensions, qui doivent être considérées comme variant de manière continue. Il est ainsi possible de distinguer ceux qui éprouvent des difficultés de compréhension de ceux pour qui le décodage ou l'identification des mots pose problème et de ceux qui, c'est hélas possible, cumulent les deux handicaps. Etablir de telles distinctions permet d'adapter les interventions aux difficultés.

Gérer les deux dimensions de l'apprentissage en temps réel

La question du coût

La lecture ne comporte pas seulement deux dimensions complémentaires. Les lecteurs doivent en effet les gérer simultanément au cours même de la lecture. Or, les êtres humains, et cela d'autant plus qu'ils sont jeunes, ne peuvent mener à bien et parallèlement qu'un nombre très limité d'activités. On dit que leur capacité à traiter des informations à un moment donné est limitée. En fait, la possibilité de conduire en même temps deux activités dépend de leurs « coûts » respectifs, lesquels dépendent en particulier du degré d'automatisation des activités requises. Lorsqu'une activité est automatisée, sa mobilisation et sa mise en œuvre sont rapides et peu coûteuses. En revanche, lorsqu'une activité est nouvelle, ou peu usuelle, son coût d'utilisation est élevé car elle requiert un contrôle attentionnel. En conséquence, il est possible de mener en parallèle deux activités automatisées, ou une activité automatisée et une autre qui ne l'est pas, mais non (ou très difficilement, ou sur une période très brève) deux activités nécessitant de l'attention. Ces trois éventualités sont aisément transposables au domaine de la lecture et permettent de mieux comprendre un ensemble de phénomènes.

La phase d'apprentissage

Au cours de la période d'apprentissage du code (cycle 2), les enfants peuvent très difficilement conduire une activité de compréhension au cours même de la lecture. Le traitement des mots capte l'essentiel de leur attention : ils ne disposent donc souvent plus de ressources suffisantes pour imaginer les situations ou les événements décrits par les textes auxquels ils sont soumis. Or, les habiletés de compréhension de l'enfant de CP sont déjà très développées, aussi bien à l'oral que sur des supports imagés. Il s'ensuit que le matériel utilisé pour l'apprentissage (il doit satisfaire certaines contraintes, notamment du fait qu'il doit être centré sur l'acquisition du principe alphabétique) présente souvent un intérêt discutable du point de vue de la compréhension. De là, la situation inconfortable dans laquelle se trouvent les concepteurs de manuels aussi bien que les enseignants : comment satisfaire à la fois les contraintes relatives à l'apprentissage du système écrit et celles qui tiennent au souci de fournir aux élèves des textes suscitant leur intérêt. Diverses solutions ont été envisagées par les enseignants et par les éditeurs, depuis la correspondance scolaire jusqu'à l'utilisation du roman. Toutes posent le problème de l'articulation de deux objectifs difficiles à concilier au moins initialement : l'apprentissage du principe alphabétique et le travail relatif à la compréhension. Une possibilité serait, sans dissocier les deux, de concevoir des activités ayant pour dominante de travailler soit sur le code soit sur la compréhension, par exemple, en abordant essentiellement (et temporairement) cette dernière à partir de textes oraux.

La difficulté des textes

Au fur et à mesure que l'enfant progresse dans l'apprentissage du code, l'identification des mots déjà rencontrés et le traitement des mots nouveaux à la fois s'accélèrent et se font de plus en plus précis. Le coût de ces activités se réduit et la compréhension peut donc de mieux en mieux s'exercer parallèlement au décodage. Cela explique que la relation entre décodage et compréhension lors de la lecture devienne de plus en plus étroite avec l'élévation du niveau scolaire.

Pourtant, les contraintes de capacité subsistent. Ainsi, les enfants continuent à éprouver des difficultés à faire face simultanément à des traitements complexes sur le code (par exemple, du fait de la présence de nombreux mots nouveaux) et sur la compréhension (par exemple, lorsque le thème abordé n'est pas familier). Le cumul des deux, fréquent du fait qu'un thème peu connu exige souvent le recours à un lexique spécialisé, met les lecteurs en difficulté, quels que soient leur âge ou leur niveau intellectuel. Même des étudiants de l'université sont soumis à ce type de contrainte. En conséquence, il est nécessaire de mettre en adéquation les difficultés des textes et les objectifs poursuivis. S'il s'agit de travailler sur le code, par exemple en recherchant l'acquisition de mots nouveaux, il est prudent de limiter au maximum les difficultés de compréhension, soit par une préparation préalable soit par un tutorat en cours de lecture. Au contraire, si l'accent est mis sur la compréhension ou sur l'acquisition de nouvelles notions, il convient plutôt de réduire le coût des traitements du code.

Les manuels, mais aussi les enseignants, peuvent donc adapter les choix de textes aux activités pour lesquelles ils sont sélectionnés.

Le rôle du contexte

La double dimension de l'activité de lecture ouvre la voie à des compensations. Les difficultés dans l'identification des mots peuvent par exemple être au moins partiellement compensées par les habiletés dans la compréhension du sens du texte. Ainsi, le contexte constitué par la phrase en cours ou le texte déjà lu pourrait faciliter la reconnaissance des mots. Une telle facilitation a été observée chez les faibles lecteurs. La procédure utilisée consistait à

présenter aux lecteurs des mots à lire, précédés ou non de contextes pouvant être ou non facilitateurs, ou encore neutres. Ainsi, les élèves de CE1 comme ceux de sixième montrent un effet de facilitation des contextes, celui-ci étant plus accentué chez les plus jeunes.
L'interprétation de ces faits est que la reconnaissance des mots est trop rapide chez les bons lecteurs pour que la facilitation contextuelle puisse produire des effets repérables. Les faibles lecteurs étant plus lents et commettant plus d'erreurs, la facilitation contextuelle se manifeste plus facilement et de manière plus aisément observable chez eux. Les bons lecteurs présentent aussi une facilitation contextuelle lorsque les stimuli visuels sont dégradés ou que des mots rares sont utilisés.
Le recours au contexte pour traiter l'identification des mots est donc une procédure disponible chez tous, mais elle est coûteuse et elle peut entraîner des erreurs. En conséquence, ce recours entraîne une focalisation des ressources attentionnelles sur le traitement du code, qui s'effectue aux dépens de la gestion de la compréhension du texte lui-même. Lorsque cette situation se produit de temps en temps, elle n'est pas préjudiciable à la compréhension, ou alors la difficulté induite peut rapidement être surmontée. C'est notamment le cas lorsque les enseignants utilisent sciemment le contexte en s'appuyant sur des textes conçus à cet effet et en contrôlant la manière dont procèdent les élèves. En revanche, lorsque des lecteurs sont obligés d'y faire fréquemment appel dans leur pratique quotidienne, les risques d'échec de la compréhension augmentent.
C'est pourquoi, l'accent doit être mis sur l'automatisation de l'identification de mots, de sorte que le recours au contexte soit le plus rare possible et se limite aux cas dans lesquels l'objectif poursuivi est, par exemple, l'apprentissage d'un mot nouveau ou la découverte de sa signification. Les textes supports et les progressions doivent tenir le plus possible compte de cet impératif.

Facilitation contextuelle et compréhension

On ignore si une compréhension peu efficace conduit à se référer plus ou moins au contexte. Comme les recherches confondent le plus souvent compréhension et décodage, il est difficile de spécifier l'origine des différences interindividuelles en ce qui concerne les effets de facilitation contextuelle. Pourtant, une importante question concerne la manière dont les dyslexiques, qui ont des troubles du décodage, parviennent à lire. Beaucoup d'entre eux réussissent à acquérir des capacités correspondant à leur âge alors même qu'ils continuent à présenter des difficultés de lecture des mots nouveaux. Des données récentes ont montré que les dyslexiques qui ont des habiletés de décodage faibles mais un niveau normal de compréhension bénéficient plus que les autres d'une aide contextuelle. Par contraste, les enfants présentant des difficultés de compréhension bénéficient moins de la facilitation contextuelle en raison de leur faible capacité verbale et sémantique.

Pour conclure

La maîtrise de la lecture/compréhension est toujours relative.

Nous sommes tous, à un moment ou un autre, de faibles “compreneurs”, accaparés que nous sommes par le traitement de mots techniques trop nouveaux ou dépassés par la saisie du sens de textes qui exigent des connaissances spécifiques. Nous éprouvons tous à un moment ou un autre de la fatigue en lisant un texte difficile (pour nous), alors même que, dans d’autres circonstances, la lecture nous paraît facile et nous nous demandons comment elle peut poser problème à certains. En fait, ces sentiments et prises de conscience apparemment contradictoires tiennent à ce que, pour l’adulte expert comme pour l’enfant débutant, lire nécessite toujours la coordination de deux activités dont chacune présente un coût, variable selon les textes et leurs contenus. Garder cela présent à l’esprit devrait contribuer à la fois à mieux anticiper et prévenir les difficultés de certains individus, notamment en choisissant les textes de manière à les adapter au public des apprenants.

Ce sont autant de pistes de réflexion dont un enseignant doit tenir compte lorsqu’il engage l’apprentissage de la lecture, et qui justifient la responsabilité du choix raisonné des supports, dont le manuel est une composante importante.

Bibliographie de référence

Observatoire national de la lecture (1998), *Apprendre à lire*. Paris : Odile Jacob/CNDP

Observatoire national de la lecture (2000), *Maîtriser la lecture*. Paris : Odile Jacob/CNDP

FAYOL, M. (1996), “À propos de la compréhension”. In Observatoire national de la lecture. *Regards sur la lecture et ses apprentissages*. Paris : MEN.

FAYOL *et AL*. (1992), *Psychologie cognitive de la lecture*. Paris : Presses Universitaires de France.

NATION K. R et SNOWLING M. (1998), “Individual differences in contextual facilitation : Evidence from dyslexia and poor reading comprehension”. *Child Development*, 69, 996-1011.

YUILL, C.M. et OAKHILL, J. (1991), *Children’s Problems in Text Comprehension*. Cambridge, U.K.: Cambridge university press.

Construction du lexique et acquisition de la lecture[29]

Jacques David, *Professeur à l'IUFM Versailles-Cergy, membre d e l'ONL*

Les connaissances lexicales constituent l'une des composantes les plus importantes de l'acquisition du langage oral et écrit, en compréhension comme en production. Chez l'adulte, la production orale peut dépasser les 200 mots par minute, soit deux à trois mots par seconde. À cette vitesse, le processus est, bien évidemment, inaccessible à la conscience. Le problème se complexifie lorsque l'on sait que la récupération des mots en mémoire nécessite une sélection parmi plusieurs dizaines de milliers d'unités (W.J.M. Levelt estime que nous possédons un lexique "disponible" qui peut atteindre 40 000 mots); c'est dire la complexité des mécanismes cognitifs en jeu.
Pour un lecteur performant, l'accès au lexique est également très rapide. Le traitement d'un texte sans difficultés excessives peut être cinq à dix fois plus rapide qu'en réception orale. C'est dire, là aussi, la complexité des fonctionnements cognitifs qui sous-tendent le processus de lecture, un processus qui est étroitement lié aux capacités de reconnaissance des mots, et donc dépendant des procédures d'assemblage grapho-phonologique et de leur automatisation.

Nous analyserons ici les relations entre lexique et lecture ainsi que la part des savoirs lexicaux qui favorise l'apprentissage de la lecture et celle qui résulte de son acquisition. Nous nous appuierons sur des données de recherches psycholinguistiques et linguistiques[30] pour montrer en quoi les compétences lexicales déterminent en grande partie la maitrise de la lecture – mais aussi un ensemble de difficultés spécifiques. Nous envisagerons alors des pistes d'interventions didactiques accessibles.

Quelle que soit la modalité langagière observée (en réception ou en production) et quel que soit le versant étudié (à l'oral comme à l'écrit), la construction du lexique repose sur une association de procédures à la fois complexes et plus ou moins spécifiques. Le problème, souvent invoqué dans les difficultés dites de "vocabulaire" des élèves, à savoir un manque plus ou moins chronique et vertigineux, n'est en fait que la face cachée d'un

29 **Cet article est rédigé en nouvelle orthographe**, conformément aux Rectifications proposées par le Conseil supérieur de la langue française et entérinées par l'Académie française (*Journal officiel*, n° 100 du 6 décembre 1990).

30 Ce texte repose sur de nombreux articles et recherches publiés ou en cours. Afin de ne pas alourdir sa présentation, les notes de renvois bibliographiques seront limitées à une bibliographie générale proposée à la fin de la contribution.

autre problème, lié celui-ci à la qualité de ce vocabulaire – ou plutôt de ces vocabulaires[31]. Il faut en effet savoir qu'un nombre élevé d'unités reconnues n'assure pas obligatoirement la maitrise de leur(s) signification(s). Une personne peut ainsi saisir le sens d'un mot dans un certain contexte et ne pas le connaitre dans un autre. De tels phénomènes, liés à la polysémie inhérente à tout vocabulaire – surtout le plus courant – peut provoquer des contresens locaux, voire des interprétations erronées de l'ensemble d'un texte.

Les études développementales sur le rapport entre les performances lexicales et les difficultés de lecture des apprentis montrent également des variations interindividuelles très importantes. Plusieurs facteurs peuvent être impliqués : l'écart entre les activités de production et de compréhension, la distance entre les performances à l'oral et à l'écrit, la capacité à catégoriser les unités lexicales et, bien évidemment, les caractéristiques de la langue. Les travaux de recherche concourent à relativiser toute approche strictement quantitative et linéaire du développement lexical. On pourra dès lors formuler un certain nombre d'indications pour l'apprentissage conjoint de la lecture et du lexique, indications qui devraient aider les enseignants à concevoir des apprentissages adaptés, mais aussi les auteurs et les éditeurs de manuels à élaborer des supports cohérents.

Lexique et premiers apprentissages de l'écrit

Dès les premiers mois d'apprentissage de la lecture-écriture, les élèves vont voir leur lexique actif rapidement augmenté et sensiblement reconfiguré. De fait, la connaissance des mots écrits, en réception comme en production, s'appuie sur de nouvelles procédures qui contribuent à redistribuer cet ensemble diffus d'unités antérieurement cumulées à l'oral. Le terme même de mot[32], qu'il soit écrit ou oral, n'est vraiment maitrisé, en tant qu'unité langagière, que vers 7 ans. Il est ainsi plus facile à repérer à l'écrit ; il est aussi reconnu comme l'unité de base, celle sur laquelle peuvent s'exercer les apprentissages nécessaires à l'acquisition du lire-écrire – et au delà toute réflexion sur la langue. Il s'agit là d'un processus interactif dont l'effet le plus immédiat est un accroissement exponentiel des connaissances lexicales. On évalue ainsi le rythme de cette évolution à environ 3 000 mots

31 Nous utilisons ici le terme *vocabulaire*, non dans son acception usuelle, souvent synonyme de *lexique*, mais pour l'en distinguer. Dans le *vocabulaire* les unités sont contextualisées, elles supportent les différentes marques morphologiques, elles acquièrent une signification non plus standard, mais actualisée dans l'énonciation. Le *lexique*, lui, doit être compris comme une abstraction à partir *des* vocabulaires. Le *lexique* neutralise, entre autres, les variations de sens repérables pour un même mot dans les différents énoncés où il apparait.

32 Indépendamment des problèmes qui entourent la définition linguistique du *mot*, sa maitrise nécessite deux autres conditions : a) la reconnaissance de son caractère arbitraire –y compris pour les noms d'objet– et b) le bon usage métalinguistique du terme.

nouveaux par an[33], dès que les savoir-faire de base en lecture-écriture sont installés. Ce rythme d'acquisition n'est ni constant ni également partagé. Il varie d'un enfant à l'autre dans des proportions souvent importantes et difficiles à évaluer, du fait même de la diversification des vocabulaires plus ou moins spécialisés. Untel qui dira "bien connaitre" de nombreux termes spécifiques à sa passion, par exemple en informatique, en identifiera très peu dans un autre domaine. De plus, même si le nombre de mots nouveaux augmente sensiblement du CE1 au CM2, les modalités de reconnaissance de ces mots se diversifient. En fait, les mots nouvellement appris augmentent, mais ne sont pas toujours définissables et fréquemment employés ; plus les élèves avancent en âge et plus leurs mots sont classés comme "moyennement connus et peu utilisés".

Peut-on expliquer ce processus d'acquisition conjoint de la lecture et du lexique ? Au cours de son apprentissage de l'écrit, l'apprenti-lecteur construit de nouvelles procédures qui associent d'une part la reconnaissance des mots, essentiellement à partir de leurs propriétés formelles (configurations orthographiques, correspondances grapho-phonologiques), et d'autre part leur identification, sur la base de leurs caractéristiques sémantiques. Si la reconnaissance formelle peut rapidement s'effectuer sur des mots connus et inconnus, en revanche leur identification sémantique sera différente selon que le mot appartient déjà ou non au lexique mental de l'élève. Dans le premier cas – celui ou le mot est connu –, l'identification consistera à activer les différentes associations construites : 1) sur la base de leur fréquence et co-occurrence (certains mots sont plus souvent employés que d'autres, par exemple, vélo vs bicyclette, et en contact privilégié avec d'autres, *vélo et roue, course, bi-cross*...) ; 2) en fonction de leur catégorisation (animé/inanimé, concret/abstrait, singulier/pluriel...) et de leur hiérarchisation dans l'expérience, notamment les rapports entre un mot et son prototype (par exemple, *moineau* est plus proche de *oiseau* que *hulotte*) et les caractéristiques associées à ce mot (*les plumes, le nombre de pattes, la taille*...) ; 3) en relation avec les éléments qui partagent des caractéristiques communes (c'est notamment le cas avec de nombreux mots composés ou dérivés : *lave-vaisselle* et *vaisselle*... *marché* et *supermarché*, par exemple). Dans le second cas – si le mot est inconnu –, il peut toujours être décodé, mais son identification nécessitera un traitement sémantique spécifique qui nécessitera alors la construction des mêmes associations : 1) relation aux contextes sémantiques et syntaxiques ; 2) rapport aux référents, expériences et savoirs convoqués ; 3) repérage des traits de composition, bases et dérivés. Ce processus, qui

33 Dans ce comptage, sont intégrées les différentes formes fléchies d'une même unité ; c'est surtout le cas des verbes pour lesquels, par exemple : *suis, est, sont, fut*..., seront comptés comme autant d'unités différentes, même si elles n'appartiennent qu'à une seule unité lexicale.

intègre certainement d'autres composantes linguistiques et psycholinguistiques, concourt à l'accroissement du lexique mental des lecteurs.

Mais comment est constitué ce lexique mental ?

En fait, le lexique relève d'une organisation de type "componentielle", où la signification d'un mot résulte de l'association de ces traits sémantiques. Chaque mot peut ainsi être vu comme le centre d'une toile ou d'un réseau de liens plus ou moins étendus et irréguliers. Ces liens sont construits au fur et à mesure de la rencontre des mots, selon les relations sémantiques déjà décrites, mais aussi en fonction de ressemblances orthographiques (ainsi *fraise* est relié sémantiquement à son hyperonyme – ou prototype – *fruit*, mais il est aussi associé auditivement et visuellement à *frise*). La constitution de ce réseau ne relève donc pas d'une distribution aléatoire.

Le passage du lexique oral au lexique écrit est donc une question essentielle pour la description des processus de lecture-écriture. Les écarts de vocabulaire peuvent être importants entre des situations de conversation courantes et diverses publications écrites. Le lexique produit en conversation (notamment entre parents et enfants) apparait plus fréquent et son étendue est liée au statut du destinataire. À l'inverse, le lexique des textes écrits (journaux, magazines, articles scientifiques) subit de moindres contraintes temporelles et énonciatives qui nécessitent certes une recherche plus lente, mais permet une plus grande précision.

Sur le plan linguistique, la différence majeure entre les performances lexicales orales et écrites tient, bien évidemment, aux effets considérables – et souvent indésirables – de l'orthographe sur la lecture, et surtout sur l'écriture[34]. Concernant le français, si les correspondances phonographiques sont, dans des proportions importantes (plus de 80 %) régulières et directes, les écarts morphologiques et idéographiques sont néanmoins très (trop !) nombreux. Dès le début de l'apprentissage de la lecture, les élèves découvrent que la reconnaissance des mots écrits ne se réduit pas strictement au décodage d'informations graphiques. L'analyse des graphèmes du français, leur polyvalence et les irrégularités qui limitent leur maitrise rapide, obligent les élèves à des apprentissages nécessairement longs et couteux au plan cognitif. La construction du lexique correspondant subit les mêmes contraintes, à un point tel qu'on a tenté d'en définir une sous-discipline autonome : l'orthographe lexicale. Les limites de ce domaine d'étude sont certes floues, mais son objet est cependant conséquent : la découverte des caractéristiques morphologiques des mots écrits (par exemple, les différentes graphies du /o/, les doubles consonnes, les finales muettes de dérivation…) et la mise en œuvre de règles plus ou moins opératoires et exhaustives.

34 Même si certaines règles orthographiques peuvent perturber l'expression orale de nombreux énoncés ou mots, notamment à travers les liaisons plus ou moins facultatives.

Comment dès lors évaluer l'impact de la morphologie sur le développement des compétences lexicales, en particulier, et le savoir-lire, en général ?

Les lecteurs débutants ou confirmés développent une habileté morphologique particulière, consistant à construire la signification des mots à partir des bases et affixes qui les constituent. Ainsi, un suffixe comme *–ette* repéré comme diminutif du mot fillette sera utilisé pour identifier de nouveaux mots comme *chambrette, gaufrette, réglette*[35]. Ces mots sont donc acquis par "propagation" ; ils accroissent ainsi, et dans des proportions considérables, le lexique mental des apprentis lecteurs. En fait, les mots complexes, mais possédant une structure morphologique transparente, apparaissent dans des proportions importantes en français. Ils constituent 60 % du lexique acquis par les écoliers, mais aussi 69 % des mots analysables dans un dictionnaire comme le *Robert méthodique*, qui en compte pourtant près de 35 000 !

Les implications didactiques ne sont pas négligeables. Nous pourrions ainsi suggérer des démarches, des programmes d'apprentissage et surtout des supports qui introduisent de façon graduelle et conséquente des mots plurimorphémiques. Nous devrions alors nous éloigner résolument d'une conception "simpliste" de la lecture, simpliste en ce qu'elle n'offre que des textes comportant des mots courts, à base unique, sans affixe.

En l'occurrence, nous pourrions envisager un enseignement régulier et progressif des propriétés morphologiques des mots : leur composition en affixes et bases, les contraintes de dérivation, les phénomènes d'homonymie et de synonymie...

Il reste que nous ne connaissons pas vraiment l'impact des enseignements proposés sur l'émergence d'une conscience morphologique et leurs éventuels effets sur la lecture. Nous ne pouvons encore décider laquelle des deux activités est la plus efficiente : celle qui développe des apprentissages en situation : lire et écrire beaucoup et très fréquemment, ou celle qui propose des apprentissages réflexifs sur la constitution de ce lexique. Gageons que l'extension des travaux sur les procédures morphologiques débouchera sur des enseignements qui combineront ces deux types d'apprentissage, implicite et explicite.

D'autres questions sont impliquées dans ce passage au langage écrit ; elles portent sur les capacités de développement d'un ou de plusieurs lexiques. On peut en effet se demander si, en apprenant à lire et à écrire, les élèves construisent un nouveau répertoire de mots ou s'ils s'appuient sur leur lexique oral initial pour l'augmenter à partir des nouvelles unités reconnues en lecture-écriture. Cela revient à se demander s'il existe un lexique mental homogène ou au contraire des lexiques propres à chacune des compétences langagières,

35 Il peut aussi induire des contresens pour d'autres mots dont la base est indécelable : *belette, targette, amulette*...

voire à chacune des deux modalités, orale et écrite. On écarte aujourd'hui l'hypothèse de deux lexiques distincts construits l'un en suivant une voie phonologique et l'autre sur la base d'unités graphiques repérées directement, donc autonome par rapport au premier.
En fait, les travaux de neuropsychologie appliqués à l'étude de patients cérébro-lésés, montrent l'interdépendance des procédures phonologiques et graphémiques et leur attachement à une organisation sémantico-lexicale homogène qui englobent les capacités et les difficultés à comprendre et à produire des mots à l'oral comme à l'écrit. Les conséquences sont claires pour la lecture et son apprentissage : il n'y a pas de légitimité à opposer différents lexiques, puisqu'il n'en existe qu'un. Au contraire, les élèves doivent bénéficier d'un enseignement lexical qui mette en relation les différentes formes orales et écrites, c'est-à-dire qui associe des tâches de réception-compréhension et de production, et surtout qui montre la solidarité des niveaux d'analyse : phonologique et orthographique, sémantique et syntaxique, morphologique et énonciatif...
L'acquisition du lexique en relation avec celle de la lecture ne va pas de soi ; les processus cognitifs à l'œuvre et les contraintes linguistiques sont complexes et l'apprentissage long et difficile.

Lexique et compréhension en lecture

L'acquisition du lexique est en relation étroite avec les performances en lecture, donc avec la réussite scolaire en général. L'étude de R.P. Carver (1994) montre qu'un texte comprenant plus de 2 % de mots inconnus était considéré difficile par les élèves, alors que les textes jugés faciles à comprendre n'en comportaient presque aucun ; l'équilibre semblant se situer autour de 1 % de mots inconnus. Ce pourcentage relativement faible permet certainement un accès facile aux textes, mais il ne laisse pas de marge suffisante aux enseignants et aux auteurs de manuels pour composer ou choisir des textes susceptibles de conduire à une lecture aisée. De fait, sauf à proposer des supports de lecture extrêmement stéréotypés et peu étendus dans leur vocabulaire, les solutions passent à la fois par la sélection de textes ajustés aux capacités lexicales des élèves et un étayage suffisant avant, pendant et après les lectures. Cela n'est pas anodin en termes d'implication didactique.

Les travaux de S. Ehrlich *et al.* (1978) portant sur la capacité de reconnaissance lexicale (de 2 700 mots) d'élèves de primaire ont montré que le nombre de mots inconnus diminue considérablement du CE1 au CM2, mais que les mots nouvellement appris – ceux que les élèves connaissent mais utilisent rarement – ne le sont que partiellement : ils ne peuvent en donner le ou les sens possibles. Les écoliers apprennent ainsi beaucoup de mots, mais ne parviennent guère à les utiliser à bon escient.
Pour le collège, A. Lieury (1997) a inventorié et analysé la diversité et l'étendue des

vocabulaires proposés dans les manuels scolaires[36]. Il a évalué qu'au delà des 3000 mots courants, plus de 6000 mots nouveaux, spécifiques aux disciplines enseignées, sont introduits chaque année. Ainsi, à l'issue de la scolarité collégiale, les élèves sont confrontés à près de 24000 mots nouveaux. Or, de l'enquête menée auprès des élèves de 6e, il ressort que seulement 2500 mots nouveaux, en moyenne, sont véritablement maîtrisés[37] en fin d'année, et au maximum 17000 mots acquis à l'issue de la 3e. Ce nombre est très éloigné des 24000 mots nouveaux recensés dans les manuels des quatre années du collège.

Ainsi, plus que la quantité, c'est la qualité des connaissances lexicales qui semble déterminante.

Rapport entre maitrise de la lecture et acquisition du lexique

Pour parvenir à une lecture habile, il faut que l'apprenti-lecteur construise un lexique mental suffisamment étendu et organisé pour permettre en retour un accès plus direct et rapide, et donc un travail de compréhension accru. Pour nombre d'élèves peu ou faibles lecteurs, les difficultés apparaissent quand ils ne parviennent pas à un degré d'autonomie suffisant dans le décodage des mots. Leur attention – et plus particulièrement leur mémoire de travail – est toute entière occupée par cette activité élémentaire. Elle ne peut, de ce fait, s'ouvrir aux relations sémantiques et syntaxiques afin d'associer le sens des mots décodés et construire à terme celui de la phrase et, au-delà, du texte. Ainsi, plus un élève peut rapidement décoder les mots de son texte, plus facilement il en agrège le sens à celui des mots suivants, et ainsi de suite. Son lexique mental s'en trouvera augmenté d'autant.
De fait, l'accroissement du stock lexical dépend de la pratique régulière – si ce n'est intensive – de la lecture: plus un élève lit et plus il augmente son lexique, et mieux, en retour, il comprend les textes qu'on lui propose, ce qui accroit encore ses capacités lexicales, et ainsi de suite.

D'autres difficultés viennent souvent de la rencontre de mots inconnus qui peuvent entraîner des ruptures plus ou moins dommageables à la saisie d'ensemble du texte. En l'occurrence, le lecteur doit chercher la signification – ou les significations probables – de ces mots inconnus sans perdre le fil de sa lecture, et surtout le sens du texte en cours d'élaboration. Cela pose un problème crucial pour l'apprentissage, problème qui peut

36 L'étude a commencé en 1991 et a porté alors sur les seuls manuels de 6e; elle s'est poursuivie jusqu'en 1997 pour ceux des autres niveaux du collège.

37 Il faut effectivement tenir compte de disparités considérables, puisque les élèves les plus faibles n'ont identifié que 1500 mots nouveaux.

perdurer à un âge très avancé : comment assurer la compréhension d'un texte sans rompre le processus par des recherches lexicales ponctuelles et plus ou moins approfondies ?
Si, comme nous l'avons déjà évoqué, il existe un rapport étroit entre la saisie globale d'un récit et la connaissance du lexique utilisé, on ne peut proposer systématiquement des textes reposant sur un vocabulaire connu des élèves ; faute de quoi la construction de nouvelles connaissances – et pas seulement lexicales – sera inévitablement limitée. Inversement, la présence massive de mots inconnus va provoquer d'inévitables contresens, ou pire des rejets du texte à lire, voire un dégout de la lecture en général. Cette situation est extrêmement fréquente ; elle l'est d'autant plus lorsque les élèves sont peu entrainés à la lecture.

Quelles solutions s'offrent alors à l'apprentissage ?

Les interventions didactiques sont de trois ordres, nécessairement complémentaires, et doivent viser :

1) le respect d'un certain équilibre lexical dans le choix ou l'adaptation des textes ; ceux-ci ne peuvent en effet dépasser un seuil critique de termes inconnus. Ils ne peuvent non plus être en deçà des exigences disciplinaires. Il convient alors d'introduire graduellement des vocabulaires spécifiques là où des termes génériques, souvent stéréotypés et approximatifs ne peuvent suffire ;

2) l'accompagnement du texte ; ce qui revient à réduire les difficultés lexicales en intervenant en amont de la lecture afin d'expliquer des termes potentiellement complexes et, en aval, pour lever des ambigüïtés, des contresens, etc., pour établir les relations sémantiques nécessaires et ainsi permettre une relecture plus efficace. Dans ce cadre, plus que la recherche de définitions, c'est le travail de reformulation qui se révèlera efficace, à condition qu'il s'inscrive dans la signification d'ensemble de la phrase et du texte en cours ;

3) la pratique régulière et ordonnée d'une réflexion sur le lexique et sa composition, c'est-à-dire d'un enseignement conséquent visant la découverte des principes de formation des mots et leur mise en œuvre dans la lecture (et plus largement dans toutes les activités langagières, orales et écrites) ; une réflexion lexicale qui ne se réduise pas à des activités factuelles : chercher une définition dans les marges du texte, répondre à des questions de vocabulaire, ou consulter ponctuellement le dictionnaire, etc.

Ainsi, l'apprentissage du lexique et celui de la lecture ne peuvent être dissociés sans risque.

Pour un enseignement du lexique

Diverses difficultés attendent les élèves, et qui tiennent à l'organisation même du lexique du français.

Nous avons insisté sur le fait que, nécessairement, la maitrise des vocabulaires spécialisés détermine la compréhension des textes. Cette maitrise s'accomplit également à travers

des formes textuelles plus ou moins typiques, dans des genres construits dans et par les disciplines scolaires : l'explication, la description, l'argumentation, etc. Mais on ne peut en limiter l'apprentissage au hasard des disciplines convoquées. Il faut bien prendre en compte d'autres facteurs, plus structurels et systémiques, pour construire des connaissances lexicales spécifiques.
De nombreux élèves de cycle 3 – mais aussi de cycle 2 en amont ou de collège en aval – peuvent s'enfermer dans des stratégies lexicales peu efficientes. Ces stratégies "défaillantes" sont souvent liées, d'une part, à la polysémie des mots – qui sont aussi les plus fréquents – et, d'autre part, à des démarches étroitement référentielles. La démarche lexicale de ces élèves semble en effet inscrite dans une conception étroite de la référence, ramenée à une simple correspondance entre les mots et les choses. De fait, ils ne peuvent appréhender les différents sens possibles d'un mot et mettre en œuvre des procédures reposant tout à tour sur :

– des significations plus ou moins dérivées, comme avec table qui renvoie à des objets différents bien qu'ayant les mêmes propriétés : *table basse / en bois / de salon / à rallonges*... mais aussi à d'autres signifiés qui s'éloignent de l'objet de référence : *tables de la loi / table alphabétique / table de multiplication* pour se rapprocher de la classe d'objets *liste* ou *tableau* ;

– des emplois qualifiés de "figuré", comme *fleuve*, dans un *discours fleuve*, ou un *roman fleuve*, ou un *fleuve de larmes*, souvent liés à des changements de catégorie grammaticale, par exemple du verbe à l'adjectif, comme avec : *emprunter un stylo / un air emprunté* ;

– des constructions syntaxiques différentes, liées le plus souvent aux degrés de transitivité *vs.* intransitivité de verbes comme *assister* : *assister à un spectacle* (avec la préposition *à* impliquant un complément non humain) / *assister un malade* (impliquant un complément humain) ; ou avec *répondre* : *je t'interdis de répondre !* (emploi absolu, sans complément) / *Tu ne dois pas répondre à ta mère ainsi !* (emploi relatif, suivi de la préposition *à*) / *Il devra répondre de ses actes* (autre emploi relatif, avec un sens différent et suivi de la préposition *de*) ;

– des expressions plus ou moins figées dans lesquelles chacun des mots a perdu son sens propre : *faire long feu, dès potron-minet, rouler sur du velours*... ou dans des mots composés : *accroche-cœur*, *cerf-volant*, *pied-de-biche*... dont la signification ne peut être déduite du sens cumulé de leurs termes, comme dans *patins à roulette* ou *porte-bagages* ;

– des procédés de métaphorisation verbale (souvent à l'origine des expressions décrites ci-dessus) dans des phrases du type : « Ses dossiers *dorment* dans un placard », « Le reporter tente de *glaner* des informations », « Son cœur *brule* pour son fiancé »... parfois impliqués dans des proverbes : « Les carottes sont cuites », « Un clou chasse l'autre »... ; bref un ensemble de procédés à l'origine de nombreux effets stylistiques souvent difficiles à interpréter par les élèves ;

– des phénomènes de synonymie, parfois très étendus, comme avec *tête* (au sens de crâne) : *citron, citrouille, carafe, carafon, cafetière, cassis, caillou, cloche, cigare, coloquinte, caboche, tirelire*[38]... où la distance avec le terme source nécessite des analyses à la fois sémantiques et étymologiques, mais aussi orthographiques et syntaxiques, et des reformulations plus ou moins étendues ;

– des interférences d'homonymes, comme avec *mousse : jeune marin / plante rase* ; ou avec d'autres mots comme *pension : pension de famille / verser une pension* dont la relation étymologique s'est perdue.

Toutes ces difficultés agissent sur la compréhension des textes et peuvent perturber la construction du lexique. Elles sont particulièrement délicates à saisir et à maitriser par ceux des élèves qui restent dépendants de références toujours liées à l'expérience immédiate ou figurée. L'inconvénient majeur de cette démarche, c'est qu'elle masque la réalité du fonctionnement langagier qui obéit, lui, à d'autres classifications, d'autres règles. La comparaison des langues suffit à saisir cet écart, car aucune langue ne découpe le réel de façon identique et avec les mêmes mots. Pour aider ces élèves, il convient donc, avec rigueur et patience, de recomposer leurs connaissances lexicales à partir de critères linguistiques, qui reposent pour l'essentiel sur des relations morphologiques et sémantiques.
Par exemple, il n'est pas sûr qu'un jeune enfant considère que *animal* soit l'hyperonyme de *chien*, tout simplement parce que le chien constitue pour lui le prototype de la classe des animaux ; ce qui le conduit parfois à écarter de cette catégorisation les familles des poissons, des oiseaux ou des insectes. De la même manière, *voiture* lui semblera un meilleur hyperonyme que *véhicule* ; ou bien *fleur, tulipe* et *rose* apparaitront sur le même plan. Là aussi, c'est son expérience personnelle, les savoirs élaborés empiriquement qui présideront à l'organisation de son lexique. Il lui faudra dès lors passer d'une logique liée à l'expérience personnelle, pragmatique à une logique linguistique plus abstraite.

Aujourd'hui, encore trop peu d'ouvrages proposent de telles démarches.

38 Nous empruntons cet exemple de paradigme à G. Petit (2000).

Bibliographie de référence

BASSANO D. (2000), « La constitution du lexique : le "développement lexical précoce" », dans M. Kail & M. Fayol (éds), *L'Acquisition du langage. Le langage en émergence, de la naissance à trois ans*, Paris, PUF, pp. 137-168.

BÉGUELIN M.-J., dir. (2000), *De la phrase aux énoncés : grammaire scolaire et descriptions linguistiques*. Bruxelles : De Bœck & Duculot.

CALAQUE E. (2002), *Les Mots en jeu. L'enseignement du vocabulaire*. CRDP de Grenoble.

CARVER R.P. (1994), "Percentage of unknown vocabulary Words in Text as a Function of the relative Difficulty of the Text : Implications for Instruction". Journal of Reading Behavior, n° 26, 413-437.

CATACH N., (1995), 3e édition, *L'Orthographe française*, Paris, Nathan.

COLÉ, P. & FAYOL, M. (2000), "Reconnaissance des mots écrits et apprentissage de la lecture : rôle des connaissances morphologiques", dans M. Kail & M. Fayol (éds), *L'Acquisition du langage. Le langage en émergence, de la naissance à trois ans*, tome 2, Paris, PUF,.

DAVID J. (2000), "Le lexique et son acquisition : aspects cognitifs et linguistiques". *Le Français aujourd'hui*, 131, 31-40.

DAVID J. (2001), "Étude de la langue et lecture-compréhension : l'exemple du lexique", dans *La Lecture de 8 à 11 ans*. Paris : Observatoire national de la lecture - Ministère de la recherche et ministère de l'Éducation nationale.

EHRLICH S., BRAMAUD DU BOUCHERON G., FLORIN A., (1978), *Le Développement des connaissances lexicales à l'école primaire*, Poitiers, PUF/Laboratoire de psychologie.

EHRLICH S. & FLORIN A. (1981), *Niveaux de compréhension et production d'un récit par des enfants de 3 à 11 ans*, Paris, Éditions du CNRS.

FAYOL M. & JAFFRÉ J.-P. (1999), "L'acquisition/apprentissage de l'orthographe", *Revue française de pédagogie*, n° 126, 143-170.

FAYOL M., DAVID J., DUBOIS D. & RÉMOND M. (2000), *Maitriser la lecture. Poursuivre l'apprentissage de la lecture de 8 à 11 ans*, Paris, Observatoire national de la lecture/Odile Jacob.

FLORIN A. (1993), "Pour une didactique des activités lexicales à l'école", *Repères*, n° 8, 93-112.

GOMBERT J.-E. (1990), *Le Développement métalinguistique*. Paris : PUF.

GOMBERT J.-E. (2002), "La problématique de la formation autour du principe alphabétique", dans *La Formation à l'apprentissage de la lecture*. Paris : Observatoire national de la lecture - Ministère de l'Éducation nationale.

HAYES D.P. (1988), "Spaeking and writing : distincts patterns of word choice", *Journal of Memory and Language*, n° 27, 572-585.

LE NY J.-F. (1989), "L'accès au lexique et compréhension du langage : la ligne de démarcation", *Lexique. L'accès lexical*, n° 8, 65-85.

LEVELT W.J.M. (1989), *Speaking : From Intention to Articulation*, Cambridge (Mass.), The MIT Press.

LIEURY A. (1997), 3e édition, *Mémoire et réussite scolaire*, Paris, Dunod.

MANESSE D. (à paraître), *L'Enseignement du français en classes difficiles. Les professeurs funambules*. Paris. INRP.

PAVEAU M.-A (2000), "La "richesse lexicale", entre apprentissage et acculturation ». *Le Français aujourd'hui*, 131, 19-30.

PETIT G., éd. (1999), Linx. *Le statut d'unité lexicale*, n° 40, Nanterre, D.S.L - université de Paris X.

PETIT G. (2000), "Didactique du lexique : état d'une confusion". *Le Français aujourd'hui*, 131, 53-62.

REY-DEBOVE J. (1998), *La Linguistique du signe. Une approche sémiotique du langage*. Paris : Armand Colin.

SEGUI J. & FERRAND L. (2000), *Leçons de parole*, Paris, Odile Jacob.

STANOVITCH K.E. (1986), Matthew effect in reading : some consequences of individual differences in the acquisition of literacy, *Reading Research Quarterly*, 21, 360-406.

ZAGAR D. (1992), "L'approche cognitive de la lecture : de l'accès lexical au calcul syntaxique", dans M. Fayol, J.-E. Gombert, P. Lecocq, L. Sprenger-Charolles & D. Zagar, *Psychologie cognitive de la lecture*. Paris : PUF.

ZESIGER P. (1995), *Écrire. Approches cognitive, neuropsychologique et développementale*, Paris, PUF.

Lecture et conscience syntaxique

Alain Bentolila, *Professeur de linguistique - université Paris V, membre de l'ONL*

Pour apprendre à lire, il faut absolument être capable d'identifier les indicateurs qui donnent aux mots de la phrase leurs fonctions et leur permettent de créer ensemble une réalité homogène. Lire une phrase, c'est identifier les mots et **en même temps** reconnaître leurs rôles grammaticaux respectifs. Sans reconnaissance de l'organisation grammaticale d'une phrase, il n'y a pas de construction du sens, il n'y a pas de lecture.

Certes un élève de 6 ans sait parler et peut comprendre les phrases qui lui sont adressées. Pour ce faire, il utilise de façon implicite les règles grammaticales de base : position des mots, prépositions, conjonctions diverses... Cette compétence syntaxique à l'œuvre à l'oral ne va-t-elle pas être “naturellement” mobilisée lorsque, reconnaissant les mots écrits, l'apprenti lecteur va chercher à les assembler pour concevoir le sens global de la phrase ? Faut-il vraiment l'accompagner pédagogiquement dans cette **re**-connaissance ? C'est là une question importante car la réponse que l'on va proposer conditionne la dimension plus ou moins étroite que l'on assignera à l'enseignement de la lecture.

La première, plus restrictive, affirmera que ce qui distingue l'acte de lecture de l'acte de compréhension de messages oraux c'est que l'identification des mots écrits implique une découverte progressive des relations grapho-phonologiques et du système orthographique. Au-delà du mot, la compétence linguistique serait à l'œuvre : la découverte de l'organisation de la phrase et de la cohérence du texte découlerait naturellement (avec quelques ajustements) des capacités déjà acquises à l'oral. L'enseignement de la lecture aurait ainsi pour priorité essentielle de conduire l'enfant à une identification précise et rapide des mots écrits puis de le mettre à lire.

La seconde conception est plus extensive et à notre sens plus pertinente. Elle ne remet pas en cause l'importance essentielle de l'enseignement visant à l'automatisation de l'identification des mots ; mais elle s'interroge sur la réalité de ce que l'on pourrait appeler “le réflexe syntaxique”. C'est-à-dire l'idée selon laquelle l'apprenti lecteur dépasserait de lui-même la dimension des mots pour construire le sens global d'une phrase puis d'un texte en se servant des compétences qu'il met en œuvre implicitement lorsqu'il a à comprendre un message oral. Il nous paraît prudent de considérer que **certains enfants, au moins, ont besoin qu'on les accompagne dans la découverte des indices et de l'organisation syntaxique d'une phrase écrite** : des observations régulièrement effectuées en février auprès d'élèves de cours préparatoire montrent à l'évidence que pour beaucoup d'entre eux le cadre de la phrase reste flou et que les groupes qui disent « qui fait quoi », « où cela se passe » et « quand » sont très difficiles à identifier.

L'écrit, bien plus que l'oral, met en évidence le caractère segmenté du langage. La représentation écrite de la langue permet à l'apprenti lecteur de prendre avec elle une distance propice à en distinguer les composantes dans leur successivité. Hormis pour le linguiste, c'est l'écrit qui atteste de l'existence des articulations de la langue orale, qui leur donne corps et les rend disponibles pour l'observation et la manipulation. Révélant l'oral dans la successivité de ses segments, l'écrit peut produire – effet pervers – ce que l'on pourrait appeler un "éblouissement segmental" ; éblouissement qui, si il n'est pas "réfléchi" et tempéré par la **conscience révélée** de l'organisation syntaxique, risque pour certains enfants de rendre l'acte de lire synonyme d'alignement d'unités à courte vue. L'acte de lire suppose une volonté maîtrisée de se saisir de la successivité des mots pour construire lucidement une expérience globale, cohérente et homogène. **Un tel comportement sémiologique nous paraît devoir être assuré par un accompagnement pédagogique soucieux de faire comprendre les enjeux de la syntaxe et d'apprendre à identifier les instruments qu'elle met à la disposition du lecteur. La découverte du principe syntaxique nous paraît ainsi faire partie intégrante de l'apprentissage de la lecture au cycle 2** ; s'assurer que tous les élèves peuvent mettre en œuvre ce principe syntaxique de façon lucide et volontaire devrait constituer un des objectifs de l'enseignement de la lecture.

Dès la découverte des premières phrases soumises à leur lecture, on doit accompagner avec soin les jeunes enfants dans la découverte d'une organisation et de règles certes connues de certains par l'usage qu'ils en font à l'oral, mais qu'ils doivent re-connaître dans la phrase écrite. Cette re-connaissance marque un degré supérieur d'explicitation, une prise de conscience plus claire des indices conventionnels qui gèrent l'organisation de la phrase. Il ne s'agit pas de "faire de la grammaire" avec des élèves de cours préparatoire. Il ne s'agit nullement de leur apprendre à reconnaître et à nommer nature et fonctions des mots et groupes de mots : classifications et nomenclatures peuvent attendre le cycle 3. Mais il est impératif d'apprendre aux apprentis-lecteurs à attribuer aux mots et groupes de mots le rôle qui leur revient dans le spectacle qu'ils tentent de mettre en scène : qui fait quoi ? où ? quand ? avec qui ?... Faute de quoi, il n'y aura pas de compréhension mais **un égrènement monotone de mots successivement identifiés ou bien une mise en scène qui bafoue les intentions de l'auteur**. Tout au long de leur apprentissage de la lecture, les élèves doivent ainsi comprendre, que, au-delà de leur alignement systématique, les mots se groupent pour porter sur la scène de la mise en sens des acteurs qui chacun joue un rôle ;

ils doivent percevoir que des décors de lieux et de temps actualisent cette représentation ; ils réaliseront ainsi que cette grande mise en scène qu'est la compréhension est organisée avec précision par des indicateurs dont on ne doit jamais négliger l'importance : **avec le choix des mots, ces indications représentent la volonté de l'auteur**. Au-delà du cadre de la phrase, il convient, aussi tôt que possible, que l'apprenti lecteur prenne conscience qu'un **texte**, aussi court soit-il, n'est pas une simple juxtaposition de phrases. On doit lui montrer, preuves à l'appui, qu'il y a des "avant" et des "après", qu'entre deux événements il existe des relations de cause à effet, ou de finalité, que le même personnage va s'appeler d'abord Catherine puis "elle", puis "la jolie petite fille". Il découvrira qu'un texte possède une réelle **cohérence** et identifiera les indices qui la manifestent et qui rappellent au lecteur le nécessaire respect qu'il doit accorder à l'auteur.

Faire écrire les élèves dès le début du CP

Claudine Garcia-Debanc, *Professeure en sciences du langage et didactique du français - IUFM de Midi-Pyrénées, membre de l'ONL*

Pourquoi faire écrire les élèves avant qu'ils sachent écrire ?

Certains maîtres n'osent pas faire écrire les élèves avant qu'ils maîtrisent l'orthographe des mots et la structure des phrases : l'écriture, selon eux, servirait essentiellement à évaluer des savoirs antérieurement construits en lecture. Or, de nombreux travaux de recherche sur l'entrée dans l'écrit ainsi que des pratiques mises en place dans diverses classes de Grande Section et de CP ont montré tout l'intérêt de la mise en place d'activités d'écriture de textes, avant même que les enfants sachent écrire les mots, et ce pour diverses raisons. La première de ces raisons est la motivation et l'envie d'écrire : l'activité d'écriture étant plus spectaculaire que l'activité de lecture, les enfants manifestent plus tôt l'envie de faire comme les grands en écrivant. Ces activités sont aussi pour les enfants l'occasion de vivre des situations d'écriture dans leur diversité et de s'essayer à formuler des hypothèses sur le fonctionnement du système orthographique. Elles permettent au maître d'observer où en est chacun des enfants dans sa représentation du fonctionnement du système d'écriture et ainsi d'organiser plus efficacement les aides qu'il peut apporter. C'est grâce aux problèmes qu'ils ont à résoudre dans ces situations, aux questions qu'ils sont amenés à se poser que les élèves apprennent à quoi sert l'écriture, comment se différencient les écrits à produire et comment fonctionne le système alphabétique du français. Ces situations doivent être vécues dans le plaisir, à l'intérieur de projets d'écriture qui aient du sens pour les enfants. Le travail d'écriture au CP s'inscrit donc en continuité avec celui qui peut être conduit à l'école maternelle.

Quelles situations d'écriture proposer ?

Il importe que les enfants, dès l'école maternelle, fassent l'expérience de la diversité des fonctions de l'écriture. L'écriture remplit en effet principalement trois fonctions.

➤ L'écriture permet la communication différée, dans l'espace et dans le temps : liste du matériel à apporter en classe, mot adressé aux parents pour annoncer une sortie scolaire, liste des vêtements à emporter en classe transplantée, lettres à des correspondants ou au maire de la commune ou encore à une mamie conteuse pour lui demander de raconter une histoire particulière, aide-mémoire, livre de vie de la classe, règles de jeu, parcours d'éducation physique. Ces écrits à destination sociale s'adressent à un destinataire connu et familier (les parents, un enfant momentanément absent) ou inconnu (le maire de la commune, des enfants de Mauritanie). Ils permettent d'éprouver l'utilité de l'écrit. Ils obligent l'enfant à se décentrer en se mettant à la place du destinataire. Ces écrits sont le plus souvent courts : dans une règle du jeu ou une affiche, on n'écrit que les éléments essentiels, le plus souvent des noms.

➤ L'écrit est également un outil de travail en permanence sollicité à l'école pour conserver en mémoire les informations apprises (légender les photographies d'une sortie, identifier les plantes collectées...) ou opérer des classements. Jouant une fonction de mémoire et d'organisation des connaissances en cours de travail, l'écrit doit apparaître comme un instrument intellectuel du travail scolaire dans les divers domaines d'activités (mathématiques, sciences, histoire...). Les écrits produits dans ce cadre peuvent être des schémas, des tableaux ou des textes brefs.

➤ L'écriture littéraire, qu'elle soit narrative par le biais d'un album ou d'un conte ou poétique, permet la construction de l'imaginaire et contribue à la construction de la personne. Il est important que les enfants fassent régulièrement l'expérience du plaisir des mots et de l'invention à travers la conception d'histoires imaginaires ou de poèmes jouant avec les mots. Pour faciliter l'écriture d'imitation, on peut choisir des albums à structure répétitive utilisant un lexique de mots usuels, dans lequel les élèves pourront puiser des fragments plus ou moins longs, comportant des verbes et des adjectifs.

Pour favoriser une diversité des projets conduits, les équipes de cycles feront en sorte de varier les activités proposées, en veillant à un équilibre entre les écrits utilitaires, qu'ils servent à la communication sociale ou au travail scolaire et les écrits littéraires, narratifs ou poétiques. L'écrit peut remplir aussi une fonction d'évaluation, à travers les exercices demandés, mais celle-ci ne saurait être exclusive.

Quelles modalités pour l'écriture ? Dictée à l'adulte et écriture tâtonnée

L'écriture d'un texte est une activité complexe qui exige de gérer plusieurs opérations en même temps : concevoir ce que l'on va écrire, décider de l'ordre des mots dans la phrase, écrire les mots, sans compter le temps et l'énergie nécessaires à un jeune enfant pour le seul geste graphique. Deux modalités de travail sont possibles.

➤ **La dictée à l'adulte** : l'adulte écrit, dans une négociation permanente entre les formulations proposées par les enfants et les exigences de la langue écrite. C'est la qualité de l'échange qui va peu à peu permettre aux enfants de prendre conscience de la spécificité de l'écriture. En effet, l'écriture permet de revenir en arrière pour rectifier ce qu'on a déjà écrit ou ajouter un élément là où cela est le plus pertinent. Syntaxiquement, la structure de la phrase écrite diffère en effet souvent de la formulation des énoncés oraux. Là où les énoncés oraux procèdent souvent par ajustements successifs : *moi, mon frère, son vélo, il est tout neuf*, l'énoncé écrit pose d'emblée l'objet du discours : *Le vélo de mon frère est tout neuf*. Le maître constitue ainsi une ressource (parce qu'il sait écrire) et une référence (parce qu'il sait comment écrire).

➤ **L'écriture tâtonnée**, ce qu'Emilia Ferreiro et les psycholinguistes ont appelé **l'écriture inventée** : l'enfant, seul ou avec l'aide d'un groupe de camarades, essaie de rédiger ou d'écrire le message, en s'aidant des affichages présents dans la classe et des textes lus antérieurement pour les mots qu'il a déjà rencontrés et, pour les mots qu'il ne sait pas écrire, en faisant des hypothèses sur la manière dont on peut écrire un mot par décomposition phonographique et mise en rapport entre ce qu'il entend et des graphies possibles.

Les deux modalités d'écriture peuvent d'ailleurs être combinées au sein d'un même projet d'écriture : la dictée à l'adulte donne la possibilité de se mettre collectivement d'accord sur le message à écrire, que les enfants s'efforcent ensuite de réaliser en écriture tâtonnée.

Quels dispositifs de travail privilégier ?

Pour la dictée à l'adulte, les situations en groupe-classe entier sont peu productives pour les enfants en difficulté : dans ce cas, c'est le maître qui pose et qui résout les problèmes d'écriture en s'appuyant sur quelques élèves. On préférera des dispositifs de travail avec moitié ou tiers de classe ou en ateliers, tandis que les autres élèves réalisent des activités en autonomie, qui n'exigent pas l'aide du maître. Le caractère hétérogène du groupe favorise l'efficacité des interactions entre élèves.

Pour l'écriture tâtonnée, une organisation en petits groupes de deux ou de trois élèves, de niveaux hétérogènes, paraît le dispositif le plus favorable. En effet, l'écriture solitaire est difficile pour un enfant qui ne sait pas encore écrire et qui, au CP, prend conscience des limitations qu'il rencontre. Les rôles dans le groupe peuvent être répartis avec l'aide de l'adulte. À tour de rôle, chacun des enfants se voit attribuer une mission différente : un élève fait le secrétaire, un autre recherche l'orthographe des mots connus dans les outils de référence de la classe, le troisième vérifie et reste garant du texte à écrire. Les échanges dans ces petits groupes sont très riches et témoignent de l'intensité du travail.

Un exemple d'écriture tâtonnée

Voici un exemple des échanges à l'intérieur d'un groupe de trois élèves de CP[39] en avril, pour rédiger la suite d'un album. Après lecture et étude en classe du début de l'album de Philippe Corentin, *Gare au renard !* (Milan), les élèves doivent inventer la suite et la fin de l'histoire. Cet album se caractérise par une structure répétitive : à chaque double page, on retrouve des onomatopées mises en valeur par la typographie de l'album :

> Soudain, il y eut un tout petit tip-top, tip-top
> Puis un discret pat pat pat pat...
> La porte du poulailler s'ouvrit en grinçant
> et un renard entra
> GNAK !
> Le renard rafla une poule et disparut à toute allure.
> – Cocorico ! claironna le coq.
> Et les poules caquetèrent à qui mieux-mieux.
> Monsieur Goguette bondit de son lit
> et se précipita vers le poulailler.

Tout au long des pages, la structure répétitive connaît des variantes, notamment pour les jurons du fermier *(nom d'une patate !, nom d'un radis noir !, nom d'un chou-fleur !)* ou les verbes introducteurs de son discours *(hurlait-il, s'époumona, glapissait la fermière)*.

Les extraits de l'album qui ont été étudiés en lecture ont été collés dans le cahier, ainsi que les noms des personnages : *M. Goguette, Mme Goguette, le renard, les poules*.

Lorsque la consigne d'écriture est donnée, le texte de la dernière page connue de l'album est affiché et constitue le texte de référence :

> Le lendemain, le fermier se rendit au village.
> Il acheta un tonneau de <u>goudron</u> bien épais, <u>un sac de plumes</u>
> et un <u>morceau de tissu rouge</u>.
> Les jours de ce fichu voleur étaient comptés.
> *(Les mots soulignés correspondent aux éléments qui sont à utiliser obligatoirement dans la suite du texte).*

39 L'activité a été réalisée par Nadine Deprez, institutrice maîtresse formatrice à l'IUFM Midi-Pyrénées dans sa classe de CP de l'école Molière à Toulouse. Les échanges ont été transcrits par Géraldine Besse, dans le cadre de sa maîtrise de sciences du langage sous la direction de Claudine Garcia-Debanc (Laboratoire Jacques Lordat de l'université Toulouse-Le Mirail, équipe Acquisition de compétences textuelles par l'enfant et Groupe de Recherche sur les interactions didactiques et la formation des enseignants de l'IUFM Midi-Pyrénées).

Voici une transcription des échanges entre les élèves.
Nous appelons les élèves Ea, Eb et Ec. Ea tient le rôle de secrétaire.

1	Ec	il met
2	Ea	construit
3	Ec	il met
4	Ea	il construit
5	Eb	*(en montrant le texte déjà écrit)* il fait une
6	Ec	met / du goudron
7	Ea	il fait une
8	Eb	*(désolé, montre à nouveau le texte déjà écrit)* oui mais
9	Ea	il fait une
10	Eb	il fait une / poule en goudron
11	Ea	*(il s'aide du texte de référence)* non plutôt en tissu rouge / non avec des plumes et en tissu rouge
12	Eb	non il faut avec du goudron alors on met (*il regarde le texte de référence*)
13	Ea	non pas avec du goudron / avec du tissu rouge / avec du goudron et du tissu rouge
14	Eb	et des plumes
15	Ea	et des plumes / et on reste comme ça
16	Eb	attends je
17	Ea	alors on en est là
18	Eb	*(en suivant avec son doigt, il lit le texte déjà écrit)* il fait une poule / une poule / en goudron
19	Ea	*(il regarde le mot)* non en plumes
20	Eb	faut faire la forme
21	Ea	et le tissu rouge
22	Eb	*(il mime l'action)* faut faire la forme de / d'une poule ensuite il met les plumes il fait un trou ensuite il met les plumes
23	Ec	ah ouais je sais
24	Ea	et il met du goudron d'abord dans / dans
25	Eb	*(il s'adresse à Ea)* attends laisse le parler / laisse le parler
26	Ec	*(il mime l'action)* – il fait la plume / avec dedans : il met le goudron et
27	Ea	il faut qu'il construise la poule d'abord avec les poils, les plumes et le tissu rouge / il faut qu'il construise la poule
28	Eb	attends alors on met *(il montre le texte écrit du doigt)* il fait une *(Ea prend la feuille et écrit)* une poule
29	Ea	alors une
30	Eb	une / c'est trop facile une
31	Ea	une *(il finit d'écrire une et relit)* une
32	Eb	*(regarde ce que Ea a écrit)* une poule pou/ poule *(il fait le geste du l sur la table et Ea écrit)*
33	Eb	comme pou *(il rit en se tournant vers Ec)* poule
34	Ea	poule *(il a fini d'écrire le mot)* / une poule
35	Eb	heu en *(il prend le stylo et la feuille à Ea)* en / je sais comment ça s'écrit
36	Ea	mais moi aussi E
37	Eb	M, E
38	Ea	N
39	Eb	on peut faire
40	Ec	N E heu E N

41 Eb en *(il veut demander à la maîtresse)* on peut faire *(il sait qu'il ne peut rien demander alors il s'arrête)*
42 Ea *(il lui montre et dit)* il est au tableau
43 Eb en goudron *(il regarde le texte de référence)* attends / g
44 Ea non avec le *(il regarde aussi le texte de référence)*
45 Eb en goudron
46 Ea *(il relit le début de la phrase en suivant avec le doigt)* attends / il lui fait une poule en *(il regarde le texte de référence)*
47 Eb en goudron
48 Ec hé il faut se servir des plumes aussi
49 Eb *(en regardant Ec)* et ensuite il se sert des plumes
50 Ea non et ensuite il met des plumes
51 Ec ah oui
52 Eb gu / alors
53 Ec il fait une poule en goudron *(Ea mime la forme de la poule)*
54 Eb *(il se met à relire avec le doigt en interrompant Ec)* il fait un …

On peut remarquer tout d'abord que les trois élèves, bien qu'étant de niveaux différents, participent activement à l'activité. De très nombreux tours de parole sont nécessaires pour rédiger la première phrase. Les négociations sur la mise en texte sont nombreuses et apparaissent dès le début des échanges transcrits ici, à l'occasion notamment d'une discussion sur le choix du *verbe met/construit/fait* (de 1 à 6), choix du mot en relation avec le choix d'une construction syntaxique: *il met du goudron/ il construit une poule*. Il faut attendre le tour de parole 22 Eb pour que les enfants discutent véritablement de ce qui est à écrire, en mimant l'action de Monsieur Goguette. Jusque-là, il semble bien que les opérations de planification, c'est-à-dire d'invention du texte, présentes de 10 Eb à 15 Ea, même si Ea essaye en Ea 17 d'en arrêter le déroulement pour passer à la mise en texte *(et on reste comme ça)*, s'appuient essentiellement sur le matériau verbal. La discussion sur le texte à écrire reprend en 18 Eb, 19 Ea, 21 Ea, 22 Eb, 26 Ec, 27 Ea... De très nombreux tours de parole sont également consacrés à l'écriture de mots, recherchés d'abord dans le texte de référence ou les référents puis dictés lettre à lettre (36 à 40 par exemple). Les enfants coopèrent pour mener à bien ces opérations de mise en mots, qui sont complexes. Nous pouvons remarquer également l'importance du temps passé à lire, soit pour vérifier où on en est du texte à écrire (Eb 8), soit pour relire le texte déjà écrit (Eb 18), soit pour chercher un mot à écrire dans le texte de référence (Ea et Eb).

Quelles aides mettre à la disposition des élèves ?

Les outils de référence jouent un rôle décisif pour la réussite d'une activité de production d'écrit au CP: ils sont les ressources dans lesquelles les élèves vont rechercher les mots dont ils ont besoin. En effet, dans une activité d'écriture, les élèves passent beaucoup de temps à relire des écrits déjà connus pour y rechercher un mot ou un groupe de mots, à localiser précisément l'élément dont ils ont besoin et à le recopier en mémorisant tout ou partie du mot[40].

Ces référents-outils peuvent être conçus par la classe ou édités. Ces référents peuvent être :

– des étiquettes correspondant à des mots appris. Se pose rapidement le problème de l'archivage et du classement de ces mots pour en permettre une consultation rapide et efficace. En début d'année, les mots sont regroupés par thèmes (les mots correspondant au menu de la cantine, les mots utiles pour faire une lettre...). Viendront ensuite des classements permettant d'approcher l'ordre alphabétique. Les mots écrits, éventuellement en plusieurs graphies, peuvent être accompagnés d'une représentation imagée. La difficulté est de représenter les verbes, mais surtout les mots-outils, déterminants, prépositions. Or, les enfants ont des difficultés particulières avec les mots très courts, qu'ils ont tendance à confondre. Les étiquettes ne peuvent donc constituer le référent unique ;
– les textes déjà lus en classe, tels qu'ils sont affichés ou archivés dans les cahiers des enfants. La tâche des élèves est alors de les relire pour rechercher un groupe de mots, un mot, un morceau de mot qu'ils ont besoin d'écrire. La difficulté est pour eux d'isoler le fragment de texte significatif ;
– des catalogues, albums ou imagiers, à condition que les enfants en aient eu antérieurement la pratique, par le feuilletage ou la lecture de l'adulte. Pour écrire le mot *lapin*, l'élève peut ainsi se reporter à la couverture d'un album qui comporte le mot *lapin*. Pour faire la liste des vêtements à emporter en classe transplantée, il pourra avoir recours à un catalogue de vêtements ou à un imagier.

Les référents évoluent tout au long de l'année. Ils sont la face apparente du travail d'apprentissage conduit dans la classe. Ils permettent de développer une interaction entre lecture et écriture, les écrits lus constituant une ressource pour les textes à écrire.

Comment interpréter les productions écrites des élèves ?

Dans un travail ainsi mis en place, il peut arriver que les productions des élèves comportent un certain nombre d'erreurs. Ainsi, voici la production réalisée par le groupe d'élèves dont

40 Laurence Rieben propose des outils pour observer l'activité des enfants, par exemple dans sa contribution à l'ouvrage *Didactique de la lecture : regards croisés* (1996) intitulée "Régulations didactiques dans une situation de lecture/écriture ou Comment aider les enfants à rechercher des mots pour écrire", Presses universitaires du Mirail/CRDP Midi-Pyrénées.

les échanges ont été cités plus haut :

> Il fai une poule em forme de poule (ligne barrée)
>
> Il fai une forme de poule en goudron et les plumes et le tissu rouge et la grête et le béa (barré)
> puis un tigré (barré) soudain il y eut un tout petit ti tip top tip top tip top
> puis un dicret pat-pat-pat-pat...
> la porte du poulailler s'ouvrit en grinçant et un renard entra. GNAK !
> Et le renard rafla la fosse poule
> et X C'est dans son colé dans. la po (barré) poule et il le tu. fin

Les ratures témoignent des hésitations des enfants, en particulier pour la conception de la première phrase, comme nous l'avons vu plus haut. Dans la suite du texte, les élèves ont reproduit à bon escient la structure répétitive. D'un point de vue syntaxique, la première phrase n'est pas grammaticale *et* se caractérise par une énumération, chaque élément étant relié au précédent par un et là où l'adulte utiliserait une virgule. On sait que les signes de ponctuation comme la virgule sont tardivement maîtrisés par les enfants. La présence des *et* témoigne ici d'une planification pas à pas. Chaque phrase est rajoutée à la précédente, comme chaque perle est enfilée pour un collier, sans vue d'ensemble sur l'écrit à produire.

Comment corriger les productions ?

Bien évidemment, les productions écrites brutes ne peuvent être communiquées aux familles dans cet état, au risque d'être incompréhensibles. Il importe en effet de montrer aux enfants que le respect de la norme orthographique est lié à l'efficacité de la communication. La mise au point peut s'effectuer de diverses manières, en privilégiant, selon les cas, le produit réalisé ou le processus de son élaboration. Pour les erreurs difficiles à rectifier par les enfants eux-mêmes, l'enseignant peut apporter la solution en tapant le texte sans erreur d'orthographe. Pour des mots déjà bien connus, il peut renvoyer les enfants aux outils de référence présents dans la classe. Il peut aussi, dans certains cas limités, faire comparer aux enfants les solutions proposées et les stratégies utilisées pour écrire un mot qu'ils ne savaient pas écrire, avant de montrer lui-même comment le mot s'écrit véritablement. Il peut également, dans certains cas, demander aux élèves une réécriture du texte après lecture de tous les textes et suggestions orales des camarades et du maître. Les enfants peuvent parfois recourir à une grille de critères, élaborée dans la classe à partir de l'observation des propriétés du type d'écrit à produire. Le principe général au CP est que la réécriture demandée ne soit pas trop longue ni hors de la portée des enfants et que les situations de production d'écrits soient nombreuses et fréquentes.

Comment valoriser les productions écrites des élèves ?

L'utilité de l'apprentissage de l'écriture apparaîtra d'autant mieux aux élèves que les enjeux et les destinataires des productions écrites seront diversifiés : album à lire aux Grandes Sections de l'école maternelle voisine, lettre dans une correspondance régulière avec un autre CP, mots adressés aux parents, légendes de photographies prises en classe nature pour une exposition, devinettes ou règles de jeux pour les CE1, autant de genres d'écrits figurant sur des supports différents qui permettent aux élèves de faire l'expérience de la diversité des formes et des fonctions de l'écrit.

Le traitement de texte, s'il est utilisé régulièrement, facilite certains apprentissages, depuis la maîtrise du blanc graphique entre les mots, rendu matériel par la barre d'espacement, jusqu'aux opérations centrales de l'écriture, supprimer, ajouter, déplacer, remplacer, en passant par les variations typographiques dans la mise en espace du texte.

Comment organiser une programmation des activités de production d'écrit tout au long du cycle 2 ?

L'apprentissage de l'écriture au cycle 2 suppose un travail régulier et continu tout au long du cycle 2. Les occasions d'écriture doivent être nombreuses et fréquentes, de façon à ne pas solenniser l'écriture et à en faire une pratique familière pour les enfants. Il est souhaitable que les maîtres du cycle fassent le point périodiquement sur les situations pratiquées le plus souvent, de façon à ajuster et réguler leur action, en vue de faire découvrir aux élèves la diversité des formes et des fonctions de l'écrit.

Il peut être utile de distinguer :

– les écrits littéraires, qui mettent en jeu l'imaginaire sous la forme de textes narratifs ou de textes poétiques, tels que suite ou invention d'albums, devinettes poétiques, jeux sur les mots...

– les écrits d'interaction sociale, qui permettent une communication différée dans l'espace et dans le temps, comme la lettre, une liste de tâches à réaliser, la règle de jeu...

– les écrits outils de travail, qui appartiennent au métier d'élève, tels que la notation d'observation en sciences ou la résolution d'un problème mathématique.

Ces trois grands ensembles d'écrits doivent être travaillés de façon équilibrée, pour faire éprouver aux élèves les principales fonctions de l'écriture.

Les outils de programmation peuvent également prendre en compte :

– le type d'interaction mis en œuvre entre les écrits à produire et des écrits à lire, les écrits lus fournissant bien souvent les structures syntaxiques et les ressources lexicales indispensables pour écrire ;

– le travail de réécriture conduit à propos de chacun des écrits produits ;
– le travail de mise en espace du texte sur des supports différents[41].

Développer la place des activités de production d'écrits dès le début du cycle 2

Les exemples qui précèdent auront, je l'espère, montré l'intérêt de faire écrire les élèves (au sens de produire des écrits) avant qu'ils sachent écrire, c'est-à-dire qu'ils maîtrisent le principe alphabétique. Ce sont précisément les tâtonnements qu'ils réalisent à l'occasion de ces tentatives d'écriture qui leur permettent de se poser des questions pertinentes sur le principe alphabétique. La lecture occupe une place importante au cœur de ces situations d'écriture, aussi bien pour rechercher dans des écrits déjà lus un mot qu'ils souhaitent écrire que pour prélever des fragments permettant de construire des mots inconnus. Si l'on arrive à se convaincre de l'intérêt de consacrer un temps important à l'écriture de textes dès le début du CP, on pourra constater l'implication importante des enfants dans cette activité, la diversité de leurs stratégies et les progrès réguliers que permet ce travail, qu'il soit individuel ou au sein de groupes hétérogènes. De plus, l'enseignant, en se mettant en position d'observateur, pourra constater les difficultés et les progrès des élèves, y compris les plus discrets à l'oral. La place des activités d'écriture est donc centrale pour l'apprentissage de l'écriture, notamment pour la maîtrise du principe alphabétique.

41 Le tome 2 de l'ouvrage *Français* Hatier concours publié en 1999 chez Hatier propose un exemple d'outil de programmation de situations de production d'écrits construit par une équipe de maîtresses de cycle 2 (p. 15).

Éléments bibliographiques

AGIEM (1998) : *Enfants des champs, enfants des villes. L'école maternelle pour des enfants curieux du monde.* Actes du Congrès d'Auch, 28 juin-1 juillet 1998.

Plusieurs contributions sur les situations d'écriture avant de savoir écrire.

BRIGAUDIOT Mireille et PROG INRP (2000) : *Apprentissages progressifs de l'écrit à l'école maternelle*, INRP/Hachette Éducation.

Des exemples d'activités d'écriture à l'école maternelle. Pour construire une continuité tout au long du cycle 2.

CHARTIER Anne-Marie, CLESSE Christiane, HEBRARD Jean (1998) : *Lire.Ecrire. tome 2 - Produire des textes*, Hatier.

Des exemples d'activités et de dispositifs et des outils d'évaluation.

DEVANNE Bernard (1996) : *Lire/écrire. Des apprentissages culturels*, Bordas.

De nombreuses références d'albums à lire en réseau et à partir desquels enclencher des activités d'écriture.

DHERS Maryvonne, DORANGE Philippe, GARCIA-DEBANC Claudine, PIERSON Claude, SEGUY André (1999) : *Français*, Hatier concours, tome 2.

Voir en particulier les chapitres 17, 20, 21, 22.

FERREIRO Emilia (2000) : *L'Écriture avant la lettre*, Hachette Éducation.

Des éléments pour l'analyse des premières productions écrites des enfants.

RIEBEN Laurence (1996) : *Didactique de la lecture : regards croisés*, Presses universitaires du Mirail/ CRDP de Toulouse.

Par-delà les manuels

Raymond Le Loch, *Professeur de lettres, membre honoraire de l'ONL*

Quelles que soient leurs qualités – et la mise en scène qu'ils proposent des apprentissages linguistiques – les manuels ne sont jamais qu'un type de livres parmi d'autres. Et les recentrages, aussi nécessaires soient-ils, sur la maîtrise du principe alphabétique et des correspondances graphophonologiques, sur l'exploration du système syntaxique et du fonctionnement orthographique ne doivent pas faire oublier que d'autres apprentissages sont en jeu: celui des livres, dans leur diversité, celui de la grande bibliothèque dont notre histoire est faite, celui en particulier de la littérature, dans ses différentes manifestations. Les compétences à acquérir dans ce domaine, amorcées dès les premières sections de la maternelle, sont appelées à s'enrichir et se renforcer tout au long de la scolarité. Elles ne sont pas mises entre parenthèses au CP. Elles gouvernent aussi le cycle des apprentissages fondamentaux.

Cette conviction, nous en avons fait le fil conducteur de la brochure *Livres et apprentissages à l'école*[42]: « Les livres, les albums, ne sont pas un supplément d'âme, un luxe, un divertissement, ils ne sont pas ailleurs, ni en marge. Ils sont à portée de main, prêts à être lus et relus, manipulés en toute occasion. Parce qu'ils sont porteurs des savoirs travaillés, élaborés quotidiennement. Parce que, dans le respect des intimités et des apprentissages existentiels, on apprend aussi à être à soi, aux autres, au monde, dans le livre et par le livre. » Nous continuons de l'illustrer par la présentation d'albums sur le site de l'ONL.

Dans deux domaines au moins, les livres qu'on range sous l'étiquette "littérature de jeunesse" jouent un rôle essentiel.

➤ Sous la forme de l'album illustré, ils mettent en œuvre des démarches stimulantes de questionnement, d'interprétation et d'appréciation. Ils offrent toute la gamme des récits, jouent des rapports les plus variés entre la réalité et la fiction, obligent à penser le vrai, le faux et le vraisemblable. La fréquentation des auteurs illustrateurs qui ont renouvelé le genre en quelques décennies ouvre à la diversité des techniques, des supports et des effets. Elle participe à l'éducation du regard, à la formation d'une culture visuelle, elle installe des références précieuses qui nourriront la mémoire du lecteur. Les contes de Perrault les plus connus sont sans cesse réinventés par leurs illustrateurs et sont sans cesse à redécouvrir par leurs lecteurs.

42 ONL (1999), *Livres et apprentissages à l'école*, CNDP / Savoir Livre, Paris. Réédition augmentée en 2003.

Mais la lecture de ces albums suppose que l'on connaisse et respecte les règles d'interaction entre le texte et l'image. Là où, pour le manuel, la fonction de l'illustration est du côté de l'explicitation et de la redondance, elle est, pour les albums, du côté de l'étonnement, de l'arrachement aux réponses toutes prêtes. L'interprétation du texte et de l'image veut qu'on en mesure les complémentarités ou les écarts, qu'on fasse appel au répertoire des œuvres lues, des images mémorisées, aux expériences personnelles, et qu'en définitive on respecte la lettre du texte.
Les efforts consentis pour l'apprentissage du code écrit trouvent dans la confrontation avec l'inventivité de l'album une justification et un ressourcement. Encore faut-il éviter radicalement de transformer l'album en manuel découpé pour les besoins de la leçon quotidienne. Réinvestir, oui, instrumentaliser, non.

➤ Sous la forme du livre documentaire, ils offrent l'occasion d'interroger le monde dans le kaléidoscope de ses représentations. Pour l'apprenti lecteur, le monde est comme le mur d'écrans où défilent les images dans les rayons d'électro-ménager des supermarchés. Beaucoup d'images et peu de savoir. Beaucoup de jugements péremptoires, et peu d'analyse critique. Et comme les textes renvoient à d'autres textes, les images, fussent-elles des photographies, renvoient à d'autres images.
Mieux qu'un manuel, qui ne reproduit jamais que quelques documents présentés comme "authentiques", reflet détourné d'une réalité déjà refractée, le documentaire, pour peu qu'il soit questionné, offre l'occasion de rétablir les décors et les contextes, de questionner le point de vue, l'angle, le plan, l'échelle, le support, de remonter à l'intention, de retrouver le fil qui conduit à la représentation. Mettre des ouvrages documentaires côte à côte, c'est comparer des choix, des formes discursives (raconter, énumérer, expliquer, justifier...), des techniques et des valeurs. C'est penser le monde non comme une évidence qu'il suffit de reconnaître, mais comme une organisation à décrypter. C'est classer, entrer dans un rapport patiemment élaboré à la langue, au langage, au monde, dans une conceptualisation du vivant et du social.
Le dessin, le schéma, la photographie réclament l'écriture : on nomme, on date, on complète par une légende, on explique, on argumente. Le terme "apprenti lecteur" dit bien la part de tâtonnements et d'ajustements, de recommencement et d'anticipation que comporte tout acte de lecture. L'apprenti-lecteur est aux antipodes de l'illumination hugolienne : « Me voici hors du temps, de l'espace et du nombre », il lui faut non seulement trouver ses repères par son expérience quotidienne et sa confrontation au monde physique et social, naturel et organisé, mais encore tracer son propre chemin parmi les multiples représentations qui en sont données.

La place accordée dans les nouveaux programmes à la lecture littéraire, la publication de listes d'ouvrages conseillés, l'incitation pressante à inscrire l'étude d'une dizaine de livres ou albums dans la planification de l'année scolaire ont créé un appel d'air tonique. Conjuguer les apprentissages techniques et les apprentissages culturels, la maîtrise de la langue et l'invention de comportements variés, c'est là un enjeu essentiel, indivisible. Lire des livres s'apprend, dans la classe, au fil des jours, dans une activité régulière et une familiarité qui n'exclut pas le plaisir.

La question du littéraire dans les manuels de lecture du CP

Francis Marcoin, *Professeur de langue et littérature française - université d'Artois, membre de l'ONL*

Dans cet article, Francis Marcoin présente une réflexion sur la question littéraire centrée sur les cinq manuels qui sont analysés dans la seconde partie.

Concernant des ouvrages qui se présentent comme des "méthodes de lecture", la pertinence de cette question ne va pas de soi. En effet, leurs auteurs ne sont pas des écrivains poussés par un souci d'expression personnelle mais des pédagogues proposant des mots et des groupes de mots, forgeant même des phrases ou des groupes de phrases qui serviront de support à la découverte des mécanismes de la langue écrite. Mais rien dans le langage n'est indifférent, et tout auditeur, tout lecteur semble conduit à construire du sens, ou du moins à se poser la question du sens, quand bien même il se trouve devant ce que les linguistes appellent un "tas de mots". Les effets de ces pages de manuels peuvent donc être imprévus, et le poète Yves Bonnefoy en arrive à supposer que le désir de la poésie peut se former au contact de « *ces livres d'apprentissage de la lecture où il y a simplement trois ou quatre mots par page, à côté de l'image merveilleusement schématique de l'animal ou de la chose qu'ils nomment* », le mot ainsi sans contexte laissant entrevoir un autre emploi du langage, différent du discours de l'action et du savoir[43].

D'autre part, une fois bannis les syllabaires et les simples exercices d'épellation, les auteurs de manuels cherchent à la fois cohérence et agrément en faisant revenir les mêmes personnages dans leurs phrases, voire en construisant un fil continu, quelque chose qui a l'air d'une histoire. L'équivoque avec le vrai "livre de bibliothèque" (comme on dit parfois encore) est renforcée par le fait que ces manuels se présentent comme un ensemble d'outils où le "livre de lecture" prend une allure récréative en se déchargeant du "scolaire" sur les cahiers d'exercices, les tableaux muraux et les livres du maître.

Les titres *Gafi le fantôme* et *Ratus et ses amis* laissent attendre autre chose que des exercices : un récit qui a pour fonction de faire oublier l'aridité supposée des apprentissages. De même, *Grindelire* est le nom d'un petit lutin qui réapparaît dans les diverses leçons, comme un simple accompagnateur pour les exercices et non comme un personnage, mais qui peut faire penser au conte de Paul Éluard, *Grindaile*.

43 « La poésie peut sauver le monde », entretien avec Macha Séry, *Le Monde de l'éducation*, septembre 1999.

Avec *Lecture en fête*, on insiste sur le côté amusant de la lecture, sur le plaisir de lire, selon un processus dont nous avons daté l'origine au début des années 30 du XXe siècle[44]. En définitive, c'est *Lire au CP* (*Le Nouveau fil des mots*) qui se présente de la manière la plus neutre, mais aucun des cinq manuels ne se réduit à la découverte de graphies ou même à l'approche de phrases simples et sans contexte. Tous se servent de personnages comme médiateurs des apprentissages, qu'il s'agisse d'enfants les plus proches possibles de l'apprenti lecteur, ou d'êtres un peu plus étranges, un fantôme, un rat, un lutin, mais en proximité constante avec des enfants.
Chaque leçon s'insère alors dans un continuum traité de façon plus ou moins lâche et qui tend vers ce genre particulier qu'est le roman scolaire. Les auteurs de *Ratus et ses amis* prétendent même faire appel à l'"imaginaire" avec l'affreux rat vert Ratus, dont les aventures ne peuvent que passionner les enfants. Presque tout le contenu de *Gafi* et de *Ratus* est donc rattaché à cette intrigue, tandis que *Lire au CP* et *Lecture en fête* se détachent assez vite de leurs personnages médiateurs et font même place à des textes venus d'ailleurs. Quant à *Grindelire*, il dissocie nettement "la prise de sens", opérée à partir d'histoires dites "de littérature jeunesse", et la maîtrise du code, travaillée dans des pages d'exercices où réapparaît *Grindelire*, surtout reconnaissable dans les illustrations. Des cinq manuels, il se distingue en n'allant pas du tout vers le roman scolaire et en accordant l'exclusivité du littéraire à des textes autorisés, signés d'auteurs. Il est donc celui qui est le plus clair quant au statut des écrits présentés, malgré une utilisation abusive du mot "document" pour désigner tout support écrit.

Le mot "imaginaire" est chargé d'une valeur particulière et d'autant plus forte que sa définition est très floue, à la fois proche de l'"imagination" et presque son contraire, dans la mesure où l'imagination suppose une démarche plus volontaire, une sorte d'activité de l'esprit, alors que l'imaginaire, qui est au départ un adjectif, désigne plutôt une sorte d'état naturel, un caractère de l'enfance qui n'a pas un sens précis de la réalité. Imaginaire et littérature jeunesse tendent à se confondre, dans une perspective de plaisir. Tous ces termes se retrouvent explicitement ou implicitement dans les livres du maître ou dans les modes d'emploi de ces méthodes. Le mot "littérature", quand il apparaît, est systématiquement associé à "jeunesse" dans des formules variables, "littérature pour la jeunesse" ou "littérature jeunesse", formule étonnante du point de vue de la langue, l'expression "histoires de littérature jeunesse" relevant proprement du charabia. Le livre du maître de la collection *Grindelire* va un peu plus loin en évoquant, mais de manière purement

44 Dans « Le plaisir de lire : entre ancienneté et nouveauté », *Lectures, livres et bibliothèques pour enfants*, sous la direction de Claude-Anne Parmegiani, Éditions du Cercle de La Librairie, 1993.

allusive, « *la valeur cathartique de la littérature de jeunesse sur les enfants* », affirmation étayée en note par une référence à B. Bettelheim, *La Psychanalyse des contes de fées*, et qui gauchit la pensée de ce dernier, appliquée au conte merveilleux et non à la littérature de jeunesse dans son ensemble.

Cet imaginaire contraste donc le plus souvent avec le sérieux, posture que cette "littérature jeunesse" semble refuser le plus souvent, tant il est entendu que l'enfant vit naturellement dans la fantaisie. Le sérieux serait plutôt le propre de ce que *Lecture en fête* nomme écrits "authentiques", fiches de cuisine, pages de catalogues, etc, même si les slogans prennent bien souvent un caractère ludique, humoristique, illustrant cette "fonction poétique" relevée par le linguiste Jakobson dont les travaux ont légitimé le travail sur ces supports. Ce sérieux caractérise aussi « *les récits ou descriptions réalistes qui renvoient à l'expérience enfantine* » (*Lecture en fête*, Mode d'emploi, p. 5), récits composés par les auteurs des manuels et qui semblent n'avoir pas de définition véritable.
Il reste que toutes les méthodes ont à régler leur rapport au littéraire, soit en se donnant un air de ressemblance avec l'édition pour la jeunesse, soit en accueillant des textes venus de cette édition. Dans le premier cas, on aura affaire à un manuel plutôt refermé sur lui-même, dans le second cas à un manuel "ouvert", marqué par une pluralité de voix et de styles, cette pluralité pouvant être modérée par les besoins de l'apprentissage ou par les effets de mode.

Ratus et ses amis : tout en un

Ratus et ses amis est un manuel qui non seulement porte le nom de son personnage principal mais qui s'organise exclusivement autour de lui. Selon les auteurs, « *Cet ensemble à la fois moderne et original fait appel à l'imaginaire : les aventures de Ratus, l'affreux rat vert, passionnent les enfants. Entre vos mains et avec votre savoir-faire, Ratus et ses amis suscitent le plaisir d'apprendre et mènent vos élèves à la réussite* ». Mais, plus que le héros d'une histoire, Ratus donne son nom à un important matériel, puisque, outre le livre de l'élève et ses accompagnements ordinaires (cahiers d'expression et livre du maître), l'éditeur propose "les premiers livres de la bibliothèque de Ratus" (Ratus poche jaune : « *pour apprendre à lire en lisant !* »), ainsi qu'un livre de lecture courante, *Ralette et ses amis* (CP/CE1), mais aussi « Les tampons de Ratus » (seize timbres à imprimer et un livret pédagogique pour développer l'expression écrite et la capacité de compréhension des enfants), et encore « Le théâtre de Ratus » (« les cinq marionnettes du monde de Ratus »), et enfin « Les bravos et les images de Ratus » (« *pour encourager vos élèves sur le chemin de la réussite : des bons points à l'effigie de Ratus et de ses amis, des images de leur héros avec un petit texte à lire* »).
Ratus mais aussi *Gafi le fantôme* s'affichent d'emblée comme romans scolaires par leur

titre et par leur illustration de couverture qui se veut dynamique et virevoltante, que ce soit avec un fantôme enfourchant un vélo "rempli" d'enfants ou avec un rat parvenu au sommet d'une montagne avec ses amis qui ont tous l'air de s'amuser, voulant manifester un comique et une proximité avec une multitude d'albums contemporains prenant pour héros des "monstres" ou de gais lurons.

La notion d'"imaginaire", renvoyant au merveilleux et à l'idée d'un monde possible doté de ses propres lois, va donc de pair avec la conception d'un enseignement lui-même organisé comme un tout, d'une démarche pédagogique ayant à se construire avec son début, son déroulement propre. Paradoxalement, il peut exister une certaine homologie entre l'univers clos des contes et celui des manuels, lesquels parfois recourent d'autant plus au merveilleux qu'elles entendent respecter une progression dans l'apprentissage des graphies.

Le manuel *Ratus* commence par une grande image occupant une double page. Celle-ci a bien pour fonction de nous faire entrer dans le monde d'un conte qui serait confondu avec le monde de l'apprentissage de la lecture. Le texte calligraphié, « *Il était une fois un bon grand-père chat qui avait deux petits-enfants. Ils aimaient rire, jouer, lire et dormir. Tous les trois vivaient heureux dans une jolie maison. Mais ils avaient pour voisin un affreux rat vert...* », reste suspendu pour inviter à découvrir la suite, qui se présente pourtant de façon fort différente, puisque viennent des pages portant chacune un titre, «marou», «mina», «belo», «le vélo», et composées d'une image elle-même accompagnée de phrases simples :

« marou est un chat.
ratus est un rat » (p. 6),

phrases qui sont faites pour un travail sur le code tout en se rattachant analogiquement au thème général. On est et on n'est pas dans l'histoire, selon l'accompagnement oral qu'entreprendra de faire l'enseignant. Cette double injonction conduit à des "textes" improbables comme :

« mina est avec marou.
marou est son ami : il rit » (p. 7)

ou :

« belo est un chat.
il est gros.
il a une moto ». (p. 8)

Un effet d'étrangeté, qui peut aller jusqu'à une certaine surréalité si on se place au second degré, vient des fréquentes allitérations («il sale son sirop», p. 16) ainsi que du contraste entre le respect des règles syntaxiques de la phrase simple et l'écart par rapport à la grammaire de texte. Le caractère "inacceptable" (au sens linguistique) de certains énoncés est donc contourné au prix d'une sorte de ruse, puisque la fantaisie permet de les justifier :

« Ratus se mouche et il tousse.
Il a les joues rouges.
Marou a fait du sirop pour le rat.
– Mais il est marron! dit Ratus.
– Oui, c'est du sirop pour les poumons.
Et Ratus se cache sous le lit ! »

En résumé, ce manuel apparaît comme le plus "exclusif" des cinq, ne s'ouvrant à aucun autre type de texte ou à aucun autre auteur, et s'en tenant à un esprit de fantaisie qui n'est cependant jamais porté par cette pulsion personnelle qui en donne un sentiment de nécessité chez un écrivain. Certes, cela ne préjuge en rien de l'utilisation souple qui peut en être faite et de son insertion dans la démarche générale d'un enseignant qui l'escortera de toutes sortes d'autres récits ou types de textes, mais l'interrogation n'est pas nouvelle, concernant l'intérêt de donner une forme apparemment littéraire à des phrases faites pour le déchiffrement.

Gafi le fantôme : les héros de la méthode

À cette question, les auteurs de *Gafi* donnent la même réponse en recourant au terme de "scénario" à propos des situations de lecture. Ils parlent même des "héros de la méthode", assumant pleinement l'analogie observée plus haut. Cette formule, "héros de la méthode", mérite d'être retenue dans la mesure où elle manifeste une superposition des notions de "livre" et de "méthode", voire une confusion, plus ou moins perceptible sur la couverture de tous ces ouvrages mais ici plus lisible : Gafi est bien le médiateur de l'apprentissage, ce qui en soi n'a rien d'illégitime mais crée une incertitude notionnelle dont on sent qu'elle a aussi une origine commerciale puisque les éditeurs, plutôt que de renvoyer pour la "vraie" lecture à des albums ou à des récits existant par ailleurs, sont demandeurs d'un tout, d'un "paquet" amenant le pédagogue à s'instituer écrivain.
Celui-ci entend donc faire reposer l'apprentissage sur *« des scénarios vivants, des textes toujours attractifs, drôles et cocasses »*, et la relation complémentaire entre les images et le texte permet de présenter dès le début une véritable histoire, les images séquentielles disparaissant progressivement pour faire plus de place au texte.
Dès le début, s'affirme un ancrage dans l'oral, « Tralala, c'est moi Gafi » (« C'est Gafi, », « Moi, c'est Gafi », « Gafi, c'est moi ») ou dans l'image-situation : « Là, c'est Gafi le fantôme, Là c'est Mélanie la chipie » (p. 2).
L'accent mis délibérément sur la reconnaissance de graphies, simples ou composées, va donc de pair avec des phrases ou groupes de phrases dont la première motivation n'est pas le récit, mais se succédant de telle sorte que l'équivoque est créée. Ces

enchaînements de phrases sont toujours sur le fil du rasoir, la volonté de faire sens se heurtant à la limite imposée par la répétition des sons ou le faible stock de mots connus, le tout pouvant produire un type d'écrit particulier. Ainsi, p. 10 :
« Ah! Ah!
Mélanie a vu un fantôme.
Mélanie, c'est une chipie ».
Dans un discours, qu'il soit oral ou écrit, cette succession de phrases appelle un raisonnement, une relation de cause à effet, Mélanie est une chipie parce qu'elle a vu un fantôme. Cette relation est ici évidemment non attendue. D'une part, les textes sont quelquefois aux limites de la parataxe, d'autre part les actions aux limites du non-sens, et le fantôme en arrive à laver un livre. On vérifie que l'humour permet de tout dire : un fantôme lave un pull, un livre et un chat, et l'on voit Mélanie qui se roule par terre de joie. Le titre de cette page, « Gafi lave » (p. 19), est lui-même à la limite de la correction ou de l'acceptabilité.
Si le roman scolaire relève d'un principe contraignant, quelques ouvertures vont être progressivement ménagées et c'est à la page 40 qu'apparaît le premier élément allogène, une double page sur le loup (des photos). Ce sera ensuite « le vélo ou la bicyclette » (p. 62). Des poèmes apparaissent dans le cadre de « la chasse au ch » (p. 78-79) : « Chocolat » de Norge, « Chanson du chat qui dort » de Tristan Klingsor, un paragraphe de Lewis Carroll présenté comme s'il s'agissait d'une poésie, deux vers de Léon-Paul Fargue, « Un chasseur sachant chasser doit savoir chasser sans son chien » et « La danche des Auvergnats » de Paul Fort. Curieusement, ce livre ne donnera pas d'autre occasion de rencontrer ce genre poétique, présenté ici de façon très particulière (le cahier d'exercices 2 proposera par exception, p. 64, un poème d'Agnès Rosensthiel, « C'est blanc »). Quant à la prose, elle reste le privilège des auteurs du manuel, et on notera chez eux une inspiration un peu différente, un peu plus littéraire, s'infiltrant à la fin du volume grâce au prétexte du rêve, « Le rêve de Mélanie », raconté en deux parties (p. 82, 84), puis de la peur, avec « La sorcière », où Arthur a prêté à Mélanie un livre sur les sorcières qui l'effraie. Rêve et peur, comme on le vérifiera dans d'autres manuels, entrent en contraste avec l'humour presque obligé et introduisent un peu de complexité psychologique.
Le livre 2 respecte la même organisation, mais annonce que les « héros de la méthode » vont s'évader de plus en plus de leur environnement familier pour des incursions dans l'histoire ou dans l'espace. De fait, ils vont vivre des aventures plus piquantes, à la manière des héros des contes. Ainsi, Pascale reçoit pour son anniversaire « un cadre avec la photo du fantôme près d'un beau château ». Elle est déçue jusqu'au moment où Gafi prononce une formule magique qui permet aux enfants d'entrer dans le tableau et

de remonter dans le cours du temps, comme dans le célèbre film Les Visiteurs. Cette aventure contée en trois épisodes sera prolongée par une double page documentaire sur « le château fort ». Plus loin, grâce au même procédé, on va « En Afrique », puis « Au temps des hommes préhistoriques », « En soucoupe volante » (5 épisodes), l'ouvrage se terminant par une histoire plus longue, sur 7 pages d'affilée, « Au pays des Kikatrix », avec de nouveaux personnages, mais toujours dans le même esprit avec ses ordinateurs et ses robots qui nous entraînent dans un monde de « fantaisie ».

Les deux livrets sont marqués par une nette progression, un grand écart stylistique entre le début et la fin, ils traduisent une volonté de maîtrise, une unité de ton et d'inspiration, en n'accordant qu'une place restreinte et peu convaincue à d'autres textes, qu'ils soient littéraires ou non. Et si la littérature, en tant que pratique institutionnelle signée, n'y apparaît pour ainsi dire pas, l'esprit général des anecdotes marquées par le comique (par exemple, « des glaces à la sardine pour Pacha », p. 48) rejoint le ton dominant de la production contemporaine des livres divertissants pour enfants. Mais, à l'intérieur de son univers propre, *Gafi* est nettement plus varié, plus aventureux, que *Ratus*.

Lire au CP (Le Nouveau fil des mots) et Lecture en fête : autour de l'enfant médiateur

Dans le passé, des méthodes particulièrement célèbres et controversées se sont fait désigner par un couple d'enfants devenu non moins célèbre, *Rémi et Colette*, *Daniel et Valérie*. De même, mais avec beaucoup moins de systématicité, nos deux manuels utilisent des écoliers placés dans des situations non romanesques, sans rebondissements ou progressions. Tout ceci paraît donc fort loin du roman, si on réduit ce genre à son caractère narratif. Ainsi les auteurs de *Lecture en fête* caractérisent fort bien "les personnages du livre", trois enfants : « *Ils fréquentent la même école. Nous les avons voulus sans caractère trop défini pour que chaque enfant de la classe puisse se "projeter" dans l'un ou l'autre. Pour la même raison, leur environnement familial est volontairement en arrière-plan. Nous retrouvons les trois personnages enfantins dans les textes "de base", mais aussi dans les textes "surprise" où ils rencontrent d'autres enfants* ». Et les thèmes sont ceux de la vie de l'enfant, « *avec sa banalité quotidienne, ses imprévus, sa fantaisie* ». Les auteurs ne manifestent donc aucune prétention littéraire, notamment en ne proposant pas de figures de héros ou de personnages dotés d'une psychologie propre. Cependant ils rencontrent, de façon certes lointaine, une tendance du roman moderne à explorer la banalité avec des « *personnages sans qualités* » et à instaurer un monde de fiction équivoque, sans statut bien défini par rapport à la réalité, au contraire du conte merveilleux qui affiche d'emblée sa différence. La facilité à reconnaître et à cerner ce genre fait d'ailleurs qu'il en vient la plupart du temps à être confondu avec toute la littérature en prose.

Les personnages du roman réaliste existent et n'existent pas tout à la fois[45], mais dans des univers fictionnels dont le statut incertain est rendu acceptable par leur caractère romanesque revendiqué. Ici, les choses sont plus confuses, puisque "les personnages du livre", notamment dans *Lecture en fête*, sont présentés comme des amis du lecteur, à la différence des personnages des contes. Mais, tout en étant supposés renvoyer à la réalité, ils sont placés dans des situations presque intemporelles, comme dans la première phrase de *Lire au CP* : « Sophie joue avec son ami Julien ». Le recours au présent est justifié par la fonction de légende de cette phrase isolée qui renvoie à ce qu'on pourrait appeler une "situation-image". Mais, hors temps et hors lieu, les acteurs sont saisis dans une action à la fois familière et figée, tels les habitants de Pompéi surpris par l'éruption du Vésuve. Non pas "suspens" comme dans un récit, mais suspension qui peut donner à la phrase une allure presque onirique. D'où cet appel du rêve, paradoxal à partir d'un matériau si pauvre, souvent évoqué dans les souvenirs de lecture des écrivains. Et il faudrait parler non de littérature au sens propre, mais d'effets littéraires plus ou moins constitués par le lecteur.

Cette littérature qui s'ignore comme telle, les auteurs de *Lecture en fête* la situent du côté du plaisir de lire, après avoir rangé à part les écrits « authentiques » (les guillemets sont des auteurs), documents, photographies, cartes, fiches de cuisine, etc. Cette distinction écrits authentiques/ plaisir de lire, illustrant le mot d'ordre de diversification, peut être traduite par les termes de fonction et fiction, partage sans doute réducteur mais opérationnel à ce niveau, et que nous retrouvons dans *Lire au CP*.

Lire au CP : un manuel de lecture qui parle aussi des lectures

Lire au CP, qui prend pour sous titre « Méthode de lecture/Apprentissage de la langue », n'en insiste pas moins dans sa « Présentation sur la compréhension », sur l'activité réelle des enfants et sur la diversification des rencontres avec les textes. Ces derniers sont nettement classés en deux séries, les "textes suivis" organisés autour de ces personnages familiers que nous avons appelés médiateurs et des "textes hors progression", poèmes, contes, textes à caractère informatif ou scientifique, etc.

L'ouvrage s'organise de façon régulière en séries de sept doubles pages où les phrases illustrent des images dédiées à deux enfants, Sophie et Julien : « Sophie joue avec son ami Julien », « Sophie va à l'école avec son petit frère Pierre », « Sophie prend son vélo. "Attends-moi", dit son petit frère », etc. Ce sont donc des scènes, des instantanés se succédant comme dans un montage diapo, reliés analogiquement par les prénoms qui

45 Sur cette question, voir Thomas Pavel, *Univers de la fiction*, Le Seuil, 1988 (*Fictional Worlds*, Harvard University Press, 1986).

prennent ainsi une importance considérable : c'est en quelque sorte le personnage qui appelle le sens, dans un processus privilégiant l'affectivité. A ce stade, il faut parler d'un travail de reconnaissance plus que de compréhension, terme employé de façon large par les auteurs de tous les manuels, puisqu'ils désignent par là l'enregistrement d'une information simple, comme l'identification de ce personnage.

Bien entendu, la taille des "textes" va prendre de l'extension, mais en passant principalement par une juxtaposition de phrases, en l'absence de coordination. Ils prennent également un tour de plus en plus narratif, débouchant sur une anecdote proche de la fable, comme « La tortue et le renard » (p. 50). Ces sept doubles pages (analogues aux "modules" de *Lecture en fête*) se prolongent régulièrement par une 8e, composée d'une autre façon, avec des devinettes et des poèmes qui introduisent ainsi d'autres voix :

« Mon petit chat » de Maurice Carême (p. 21)

un poème sans titre de Georges Duhamel (p. 35)

« Le petit crapaud » de Raymond Lichet (p. 51).

Cependant, la poésie disparaît ensuite, supplantée par des modes d'emploi (« Faire un masque », p. 63, « Faire un restaurant pour les oiseaux », p. 69), et pour ne revenir que dans le deuxième volume, avec « Pour dessiner un bonhomme » d'Anne Sylvestre (p.54) et « Petite pomme » de G. Norge (p. 56). Mais les « textes suivis » rédigés par les auteurs du manuel prennent une tonalité plus personnelle et, en ce sens, plus littéraire, tel « le rêve de Julien » (p. 64), le rêve apparaissant une fois de plus comme un des moyens privilégiés pour illustrer ce qu'il est convenu d'appeler "imaginaire" : implicitement, on est en littérature dès que l'on quitte le domaine de la réalité alors même que la fiction, comme nous l'avons vu plus haut, joue avec l'effet de réel plus qu'elle ne récuse le réel. Ce rêve de Julien fournit d'ailleurs à sa maman l'occasion d'évoquer l'histoire de la Reine des neiges (un conte d'Andersen dont le nom n'est pas donné) : « Tu pourras la lire bientôt. – Raconte-la-moi tout de suite, s'il te plaît ! – Non, je te la dirai un autre jour, tu serais en retard » (p. 66).

On joue presque sur la frustration : en effet, un peu plus loin (p. 70), Pierre réclame l'histoire de la petite sirène (également d'Andersen), la maman la commence mais s'arrête très vite, Pierre s'étant endormi. On notera que les auteurs réécrivent ces fragments de contes ou même des contes entiers, comme « La tour jusqu'à la lune » (p. 76) sur lequel s'achève le premier livret, et qui brode sur le mythe de Babel.

L'acte de lire ou de raconter est donc représenté, reprenant un thème privilégié des manuels d'autrefois. Dès la page 22 du volume 1 (« Le livre de Léo »), les enfants sont groupés autour d'un livre : « Sophie prend un livre et le montre à son ami : « Regarde, c'est l'histoire de Léo ! ». Ce qui ne va pas sans un étrange effet de "mise en abyme" puisque Léo est le chat de Sophie, et qu'il figure doublement dans l'image, à la fois comme personnage du manuel et comme élément de la page de couverture du livre que lisent les enfants. Confusion aussi entre le sens du titre de la page, « Le livre de Léo » (c'est-à-dire qui appartient à Léo, même si on peut en principe l'interpréter comme dans « Le Livre de Job », c'est-à-dire consacré à Job) et « l'histoire de Léo ». Cette histoire, on la lira en quelque sorte à la page 36, « Léo aime la nuit », un petit texte calqué en fait sur le très bel album de A. Deletaille, *Chat-Lune* (Le Père Castor). En regard de tous ces manuels, il faudrait mettre cet album comme modèle réussi de "vrai" texte, très riche et présentant une palette variée de phrases à partir d'un vocabulaire restreint.

Par la suite, les rares contes continueront d'être des réécritures maison (« Pourquoi le chien alla habiter chez l'homme », p. 28 ; « Comment s'est fait l'alphabet », p. 73). Ou alors, c'est un des personnages du livre, Benjamin, qui raconte une histoire amusante à l'école, « Le crocodile » (p. 38). Étant de la main des auteurs, la présentation de ces récits les distingue très peu des « textes suivis » qui vont se prolonger dans le livre 2 mais de façon fort lâche (« À la gare », « chez le coiffeur », « la dent de lait »). Il en va de même pour les approches documentaires qui reposent sur des écrits le plus souvent forgés par les auteurs, et s'intégrant dans l'esthétique générale du livre (ex. : « un peu de jardinage », p. 14), si bien que leur caractère fonctionnel, lié au support, tend à s'effacer.

Cet "effet de lissage" fait que rien ne saille ni graphiquement ni stylistiquement. La culture et la littérature sont toujours discrètement évoquées au travers des médiateurs. Ainsi « Alice et Sophie regardent les affiches devant un cinéma. Elles ont envie d'aller voir *La Belle et le Clochard* », (p. 19). Mais ces allusions sont aussi des amorces qui invitent à des prolongements sous forme de discussions ou de lectures faites par le maître. Celui-ci peut faire parler les élèves sur leurs expériences culturelles ou leur lire tel conte d'Andersen rapidement évoqué dans le récit et qu'ils ne pourraient encore aborder seuls. Cette méthode peut donc être qualifiée d'"ouverte", renvoyant le plus possible à d'autres situations de lecture. Ainsi, Sophie est souvent évoquée avec un livre (« Sophie a lu dans un livre/ que l'âne est un animal têtu », p. 40). Et, « Comme chaque mois, Julien a reçu son journal./ C'est un journal qui parle de la nature/ et qui lui apprend beaucoup de choses [...] Ce mois-ci, le journal parle des ours », etc. (p. 56). Dans le livret 2, cette mise en scène de la lecture se prolonge, rangée parmi toutes sortes de pratiques, culturelles ou sportives, connotant un monde moderne, et c'est même au supermarché, non dans une librairie, que Sophie se retrouve au milieu des livres : « Souvent , Sophie s'arrête dans le coin des livres./ C'est comme dans une librairie,/ mais il est plus facile de toucher les albums/ et les livres. On peut regarder ce qu'on veut » (p. 44). Sophie retrouve parfois « des histoires qu'elle a lues à l'école, Pénélope et la tortue, la petite Poule rousse, Croquetout le renard... Si on ne venait pas la chercher, elle resterait bien à lire, assise par terre, jusqu'à la fermeture du magasin. » Plus qu'une présence de la littérature, on observe un discours sur la lecture et la littérature, et Julien découvre ainsi dans le grenier de ses grands-parents les livres de sa maman et des albums d'autrefois : « il y a beaucoup de textes et peu de dessins! ». Il reconnaît l'histoire du Petit Poucet et celle de Gribouille, que sa maman lui a racontées et qu'il peut maintenant lire et même relire autant de fois qu'il le veut (« Livres d'autrefois », p. 60). Les auteurs manifestent bien que leur manuel n'est pas le seul support de la lecture, et semblent même suggérer que la "vraie" lecture est ailleurs, malgré quelques rares exceptions où ils reprennent des documents dans leur présentation d'origine : « Pour avoir de bonnes dents » (p. 37), une affiche du comité français d'éducation pour la santé (mais sans interrogation sur le style du slogan ni sur le support et sa composition, la morale étant immédiatement explicitée : « ce petit bonhomme, avec sa brosse à dents géante, te dit ce qu'il faut pour être « en forme jusqu'au bout des dents »[46]), et « Les pommes, elles sont toutes à croquer » (p. 57), une publicité. De même, un petit conte sur deux pages, « Les deux plumes » (p. 46), semble, par exception, avec une illustration et une typographie très différentes du reste, reproduire une page d'album.

Lecture en fête

Comme on l'a dit, *Lecture en fête* s'appuie aussi sur des personnages médiateurs. Dans l'Avant-propos, les auteurs parlent de « *textes vrais d'une grande variété* », d'« *écrits authentiques* » et de « *textes surprises où l'imagination et l'humour alternent avec des récits réalistes qui renvoient à l'expérience enfantine* ». Ils font une place particulière à la poésie, qui est ensuite annoncée parmi les 9 modules composant le livre 1, entre ces textes surprises et les pages de combinatoire. Dans le Mode d'emploi, ils soulignent la difficulté de présenter le poème comme un type d'écrit unique, puisque les critères varient selon les époques et les auteurs, mais s'appuient sur la mise en page, les fréquents alinéas et le nom de l'auteur, toujours mentionné, comme "repères constants", ce qui pourrait être contesté puisque les poètes adoptent des présentations de moins en moins canoniques. Par ailleurs, les enseignants sont invités à accorder de l'attention au rythme, à la musique et aux images, mais selon leurs conceptions personnelles de la poésie.

Dès le départ, le manuel est inscrit dans une communication avec le lecteur et, précédant ces modules, une page représente une sorte de carte de visite presque entièrement tirée d'une enveloppe, et qui vise à donner le sentiment d'une relation directe avec le jeune lecteur :

46 Sur ces questions, voir notre article, « Lecture : quand les problèmes s'affichent », *Repères,* n° 71, février 1987, INRP.

« Bonjour,
Tu arrives aujourd'hui à la grande école.
Tu vas faire la connaissance
de trois petits amis qui t'accompagneront
tout au long de l'année.
Pour découvrir leurs prénoms,
tourne vite la page ! »

Dans le 1er module intitulé « Trois amis », on découvrira donc ces personnages dans une cour d'école, au travers d'illustrations en pleine page ou disposées d'une façon qui évoque la Bande dessinée, la première phrase, « C'est Magali ! », apparaissant sous forme de bulle, tandis que les noms, Magali, Pierre, Olivier, s'inscrivent sous le portrait de chacun. Dans ce premier temps, l'écrit renvoie donc fortement à l'oral en jouant sur la répétition de structure. (On notera quelques différences d'agencement avec l'édition précédente, de 1983, qui était plus libre dans le jeu texte/images tout en insistant beaucoup plus sur les structures :

« Je suis allé à la mer.
Je suis allé à la montagne.
Je suis allé à la maison.
Je suis allé à la grande école.
Je suis allé à l'école
avec Olivier et Magali » p. 12.)

Le deuxième module, « En vacances », se construit dans le même esprit mais intercale une double page donnant la reproduction fidèle de deux affiches, deux paysages accompagnés chacun d'un commentaire, « La montagne, ça marche ! » pour le premier, « Vous l'aimez nature ? Ne jetez rien qui la dénature » pour le second, qui porte également le logo et la mention du Conseil général des Alpes-Maritimes, accompagnés d'un slogan, « L'environnement, passionnément ». Cette radicale nouveauté par rapport à l'ancienne édition suppose une plus grande flexibilité du lecteur, comme le confirment les modules suivants, qui reproduisent à l'identique divers types d'écrits. Tous vont aussi se conclure par une page « poésie », « Page d'écriture », avec sa signature, Jacques Prévert, et son origine, *Paroles*, Gallimard, étant le premier de ces poèmes, suivi dans le livre 1 par : « Ode à la mer » de Pablo Neruda, « Embouteillage » de Jacques Charpentreau, « Berceuse pour une pomme » d'Anne Sylvestre, « Noël des ramasseurs de neige » de Jacques Prévert, « Lettre » de Blaise Cendrars, « Le poisson fa » de Bobby Lapointe, « Le perroquet » de Jean-Hugues Malineau.

(À comparer avec l'édition de 1983 où l'on trouvait dans le premier livret, et dans une présentation moins différenciée, « La mer » de Paul Fort, « Embouteillage » de Jacques

Charpentreau, un texte de Guillevic, « Noël des ramasseurs de neige » de Jacques Prévert.)
Le livre 2, qui s'ouvre par un même petit carton annonçant que le voyage au pays de la lecture continue, ne fait que systématiser le schéma décrit plus haut, en ajoutant d'autres poésies, « La chauve-souris » de Robert Desnos, « Carnaval » de Théophile Gautier, « Recette » de Guillevic, « Le Corbeau et le Renard » de Jean de La Fontaine, « Soir » de Louis Guillaume, un extrait de « Terraqué » d'Eugène Guillevic, « Pour endormir Madeleine » de Marie Noël, « Printemps » de Paul Éluard, « Quartier libre » de Jacques Prévert, « L'Oiseau qui s'efface » de Henri Michaux, « Dans Paris » de Paul Éluard, « Barcarolle dans la ville » de Pierre Gamara.
Si on entend par "littérature" un corpus de textes au genre reconnaissable et signés, "des textes d'auteurs", celle-ci est donc illustrée essentiellement par la poésie, soit 20 poèmes du XXe siècle (sauf La Fontaine et Gautier), souvent proches de la chanson, ou se présentant même comme des chansons. Cette littérature affiche une certaine unité de ton et une proximité avec l'oral, dans l'esprit général de l'ouvrage, nourri de dialogues, exclamations et renvois directs à l'image.

À cela, il faut ajouter des pages qui s'apparentent à des genres à connotation plus ou moins littéraire, une bande dessinée « Le lièvre et la tortue », des devinettes et comptines (« la marelle » par exemple) mais qui sont présentées de la même manière que d'autres petits textes non rituels, et un « Conte d'hiver » apparemment forgé par les auteurs du manuel.
Le texte en prose, moins nettement identifiable que le texte versifié, est ainsi doté une fois de plus d'un statut beaucoup plus incertain. Le seul à être signé, « Arion et les dauphins », d'après Plutarque, à la fin du livre 1, s'apparente plutôt à un témoignage et sa présence étonne, n'entrant pas en réseau. Quant aux textes "réalistes" qui auraient pu esquisser une sorte de "roman scolaire", ils changent d'orientation dans le livre 2 où sont oubliés les trois personnages de départ, remplacés par d'autres enfants qu'on ne nous a pas présentés mais qui vivent le même type de situations, plus complexes mais jamais affichées comme littéraires. Certains textes, cependant, comme « Histoire drôle » dont le héros est M. de Bouchefine (p. 26) ou « La nuit », illustré par « La nuit étoilée » de Van Gogh (p.28), assurent une sorte de transition, en jouant sur le comique ou au contraire sur la peur. Un peu plus loin, ce thème de la peur donne l'occasion de présenter quatre couvertures d'albums, *Qui a peur de l'araignée?*, *Le Loup*, *Les Sorcières* et *Mathilde et le fantôme* dont les auteurs ne sont mentionnés qu'à la fin du volume, dans une liste de copyrights. Certains petits textes, « Le fantôme du salon », « L'aventure de François », essaient de retrouver cet esprit, d'une façon beaucoup plus assagie, et s'inscrivent dans

une perspective de "production d'écrit", l'élève étant appelé à leur donner une suite. Mais la peur et les fantômes, faisant véritablement fonction de déclencheurs, permettent d'introduire la littérature de jeunesse, avec un extrait de *Qui a peur du noir ?* de Fanny Joly (ill. Jean-Noël Rochut) reproduit sous sa forme originale, à l'instar des textes fonctionnels. Suivront, sur le même mode :

« *Un bébé ? Quelle drôle d'idée!* », de Fanny Joly, ill. Roger Capdevila (p. 52),

« *Le géant du pont* », un conte de Chica (p. 64),

« *Le château fort de François* » de Jacques Cassabois, ill. Michel Boucher (p. 80).

À la fin de l'ouvrage (p. 73), le thème « La maison de mes rêves » donne l'occasion de comparer deux très courts extraits, l'un de Nanou Carzou « La ville à l'envers », l'autre, « Si j'étais riche », d'après *Les Rêveries du promeneur solitaire* de Jean-Jacques Rousseau. Mais surtout ce volume 2 se termine "en apothéose" par *L'Opéra de la lune* de J. Prévert avec les illustrations de Jacqueline Duhême, Prévert apparaissant donc comme l'auteur par excellence, celui qui semble incarner la littérature de jeunesse.

Cette méthode, qui présente une évolution très nette de la première à la dernière page et d'une variété dans son organisation, fait donc preuve d'une certaine ambition dans l'ouverture culturelle, tant par l'offre des textes, quelle que soit leur catégorie, que par les références à la peinture (Van Gogh, Mondrian, Buffet). Mais elle reste partagée entre diverses conceptions du manuel, hésitation qui se retrouve quant au statut à accorder à la fiction et plus généralement au fait littéraire, à la fois reconnu et mal distingué. Sur cette lancée, les auteurs de *Grindelire* semblent avoir procédé à des choix plus radicaux en vue d'une clarification fondée sur une ambition plus grande encore mais aussi sur une part de modestie, en acceptant de faire lire des phrases qui n'aspirent pas au statut de textes, puisque sont dissociés travail sur le sens et travail sur le code.

Grindelire

Le nom de « Grindelire » renvoie à l'esthétique de l'ouvrage précédent, en apparaissant comme une sorte de variation sur le nom de « Grindaile » de Paul Éluard. Mais ce lutin n'est qu'un compagnon d'exercices, puisque l'ouvrage offre la richesse de "vrais" textes, cinq récits écrits « *sans impératifs inhérents à l'étude des sons* » (Livre du maître, p. 28), récits que l'on peut d'ailleurs retrouver dans cinq mini-albums et qui illustrent chacun un type différent :

un récit poétique, *Le lièvre et la tortue Rosemonde*, de Pef, un récit de voyage, *Petit voyage à Londres*, d'Elsa Devernois et Jean-François Dumont, un récit d'aventures, *Va, petit mousse, où le vent te pousse*, de Michel Amelin et Jérôme Ruiller, un récit du quotidien, *La petite sœur de Julien*, de Marie-Hélène Delval et Régis Faller, un conte, *Dernier enchantement de Merlin*, d'Évelyne Brisou-Pellen et Stéphane Girel.

Chacun de ces récits tient sur dix pages accompagnées chacune en regard d'une page d'exercices et suivies d'un petit commentaire, voire d'une présentation de l'auteur, avec sa photo et quelques indications bio-bibliographiques. Ainsi Pef est un ami des animaux et surtout des gens : « Il a 150 enfants : ce sont ses livres, dont le plus connu est *La Belle lisse poire de Motordu* » ; Michel Armelin a d'abord publié des romans policiers pour adultes, et Jérôme Ruillier, né sur l'île de Madagascar, aime les mers chaudes et les aventures de pirates.
On insiste beaucoup sur l'"objet livre", la couverture, la quatrième de couverture. À la suite du récit de Pef, les élèves sont questionnés sur la reproduction de la couverture de *Le Lièvre et la tortue et 12 autres fables de La Fontaine*, illustrées par Doris Smith (Les Livres du Dragon d'Or) : « Quel est ce document ? Comment le sais-tu ? Que repères-tu sur ce document ? Que lis-tu ? Recherche des fables écrites par Jean de La Fontaine », p. 37). Les auteurs parlent dans le Livre du maître de « lecture en réseau » et donnent de nombreuses pistes bibliographiques. Mais cette attention particulière au livre et à la culture littéraire s'accompagne curieusement de l'utilisation du mot « document », qui désigne aussi dans les pages suivantes une carte météo et la photo d'un escargot petit-gris, et plus loin un billet de train ou une affiche de l'Unesco, etc. On retrouvera le mot à propos de pages de journaux, *Astrapi* et *Le Petit Quotidien* du mardi 17 novembre 1998.
Chaque module se termine aussi sur une page de poésie :
« Ho ! Hue ! » de Pierre Coran, et « Les trois classes » de Corinne Albaut (comptines),
[« Dans le train roule le temps »] de Georges Jean et « Le matin des étrennes » d'Arthur Rimbaud,
|[»Dans le silence/ le bateau dort »] de Jean Richepin et « L'averse » de Francis Carco,
« La petite fille » de Topor et « A ma fille » de Victor Hugo,
« À la fraîche fontaine » de Jean Moréas et « La plaine, les vallons plus loin... » de Guillevic.

De plus, en avançant dans le volume, certains petits extraits d'auteurs sont insérés dans les pages d'exercices, offrant un arrière-fond culturel avec ses titres et ses noms propres, *Une petite sœur pour Mini-Loup* de Philippe Matter, *Quand la vie est une forêt* de Prévert, *La Gloire de mon père* de Marcel Pagnol, *Ma mère est une sorcière* d'Agnès Bertron, *Le Mariage de Gauvin*, *Cendrillon*, *Le Mesnagier de Paris* (pour une recette du Moyen-Âge), *Grigrigredinmenufretin* de Grimm (adaptation Paul Zelinsky), *La Lune blanche* de Paul Verlaine, et encore un conte de Grimm, traduit par Marthe Robert. Cette liste se distingue par sa variété, y compris dans le temps, qui invite à considérer la littérature comme une production qui a marqué diverses époques, l'attention étant fortement attirée sur l'auteur. Dans le même esprit, les textes fonctionnels sont présentés dans leur style particulier, accompagnés de nombreuses reproductions de tableaux.

Mais ce souci de l'"authenticité" dont tous se réclament va plus loin, en se portant dans la langue même des récits, dont plus d'un est raconté au passé, avec imparfait et passé simple, temps ordinairement censuré alors qu'il ne pose aucun problème de compréhension et qu'il est connu (au moins pour certaines formes récurrentes) des enfants qui ont entendu raconter de vrais contes. Le recours à ces temps du récit fait qu'on ne se trouve pas devant ces textes incertains, rendus presque poétiques en raison des tortures quelquefois infligées à la phrase. Le Livre du maître s'explique abondamment sur ces points de même que sur la nécessité de se forger une culture. Mais nous n'entrerons pas plus avant dans l'analyse de ce propos, puisque notre objet est plutôt de voir quelle idée du "littéraire"les manuels tendent à représenter plus ou moins délibérément aux yeux des enfants. On peut simplement dire que le discours d'accompagnement valide entièrement l'impression que donne l'ouvrage.

En conclusion, il apparaît que ces ouvrages répondent de manière quelquefois très contrastée à cette question du littéraire, dont il n'est pas dit que tous la trouvent pertinente dans le cadre des objectifs qu'ils se sont fixés. Mais on voit bien percer une dimension culturelle qui était autrefois bannie des manuels du cours préparatoire et qui témoigne du changement de regard sur les apprentissages premiers, car il semble que la prise en compte, désormais obligatoire, de la compréhension, appelle du texte et des auteurs, sans que soit aucunement récusée la nécessité d'un travail sur le code, la nécessité d'une approche littéraire.

La lecture sur écran

Bruno Germain, *Chargé de mission à l'ONL*

« Tu as fini ton activité ? Va lire un moment sur l'ordinateur… »
Va-t-on entendre bientôt ce genre de propos d'enseignants, banalisés, dans une classe de cours préparatoire ? Même si quelques expérimentations, depuis quelques années, tentent d'intégrer la pratique informatique à l'apprentissage de la lecture, rien ne laisse préfigurer avant longtemps une quelconque généralisation. L'entrée de l'ordinateur dans l'apprentissage soulève de nombreuses interrogations, tant théoriques que pratiques et pédagogiques. Les plus simples à formuler ne sont pas celles pour lesquelles les chercheurs ont nécessairement des réponses : lit-on sur l'écran comme on lit sur le papier ? Lire sur un écran nécessite-t-il un apprentissage différent ou supplémentaire, du fait des caractéristiques du support et des modes de navigation ? Où doit-on mettre les ordinateurs à disposition : dans des salles en réseau ou dans les classes ? Quelles sont les qualités et l'efficacité des didacticiels consacrés à la lecture ? Y a-t-il des activités de lecture à puiser dans les didacticiels culturels ou scientifiques ? Dans quelle mesure l'activité de production écrite est-elle sollicitée, avec quelles modalités, quelle trace et quelle évaluation ? Quelle est la place et le mode d'interaction avec l'enseignant ? Les didacticiels doivent-ils participer à l'apprentissage, à la remédiation et au soutien, ou est-ce un support pour l'enrichissement culturel ? Les enseignants sont-ils formés à l'usage de l'outil, est-ce nécessaire pour l'utiliser ? L'écran peut-il remplacer les manuels ? Etc.

Les questions qui se multiplient sur la pertinence de l'usage de l'informatique pour les apprentissages d'élèves déjà lecteurs, sur la lisibilité tant "de surface" (et s'attachant à la perception physique du texte) que sur la lisibilité "profonde" (relevant de la compréhension), font percevoir à peine l'opacité de la problématique de l'usage de l'informatique aux fins d'apprentissage de la lecture elle-même. Les travaux de l'ONL sur ce sujet[47], conduits sous la direction de Jean-François Rouet, psychologue, chargé de recherche au laboratoire « Langage et Cognition » (CNRS, université de Poitiers), recensent actuellement quelques connaissances issues de la recherche (par exemple, sur la différence entre lire sur un écran et sur papier – notamment en terme de confort de lecture – sur les conditions de lecture dues à l'interactivité, sur l'impact des animations ou la mise en réseaux hypertextes, etc.) mais accumulent bien plus encore les points d'incertitude et les interrogations.

47 Publication à paraître.

Par exemple, il n'existe à l'heure actuelle aucune donnée récente concernant les différences de vitesse et de précision de la lecture sur écran chez les enfants. Il faudrait disposer de mesures de base concernant (a) la vitesse de lecture "soutenue" sur écran, (b) la qualité de la lecture (notamment l'incidence des erreurs d'identification), et (c) la compréhension des textes présentés sur écran.
De plus, l'interactivité semble pouvoir assister efficacement la compréhension. Toutefois, les études actuelles manquent aussi de précision en ce qui concerne les causes exactes des effets observés. Effet cognitif ou motivationnel ? Là aussi, il faudrait compléter les recherches.
Enfin, concernant les dispositifs plus complexes, les résultats disponibles sont relativement ambigus. On ne peut plus affirmer, comme c'était courant voici dix ans, que le multimédia ou les hypertextes apportent d'emblée un "plus" au lecteur. En réalité, nous assistons à l'émergence de nouvelles pratiques rédactionnelles et éditoriales, les unes favorables à la compréhension, les autres moins. Dans ce domaine, le besoin d'expérimentation rigoureuse est également très fort[48].

Il existe par ailleurs, il est vrai, une offre croissante en didacticiels qui se proposent d'entrer dans la classe. Certains ont pour objectif de participer à l'apprentissage, d'autres affichent une finalité d'accompagnement, de remédiation et de soutien pour un parcours personnalisé d'aide aux élèves en difficulté, après diagnostic de l'enseignant. Certains paraissent austères (bien loin de l'animation ludique des jeux), d'autres jouent la carte de la "motivation" graphique, mais une évaluation sérieuse de leur efficacité est toujours bien difficile.

Dans ces conditions, il semble prudent de recommander une vigilance "active" dans l'usage de l'outil informatique à des fins d'apprentissage de la lecture. Il ne s'agit pas de nier l'apport probable du support informatique à l'apprentissage et à l'enrichissement de la lecture et de l'écriture, mais il ne s'agit pas non plus de croire à l'illusion pédagogique d'un outil flatteur mais encore mal connu. Il faut encourager les recherches[49] visant à évaluer de façon rigoureuse l'accessibilité, le type de motivation et la forme de l'apprentissage que cet outil induit, notamment chez les enfants les plus fragiles ou en difficulté.

48 Legros, D. & Crinon, J. (2002). *Psychologie de l'apprentissage et multimédia*. Paris : A. Colin.

49 Voir les traveaux en cours de Jean-Michel Boucheix, maître de conférences en psychologie cognitive et ergonomique à l'université de Bourgogne, et de Bruno de Cara, maître de conférences à l'université de Nice-Sophia-Antipolis, laboratoire de psychologie expérimentale et quantitative.

Évaluer la lecture de façons variées : une nécessité

Martine Rémond, *Chercheuse à l'INRP, membre de l'ONL et du Haut Conseil de l'Évaluation de l'École*

L'enfant de CP restera un apprenti lecteur bien au-delà de cette classe sur laquelle se fixent toutes les attentes et toutes les angoisses en matière d'apprentissage de la lecture. Tout au long de l'année, il faudra le suivre en évaluant ses progrès, ses faiblesses et déterminer la nature des aides à lui apporter.
En disant qu'on veut évaluer le savoir-lire, on évoque un objet dont la nature et les dimensions varient et auquel peuvent correspondre une grande variété d'observables : temps de lecture, vitesse, rythme, erreurs de prononciation, réponses à des questions, classement de textes, etc. Par ailleurs, les conditions permettant de recueillir ces informations sont très diverses et elles ne peuvent pas toujours s'appliquer à tous les publics. Enfin, il faut poser le problème de la signification des résultats, se référer à des normes préalablement fixées et rechercher la cause de telle ou telle performance inférieure aux attentes, afin d'intervenir de la manière la plus adaptée.

Le lecteur atteint des performances de lecture qui dépendent à la fois de ses caractéristiques, des propriétés du texte qu'il doit traiter, et des exigences de la tâche. Ainsi interviennent son système de traitement, ses connaissances, ses métaconnaissances sur la lecture, son âge, son niveau de lecture, sa motivation (pour la lecture, pour la tâche), etc.
Les composantes de la lecture ne se limitent pas à l'activité de décodage et à la compréhension, mais elles incluent l'adoption de stratégies adaptées aux buts de lecture, des connaissances à propos de ces stratégies, et enfin la capacité de les contrôler.
Dès le CP, cette définition a une validité et l'on ne saurait simplement évaluer les acquis des élèves sur la seule composante "décodage".
Pour chaque enfant, les progrès dans l'apprentissage de la lecture dépendent, à la fois, de l'enseignement qu'il reçoit, et de son propre développement. Aussi, il convient de situer le niveau atteint dans les compétences élémentaires attendues à l'entrée en CP et qui conditionnent la réalisation de tâches de base. En retour, il conviendra d'exercer et de consolider celles qui ne seraient pas encore suffisamment disponibles.
Intitulées *Évaluation et aide aux apprentissages en grande section de maternelle et en cours préparatoire : identification des compétences et repérage des difficultés des élèves*, les évaluations élaborées par la DEP* constituent un outil précieux pour faire le point sur des compétences et des difficultés des élèves. Destinés à aider les maîtres dans les choix

* Direction de l'évaluation et de la prospective - Ministère de la Jeunesse, de l'Éducation nationale et de la Recherche.

d'activités et « *à concevoir les progressions en cours d'année en prenant en compte les acquis et besoins de chacun* », ces outils illustrent une partie des textes de référence parus dans le Bulletin officiel de l'Éducation nationale, mais ils ne peuvent constituer la seule voie d'exploration des progrès et faiblesses des élèves.

L'évaluation formative désigne une évaluation qui prend pour objet les modalités d'acquisition (au lieu des connaissances ou des performances estimées par d'autres formes d'évaluation). Elle repose sur les principes suivants : comprendre la démarche de l'élève, déceler l'origine des difficultés, apprécier le degré d'atteinte des objectifs pédagogiques, piloter le processus d'acquisition de façon optimale. Elle vise les stratégies et les difficultés d'apprentissage, le mode de fonctionnement de l'élève.
Cette forme d'évaluation peut se pratiquer en mettant en place des procédures d'observation ou des entretiens. Les indices sont, par exemple, les stratégies mises en œuvre, les représentations de la tâche, le type d'informations privilégié par l'enfant. Dans cette perspective, l'erreur est valorisée car elle porte souvent témoignage de la logique mise en œuvre par l'élève. En diverses occasions, l'enseignant favorise l'explicitation des démarches mises en œuvre par l'enfant. Il peut ainsi repérer les erreurs et les analyser, ce qui lui apporte de précieuses informations sur le traitement effectué par l'enfant, et l'aide à déterminer le guidage nécessaire à l'acquisition d'une lecture efficace. L'interprétation des erreurs met en rapport des caractéristiques des élèves (représentations erronées, stratégies peu adaptées, etc.) et les exigences de la tâche. En réponse, l'enseignant cherche à réduire le décalage constaté. Cette évaluation est étroitement intégrée à l'enseignement et à la régulation des apprentissages. Le livret *Lire au CP, Repérer les difficultés pour mieux agi*r, paru en octobre 2002, s'inscrit dans cette perspective.
L'enfant arrive en classe de CP fort d'un passé où il a acquis des connaissances sur la langue et sur le monde qu'il peut mettre au service de ses activités de lecture. Bien évidemment, les objets évaluables et les attentes évoluent au cours de l'année, mais dès le début du CP, il faut s'assurer que l'enfant relie différentes variables. On lui a lu des histoires pour lesquelles il a dû rechercher les personnages, anticiper le déroulement, etc. Il s'est forgé des compétences dans différents domaines (voir B.O. n° 1 du 14/02/2002, p. 34 et 35) comme la structuration du temps, la chronologie, etc. Il a commencé à se construire une base de connaissances liée aux situations scolaires et extra-scolaires. Il faut s'assurer, de manière répétée, qu'il exploite ses acquis et les intègre, par exemple, pour élaborer la signification d'un texte même court ou exécuter les tâches proposées.
Lorsque l'on s'intéresse aux stratégies mises en œuvre lors de tâches de recherches d'information dans des écrits variés, on observe que de nombreux élèves (du CP à

la classe de 6e) s'engagent dans un travail sans planifier comment ils vont le réaliser (Rémond,1996). Ainsi, ils lisent à peine les consignes ou les textes sur lesquels ils doivent s'appuyer pour répondre. Ces résultats ont été recueillis dans des situations d'évaluation des "stratégies de lecture" afin de rendre compte des programmes d'action mis en œuvre par l'enfant lors de situations de lecture plus naturelles que dans les évaluations classiques, de type "exercice scolaire". Selon notre hypothèse, à partir de la séquence réalisée par l'enfant quand on lui demande de rechercher des informations dans un ouvrage (romans, documentaires, dictionnaires, journaux...), on peut déterminer quels éléments celui-ci a choisi de mettre en relation et selon quelles anticipations et quel programme d'action il a ordonné son exploration de l'ouvrage. Le lecteur est supposé planifier ce qu'il va faire en fonction de la consigne qui lui est donnée ou du but de lecture qu'il s'est fixé. Cela implique une représentation conjointe de la situation et des actions à accomplir. Le programme d'action élaboré est étudié à l'aide de l'observation des stratégies de lecture mises en œuvre lors de situations standardisées appliquées en situation individuelle auprès d'élèves de CP, de CE2 et de CM2. Si on leur demande de justifier leur réponse après l'avoir donnée, beaucoup sont conduits à la corriger parce qu'ils sont alors dans l'obligation de l'évaluer. Leurs capacités de gestion des tâches semblent insuffisamment développées, aussi réfléchissent-ils rarement et spontanément à leurs propres démarches. Ils n'ont probablement pas été habitués à le faire dans des situations plus guidées. D'après un rapport de l'Inspection générale de l'Éducation nationale (1995), les maîtres ne demandent que très rarement aux élèves d'expliquer leurs démarches et de justifier leurs réponses, alors que cela constitue un facteur de progrès dans les classes qui fonctionnent ainsi. La prise de conscience de l'existence des connaissances métacognitives (savoir ce que l'on sait, savoir ce que l'on sait faire, savoir quand et pourquoi mettre en œuvre ces savoirs) et de la nécessité de vérifier sa compréhension (ou le résultat d'une activité) n'est pas propre à la lecture ; il s'agit d'une "compétence transversale" méritant d'être travaillée.

Les travaux sur la métacognition montrent que comparés aux bons compreneurs, les faibles compreneurs possèdent moins de connaissances métacognitives, n'effectuent pas un contrôle aussi important de leur compréhension de l'écrit et surtout n'ont pas la même représentation de l'activité de lecture. La représentation de l'activité de lecture change graduellement. Vers 7-8 ans, la lecture est perçue comme une activité de décodage mais, vers 12 ans, comme une activité de construction de sens. Au début de leur apprentissage, tous les enfants se représentent la lecture comme une activité de décodage. Par la suite, cette représentation persiste chez les faibles lecteurs, alors qu'elle évolue chez les bons qui la considèrent comme une activité de construction de sens. Ces différences se manifestent également dans la connaissance des buts de la lecture et dans celle des stratégies et dépassent le champ de la lecture. Aussi, dès le CP, il faut s'assurer que l'enfant ne voit pas la lecture comme une activité isolée visant à assurer le décodage, mais qu'il insère, progressivement et de mieux en mieux, son réseau de connaissances et applique déjà un certain contrôle sur la cohérence de sa lecture. Au fond, la lecture est une forme de tissage où les brins, qui se croisent, sont liés à des savoirs[50] et à des savoir-faire[51] gouvernés par la capacité de traitement du lecteur, son attention, sa mémoire, etc.

L'évaluation doit être fréquente et variée, car l'apprentissage de la lecture, à la fois, complexe et difficile, s'inscrit dans la durée. Il s'agit de conjuguer les évaluations liées à la progression mise en place par le maître, s'appuyant souvent sur un manuel de lecture, et des formes variées d'évaluation échantillonnant des savoirs et des savoir-faire entrant en jeu dans la lecture.

50 Par ex., la connaissance des lettres.

51 Par ex., déchiffrer, chercher le sens d'un mot à partir de son contexte, etc.

Les troubles spécifiques d'acquisition de la lecture

Monique Touzin, *Orthophoniste - CHU de Bicêtre - Unité de rééducation neuropédiatrique*

Les difficultés d'acquisition de la lecture touchent un certain nombre d'enfants. Les causes en sont multiples : conditions sociales difficiles ou scolarisation irrégulière, présence de lésions neurologiques, d'atteintes du système visuel ou auditif, de déficits intellectuels ou de perturbations psychologiques. Dans ces cas, les enfants présentent le plus souvent des difficultés dans tous les apprentissages scolaires et pas seulement en lecture.

Ce qui caractérise les enfants dyslexiques, ce sont leurs difficultés spécifiques dans l'apprentissage de la lecture, en dehors de toute cause évidente. Ces enfants présentent des difficultés primaires, graves et durables dans l'acquisition de la lecture et de l'orthographe, alors qu'ils sont normalement intelligents.

L'origine de la dyslexie-dysorthographie

Les facteurs visuels

L'explication de la dyslexie du développement par des problèmes visuels a été longtemps privilégiée. De fait, parmi les caractéristiques comportementales des enfants dyslexiques, on cite souvent les confusions de lettres proches visuellement (m/n) ou se différenciant par leur orientation dans l'espace (b/d, p/q, u/n) ou d'erreurs dans leur séquence (par/pra). Il est également fréquent de rencontrer, chez des enfants dyslexiques, un trouble de l'orientation temporo-spatiale (problème pour situer les événements dans le temps, les objets dans l'espace, non-maîtrise des prépositions de temps et de lieu) et de la séquentialité (difficulté à reproduire des séquences rythmiques auditives ou motrices).
Des voies de recherche sont actuellement explorées, dans le cadre de cette hypothèse visuelle, pour déterminer si ces enfants ont des difficultés dans la vision des contrastes, des anomalies de la persistance visuelle, des troubles dans la poursuite oculaire ou dans le point de fixation visuelle dans le mot.

Les facteurs phonologiques

Le domaine le plus affecté chez le dyslexique est sa capacité à réfléchir sur la structure sonore des mots. Cette capacité, encore appelée conscience phonologique (ou "métaphonologique"), se manifeste, par exemple, par la possibilité de produire et comparer des rimes, d'isoler et de compter les syllabes ou les phonèmes (sons), ou encore par les jeux d'inversion de syllabes ou de phonèmes. Les capacités d'analyse syllabique sont présentes avant l'apprentissage de la lecture, alors que les capacités phonémiques

s'installent et se développent surtout avec cet apprentissage. Les liens entre cette capacité et l'apprentissage de la lecture sont très documentés dans la littérature et s'expliquent par le fait que dans une langue comme le français (langue alphabétique), pour apprendre à lire il faut pouvoir relier les sons à leur transcription graphique (lettres). Les résultats des études longitudinales montrent, en outre, que les capacités phonologiques mesurées à l'école maternelle sont de bons prédicteurs de l'apprentissage de la lecture. Ces études indiquent aussi qu'une déficience d'analyse phonologique s'observe chez les dyslexiques avant même l'apprentissage de la lecture et que ce déficit persiste dans le temps.
Les relations entre capacités phonologiques et lecture sont bidirectionnelles. La conscience phonologique est un bon prédicteur de la lecture, mais la lecture favorise la prise de conscience de la structure phonétique de la langue.

Les facteurs moteurs

Depuis peu, émerge une autre hypothèse qui concerne le rôle du cervelet : outre son rôle moteur, le cervelet a été impliqué dans des fonctions cognitives plus générales, notamment l'organisation temporelle (du mouvement mais aussi d'autres activités complexes), des apprentissages non moteurs et l'automatisation des procédures. La dysfonction cérébelleuse pourrait alors expliquer les troubles de l'écriture, de l'automatisation des apprentissages au niveau de l'orthographe et de la lecture chez l'enfant dyslexique-dysorthographique. Elle pourrait également éclairer le rôle de l'articulation de la parole qui, subtilement déficiente chez le dyslexique, provoquerait un déficit de la boucle articulatoire (en altérant la mémoire phonologique à court terme) et un trouble de la conscience phonologique. Or ces deux processus sont largement impliqués dans l'apprentissage de la lecture.

Les facteurs de risque

Les troubles du développement du langage oral

Des troubles du langage oral (trouble de la discrimination des sons, difficulté en répétition de mots, trouble de l'évocation lexicale, mauvaise conscience phonologique…) s'observent fréquemment chez les enfants dyslexiques.
De nombreuses études ont été consacrées aux liens qui peuvent exister entre langage oral et langage écrit et entre les pathologies du développement du langage oral et les difficultés d'apprentissage du langage écrit. Tous les auteurs mettent en évidence, chez les enfants ayant présenté des difficultés de langage oral, un pourcentage de dyslexiques supérieur à celui observé dans une population normale. Toutefois, tous les enfants dyslexiques n'ont pas forcément présenté des troubles évidents du langage oral.

Les troubles de la conscience phonologique

Nombreuses sont les études longitudinales qui ont montré l'aspect prédictif de la conscience phonologique sur l'apprentissage de la lecture. Ainsi, les enfants de grande section de maternelle qui sont incapables de repérer des rimes, de découper les mots en syllabes ou d'identifier et comparer des syllabes dans des mots sont à surveiller pour l'apprentissage de la lecture.

Les difficultés développementales d'acquisition du langage oral prédisposent aux troubles d'apprentissage de la lecture. C'est pourquoi il faut adresser pour évaluation et traitement tous les enfants de grande section maternelle qui présentent encore des troubles de la parole et du langage.

Les antécédents familiaux de troubles du langage

On trouve, chez une partie des enfants dyslexiques, des antécédents familiaux de troubles du langage (oral ou écrit), ce qui est en faveur d'une transmission génétique du trouble. Le pourcentage de risque d'être dyslexique est de 40 % pour un fils qui a un père dyslexique, 35 % pour un fils qui a une mère dyslexique et de 17 % pour une fille qui a un père ou une mère dyslexique.

Les signes d'alerte

Certains signes doivent alerter l'enseignant du cours préparatoire :

– la lenteur ou la déviance dans l'apprentissage de la lecture, par rapport aux autres enfants de la classe. Toutefois, tous les enfants n'apprennent pas à la même vitesse, et il est normal d'assister à des différences d'un enfant à l'autre ;

– la non acquisition du principe de l'assemblage : les enfants qui ne retiennent pas les conversions entre lettres et sons, qui confondent les lettres, qui ne peuvent analyser la chaîne sonore, ni segmenter la parole en syllabes, qui ne repèrent pas ni ne différencient les sons, qui ne peuvent assembler plusieurs sons entre eux, sont en grave difficulté d'apprentissage de la lecture. Bien sûr tout enfant en début d'apprentissage peut avoir quelques difficultés, mais c'est leur persistance qui est anormale.

Les erreurs rencontrées en lecture chez les enfants dyslexiques sont :

– des erreurs visuelles spatiales (d/b ; u/n ; f/t…) et séquentielles (par/pra) ;
– des erreurs auditives (/t/-/d/ ; /c/-/g/ ; /f/-/v/…) ;
– des substitutions entre formes graphiquement proches (ainsi/aussi ; marin/matin…) ;
– des élisions de lettres ou syllabes.

2 Première partie

Conclusion

Les causes des difficultés d'apprentissage de la lecture sont variées et tous les enfants qui présentent de telles difficultés ne sont pas dyslexiques. Mais si l'enfant présente des troubles du langage non encore résolus en grande section maternelle, s'il n'acquiert pas le principe de l'assemblage en lecture alors qu'il paraît intelligent et réussit dans les autres matières, si son retard augmente avec les autres élèves de la classe, s'il souffre de son échec, il faut prévenir les parents, le médecin scolaire et la psychologue scolaire qui rechercheront d'éventuels facteurs expliquant ces difficultés, et faire prescrire une évaluation du langage pour confirmer la spécificité du trouble. Dans le cas seulement où l'enfant est dyslexique, il relève de soins et donc de rééducation orthophonique.

Pour les autres, se pose le problème de l'adaptation pédagogique et de la prise en charge par l'école.

Deuxième partie

L'ANALYSE DES MANUELS DE LECTURE DU CP

LES MANUELS ET LES MÉTHODES

Bruno Germain, *Chargé de mission à l'ONL*

A Distinguer méthodes de lecture et manuels

On confond régulièrement méthode et manuel, et c'est une erreur.
Les "manuels" d'apprentissage sont des publications. Souvent un "tout" comprenant au moins un livre de l'élève, des cahiers et un guide du maître, et, de plus en plus souvent, des affiches, des albums, un cédérom, etc. Chaque publication reflète, plus ou moins, des options théoriques, c'est-à-dire une forme d'apprentissage empruntant aux méthodes de lecture. Tel ouvrage favorise l'entrée dans le texte, l'apprentissage de mots, un travail sur la composition de la phrase (il a une perspective plutôt analytique), tel autre propose immédiatement une progression de graphies ou de sons, avec des textes prétextes courts (il est plutôt synthétique). La plupart mêlent un peu de tout avec des objectifs plus hétérogènes. Il faut donc apprendre à repérer les caractéristiques d'un manuel, savoir à quelles notions théoriques sous-jacentes il adhère, pour le comprendre et l'utiliser au mieux. Bref, pour bien le choisir ou bien l'exploiter.

Qu'entend-on par "méthode" de lecture ? Il s'agit des orientations théoriques puis de l'organisation méthodologique qui président à l'entrée dans l'écrit, c'est-à-dire à l'apprentissage de la lecture et de l'écriture. Le terme de "méthode de lecture", d'ailleurs, convient mal, et l'on devrait parler de "méthode d'apprentissage". Malgré les multiples formulations et une abondante nomenclature, dont les définitions sont malheureusement variables d'un auteur à l'autre, il y a, finalement, très peu de méthodes distinctes sur le marché !
La difficulté réside notamment dans les diverses façons qu'il y a de distinguer ces méthodes et surtout de les nommer. La méthode est-elle synthétique, phonologique, phono-graphique, indirecte, globale, mixte ...? Nous simplifierons ici les terminologies au maximum afin de clarifier au mieux les notions qui se cachent sous les mots. Certains auteurs ont tout le loisir d'approfondir une méthode en particulier et d'émettre un avis personnel.

Les méthodes

Nous n'avons pas ici pour ambition de régler définitivement la distinction entre les "méthodes" de lecture, et surtout pas de définir celle qui semblerait la plus efficace. Néanmoins, bien connaître les méthodes, c'est aussi éviter de les confondre, de les mêler, et finalement, de ne suivre aucun principe théorique pour un apprentissage équilibré de la lecture.

Par commodité, nous allons distinguer trois méthodes, en donnant certaines de leurs caractéristiques, mais sans en faire un long et fastidieux historique. Nous avons choisi de porter notre attention particulièrement sur ce qui fait la différence entre les méthodes, c'est-à-dire la reconnaissance des mots, et l'accès au texte. La question de l'apprentissage de la compréhension pourrait être approfondie pour rechercher ce qui caractérise chaque méthode sur ce point. Cela dit, la compréhension est un ensemble de compétences qui sont développées autant dans l'apprentissage de la lecture que dans la pratique de l'oral. C'est avant tout une approche pluri-inter et multidisciplinaire !

➤ La méthode "synthétique"

Elle est aussi appelée "méthode alphabétique". Elle part des unités les plus petites de la langue orale (les phonèmes) et de la langue écrite (les graphèmes) pour construire des unités plus grandes (combinaisons de sons et de lettres, syllabes,...) puis des mots, des phrases, du texte. C'est sous le chapeau de méthode synthétique que l'on parle de méthode graphophonologique, phonographique, ou encore syllabique, que l'on introduit les termes de principe alphabétique, de voies indirectes puis directes, d'assemblage puis d'adressage, de fusion et de combinatoire, de déchiffrage et de codage,... Tous ces vocables prêtent à confusion parce qu'ils renvoient à des approches ou à des domaines différents ; parfois, ce sont deux façons de nommer la même chose !
La méthode synthétique propose à l'enfant d'apprendre à distinguer des unités minimales (sons ou lettres) en faisant des activités de discrimination visuelle de lettres et de discrimination auditive de sons de la langue. Par ailleurs, l'enfant est invité à effectuer des activités de segmentation de ces unités dans la chaîne écrite (les mots) et la chaîne parlée (le flot des sons lorsqu'on parle). Tout ceci est loin d'être naturel chez l'enfant qui pratique la langue orale et observe sans comprendre des signes de la langue écrite. Pour permettre la discrimination et la segmentation de la langue orale, par exemple, l'enfant doit développer sa conscience phonologique, c'est-à-dire percevoir qu'elle se compose d'unités fréquentes, régulières ou irrégulières, distinctes et identifiables. La méthode synthétique s'appuie sur ces préalables et se décline ensuite en variantes, mais chacune a ses spécificités fortes.

On parle de "méthode" phonographique (ou graphophonologique du point de vue de la mise en œuvre de l'assemblage par voie indirecte) pour indiquer une approche qui conduit l'enfant à aller de ce qui est supposé le plus connu de lui (la langue orale et ses unités constituantes) vers la découverte de ce qui lui est le plus étranger (la langue écrite), en établissant des liens de plus en plus solides. La langue française étant alphabétique, il existe (encore aujourd'hui et malgré l'évolution rapide de l'oral découplée depuis quelques siècles de l'évolution lente du code écrit sensé le reproduire au plus près) plus d'éléments de proximité entre oral et écrit que de différences. Autrement dit, il y a des liens entre unités de l'oral et unités de l'écrit. L'un (l'écrit) restant, traditionnellement, une transcription (avec son autonomie tout de même) de l'autre (l'oral). Ainsi donc la méthode phonographique cherche à faire identifier par l'enfant les unités de la langue orale qu'il connaît, et à découvrir les relations, on dit "les correspondances", qu'elles entretiennent avec leurs représentations écrites : lorsque l'enfant aura compris qu'à toute unité sonore correspond une unité écrite (même si elle peut se traduire par une ou plusieurs graphies concurrentes ou complémentaires selon la position relative par rapport aux autres sons ou graphies), et qu'il aura assimilé le principe d'associations "consonne-voyelle" en étant capable d'en générer, il aura compris le "principe alphabétique". Il faudra d'ailleurs multiplier les exemples issus de la langue pour le consolider. Ensuite, l'automatisation des correspondances et la connaissance des irrégularités deviennent affaire de mémoire et de pratique. L'enseignant pourra développer alors la connaissance du code et faire passer l'élève de l'écrit à l'oral (lecture) ou le contraire (écriture) en travaillant particulièrement la combinatoire (des graphies : il s'agit de la connaissance des combinaisons possibles en français entre consonnes et voyelles) et la fusion (il s'agit de la perception des sons produits par le rapprochement de ces graphies) pour construire des syllabes et des mots. Dans la méthode phonographique, l'enseignant identifie les unités clairement : par exemple à l'oral il cherche à faire reconnaître /a/ ou /z/ en disant le son, en le faisant répéter, puis en le faisant repérer dans diverses positions. Ensuite, il indique ou fait découvrir les graphies correspondantes.

On parle de méthode syllabique pour des approches relevant plutôt de la pure combinaison graphique. On montre les mots, dans les mots on reconnaît des signes redondants (par exemple dans « papa » et « cabane », on remarque à chaque fois deux « a »), puis on segmente les mots en sous-parties, d'ailleurs naturelles dans la langue française, les syllabes (avec diverses combinaisons : consonne-voyelle (ba-do-fi...), puis consonne-consonne-voyelle (bla-dro...), etc. L'enfant apprend à composer des syllabes de plus en plus complexes avec les lettres qu'on lui donne. C'est le B-A –BA (entendre « bé-a-ba »).

Dans cette méthode, les lettres ne sont pas vraiment "prononcées" mais plutôt nommées : la lettre « t » s'appelle « té », etc. Ce qui revient par exemple à épeler « papa » : pé-a-pé-a. La "méthode" syllabique se consacre donc à faire découvrir essentiellement le fonctionnement de la langue écrite sans s'appuyer, obligatoirement, sur la discrimination orale. Elle fut, et est encore, largement mise en œuvre dans certains ouvrages, par exemple la démarche "Boscher". On peut signaler aussi que certaines démarches syllabiques, notamment utilisées en rééducation, reposent vraiment sur la syllabe comme unité de traitement de base, plutôt que la lettre.

On ne s'interrogera pas sur la pertinence de l'apprentissage de l'alphabet, qui nomme le nom des lettres en maternelle, puisque c'est une première occasion légitime pour l'enfant de prendre conscience de la nature segmentale du langage, tellement importante pour la suite de l'apprentissage du principe alphabétique. Ceci temporise, notamment l'approche par ailleurs généralement logographique du prénom. D'ailleurs, les enfants qui ne parviennent pas à apprendre l'alphabet en grande section de maternelle semblent figurer parmi ceux qui ont le risque de rencontrer des difficultés en CP.

C'est dans la méthode synthétique qu'on distingue voie directe et voie indirecte. Il est vrai que cette "opposition" porte à confusion. Ils s'agit d'une terminologie qui trouve sa source dans l'approche cognitive du modèle "double voie" de la lecture.

Par voie indirecte, on entend le moment où l'enfant, qui sait d'ailleurs déjà lire suffisamment, décode les mots en les identifiant par leurs unités graphiques. En somme, il décompose ce qu'il voit : le mot en lettres et ensemble de lettres, pour retrouver les correspondances sonores et leurs représentations mentales, leurs sens associés. On entend ainsi l'enfant balbutier maladroitement puis redire le mot en entier d'un trait et réaliser ce qu'il signifie : « b…br…bra…bran…ch…che, branche, ah oui ! une branche d'arbre ! ». Certains utilisent le terme d'assemblage, qui renvoie aux procédures mises en jeu par la voie indirecte, pour ce qui concerne cette approche mécanique de la langue écrite, en lecture et en écriture de mots.

Par voie directe, on entend le moment où un lecteur passe de la lecture ânonnante et systématiquement déchiffrée à une lecture plus fluide due à une identification de mots entiers. Il ne s'agit pas de lecture "globale" de mots mais d'une reconnaissance dite "orthographique". Le lecteur, par sa pratique régulière, identifie de plus en plus de mots "en bloc" sans avoir besoin de les décomposer. Il les a en fait déjà rencontrés et déchiffrés plusieurs fois et en a donc, à la fois, la mémoire visuelle et phonologique associée. Ce qui est important, c'est que, en cas de besoin, il sait et peut décomposer le mot à nouveau (c'est ce que nous faisons tous par ailleurs quand nous lisons des mots nouveaux, presque nouveaux ou difficiles, ou bien des compositions de médicament !). Les mêmes qui parlaient auparavant d'assemblage, utilisent ici le terme d'adressage, procédure mise en jeu par la voie directe, pour cet accès plus "direct". La phase "orthographique" de l'apprentissage conduit le lecteur, en ce qui concerne le décodage, vers une position de lecteur expert (mais il y a aussi toute la dimension de la compréhension, dont on n'a pas encore parlé). Le même lecteur expert usera donc des deux voies, lors de ses lectures, selon les besoins.

On a reproché à la méthode synthétique son aspect artificiel et sa démarche techniciste. L'enfant ne rencontrant pas, au moment où il décompose et recompose, autre chose que des unités de langue, certains se demandent si lire c'est déchiffrer ou comprendre !
Certains travaux de chercheurs semblent montrer que la méthode synthétique, parce qu'elle donne des outils très systématiques et précis de la langue, est adaptée à tous et permet, assez vite, d'entrer dans une forme d'autonomie de lecture, notamment pour les élèves les plus fragiles au plan linguistique et scolaire.
Quant à savoir si cette méthode est artificielle, cela dépend sans doute des activités de lecture conduites par ailleurs par l'enseignant, et notamment s'il engage, parallèlement, des rencontres fréquentes avec les livres, les écrits et les albums, et s'il travaille la compréhension.

On se méfiera de la formule toute faite « lire c'est comprendre » qui pourrait faire confondre la finalité de la lecture et le moyen d'y arriver (par exemple on apprend aussi à comprendre).

➤ La méthode "analytique"

Certains l'appellent idéovisuelle ou encore méthode globale, d'une manière probablement abusive. La méthode analytique consiste à partir de matériaux écrits et à formuler des hypothèses sur leur fonctionnement. L'enfant, qui utilise d'abord des fragments restreints (souvent des mots) pour reconstruire un message écrit (une phrase ou plusieurs), est amené à faire des suppositions sur les mots, à partir d'indices contextuels dans la phrase, avant d'en mémoriser la forme visuelle. Puis, il analysera le code écrit pour en déduire le fonctionnement de manière de plus en plus précise, sans référence à la langue orale en particulier. Oral et écrit sont même parfois considérés comme des codes distincts. Ainsi, disent certains chercheurs, on peut apprendre aussi bien une langue étrangère en ne passant que par l'écrit et sans savoir la prononcer ou la parler. Ils appliquent alors ce principe au français et amènent les élèves à considérer l'écrit de la langue comme un code spécifique. La méthode globale, totalement et uniquement logographique (on lit chaque mot comme un tout), est assez rarement réalisée telle quelle. Plus souvent, c'est plutôt une approche analytique qui est mise en œuvre, mais en introduisant aussi une étude des unités distinctes graphiques (s'approchant ainsi à terme d'une combinaison quasi-syllabique) et des composants syntaxiques ou lexicaux.
Il ne faut pas confondre une approche logographique (à la base de la méthodologie analytique) où le mot est perçu dans son entier, et une lecture orthographique directe (qui est une dimension de la lecture synthétique experte).
La méthode analytique justifie son approche en soulignant tout particulièrement son entrée dans la lecture par le texte et une immersion dans l'écrit. Elle préconise un accès

immédiat et prioritaire au sens. La part accordée aux pratiques culturelles de la lecture, à la connaissance de l'objet livre est donc importante. La méthode revendique, par ailleurs, une démarche volontariste autour du plaisir de la lecture, la motivation pour cette activité[1].

On reproche à cette méthode de focaliser uniquement sur le partage du sens, au point d'oublier le code qui porte la langue alphabétique. La démarche, avec ses approches logographique et hypothétique, induirait par la suite une maîtrise incertaine de l'écrit de la langue, des problèmes orthographiques et, surtout, ne serait pas favorable à un apprentissage rapide et autonome (par exemple la lecture d'un mot nouveau complexe) par les élèves les plus fragiles.

Les polémiques sur les méthodes vont bon train. Sans doute parce qu'elles focalisent des réalités et des engagements pédagogiques divers. En fait, les enseignants rencontrent de vraies difficultés pour évaluer l'efficacité des méthodes et gérer l'hétérogénéité des classes. Par exemple, il semble que l'application très systématique d'une méthode analytique puisse permettre un apprentissage de la lecture efficient, mais seulement si l'apprentissage est long (au moins quatre années) et parfaitement cohérent dans sa progression et sa continuité[2]. Néanmoins, les chercheurs manquent de travaux pour expliquer exactement les mécanismes implicites qui se sont mis en œuvre parallèlement au cours de cette durée. La méthode synthétique offre, elle, une plus grande souplesse d'approches pédagogiques et réclame une moins stricte continuité, puisqu'elle est efficace plus rapidement auprès de tous.

On se rappellera que les instructions officielles de 2002 valorisent les approches synthétiques et marquent des réserves très fortes sur l'emploi de la méthode analytique

➤ La méthode "mixte"

Une méthode mixte est un mélange des méthodes analytique et synthétique, à la recherche supposée d'une démarche plus complète et efficace, reprenant à la fois les avantages et les points les plus intéressants de chacune. Ainsi, l'introduction d'une "mixité" permet de revendiquer que l'apprentissage des élèves repose à la fois sur l'étude du code, sur la motivation par l'entrée dans des textes, et sur la maîtrise assez sommaire de quelques unités de la langue. *In fine*, elle cherche à joindre l'étude technique et l'entrée dans le sens. *A priori* le pari semble intéressant.

1 Voir « Sur quels objets aprendre à lire », *Actes de lecture* N° 82, AFL, juin 2003.

2 Content A. et Leybaert J., « L'acquisition de la lecture : influence des méthodes d'apprentissage », in *La Lecture – Processus, apprentissage, troubles,* chapitre 8 – Lecocq éd.

Par ailleurs, on pourrait parler **des** méthodes mixtes ! Car il y a au moins deux manières de présenter la mixité et de la mettre en œuvre.

La méthode mixte "conjointe"

L'enseignant (mais aussi de nombreux manuels) utilise une approche logographique tout au long de l'année en introduisant assez vite une étude du code. Cela se traduit par une abondance de textes dès le début du CP – forcément illisibles par l'élève seul – la mémorisation "photographique" de quelques mots, et, simultanément, l'observation d'unités graphiques, par exemple des lettres ou des groupes de lettres (sans rapport nécessaire, parfois, avec les mots des textes travaillés). Le plus souvent les textes observés sont imposés et suivent ainsi une progression préétablie. Parfois, le travail dépend des "apports des élèves", c'est-à-dire des textes provenant de la classe ; ce que certains amalgament par erreur avec une approche "naturelle".
Dans l'ensemble, la méthode mixte tente de lier l'entrée dans le texte entendu oralement ou observé, l'étude de sa compréhension et la décomposition de la langue.

On remarquera quelques écueils sur le chemin de cette méthode. La progression de la découverte des graphies est souvent soumise à d'autres contraintes que celles de la langue : elles doivent appartenir au texte étudié ce jour-là, elles ne sont pas la priorité de l'apprentissage et il s'agit de graphies et non de sons de la langue. D'autre part, cette approche pose des interrogations : les mots appris par les enfants sont soit des mots outils, soit, plus fréquemment, des mots du texte, pour la commodité du travail sur la phrase. Ils sont donc appris de manière très artificielle. Ne peuvent-ils pas laisser croire à l'enfant que lire c'est reconnaître l'image de mots, voire provoquer chez lui une confusion entre les moyens d'apprendre à lire ; par cœur ou en décomposant ? De plus, est-il bien utile de poursuivre tout au long de l'année l'apprentissage par cœur de mots (verbes ou noms communs), qui ne sont pas forcément parmi les plus fréquents de la langue ?

La méthode mixte "enchaînée"

L'enseignant (mais aussi de nombreux manuels) utilise une approche logographique en début d'année suivie ensuite, en général début novembre, d'une entrée systématique dans le code. Ainsi, en début d'année, l'enfant découvre des textes et des phrases qu'il apprend à segmenter en mots. Il apprend ces mots et jouent avec eux pour recomposer des phrases, par exemple. Cela peut devenir plus un travail syntaxique que lexical, en vérité.

Cette démarche est parfois critiquée parce que la charge mémorielle (il faut retenir de nombreux mots) est lourde en début d'année et qu'elle amène certains enfants à dire, après un mois d'apprentissage, « je sais lire : Papa achète des bonbons » comme si cette phrase-là était unique en son genre et objet d'un apprentissage spécifique, au même titre que toutes les autres combinaisons possibles. Mais il est vrai qu'elle est aussi critiquée parce que certaines démarches favorisent par ailleurs un centrage sur les graphies plutôt que les sons de la langue.

En somme, certains élèves fragiles peuvent se faire une idée erronée de l'apprentissage de la lecture et seront désarçonnés lorsqu'il faudra entrer dans le code. Ils ont cru avoir compris ce que c'est qu'apprendre à lire, ils se sont peut-être motivés, mais ils découvrent que l'apprentissage, c'est autre chose… Sauf si tout a été clairement précisé par l'enseignant.

Certaines méthodes mixtes sont à forte coloration analytique ou synthétique et n'utilisent que très partiellement l'autre composante. Par exemple, un apprentissage phonographique incluant la mémorisation systématique de mots outils invariables ou aux graphies complexes.

Les “méthodes mixtes” sont actuellement très présentes et déclinées de nombreuses façons ; elles présentent l'attrait d'un tout, mais elles ne sont pas toujours homogènes.

On pourrait croire que la mixité est une nécessité. Et que, par exemple, des enfants qui ont rencontré une vision logographique des mots en maternelle sont dans une continuité naturelle en commençant par là en CP, avant un passage au codage. En fait, la question est de savoir s'il faut aborder la lecture logographique en maternelle ou s'il faut y renforcer la conscience phonologique, l'observation de signes linguistiques, tout en travaillant très régulièrement la compréhension à partir de textes lus oralement. Selon les options théoriques de la méthode choisie, les réponses ne sont évidemment pas les mêmes…

➤ Remarque : la méthode naturelle

C'est celle qui fut préconisée par Célestin Freinet. Elle est abusivement confondue avec la méthode globale. Elle donne la priorité à l'écriture et à l'expression. C'est en communiquant oralement et par écrit que les enfants découvrent, chacun à leur rythme, comment fonctionne la langue et apprennent, par l'usage et la médiation de l'adulte, à réutiliser le système de correspondances grapho-phonologiques. La priorité didactique est donc mise sur les situations d'expression et d'écriture. Elle a été, elle aussi, largement discutée, notamment parce qu'elle est très délicate à mettre en œuvre, qu'elle nécessite une grande continuité pédagogique, une réelle connaissance métalinguistique de la langue par l'enseignant et une véritable compétence d'évaluation diagnostique des capacités langagières en développement de chaque élève.

➤ La bataille des terminologies

Pour exemple, voici un extrait de Pierre Buser, Professeur émérite de neurosciences, membre de l'Institut, dans un texte de présentation de la dyslexie :

« (...) Nous avons considéré la méthode dite phonologique, basée sur le code alphabétique, dite aussi indirecte, fondée sur la correspondance graphème-phonème, comme une approche ***analytique*** (alors que d'autres auteurs dont des pédagogues, la regardent comme ***synthétique***). À l'inverse, les méthodes globales ou directes de lecture ont été ici assimilées à une démarche ***synthétique*** (alors que ces mêmes autres auteurs la voient comme ***analytique***). Nous avions espéré pouvoir faire l'économie de cette apparente contradiction et opposition de termes en les évitant tout simplement. En réalité rien n'a été facile dès l'instant où l'on s'est préoccupé des mécanismes neurologiques qui étaient en jeu. Considérer la méthode globale comme "analytique", est se placer du point de vue d'une stratégie de l'enseignant qui conduit l'enfant du global vers l'analyse ; voir cette même méthode comme "synthétique" (ainsi que nous l'avons fait) est inférer d'une certaine démarche que fait l'enfant percevant le mot comme un tout, en ne passant pas par les étapes d'analyse. Le même type de raisonnement pourrait, *mutatis mutandis,* s'appliquer à la démarche phonologique, analytique à nos yeux, supposant une synthèse pour d'autres. La contradiction est regrettable ; elle n'est pas près de disparaître car lui sont sous-jacents deux points de vue totalement opposés sur la démarche du lecteur. Il n'est pas étonnant que l'enseignant, qui inévitablement donne des consignes ou les suggère, n'ait pas la même conception des stratégies de "son" lecteur que celui qui ne considère que le sujet lisant, indépendamment de toute consigne extérieure, comme un système percevant, se souvenant, retenant et comprenant[2]. »

On voit que les divergences de terminologies sont en fait affaire de perspective théorique et qu'il s'agit parfois de les prendre au sérieux, même si cela complique singulièrement le débat.[3]

Conclusion

Soit les textes officiels indiquent que l'enseignant est libre de ses choix pédagogiques et donc libre d'adopter la méthode qui lui paraît la plus satisfaisante... et cela implique qu'il soit parfaitement formé pour être compétent dans ses choix ; soit une méthode est clairement favorisée ou imposée... et cela implique que l'enseignant soit parfaitement formé pour être compétent dans la gestion de cette approche[4].

2 *Regards sur la lecture*, nouvelle édition, ONL, titre provisoire, à paraître.

3 On pourra lire aussi le travail de Luc Maisonneuve, *Apprentissage de la lecture – Méthodes et manuels*, L'Harmattan, 2002.

4 La mise en œuvre de la législation sur le choix des manuels et l'obligation de leur usage semble en fait très floue depuis l'arrêté de 1914.

B Réflexion didactique

Les enseignants de CP se heurtent à deux principaux écueils lorsqu'ils organisent l'apprentissage de la lecture.
Le premier relève de la connaissance approfondie des savoirs sur les divers aspects que revêt cet apprentissage auprès d'enfants de cycle 2. Cela renvoie aux caractéristiques de la langue écrite, de sa structure, de son fonctionnement, ainsi qu'aux objectifs culturels et sociaux de la lecture. Les enseignants doivent maîtriser des notions complexes de linguistique, de psycholinguistique et de littérature, notamment ; ce qui, parfois, implique une formation complémentaire malgré l'expérience professionnelle.
Le deuxième concerne la mise en œuvre de l'apprentissage, c'est-à-dire, d'une part, les orientations et les modalités de la transmission des savoirs et savoir-faire, et, d'autre part, le choix et la gestion des démarches et méthodes pédagogiques les mieux adaptées. On distingue ainsi l'approche didactique, par laquelle l'enseignant cherche à partager des connaissances qu'il doit rendre intelligibles (grâce à sa programmation de leçons, à ses préparations de séquences, à l'usage choisi des outils et supports adéquats) pour en permettre l'appropriation, de l'approche pédagogique par laquelle il adapte en permanence ses interactions à son public d'élèves, en évalue les difficultés et recherche les remédiations appropriées.

L'un des objectifs de l'apprentissage de la lecture est de permettre à chaque enfant de maîtriser les compétences qui feront de lui un futur lecteur expert. Pour cela l'enseignant va proposer des activités visant à développer des habiletés et des capacités spécifiquement engagées pour la lecture. Nous présentons ici le sens que nous donnons à ces différents termes[1].

Par **compétences**, nous entendons l'ensemble des aptitudes qui permettent à un enfant d'avoir une connaissance approfondie d'un domaine ou d'une matière. Les compétences s'organisent en réseaux, se développent sans cesse et sont, dans une certaine mesure, applicables transversalement, donc transférables. Il est bien difficile de mesurer de manière normative une compétence, puisqu'elle est, chez l'élève, en permanent développement ; peut-être devrait-on parler de "degrés de compétence". Qu'elles soient phonologiques, syntaxiques, lexicales, sémantiques, etc., l'appropriation de ces compétences conduira le lecteur en devenir vers l'autonomie et la polyvalence de la lecture, pour en faire un lecteur expert.

1 Jean-Émile Gombert a travaillé sur ces notions, on pourra lire *Le Développement métalinguistique*, PUF, 1990 et "Le rôle des capacités métalinguistiques dans l'acquisition de la langue écrite", *Repères*, n° 3, 1991.

Par **capacités**, nous entendons les facultés intellectuelles instrumentales activées pour la mise en œuvre de la lecture. L'idée de capacité fait appel à la notion de potentiel, de puissance. C'est une somme d'opérations à conduire ensemble. Si la capacité est dépassée, alors certaines opérations peuvent ne plus être réalisées correctement. La capacité est contrainte par les possibilités physiologiques et cognitives de l'individu.
On peut donc éveiller et développer des capacités non encore exploitées chez l'enfant, pour le conduire vers la lecture. Cependant, en cours d'apprentissage, on veillera à ne pas surcharger les capacités en développement en évitant de cumuler les difficultés. Par exemple, si mon objectif de travail est l'acquisition lexicale, je choisirai un texte support véhiculant des notions faciles et connues.
Les capacités peuvent être évaluées de manière formative sur la base d'un référentiel, mais aussi avec un référent plus rigoureux en terme de performances, et donc conduire à une évaluation sommative, par exemple nationale. La discrimination, la segmentation, le classement, la catégorisation, la mémorisation, le traitement des inférences et de diverses unités ou figures de la langue, etc., sont autant de capacités distinctes qui peuvent être développées par des travaux en classe et qui conduisent l'élève vers l'identification des mots (par assemblage ou adressage) et la compréhension des textes ; il sera "capable de…". Finalement, ce sont les "capacités" qui sont évaluées.

Par **habiletés**, nous entendons les savoir-faire mis en œuvre pour exécuter la lecture. D'une certaine façon, ce sont les composantes techniques acquises, ou à acquérir, qui permettent l'épanouissement des capacités. La perception des traits distinctifs des formes visuelles et des unités acoustiques, la (re)connaissance des relations graphophonologiques, le maniement de la fusion et de la combinatoire, la manipulation puis l'usage du code, le découpage des unités syntaxiques et lexicales, le discernement orthographique, le traitement des pronoms, etc. sont des habiletés sur la langue qui favorisent la lecture. Ces habiletés peuvent être travaillées, par exemple, en repérant la fréquence, la régularité, la position récurrente, la complexité de certains éléments de la langue, etc. Elles font souvent l'objet d'une stratégie de travail (méthode) ou constituent le fond notionnel d'une leçon, et sont évaluables en performances dès qu'elles ont été découvertes, manipulées, exploitées et régulièrement mises en usage.

Par **activités**, nous entendons l'ensemble des actions et exercices demandés précisément à l'enfant lors de son apprentissage et qui permettent d'explorer et d'expérimenter diversement les habiletés. L'élève complète, substitue, remplace, recherche, repère, associe, copie, etc. Il travaille, agit concrètement, et partage son expérience avec les autres apprenants. Tous les manuels de lecture proposent des activités présentées de manière implicite ou explicite, repérables plus ou moins facilement, et quantifiables.

On peut particulièrement tenir compte des unités sur lesquelles l'élève est amené à réfléchir lors de l'apprentissage de la lecture, dans les manuels : le texte, les phrases, les mots, les phonies et les graphies, et d'une autre façon, les syllabes.

Nous plaçons à part les fonctions cognitives sollicitées lors de l'apprentissage de la lecture, comme lors de tout autre apprentissage, telles, ici, la communication, l'imprégnation, la fixation, la conservation, la consolidation, l'organisation, la production, etc. Nous avons tenté, dans notre travail sur les manuels, d'exploiter certaines de ces fonctions, appliquées ou manipulées dans les ouvrages, notamment dans une perspective didactique d'organisation des activités (voir plus loin l'étude D.I.C.U.R.E.)

Au-delà de la méthode d'apprentissage, la démarche méthodologique

Notre étude ne cherche pas à présenter les pistes pédagogiques qui peuvent être exploitées en classe, ni à proposer des pratiques. Néanmoins, nous devons rappeler qu'identifier les méthodes ou comparer les manuels de lecture n'est bien sûr pas suffisant. L'acte de lecture va au-delà de ce que proposent les manuels. Si ce dernier nécessite le cheminement vers la maîtrise du mécanisme du fonctionnement de la langue et un travail de compréhension, d'autres apprentissages doivent être conjointement engagés. On apprend à lire en lisant. De nombreuses activités culturelles autour du livre et des écrits doivent être développées en situations de lectures “authentiques”, c'est-à-dire tournées vers des projets, des actions et l'agrément que permet la lecture. L'enseignant doit prendre en considération, en dehors de sa pratique du manuel, qu'il doit poursuivre la structuration de l'oral, le développement des fonctions de l'écrit et ses pratiques culturelles, ainsi que la production d'écrits.

Quelles que soient les démarches pédagogiques et les apprentissages implicites ou explicites engagés par l'enseignant, il ne doit pas hésiter à alterner des séquences collectives (où les activités sont mises en commun et débattues), les séquences en petits groupes de travail (où les élèves peuvent échanger autour de la réflexion sur leur propre pratique, activité métacognitive essentielle à l'apprentissage), les séquences répondant au souci de différenciation de l'apprentissage (où chaque élève avance effectivement à son rythme), les moments d'évaluation régulière, et les moments de lecture partagée ou plus personnelle (à la BCD ou ailleurs). Lors de ces séquences, chacun essaie d'expliquer et d'argumenter son travail et ses difficultés, confronte ses idées avec les autres productions et engage une action de révision de sa lecture.

De toute manière et avant tout, on aura à l'esprit qu'afin d'orienter favorablement l'apprentissage il est nécessaire que chaque enfant ait compris, en préalable, les objectifs et les promesses de la lecture et donc les enjeux de cet apprentissage.

La spirale de la lecture

Il est sans doute un temps où la lecture devient, pour l'apprenant, une pratique aisée et irréversible. L'enseignant doit engager chaque élève, à son rythme, sur le chemin de la spirale du vrai lecteur. Elle s'organise autour de trois dimensions : — prendre plaisir à lire - lire beaucoup - lire bien — lire beaucoup - lire bien - prendre plaisir à lire — lire bien - prendre plaisir à lire - lire beaucoup…

Lire bien réclame des efforts dans les premiers temps : l'enseignant doit aider l'enfant, grâce à un apprentissage programmé.

Lire beaucoup réclame également des efforts et se développe dans le temps, mais on lit d'autant plus qu'on lit de plus en plus facilement et qu'on n'a plus à prendre garde à certaines procédures devenues automatiques, c'est-à-dire lire de mieux en mieux…

Prendre du plaisir à lire n'est pas donné *de facto*. Comment prendre du plaisir si l'on rencontre des embûches sans cesse ? Il faut donc rendre la lecture attractive, lui donner du sens. Mais l'enfant qui lit de mieux en mieux en tire une véritable gratification et la lecture pour lui devient une promesse de satisfaction potentielle. Il lit donc de plus en plus… et la spirale s'engage… Cela dit, il faut sans doute activer les trois dimensions ensemble et avec justesse pour les mettre en musique !

Conclusion

La réflexion que nous avons conduite pour analyser les manuels s'est centrée essentiellement sur les méthodes d'apprentissage, mais cela ne doit pas faire oublier que l'apprentissage lui-même s'étend largement à de nombreuses autres dimensions que nous n'avons pas traitées ici, et qui relèvent, plus particulièrement, des pratiques pédagogiques et culturelles de la lecture.

ÉTUDE DE CINQ MANUELS DE LECTURE DE CP

Bruno Germain, *Chargé de mission à l'ONL*
pour les parties "compréhension", analyse des textes, et progressions

Isabelle Le Guay, *Orthophoniste*
et **Nadine Robert,** *Professeure des écoles, maîtresse formatrice*
pour les parties "identification des mots"

A Présentation de l'analyse

1 Méthodologie d'analyse des manuels de lecture

Il existe de nombreux travaux portant sur l'analyse ou la critique des manuels de lecture au cours préparatoire. Mais ils ont été réalisés en ordre dispersé, par des professionnels de l'édition[1], des équipes pédagogiques de circonscription[2] ou d'académie, des organismes[3] ou associations[4], des universitaires ou professeurs d'IUFM[5], des enseignants, des équipes de recherche[6], des groupes constitués autour d'une revue, etc. Ce foisonnement ne profite, hélas, qu'à bien peu d'enseignants dans les classes. En effet, ces études sont peu ou mal diffusées et ne reflètent, de toute manière, la plupart du temps, que des points de vue subjectifs ou peu approfondis. Les praticiens restent donc mal informés - et même parfois mal formés - au choix et à la connaissance des supports dont ils disposent pour favoriser l'apprentissage. La crainte de mal choisir ou de mal employer le manuel de lecture est donc toujours latente chez beaucoup d'enseignants de CP. Certains même finissent par préférer ne pas en utiliser !

Lorsque nous nous sommes attelés à ce projet, nous avons décidé de procéder en sept étapes :

1 La recension de l'existant

➤ Les travaux existants : nous avons pris le temps d'effectuer une étude bibliographique complète, recherchant les écrits et les analyses portant sur les manuels et les méthodes de lecture, tant en France qu'à l'étranger.

➤ Une enquête : nous l'avons réalisée auprès de l'ensemble des partenaires (éditeurs, académies, INRP, CRDP et CDDP, universités, IUFM, réseau Maîtrise de la langue,

1 *Le Manuel scolaire et vous*, 2000, Savoir Livre, Paris.

2 Par exemple, *Le Livre à l'école*, échanges, Revue de l'association nationale des conseillers pédagogiques, mai 1999, n° 38, p. 140.

3 *Manuels scolaires : qu'en faire ?* Réseau CRDP Académie de Créteil, décembre 1997, n° 20, page 40 et suivantes. *Des manuels au service de l'enseignement de la lecture*, 1995, CDDP de la Moselle, éditions du CRDP de Lorraine

4 *Manuels scolaires, bulletin d'information*, revue trimestrielle éditée et vendue par la société pour l'information sur les manuels scolaires et les moyens d'enseignement, les numéros 20, 21, 34 et 36/37 notamment.

5 Luc Maisonneuve, 2002, *Didactique du français. Apprentissage de la lecture – méthodes et manuels*, L'Harmattan, Paris. Et, les travaux du groupe de réflexion sur les manuels, dirigés par Valérie Neveu, IUFM de Paris.

6 *Des manuels et des maîtres*, 2001, M. Métoudi et H. Duchauffour, Les cahiers de Savoir Livre, Paris.

circonscriptions scolaires primaires, etc.), pour faire connaître notre projet et demander qu'on nous adresse toute étude ou publication qui lui correspondrait. Nous avons surtout reçu des documents de conseillers pédagogiques, issus de travaux de circonscription, et des publications des CRDP. L'ensemble de ces documents représente un faible volume, par ailleurs très hétérogène dans les objectifs, les méthodologies de travail et les résultats.

➤ Une exploration en profondeur des manuels dont nous disposions : cinq publications retenues, à titre d'échantillon-test, et quelques autres ont permis de relever l'ensemble des différents types d'activités proposées.

2 Le protocole d'étude des manuels

Pour l'assise théorique, nous avons essentiellement pris appui sur les travaux du comité scientifique de l'ONL[7]. Nous avons par ailleurs rassemblé d'autres travaux qui nous ont été utiles, par exemple les publications de J. Chall et de C. E. Snow[8], ainsi que certains travaux en psycholinguistique sur l'apprentissage de la lecture du français. Cela a permis d'établir un état des lieux théorique sur l'apprentissage et le fonctionnement de la lecture en intégrant la perspective de diverses disciplines de la recherche (linguistique, psycholinguistique, psychologie, neurosciences, sciences sociales, théorie de la littérature, notamment).

Notre protocole d'étude initial reposait sur un cadre théorique souple nous permettant des régulations diverses. Nous avons ainsi choisi de distinguer de manière précise les activités relevant de l'apprentissage de l'identification des mots et les activités mettant en œuvre le travail sur la compréhension. L'étude des textes, des progressions et de la structure des manuels a été réalisée séparément.
Il nous a paru important, par ailleurs, d'organiser une observation de la dimension didactique des progressions et activités réalisées, intitulée D.I.C.U.R.E. (détaillée plus loin).

3 Test de la grille d'analyse

Nous avons choisi un manuel témoin et nous l'avons analysé avec la première grille. Nous avons constaté que certaines activités imposaient de nouveaux critères qui furent intégrés. Nous avons donc opéré un aller-retour entre les paramètres d'analyse construits

7 *Apprendre à lire*, 1998, ONL, Odile Jacob – CNDP, Paris ; *Maîtriser la lecture*, 2000, ONL, Odile Jacob – CNDP, Paris.

8 *Learning to Read: the Great Debate*, 1967, J. Chall, McGraw-Hill book compagny, NY ; *Prevending Reading Difficulties in Young Children*, 1998, C. E. Snow, National reseach Council, National Academy Press, Wash.

à partir de la théorie et ceux imposés par l'observation objective des manuels. La grille définitivement stabilisée est donc le fruit d'une véritable démarche évolutive. Le très grand nombre d'activités recensées a pu être regroupé en "critères" ; 8 pour l'identification des mots et 10 pour l'étude de la compréhension. Ils représentent les domaines étudiés, par exemple, *connaissance du code* pour l'identification, ou *sens local et sens littéral* pour la compréhension. Chaque critère est ensuite décliné en divers sous-critères, entités constitutives plus précises (par exemple, *le sens local dans la phrase* pour le travail sur le *sens local* et le *sens littéral*).
Par ailleurs et par commodité, un regroupement de critères a pu être opéré lors de l'analyse comparée des manuels de notre échantillon-test.

4 Passation de l'analyse des manuels

Nous avons effectué une analyse quantitative approfondie de cinq publications en les passant au filtre de notre grille. Nous avons complété ce travail par une étude qualitative des textes, des approches didactiques et des progressions. Cette étude a permis d'observer en profondeur chaque manuel.
Afin de pouvoir étudier quantitativement la progression annuelle des apprentissages, nous avons choisi de fragmenter chaque manuel en 6 périodes et 18 sous-périodes (les manuels supportent tous, même artificiellement, ce partage). C'est-à-dire que nous avons analysé les manuels page à page, puis rassemblé les données par périodes courtes (environ deux semaines). Cela permet d'avoir une vision assez précise de l'évolution longitudinale des activités et des contenus au fil de l'année.

5 Les résultats statistiques

Nous avons travaillé en collaboration avec la Direction de l'évaluation et de la prospective* pour l'organisation de la grille, afin de permettre le traitement statistique des données quantitatives. Cette étude statistique s'est opérée à plat, sans rechercher la validation d'une hypothèse. Elle a reposé sur la problématique d'une observation "ouverte" des critères : que "montrent" les manuels ?
Nous disposons ainsi d'un traitement fiable et objectif des données recueillies. Les très nombreux résultats obtenus sont un véritable vivier d'informations sur les manuels concernés. Ils ont permis des rapprochements comparatifs éclairants. Dans certains cas, on constatera que nous avons choisi, lors de la présentation des résultats, de retenir des valeurs absolues (par exemple, le nombre d'activités réalisées pour un critère), tandis que

* Anciennement Direction de la programmation et du développement.

d'autres fois nous avons pensé plus pertinent de choisir une comparaison en pourcentage relatif d'apparitions (par exemple, la proportion d'activités autour du déchiffrage ou de la compréhension dans chaque manuel).

6 L'étude des résultats

Nous avons effectué une étude comparée des résultats pour comprendre et montrer les grandes orientations des manuels, puis une étude plus spécifique de chacun d'entre eux, afin de présenter une vision globale de ce qu'il "fait" en terme d'apprentissage.

Nous avons choisi de ne pas présenter la totalité des résultats, ce serait fastidieux et bien trop détaillé ; seuls apparaissent les critères les plus représentatifs ou pertinents. D'autres éléments de notre travail sont disponibles sur notre site Internet[9].

7 Le guide d'observation

Nous avons cherché à prolonger notre travail en proposant des recommandations aux enseignants, afin qu'ils puissent s'approprier notre démarche d'étude des manuels de lecture de CP et la mettre en œuvre à leur gré, sur d'autres manuels. Ils pourront, en respectant les articulations principales et les priorités proposées, l'adapter à leurs attentes, à la réalité de leur environnement d'enseignement et à leur personnalité.

Conclusion

Notre démarche de travail, longue, rigoureuse et consciencieuse a été conduite avec une réelle volonté d'objectivité ; elle reste essentiellement une observation de "tendances" et d'orientations et pourra faire l'objet de diverses interprétations. Nous espérons essentiellement attirer l'attention des enseignants, des formateurs et de leurs partenaires, sur l'outil "manuel" et son impact sur l'apprentissage de la lecture : il mérite d'être choisi, utilisé à bon escient et de manière cohérente, et maîtrisé par les praticiens dans l'intérêt de leurs élèves.

9 www.inrp.fr/onl

2 Choix des manuels de notre échantillon

Nous avons décidé d'étudier quelques manuels de lecture afin de mieux construire notre grille d'observation, puis de soumettre ces publications au filtre de l'analyse.

Pour chaque "manuel" nous avons porté notre attention sur les éléments qui sont **directement dans les mains des élèves** lors de l'apprentissage (**le livre et le cahier d'activités de l'élève**).

Nous avons, par ailleurs, exploité le guide du maître pour préserver, lorsque c'était nécessaire, la cohérence d'usage entre les deux supports retenus. Mais nous n'avons pas cherché à l'étudier individuellement, d'abord parce qu'il préconise des démarches et des pratiques variées, tantôt recommandées, tantôt facultatives – ce que l'on ne sait pas évaluer–, ensuite parce que tous les maîtres ne disposent pas de ce document, et qu'il ne passe jamais dans les mains des élèves et des parents.

Choisir des manuels représentatifs n'était pas chose aisée. Nous avons retenu cinq manuels sur les critères suivants :

– prendre les manuels les plus vendus au cours des cinq dernières années[10] ;

– choisir des manuels comprenant au moins un livre de l'élève et un cahier d'activités ;

– faire appel à des ouvrages de divers éditeurs et s'assurer que les manuels reflètent des tendances diverses annoncées ou au contraire une impression de proximité de méthode.

Assez naturellement, *Ratus*, *Gafi* et *Lire au CP* se sont imposés. Nous avons ensuite dû choisir entre *Lecture en fête* et *Mika* (éditions Retz) ou *Abracadalire* (éditions Hatier). Nous avons retenu *Lecture en fête* car sa forte présence dans les années précédentes garantissait que les quatre premiers manuels choisis représenteraient à eux seuls environ 70 % des manuels disponibles dans les classes. Ainsi un enseignant lisant nos travaux a-t-il de nombreuses chances de voir analysé en détail un manuel dont il dispose[11].

En effet, nous avons tenu compte de l'enquête réalisée dans 4 171 classes de CP de 71 départements[12] et comptabilisant les manuels de lecture utilisés : *Lire au CP* : 612, *Ratus* : 508, *Lecture en fête* : 405, *Gafi* : 153 [...], "n'utilisent pas de manuels" : 203.

10 Sur la base des estimations produites par les éditeurs.

11 D'autres manuels sont analysés par ailleurs.

12 Corroborée par une autre étude réalisée en 1998 par l'inspection d'académie de l'Essonne auprès des 82 % d'écoles utilisant un manuel de lecture, et publiée dans *Blé* 91, n° 21 de février 1998, *Manuels de CP : non ! ils ne se valent pas tous* !

Cette étude, d'ailleurs, rapportait 209 supports proposés alors qu'il y a environ 130 manuels de lecture différents. L'écart provient de ce que certains enseignants choisissent un support régulier qui n'est pas nécessairement un manuel de lecture.
Néanmoins, notre choix s'est fait au début de nos travaux, en 1999/2000[13] et le palmarès des ventes et d'usage d'aujourd'hui n'est plus nécessairement celui d'alors. Les nouveaux manuels les plus vendus feront l'objet ultérieurement d'une analyse qui sera proposée sur notre site internet.

Le cinquième ouvrage retenu, *Grindelire*, fut finalement choisi parmi les publications récentes. Par ailleurs, il affirme que son assise théorique repose sur les travaux de l'ONL.

Ainsi le choix des titres étudiés est purement formel et ne traduit aucun palmarès pédagogique ou aucune recommandation implicite.

13 Par voie de conséquence, nous n'avons pas retenu pour cet échantillon d'ouvrage postérieur à 1999.

B Présentation de la grille d'analyse spécifique des manuels de lecture

Voici les deux grilles d'analyses. La première concerne les activités d'identification des mots, la seconde l'apprentissage de la compréhension. Chacune est développée puis récapitulée dans un tableau synoptique.

1 Grille d'analyse portant sur l'identification des mots

Nous avons retenus 8 critères d'activités dans les livres et les cahiers d'exercices portant sur l'identification des mots et permettant une analyse comparative qualitative et quantitative. Chaque critère est renseigné par un certain nombre d'items qui signalent l'apparition d'une activité, ce qui permet un relevé précis et objectif.

Les 8 critères sont codés par classe (1000, 2000, 3000, 4000, 5000, 6000, 7000, 8000), tandis que les items les déclinant sont codés en sous-unités de ces classes (ex. : le critère 1000 a 6 items : 1100, 1120, 1130, 1140, 1150, 1160), eux mêmes déclinés en éléments plus précis : 1101, 1102, 1103, etc.[1]

Description des critères composant la grille d'observation de l'identification des mots

1 Lecture globale, code 1000

Le lecteur traite les mots comme des images.

Ce critère se compose de trois grands groupes d'activités : des activités de lecture, de copie ou de closure.

Les activités de lecture globale de mots non déchiffrables visent à mémoriser des mots mis en relief (exemple : mots écrits en caractères gras) pour constituer un corpus, ou enrichir un dictionnaire mental de mots non déchiffrables par l'élève. Ils peuvent être classés ou non, c'est-à-dire appartenir à une catégorie grammaticale spécifique (verbes, adjectifs…), être choisis comme mots outils ou appartenir à un champ sémantique. On peut également demander à l'élève de rechercher un mot dans un corpus, par exemple de lire un mot encadré non déchiffrable puis d'entourer ce même mot dans une liste donnée chaque fois qu'il est rencontré. À cette activité de lecture globale est donc associée une activité de discrimination visuelle.

1 Nous remercions particulièrement Alain Content, José Morais et Philippe Mousty, professeurs à l'Université libre de Bruxelles, Laboratoire de psychologie expérimentale, pour leur aide et leurs remarques constructives.

Dans les activités de copie, les mots non déchiffrables sont copiés isolément ou intégrés dans un groupe de mots plus ou moins long pouvant aller jusqu'à une phrase. La copie peut être réalisée à partir de mots déjà écrits en lettres cursives ou à partir de lettres présentées en écriture script.
Dans les activités de closure, l'élève doit compléter un groupe de mots ou une phrase ou un petit texte généralement connu avec des mots non déchiffrables à mémoriser mais le plus souvent donnés à copier. L'élève doit alors choisir dans une liste proposée le mot qu'il convient de mettre dans la phrase ou dans le texte pour lui donner son sens. Ce type d'activité est donc associé à un travail de compréhension.

2 Repérage ou discrimination visuelle, code 2000

Cet ensemble d'activités participe à la mise en place du principe alphabétique.
On demande à l'élève d'analyser visuellement les traces écrites. L'élève prend des repères visuels.
Ce critère traite des unités plus ou moins courtes allant de la phrase jusqu'à la lettre.
Les activités portent sur :
- la phrase ou groupe de mots ;
- le mot étudié isolément ou dans une phrase ;
- le pseudo-mot ;
- la syllabe ;
- le groupe consonantique ou suite de lettres ;
- la lettre.

Dans la plupart des activités de discrimination visuelle, les élèves doivent relier des unités identiques de même calligraphie ou de calligraphie différente. Par exemple, il peut s'agir d'exercices où les mots sont présentés dans deux colonnes distinctes. Les colonnes contiennent alors des mots identiques sauf deux que l'élève doit relier pour montrer qu'ils sont différents même si les graphies sont assez proches. Il peut y avoir beaucoup de variantes à ce type d'exercice suivant que l'on choisit de relier les mots identiques ou les mots différents, les mots de même calligraphie ou ceux au contraire de calligraphie différente.
Dans d'autres activités, il s'agit de retrouver la silhouette, en repérant les lettres qui descendent et qui montent ou encore de compter le nombre de lettres qui composent le mot.

Certaines activités proposent de visualiser des modèles. Par exemple, certains exercices proposent de compter combien de fois le même mot est répété dans une liste. C'est en général dans les livres que l'on trouve la présentation des différentes calligraphies de lettres ou de mots.
Nous avons ajouté dans ce critère les jeux des sept erreurs et tout ce qui concerne la prise de repères visuels dans une page.

3 Repérage ou discrimination auditive des unités sonores de la parole, code 3000

Cet ensemble d'activités participe aussi à la mise en place du principe alphabétique.
Les activités proposées portent sur :
– la syllabe ;
– le groupe consonantique ;
– le phonème isolé.
Les unités de la parole sont traitées dans leur aspect sonore. Le traitement est fait sur des unités plus ou moins petites ou sur des oppositions plus ou moins difficiles.
Il peut y avoir un travail de segmentation de mots, par exemple en syllabes. Ou bien, l'activité propose de colorier autant de cases qu'il y a de syllabes dans un mot, ou encore de relier des mots de longueur et de nombre de syllabes variable à un nombre de cases correspondant. Il peut y avoir un travail de repérage du phonème (j'entends, je n'entends pas) ou d'un phonème commun à plusieurs mots, de localisation du phonème ou de classement sur l'opposition de deux phonèmes proches ou encore de comptage de syllabes, de phonèmes ; autant de variables qui composent une large gamme d'activités. Par exemple, des mots sont représentés en images et l'élève doit colorier ceux qui contiennent un phonème déterminé. Grâce à des représentations (ronds ou petits carrés) des syllabes d'un mot donné, on peut demander à l'élève de localiser un phonème choisi en coloriant la case qui lui correspond.

4 Mise en relation phonème-graphème, code 4000

Les activités proposées aux élèves visent à percevoir la relation j'entends/je vois, pour la syllabe et pour le phonème isolé. Autrement dit, il s'agit d'aider l'élève à comprendre la relation qui unit les phonèmes et les graphèmes dans une langue alphabétique comme le français.
Les activités proposées sur la syllabe s'intéressent à :
– la visualisation de la formation de la syllabe simple : ra – ri – ar – ir, par exemple ;
– la lecture de syllabes simples après visualisation de leur formation ;
– la remise en place d'une ou plusieurs syllabes à l'intérieur d'un mot proposé, ce qui permet la compréhension de la relation j'entends/je vois. Par exemple, il est donné à l'élève une liste de syllabes simples que l'enfant est capable de déchiffrer et il doit compléter à l'aide de ces syllabes des mots dont on a volontairement soustrait une syllabe. Les mots donnés peuvent être étayés par une représentation imagée de façon à s'assurer que le lecteur prend conscience de la relation j'entends/je vois et qu'il ne reste pas en lecture globale ;
– la dictée de syllabes.

Les exercices proposés sur les phonèmes s'intéressent à :
– la visualisation du phonème et du graphème correspondant avec un mot repère, le tout accompagné parfois de dessin ;
– la dictée de phonèmes simples ;
– le rétablissement de la graphie qui correspond au phonème entendu dans le mot avec dessin représentatif du mot. C'est le même type d'exercice que celui décrit ci-dessus pour la syllabe, la seule différence étant qu'il s'agit là de travailler la relation j'entends/je vois, sur le phonème seul et non pas sur la syllabe.

5 Découverte et connaissance du code alphabétique, code 5000

La présentation et l'étude du code sont des étapes indispensables pour aborder la combinatoire.
Ce critère relève les activités qui permettent de découvrir le code qui régit les transcriptions du français.
Les groupes d'activités composant ce critère sont de trois sortes :
– les activités de découverte après une présentation du code. Il y a lecture de mots repères. Les mots à lire ne sont pas tous déchiffrables. Ils sont présentés pour illustrer les graphies d'un phonème ;
– des activités d'imprégnation qui obligent l'élève à une observation active des mots (en classement selon les différentes graphies, en recherche de mots contenant la graphie…) Par exemple des mots sont donnés avec des graphies différentes pour un même phonème (o, au, eau, par exemple), l'élève doit les classer dans des colonnes, chacune des colonne ne contenant qu'une des graphies ;
– des activités d'écriture des différentes graphies, de copie de mots contenant les graphies et des dictées sur les écritures des phonèmes étudiées peuvent venir renforcer les apprentissages. Ainsi, l'élève peut rechercher dans un texte, un mot contenant la graphie d'un phonème déterminé.

6 Lecture de mots (combinatoire), code 6000

Le lecteur utilise la connaissance du code. Par voie indirecte, il associe les lettres pour constituer des syllabes et des mots.
Les mots donnés à lire sont tous déchiffrables. Les élèves ont étudié les différents graphèmes qui les composent ainsi que les correspondances avec les phonèmes. Il s'agit d'utiliser la connaissance acquise du code.
Les élèves sont généralement placés devant deux types d'activités :
– les activités de lecture de mots qui se font sur des mots déchiffrables sans dessin avec étayage par syllabe repère ou groupe de lettres, ou à partir d'une position de lettre.

La lecture peut se faire aussi sans étayage, c'est à dire sans rappel du code. Les mots proposés peuvent appartenir à un champ sémantique déterminé ou être classés par catégorie grammaticale. Par exemple, une liste de mots à lire appartenant tous à un même champ sémantique est proposé e mais il y a un intrus que l'enfant doit repérer en le barrant ou en l'entourant ;

– les activités de recherche qui demandent à l'élève un réinvestissement de ses connaissances pour retrouver ou maîtriser la composition des mots. Ce sont des activités de classement, d'ajout, de recomposition, de segmentation… Ces activités peuvent se focaliser sur les parties de mots, sur les lettres ou graphies qui composent les mots. Elles peuvent être étayées par des dessins, des choix multiples ou un environnement guidé. Par exemple, des syllabes d'un mot sont données dans le désordre et l'enfant doit recomposer le mot. Il peut y avoir support d'image, surtout en début d'apprentissage. L'exercice peut aussi porter sur un nombre plus important de syllabes, l'enfant devant alors retrouver deux mots et non plus un seul.

7 Fixation (reconnaissance) orthographique, code 7000

Le lecteur met en place la lecture orthographique de mots déjà rencontrés.

Les élèves sont généralement placés devant deux types différents d'activités :

– les activités de lecture de mots. Les mots sont tous déchiffrables et ont déjà été lus par l'élève. Il s'agit de les mettre en mémoire après les avoir rencontrés plusieurs fois. Les mots choisis peuvent appartenir à une même catégorie grammaticale ou à plusieurs ou encore être donnés sans aucun classement ;

– les activités de recherche qui demandent à l'élève une maîtrise de ses connaissances pour mémoriser les mots. Ce sont des activités de classement avec copie. Il peut y avoir un classement par graphème déterminé comme précédemment dans les activités de découverte et de connaissance du code, mais cette activité porte ici sur des mots anciens déjà rencontrés que l'on cherche à fixer. L'élève peut également rechercher des mots qui seront copiés (par exemple, des dessins sont proposés à l'élève qui doit choisir dans une liste le mot correspondant au dessin et l'écrire sous celui-ci). Il s'agit là d'un travail de mémorisation de mots déjà rencontrés et déchiffrables par l'élève.

Plus généralement, les copies proposées peuvent avoir un modèle fixe ou bien être présentées de manière fugace et sont intégrées à une activité de clôture de phrase ou de texte. Dans tous les cas, les mots ont déjà été rencontrés, il s'agit de les mettre en mémoire soit pour créer un corpus orthographique grammatical, soit pour constituer un dictionnaire orthographique lexical.

8 Écriture codage de la langue, code 8000

Lecture et écriture sont complémentaires et indissociables pour l'apprentissage de la lecture. L'écriture renforce la fixation orthographique.

Les activités proposées portent sur des mots déchiffrables isolés ou insérés dans des phrases. Soit le maître dicte le mot, la phrase, soit l'élève écrit le mot à partir d'une image donnée. Dans toutes ces situations, les mots déchiffrables sont connus des élèves qui les ont déjà rencontrés. Les premières règles d'accord proposées ont été abordées. Il peut y avoir des propositions de jeux. Ce sera le cas, par exemple, des jeux de mots croisés où l'élève doit trouver un mot correspondant à une définition mais ce mot à trouver doit être un mot déchiffrable, déjà rencontré par l'élève dans ses lecture précédentes.

Bien sûr, les activités de dictée qu'elles soient de mots ou de phrases déchiffrables appartiennent à cette catégorie d'activités d'écriture et de codage de la langue. Il peut y avoir des dictées faites par le maître mais aussi des dictées où l'élève doit retrouver seul un mot correspondant à un dessin. C'est une autre forme de dictée.

Grille d'analyse

8 critères	Les items quantifiés pour l'identification des mots	
1. Lecture globale. 1000	**Lire des mots mis en relief pour constituer un corpus (non déchiffrables)**	**1100**
	pas de classement	1101
	choix d'une catégorie grammaticale	1102
	classement selon différentes catégories grammaticales	1103
	Lire des mots à mémoriser pour constituer un dictionnaire mental (non déchiffrables)	**1120**
	pas de classement - choix d'une catégorie grammaticale	1121-1122
	classement selon différentes catégories grammaticales	1123
	champ sémantique	1124
	Copier des mots non déchiffrables	**1130**
	mots fixes cursive – cursive script – cursive	1132-1134
	Copier des groupes de mots ou phrases non déchiffrables	**1131**
	cursive – cursive script – cursive	1133-1135
	Faire des exercices de closure	**1140**
	mots non déchiffrables en stock - à mémoriser du dictionnaire mental	1141-1142
	Lire des mots isolés non déchiffrables	**1150**
	pas de classement - choix d'une catégorie grammaticale	1151-1152
	classement selon différentes catégories grammaticales	1153
	classement dans un champ sémantique avec ou sans support image	1154
	classement selon position du graphème ou indices graphophonologiques	1155
	Retrouver un mot à mémoriser dans un corpus	**1160**

2. Repérage ou discrimination visuelle. 2000	**Repérer ou discriminer visuellement des phrases**	**2100**
	groupe de mots de même forme - de calligraphies différentes - silhouette de la phrase	2101-2102-2103
	Repérer ou discriminer visuellement des mots isolés ou dans une phrase	**2110**
	de même forme - de calligraphies différentes - silhouette du mot	2111-2112-2113
	Repérer ou discriminer visuellement des pseudo-mots	**2120**
	de même forme - de calligraphies différentes - silhouette du mot	2121-2122-2123
	Repérer ou discriminer visuellement des syllabes	**2200**
	isolées et de même forme - ou de calligraphies différentes	2201-2202
	dans un mot - de même forme – ou de calligraphies différentes	2203-2204
	Visualiser (présentation de modèles)	**2300**
	des lettres de calligraphies différentes	2301
	des syllabes de calligraphies différentes	2302
	des mots de calligraphies différentes	2303
	des phrases de calligraphies différentes	2304
	Repérer ou discriminer visuellement des lettres de différentes graphies	**2310**
	isolées, de même forme - de calligraphies différentes	2311-2312
	dans un mot, de même forme - de calligraphies différentes	2313-2314
	Repérer ou discriminer visuellement des groupes consonantiques ou des suites de lettres	**2320**
	isolées, de même forme - de calligraphies différentes	2321-2322
	dans un mot, de même forme - de calligraphies différentes	2323-2324
	Compter le nombre de lettres dans un mot	**2330**
	Appréhender des composants de la page	**2400**
	labyrinthe - les 7 erreurs sur dessin - prise de repères dans la page	2401-2402-2403
3. Repérage et discrimination sonore des unités de la parole. 3000	**Sur la syllabe**	**3200**
	Repérer la syllabe cible dans un mot (vrai-faux)	3201
	Repérer la syllabe commune	3202
	Localiser une syllabe cible dans un mot	3203
	Segmentation d'un mot en syllabes	3204
	Compter le nombre de syllabes	3205
	Sur des groupes consonantiques	**3210**
	Repérer la présence du groupe dans un mot (vrai-faux)	3211
	Repérer un groupe commun	3212
	Localiser un groupe dans un mot	3213
	Sur le phonème	**3300**
	Repérer la présence du phonème, repérer le phonème commun	3301-3302
	Localisation du phonème	3303
	- Segmenter un mot en phonèmes (nombre de phonèmes dans un mot)	3304
	- Opposer des phonèmes proches (paires minimales)	3305
	- Repérer la présence du phonème à partir de mots non déchiffrables	3306

4. Mise en relation phonème/graphème (compréhension du principe alphabétique). 4000	**Sur la syllabe orale/écrite (simple) avec un support dessin .... 4200** Visualiser la formation d'une syllabe, fusion ra-ri; ar-ir... .... 4201 Lire des syllabes, fusion ra-ri; ar-ir... .... 4202 Dicter des syllabes simples .... 4203 Comprendre la relation j'entends/je vois (compléter un mot) Prise de conscience .... 4204 Compléter un mot avec une syllabe simple avec dessin .... 4205 **Sur la relation phonèmes /graphèmes. .... 4300** Comprendre la relation (image et/ou mot de référence) .... 4301 Faire des dictées des phonèmes simples. .... 4302 Compléter un mot avec une graphie simple avec dessin représentatif de l'objet 4303
5. Découverte et connaissance du code. 5000	**Les régularités (présentation de la graphie la plus simple ou d'une des graphies). .... 5300** Présenter les graphies d'un phonème (dans un tableau) .... 5301 Lire des mots avec la ou les différentes graphies avec ou sans dessin (mots clés). .... 5302 Lire des mots supposés connus avec la ou les différentes graphies sans dessin. .... 5303 Lire des mots selon la position du phonème avec ou sans dessin. .... 5304 Classer des mots selon les différentes graphies (avec copie) .... 5305 Ecrire la ou les différentes graphies. .... 5306 Lire et maîtriser la segmentation d'un mot ex antenne animal (parfois syllabes pirates) .... 5307 Comprendre la relation « j'entends, je vois » sons complexes .... 5308 **Les irrégularités: présentation. .... 5310** Repérer les pièges: je vois mais je n'entends pas (lecture de mots) ..... 5311 Lire des mots selon les différentes valeurs phoniques .... 5312 Classer selon les différentes valeurs phoniques ou participation à différents phonèmes (étiquettes ou copie). .... 5313 Présenter les pièges: j'entends, je ne vois pas (ex.: femme). .... 5314 **Faire des dictées de sons avec des graphies simples et complexes 5320** **Copier un mot contenant la graphie étudiée. .... 5130** **Rechercher un mot contenant la graphie étudiée. 5131**
6. Lecture de mots (combinatoire). 6000	**Lire des syllabes complexes, pseudo-mots, troncation de mots ...... 6400** **Réaliser des activités sur le mot (retrouver le mot) : classer, compléter, recomposer.... .... 6100** 1. activités étayées par différents éléments .... 6101 ● par une syllabe, des syllabes ou groupes consonantiques .... 6121 retrouver le mot avec dessins - choix multiples .... 6123-6125 environnement guide - plusieurs étayages combinés. .... 6127-6129 ● par des lettres - retrouver le mot .... 6130 avec dessins - choix multiples .... 6131 environnement guide - plusieurs étayages combinés. 6132

	2. activités sans étayage (sans dessin) - retrouver le mot à partir de syllabes écrites -à partir de groupes consonantiques ou groupe de voyelles à partir de lettres **Lire des mots déchiffrables sans dessins** à partir de syllabes repères à partir de groupes consonantiques, à partir de la position d'un phonème ou d'une graphie, à partir de graphies multiples (simples et complexes), mots isolés - guide image (dessin légendé, image annotée) ou champ sémantique classement selon différentes catégories grammaticales **Segmenter dans le mot** **ex. de lecture de mots avec des graphies ou des sons proches** **(choix multiples, intrus, ...)**	6134-6102 6120-6122 6136 **6200** 6201 6202 6300 6301-6500 6600 6700 **6220** **6302**
7. Fixation orthographique. 7000	**Mémoriser des mots déchiffrables.** pas de classement -choix d'une catégorie grammaticale classement selon différentes catégories grammaticales **Lire des mots mis en relief pour constituer un stock (déchiffrables)** pas de classement - choix d'une catégorie grammaticale. classement selon différentes catégories grammaticales **Retrouver des mots donnés décodables dans un corpus** **(réinvestissement)** **Lire des mots anciens déchiffrables.** **Classer des mots anciens** selon les différentes graphies -selon les différentes valeurs phoniques **Copier des mots déchiffrables (réinvestissement)** mots fixes (présence permanente) cursive – cursive, script – cursive mots éclairs (présence momentanée) cursive – cursive, script – cursive d'une phrase cursive – cursive, script – cursive d'un petit texte cursive – cursive, script – cursive **Lire des mots anciens isolés déchiffrables.** pas de classement - choix d'une catégorie grammaticale. classement selon différentes catégories grammaticales - classement lexical ou famille de mots - classement sémantique. **Faire des exercices de closure sur des mots déchiffrables à copier** mots en stock - mots à mémoriser du dictionnaire mental.	**7100** 7101-7102 7103 **7110** 7111-7112 7113 **7120** **7130** **7140** 7141-7142 **7150** 7151-7152 7153-7154 7155-7156 7157-7158 **7170** 7171-7172 7173-7174 7175 **7180** 7181-7182
8. Écriture codage de la langue. 8000	**Faire des dictées de mots.** **Ecrire des mots déchiffrables à partir de dessins ou d'un élément syllabique** **Faire des dictées de phrases non préparées, composées de mots déchiffrables sans piège.** **Faire des dictées de mots ou de phrases préparées.** Approche des accords... **Jeux sur des mots déchiffrables** (jeux de mots croisés...). **Passer d'un code artificiel à l'alphabet**	**8100** **8110** **8130** **8140** **8150** **8160**

2 Description de la grille d'analyse portant sur la compréhension

Nous avons établi une grille initiale d'analyse dont les critères étaient classés suivant deux axes :

– le travail sur le sens (items 100, 200 et 300) ou sur la structure (items 400, 500 et 600) ;

– le travail portant sur le texte (items 100 et 400) ou la phrase (items 200 et 500) ou le mot (items 300 et 600). Tout ceci s'organisait sous la forme d'un tableau à double entrée.

Nous avons finalement opté, par la suite, pour un regroupement de ces items sous la forme de 10 critères principaux, afin de s'intéresser plutôt à des domaines de l'apprentissage qu'à une classification structuraliste. Ceci explique la numérotation hétérogène des activités présentées.

Par ailleurs, nous avons regroupé parfois certains items, ce qui explique qu'une même activité est représentée par plusieurs numéros, selon les unités de l'écrit sur lesquelles elle s'effectue.

Enfin, nous avons mis en gras dans la grille, *a posteriori*, les activités les plus présentes réellement dans les manuels. Les autres ont été recherchées sans succès ou observées moins fréquemment.

Description des items composant la grille d'observation de la compréhension

Certains critères concernent particulièrement le travail sur le texte ; ils sont identifiés comme tels dans les activités proposées par l'ouvrage aux élèves. Il s'agit des critères suivants : *compréhension générale, inférences dans le texte, enchaînements et cohérence*. Une partie du critère *sens local et sens littéral* est intégrée de même à cet ensemble.

Certains critères concernent plus spécifiquement le travail de compréhension sur la phrase, voire deux phrases consécutives. Souvent, en effet, les auteurs choisissent de présenter deux ou trois phrases, distinguées entre elles et ne faisant pas "texte". Elles sollicitent plutôt une démarche comparative. Les critères *sens local*, *grammaire et syntaxe* et *morphologie flexionnelle* composent cet ensemble.

Des critères séparés permettent de formaliser l'observation du *lexique*, de *la production de texte*, de *l'activité orale* demandée explicitement ou *les pratiques culturelles de lecture* (comportement de lecteur, connaissance du livre, référents culturels).

1 Compréhension générale

Ce critère n'est pas un fourre-tout. Les activités qui y sont proposées favorisent, conjointement ou séparément, une réflexion sur les textes pris dans leur ensemble. Travailler sur ces textes, c'est favoriser l'intégration de leur structure et permettre de progresser dans leur compréhension.

La compréhension d'un écrit (lu oralement par l'enseignant à la classe)

Comprendre un texte (ou une phrase) oral : en début d'année certaines activités demandent des informations sur un texte non décodable ; la lecture orale par l'adulte précède le moment d'interrogation sur le sens. *Comprendre une phrase orale* propose la même démarche sur une phrase construite à cet effet.

Ces items permettent d'étudier la période pendant laquelle des activités de compréhension (le plus souvent d'une compréhension globale du message) sont sollicitées à travers une lecture orale entendue.

Connaissance des textes et polyvalence

Fréquenter différents genres de textes *(conte, album, fait divers, compte rendu…)* : certaines activités amènent l'élève à distinguer formellement les textes à travers des caractéristiques indiquées ou bien simplement montrées (organisation d'une page publicitaire, d'un conte…). Par exemple, une activité propose de trouver dans une reproduction d'une publicité le nom du produit, l'image, la légende ou le slogan, etc. De la même façon, les indices linguistiques physiques d'un poème peuvent être accentués : titre, initiales, majuscules, quatrains…

Caractériser divers types de textes *(narratif, descriptif, recherche d'infos) et polygestion des textes* : certaines activités proposent à l'élève de rencontrer des textes de divers types et d'en observer les caractéristiques afin de les identifier ensuite. D'autres activités présentent, au contraire, des textes qui mélangent les types, d'une façon naturelle et plus littéraire.

Ces items manifestent l'intérêt du manuel pour la diversité des textes. Ceci est susceptible de favoriser la sensibilisation à la polyvalence de la lecture. Par ailleurs, le contact régulier avec une organisation textuelle, par exemple narrative, ainsi qu'un travail explicite sur ces formes, permet d'augmenter sensiblement leur compréhension.

Compréhension d'un texte écrit (lu par les élèves)

Choisir ou produire un résumé – une trame – faire un titre : certaines activités demandent une action sur le texte visant à en extraire, sous une forme ou une autre, l'information essentielle ou les informations les plus pertinentes. Ces activités se présentent souvent sous deux formes : faire un choix dans un QCM (des phrases-titres ou des résumés) ou produire un écrit.

Paraphraser, ou reformuler, ou raconter un texte : certaines activités exigent de l'élève qu'il montre sa compréhension d'un texte par le choix pertinent, parmi plusieurs propositions, d'une phrase ou d'un paragraphe qui reformule ou paraphrase l'original. Parfois l'activité invite l'élève à produire lui-même le récit du texte lu. Une autre façon de faire travailler ces habiletés est l'utilisation de phrases ou de textes reformulés pour effectuer une autre action sur le texte (une consigne).

Mettre en relation simultanée image(s) et texte(s) : de nombreuses activités invitent l'élève à relier des textes et des images parmi plusieurs possibilités. Cela nécessite de sa part une compréhension de chacune des deux formes pour les relier. En général, les informations fournies par le texte et l'image sont identiques et se renforcent mutuellement, l'image paraphrase le texte et réciproquement. Si bien que l'aide à la compréhension peut se faire dans un sens ou dans l'autre.

Lier image→texte : c'est une manière plus précise de travailler sur la compréhension de l'image. À une image donnée l'élève doit corréler, par exemple, le texte adéquat parmi plusieurs propositions, ou bien, il doit compléter par une phrase descriptive.

Lier texte→image : c'est une manière plus précise de travailler sur la compréhension générale d'un texte en demandant son illustration par un dessin.

Gérer la temporalité dans le texte : certaines activités, notamment de questionnement de texte, invitent l'élève à percevoir ou rechercher empiriquement des indices linguistiques qui montrent la présence de la temporalité dans le texte (souvent des informations sur le temps chronique : par exemple, une précision de date peut aider le lecteur à organiser une représentation du monde de l'histoire par rapport à une époque).

Gérer la représentation spatiale : certaines activités (questionnement de texte souvent) invitent l'élève à percevoir ou à rechercher des indices qui indiquent le marquage de l'orientation spatiale, qui est particulier en français (qualité acquise par le contexte : la main peut être un objet ou un lieu « le creux de la main »), sous la forme de référence absolue, de déictiques, avec un signalement de l'orientation par rapport à la cible ou au site. Ces informations doivent permettre de construire une représentation de l'environnement dans lequel l'action se déroule.

Argumenter ou juger : l'activité réclame de l'élève qu'il explique ou argumente un choix ouvert de type « et toi, as-tu peur dans le noir ? » ou fermé dans un QCM, par exemple « choisis le titre qui convient pour raconter le texte et explique ton choix ».

Travailler sur la causalité, la rhétorique et les jeux de langage : les activités qui manifestent une présentation stylistique des informations, en utilisant certains procédés, par exemple une causalité. Tantôt des questions focalisent sur ces phénomènes textuels ou de langue, tantôt ils sont utilisés (par exemple l'humour), ce qui sensibilise l'élève, d'une façon ou d'une autre.

Mettre en œuvre l'intertextualité : cet item regroupe les activités qui conduisent explicitement l'élève à retrouver du même ou du différent dans deux textes et à s'interroger sur ce phénomène de mise en relation. Par exemple, donner un texte et demander aux élèves si un second texte a pu être écrit à la même époque, ou par le même auteur.

Activer l'arrière-fond culturel : les activités de questionnement qui renvoient le lecteur à sa connaissance du monde, à son environnement, et qui font référence à son expérience de la vie ; ce qui donne du sens au texte qui est lu. La mise en œuvre de ces connaissances personnelles montre à l'élève que lire c'est y mettre de soi.

Lire des textes nouveaux : cet item permet d'indiquer des activités dont l'objectif reste parfois si libre qu'il est difficile de prévoir ce que pourront en faire les enseignants. La seule certitude, c'est que l'enfant est conduit à lire du texte. Par exemple, certains manuels proposent régulièrement un ou plusieurs textes à lire "librement".

Certaines de ces activités semblent tout particulièrement importantes pour développer l'apprentissage de la compréhension, qu'elles opèrent sur la fréquentation et l'observation des textes, ou qu'elles proposent un travail plus spécifique et centré sur l'un de leurs aspects structurels.

2 Inférences dans le texte

Ce critère est en fait intégré au premier et concerne la compréhension de la globalité d'un texte. Il s'agit d'activités d'intégration qui imposent de mettre en relation des informations, parfois éloignées dans le texte. Nous l'avons distingué par souci de focalisation. Le travail sur l'inférence nous paraît prioritaire et discriminant. Il mérite donc un traitement spécifique afin de pouvoir être comparé d'un manuel à l'autre. Il se compose de deux items :

Faire des inférences internes au texte : les activités de questionnement qui portent sur la mise en relation d'informations éparpillées dans le texte, et qui doivent être identifiées par le lecteur pour en permettre la compréhension *(Il fut blessé au pied (…) Il partit en boitant* – il faut rapprocher la première information de la seconde pour la justifier ; or, elles peuvent être éloignées dans le texte. La place relative des informations les unes par rapport aux autres, dans un texte, est de plus parfois inductive de la facilité de compréhension que le lecteur en aura). Nous avons aussi placé sous cet item l'usage d'implicites grammaticaux, sémantiques ou lexicaux (*Guillaume a arrêté de fumer*, ou *Il ne fume plus*, implique qu'il avait commencé !), ayant un impact sur la compréhension du texte.

Faire des inférences externes au texte : les activités de questionnement qui induisent une inférence dont la clé doit être recherchée hors du texte et impose donc une référence aux connaissances du lecteur. Nous avons aussi placé sous cet item l'apparition de sous-entendus culturels qu'il faut activer pour s'impliquer dans le texte : *Marlène regarda par la fenêtre et prit son parapluie pour sortir* ; ou *Pressé, Étienne monta rapidement dans sa Renault et il eut un accident…*, il faut comprendre que c'est un accident de voiture, et faire une hypothèse sur le pourquoi ; ou *Yannick sortit le pique-nique du coffre, le coca-cola était chaud…* il faut inférer que la boisson sort du coffre et qu'elle participe du pique-nique.

Les inférences sont présentes dans la langue orale, et dans tout texte naturel dès le début de l'apprentissage. Leur reconnaissance est donc souhaitable : travailler sur la mise ensemble des informations peut s'engager très tôt, dès le CP, à l'écrit.

3 Enchaînements et cohérence

Ce critère a pour but de recenser les manifestations de la cohérence d'un texte et de ses enchaînements. Deux types d'enchaînements sont particulièrement recherchés : ceux relevant des actions et ceux relevant de la continuité des personnages. Ce critère est donc renseigné par deux éléments.

Enchaînement et cohérence dans le texte

Construire la continuité et l'ordre des actions : les activités qui favorisent la hiérarchisation chronologique des informations portant particulièrement sur les enchaînements et ruptures des actions, ainsi que le repérage d'éléments permettant la cohérence du texte dans son ensemble (mise en ordre d'images, de fragments de textes ou de phrases par rapport à un texte lu, par exemple, et comportant souvent des reformulations, un usage de la chronologie temporelle, etc., mais aussi des activités de segmentation du texte en paragraphes ou en phrases). On regroupe aussi ici le travail sur l'enchaînement d'actions grâce à la perception de liaisons sémantiques ou logiques dans le texte.
Étudier l'enchaînement formel des actions : les activités qui demandent une étude formelle de connecteurs et de liaisons causales organisant les enchaînements des actions.

Continuité référentielle dans le texte

Travailler sur les pronoms : activités de repérage ou d'usage des anaphores ou cataphores pronominales ; étude des pronoms de substitution ou de reprise (*le, il, lui*) d'un référent (*le poisson, Alain,* etc.)… dans le texte, et favorisant la cohérence par la perception de la continuité de l'objet ou du personnage au long de l'histoire.

Repérer la chaîne référentielle : les activités qui portent sur l'identification de la continuité des personnages et des objets, par chaîne de substitution pronominale ou lexicale (usage d'hyperonymes, etc.), par exemple, la continuité référentielle du personnage dans *le chat, Minou, il, lui, le félin, le carnassier* ou *Matthieu, le frère de Yannick, le père de...*

D'une manière générale, les activités regroupées dans ce critère participent de la découverte de la compréhension générale (premier critère). Elles rassemblent les éléments illustrant la continuité ou les ruptures dans le texte, concernant les actions et les personnages, tantôt grâce à des marques linguistiques, tantôt par des reconstructions sémantiques ou logiques.

4 Sens littéral et sens local

Ce critère réunit deux sous-ensembles : ce qui revient au littéral et ce qui appartient à l'étude locale du texte. Le travail sur le sens local se fait essentiellement sur des phrases, l'étude du sens littéral tantôt sur des textes, tantôt sur des phrases. Néanmoins, dans les manuels, ce type de travail est souvent initié dans un objectif commun : rechercher des informations explicites dans le texte, d'une manière ou d'une autre. C'est la raison pour laquelle nous les regroupons.

Le sens littéral dans le texte ou la phrase

Rechercher et repérer des informations discrètes et explicites : les activités qui proposent un repérage lexical, c'est-à-dire, le plus souvent, un mot. Elles prennent la forme de questions fermées ou QCM sur le texte du type : *comment s'appelle le chat ? de quelle couleur est le pull ? Ratus mange : un fromage/un fruit/son stylo ?*

Construire le sens à partir d'informations explicites : il s'agit des activités qui réclament une forme d'interprétation pour chercher un mot, littéralement indiqué dans le texte. Par exemple, l'histoire parle d'un chat qui s'appelle Minou. On demande alors le nom du "personnage" (et non pas le nom du « chat »). Il faut donc que le lecteur opère une translation sémantique pour rechercher correctement le nom du chat.

Percevoir les modalisations : les activités qui permettent de relever la variation du sens de la phrase ou de l'histoire, grâce à certains mots (*peut-être, je crois, sûrement, il faut*, etc.). Par exemple, la reconnaissance ou la suppression/ajout d'adverbes. Souvent abordées de manière implicite, ces activités sont parfois l'objet d'une consigne précise et explicite. Néanmoins, elles semblent ambitieuses en CP.

Le sens local dans la phrase

Les activités qui interrogent diverses dimensions de la compréhension dans l'unité phrase.

➤ La compréhension de la phrase

Trouver le sens global d'une phrase : les activités qui consistent à relier des phrases et des images de manière pertinente, à compléter une phrase à partir d'une image, avec des mots connus ou découverts dans la lecture du jour, ou l'inverse, à s'interroger sur une lecture de phrase composée de mots connus ou à décoder, etc.

(Re)constituer des phrases avec des mots ou des groupes de mots donnés: des mots, des étiquettes, des groupes de mots sont proposés pour (re)constituer une phrase connue ou inconnue, avec ou sans le support d'une image. Nous avons aussi compté ici les activités de type textes à trous.

Varier le sens local dans la phrase: les activités qui amènent le lecteur à choisir un mot pertinent et à le placer dans la phrase, à réfléchir sur les compléments, les groupes de sens, les expansions, les énumérations dans la phrase et l'étude de la phrase minimale. Ce sont souvent des activités d'ajout, de suppression ou de choix.

Utiliser la polysémie: les activités qui peuvent conduire le lecteur à s'interroger sur le sens à accorder localement à un mot et son actualisation dans la phrase.

Répondre à des questions ouvertes: les activités qui invitent à réfléchir sur une phrase-consigne pour permettre l'interprétation personnelle.

Manipuler les métaphores, les images, etc.: les activités qui permettent le repérage des "figures" susceptibles de donner un sens spécifique à la phrase. Elles peuvent travailler ou faire réfléchir de manière implicite sur la métaphore, l'image ou la comparaison, à la recherche du sens de la phrase lue.

➤ La cohésion des phrases

Le travail s'effectue la plupart du temps sur des phrases complexes, voire deux phrases simples enchaînées. Il s'agit de focaliser l'observation sur la structure des phrases et ce que cela apporte au sens. C'est un travail qui rejoint syntaxe et sens.

Étudier la continuité référentielle dans la phrase: activités liées au repérage et au travail sur les pronoms de reprise d'un référent (personnage ou objet), dans une phrase. Par exemple, l'élève choisit le pronom adéquat en genre ou en nombre, il identifie le référent d'un pronom (c'est le chat, c'est Gafi, etc.). Il peut aussi être amené à choisir un mot dans une liste pour construire une anaphore lexicale de substitution logique dans une phrase, par rapport à un référent indiqué dans la phrase précédente (*Aurélien a perdu sa gomme. Amélie le/la/les retrouve*).

Étudier la continuité et l'ordre des actions: les activités de mise en ordre de fragments de phrase. Ou bien, les activités qui proposent de choisir un connecteur logique permettant d'enchaîner des actions (causalité, successivité, etc.) ou de choisir la terminaison verbale qui permet de construire une continuité temporelle. Certaines activités font travailler la réflexion sur l'enchaînement sémantique de phrases de type « Oh ! Il y a un chien qui vient. J'ai peur ».

Travailler sur la localisation : les activités qui se traduisent par des choix ou des repérages de compléments circonstanciels de lieu (un mot ou une locution). Cette réflexion sur la localité permet notamment de montrer comment on peut maintenir une unité d'espace ou la créer dans une phrase, ou la poursuivre entre deux phrases consécutives.
Travailler sur la temporalité : les activités qui focalisent sur les mots exprimant le temps, par exemple sous la forme de recherche ou de choix de critères circonstanciels de temps ainsi que les activités sur le choix de terminaisons verbales pertinentes montrant les enchaînements chronologiques (présent, passé, etc.) et la concordance temporelle.

➤ La construction sémantique texte/image

Le sens local dans la phrase est souvent travaillé en début d'année en relation avec une ou plusieurs images. Ici se situe un apprentissage de la compréhension plus transversal, qui fonctionne par redondance entre texte et image.
Faire le lien phrase/image : ce sont les activités d'illustration d'une phrase par une image, ou bien de choix d'une phrase décrivant une image (notamment les actions qui y sont manifestées), ou bien encore des questions précises sur une image, qui nécessitent non seulement son étude détaillée mais aussi une mise en mots ou le choix d'une phrase appropriée.

➤ La production de phrases

Activités souvent demandées, elles se présentent sous trois formes essentiellement.
Produire des phrases à partir de mots donnés : activités de choix de mots ou de groupes de mots, permettant la construction de phrases qui seront réécrites par l'élève. Les mots peuvent être, par exemple, groupés en catégories, ou pré-organisés selon un paradigme, etc.
Produire des phrases à partir d'un texte lu : questions fermées sur un texte, ou prolongement d'un petit texte. L'objet du travail, c'est le sens local de la phrase produite (le plus souvent, le petit texte initial reprend un fragment ou un résumé d'une lecture déjà étudiée).
Construire le lien image/phrase : ce sont les activités de production de phrase à partir d'une image donnée.

Aspects sémantiques et enrichissement culturel

Nous rassemblons ici les activités favorisant l'extension du vocabulaire, l'exploration des registres de la langue ou encore l'étude du sens et de la signification. Souvent centrées sur l'unité mot, ces activités sont parfois tournées de manière plus diffuse sur le texte ou la phrase et invitent à lier le monde culturel de référence avec l'univers des mots qui le représente. Ces activités ont un impact sur l'enrichissement et la diversification des représentations mentales.

Étudier les champs sémantiques : nous avons regroupé trois aspects, qu'il ne convient pas de distinguer ici, puisque les manuels ne le font pas. Les "champs conceptuels" : par exemple, l'étude des mots pour évoquer ou décrire la montagne, ou les animaux, ou la maison (*toit, murs, fenêtres*, etc.) qui sont de l'ordre des liens de parenté sémantique ; les "champs thématiques" : par exemple, les mots qui parlent des vacances (*montagne, ski, glisser, ensoleillé*, etc.), qui sont des éléments de cohérence textuelle ; et enfin les "champs sémantiques" proprement dit, tels qu'ils sont décrits par la linguistique : les mots entrant dans des listes hiérarchisant les hypéronymes et leurs sous-éléments (*les chats sont des félins qui sont des mammifères*, etc.), l'analyse des mots dans leur développement ou leur confrontation à d'autres mots (*père* par rapport à *mère* ou *fille*, etc. ; mais aussi *mère* avec *maison mère* ou *mère supérieure*, etc. ou encore *belle-mère, beau-père*, etc.). On retient donc aussi le travail sur l'aspect sémantique des champs lexicaux (par exemple, la distinction entre les dérivés d'un même terme polysémique de type *raffiner* qui mène à *raffinage* ou *raffinement*).

Observer les registres de langue : les activités qui proposent des choix de mots, pour compléter une phrase, relevant de la perception du registre de langue adapté (par exemple, choisir entre *voiture – automobile – bagnole*).

Étendre ou utiliser le vocabulaire : les activités qui imposent l'apprentissage par cœur de mots, par liste ou individuellement, avec ou sans support image. Ces listes s'organisent parfois à travers une approche disciplinaire ou thématique.

Travailler sur la signification et le sens : les activités qui invitent l'élève à choisir ou à expliquer ou à s'interroger sur le sens d'un mot en fonction du contexte. Il y a comparaison entre signification formelle et sens actualisé. Nous avons intégré ici les activités qui s'appuient sur l'homophonie.

On voit combien ce critère est hétérogène, mais il s'articule tout de même autour de l'apprentissage de la lecture lié à la phrase comme unité de sens et unité de structure. Il focalise donc sur l'approche du sens localement exprimé, soit à travers une phrase désincarnée contextuellement mais considérée comme une entité se suffisant à elle-même, soit dans une phrase prise dans un environnement textuel plus élargi. Ce critère intègre, par ailleurs, l'intérêt porté à la réflexion sur le sens littéralement exprimé.

5 Grammaire - syntaxe

Ce critère regroupe les activités qui contribuent à la découverte de la structure de la langue. Le point de vue y est plus linguistique et la langue y est considérée comme un objet d'analyse ou de manipulation. Partagé en trois parties, ce critère distingue le travail de catégorisation des phrases, les différentes activités syntaxiques portant sur la phrase et les activités de position de mots ou groupes de mots dans les phrases. Tantôt les apprentissages portent sur la générativité syntaxique, tantôt sur une dénomination grammaticale des constituants.

Les types de phrases

Les activités réunies ici portent à la fois sur le statut et la forme des phrases, leur catégorisation ou leurs transformations (phrase simple, complexe, interrogative, etc.) et sur la mise en valeur de l'information (focalisation, etc.).

Travailler sur les phrases impératives, déclaratives, exclamatives et interrogatives : les activités qui proposent des transformations d'une forme vers une autre, qui demandent le repérage des caractéristiques de ces formes, ou qui invitent à recomposer ces phrases à partir de mots ou groupes de mots.

Manipuler les formes affirmative et négative : les activités qui font effectuer des classements et des transformations de forme (repérages des composants de la négation, par exemple).

Rencontrer les discours direct, indirect, etc. : les activités explicites de repérage ou de transformation des types de discours. Certaines activités formelles font manipuler les discours de manière implicite. Nous avons retenu aussi les activités portant sur le discours rapporté et sur le dialogue.

Distinguer phrase orale/phrase écrite : les activités qui inviteraient à observer des transcriptions d'oral à l'écrit pour en saisir les caractéristiques voisines ou divergentes.

Travailler sur les phrases nominales, verbales, incomplètes : les activités qui invitent les élèves à observer, à compléter ou à produire des phrases nominales ou verbales.

Observer forme active / forme passive : Sans doute rares, les activités qui poussent l'élève à utiliser de manière empirique et implicite ces deux formes.

Lire des formes présentatives et des focalisations : les activités qui montrent des phrases dont la structure manifeste une présentation d'objet ou de personnage, une insistance sur l'information, du type « *C'est Gafi* », « *Voilà son vélo* » ou bien « *C'est le chocolat que j'aime* ».

Mettre en œuvre thématisation et conceptualisation : parfois des phrases se présentent sous forme de thématisation, de type « Ce que j'aime, c'est... », reprenant un thème antérieur ; un travail de repérage suit. Parfois, il y a un travail de déplacement de catégorie favorisant une conceptualisation souvent implicite d'une phrase à celle qui suit, de type « J'ai construit la maison moi-même. La construction a été longue et difficile... ».

Syntaxe de phrase

Nous avons réuni ici les activités centrées sur l'étude de l'organisation de la phrase, sa décomposition en constituants d'un point de vue structural ou fonctionnel.

Reconstruire une phrase: les activités centrées sur la reconstitution de phrases connues, à partir de groupes de mots donnés. C'est moins le sens qui est travaillé que la reconstitution de mémoire, en utilisant une segmentation qui n'est pas artificielle mais qui montre les différents groupes de mots sujets et verbaux.
Explorer les composants du groupe nominal: les activités systématiques d'observation de reconnaissance et de manipulation des unités qui composent le groupe nominal, quelle que soit sa position fonctionnelle. Le plus souvent ces activités se traduisent par des extensions ou des réductions du GN, ou bien des choix multiples de déterminants, adjectifs, etc.
Travailler sur l'ordre des groupes de mots: les activités d'analyse ou de classement des phrases distinguant groupes sujets et/ou groupes verbaux.
Segmenter la phrase en groupes de mots: les activités invitant à segmenter la phrase ou à travailler sur des permutations ou des choix de groupes de mots distinguant groupe sujet /groupe verbal/groupe circonstanciel, d'un point de vue structural.
Segmenter la phrase en propositions: sans dénommer les groupes de mots concernés, les activités qui proposent des manipulations de "propositions" ou de groupes fonctionnels. Placées sous le signe du sens, ces activités mobilisent néanmoins un apprentissage implicite des unités fonctionnelles des phrases.
Découvrir les introducteurs de complexité et les indicateurs de fonction: les activités qui proposent d'agir sur certains mots de la phrase, particulièrement les mots fonctionnels (ou bien ce que Laurence Lentin appelle les *introducteurs de complexité*). D'une manière générale, l'attention de l'élève est focalisée sur les mots de la langue qui donnent une fonction ou qui modifient le sens d'autres mots ou groupes de mots (conjonctions, adverbes, locutions adverbiales, etc.).
Étudier la ponctuation de la phrase: les activités qui invitent l'élève à réfléchir sur la ponctuation de phrase, tantôt pour la segmentation inter-phrastique, tantôt avec un choix plus sémantique (point d'exclamation, d'interrogation, etc.) et les activités autour des majuscules liées à la phrase.

Les mots dans la phrase

Nous regroupons ici essentiellement le travail de catégorisation de mots et de positionnement d'unités entretenant entre elles des rapports de substitution possible (remplacer un mot par un autre).

Étudier la position syntagmatique des mots: les activités qui travaillent la perception de l'organisation de la phrase en divers constituants. Ces groupes d'éléments linguistiques forment une unité dans une organisation hiérarchisée. Le syntagme regroupe ainsi des mots "qui vont ensemble" : *la / petite fille*, ou bien : *La petite fille / mange une pomme*. Nous n'avons pas ici distingué la qualification du syntagme, c'est-à-dire son degré d'extension : lexical, nominal, prépositionnel, verbal… dans la mesure où les activités de ce type ne vont pas en CP jusqu'à une telle précision. La plupart des activités s'intéressent au syntagme nominal.

Étudier la position paradigmatique : certaines activités proposent d'effectuer des substitutions d'unités dans le même cadre typique (syntagmes, morphèmes, etc.), par exemple à l'intérieur d'une catégorie (« le, ce, mon, notre… » appartement est situé à Paris). Le but semble autant de montrer des remplacements possibles d'unités, de manière structurale, que de légitimer empiriquement les intuitions sémantiques qui y sont attachées. On se place donc sous l'angle de l'axe paradigmatique tel que le définit la linguistique moderne mais on n'applique pas la signification de déclinaison qu'autorise la grammaire traditionnelle.

Segmenter la phrase en mots : les activités qui proposent de fragmenter des phrases en listant les mots qui les constituent, ou bien de reconstituer des phrases connues avec des choix multiples. Il s'agit, par exemple, d'ajouter systématiquement le mot sujet qui convient (parce qu'il est déjà connu à travers un texte lu précédemment) dans des phrases à trous.

Manipuler la catégorisation des mots : les activités qui proposent de reconnaître ou de construire par comparaison, imprégnation, imitation ou simple présentation, des listes de mots de même catégorie. Souvent, les catégories sont présentées comme telles de manière implicite : des colonnes de mots de type : *le chien / aboyer / je mange / il parle / le plat / multicolore / venir*… ou le mot d'accompagnement (pronom, déterminant, etc.) permet un classement par récurrence des formes. L'activité invite parfois à construire un classement empirique.

Utiliser la ponctuation interne de phrase : les activités qui font manipuler ou reconnaître la ponctuation interne dans la phrase, notamment les virgules ou les parenthèses.

6 Lexique

Autour de ce critère, nous avons réuni les activités centrées sur le lexique, plus particulièrement les unités lexicales et leur structure. L'objectif peut être la connaissance de diverses formes d'organisation des mots ou bien la gestion de la productivité (la "générativité") du vocabulaire personnel de l'élève. Le travail sur le lexique se démarque de l'étude du vocabulaire et de la construction du sens en situation "textuelle", tel qu'il est décrit dans le critère 4.

Travailler sur les champs lexicaux : les activités portant sur la constitution de familles de mots exclusivement, et, le plus souvent, sous l'angle de l'observation des formes : régularité, fréquence… Par exemple des exercices consistant à chasser les intrus entre des mots du type : froid – refroidir – fraîcheur – réfrigérateur – fromage… ou bien l'organisation de liste : couper, découper, coupe… Cet item est donc différent du travail sur les champs sémantiques 302.

Travailler sur les racines de mots : les activités qui travaillent la perception des racines dans les mots, activités implicitement tournées vers les étymologies, les éléments communs dans des mots, etc. Cet item rassemble aussi la connaissance des radicaux verbaux, mais pas leurs flexions.

Travailler sur les mots dérivés : les activités centrées sur la générativité de dérivés par association, ou bien une réflexion sur les régularités et exceptions : *relier / lier / délier – refroidir / froidir / défroidir*.

Manipuler et substituer les synonymes, les antonymes, les homonymes : les activités tournées vers la confrontation des mots de la langue, le plus souvent en contexte de phrase. Les mots qui ont un sens voisin, un sens opposé ou dont l'orthographe et le sens sont différents mais dont la prononciation est voisine : *dessein / dessin, compte / conte, canne / cane*, etc. (nous n'avons pas porté de jugement sur la réalité linguistique de l'homonymie, nous avons noté simplement que des activités jouent sur les formes et les sens des mots).

Observer le marquage typographique : les activités qui s'intéresseraient aux majuscules lexicales jouant sur le sens : *marguerite / Marguerite*, etc.

7 Morphologie flexionnelle

Ce critère regroupe les activités centrées autour de la morphologie, c'est à dire le travail sur la structure de la langue et son impact sur la compréhension. La morphologie rassemble les flexions verbales, ainsi que les activités sur les accords, en genre et en nombre, dans le groupe nominal (en intégrant les morphèmes discontinus notamment). Nous y avons adjoint les activités sur les homonymes grammaticaux.

Morphèmes : certaines activités peuvent amener l'élève à observer des formes de réalisation qui se présentent de manière discontinue, par exemple : ils ont été mangés. Parfois une activité focalise sur les actions en chaîne à conduire pour mettre au pluriel, au féminin, à un temps de verbe, etc.

Accords GS – GV : comme l'indique son intitulé, cet item comptabilise les activités qui font porter l'observation ou la manipulation sur les accords entre groupe sujet et groupe verbal, soit par complément (ajout de la terminaison, etc.), soit par choix multiple, par exemple. Le travail peut porter tantôt sur le GS, le GV étant donné, soit l'inverse, soit des choix dans les deux groupes (par exemple en recomposant des phrases connues).

Manipuler la morphologie du verbe : les activités qui s'intéressent aux flexions des verbes, en fonction du temps ou des personnes (par exemple, des choix ou des changements de terminaison) ; à la connaissance de la pronominalisation et son adéquation référentielle (choix du pronom dans des formes pronominales verbales) ; aux diverses formes de négation et négativité, ainsi qu'à l'usage des pronoms de conjugaison.
Accords en genre ou en nombre dans le GN : les activités retenues ici concernent les accords en genre et en nombre, à l'intérieur du GN (l'ensemble des unités qui le constituent). Ce sont des activités de substitution (remplacer des termes dans un paradigme avec choix de genre ou nombre), de transformation (transformation tout au pluriel ou au singulier) ou de complément. Les accords en genre et en nombre ont été codés différemment mais regroupés ici.
Genre : il s'agit des activités qui invitent l'apprenant à distinguer les diverses formes de réalisation du masculin et du féminin, à l'intérieur d'une même catégorie (mettre au féminin des noms de métier, d'animaux, etc.), étudier les diverses formes morphologiques des pronoms, déterminants, etc.
Nombre : il s'agit des activités qui invitent l'apprenant à distinguer les diverses formes de réalisation du singulier et du pluriel, à l'intérieur d'une même catégorie (mettre au pluriel des noms de métier, d'animaux, etc.), étudier les diverses formes morphologiques des pronoms, déterminants, etc.
Homonymes grammaticaux : ces activités sont souvent répétitives et systématiques, on cherche à y faire remarquer que des formes voisines, qui se prononcent sensiblement de manière identique, relèvent de catégories ou de sens différents. Ces activités portent plus sur la systématisation du code orthographique que sur le sens. Par exemple, l'opposition entre a / à, son / sont, et / est, etc.

8 Production de texte

Ce critère est important et se place sur un plan différent des précédents. Il regroupe les activités de production d'écrits. Il caractérise la place accordée au lien lire – écrire dans le manuel. Cet item rassemble les diverses formes de propositions d'écriture proposées aux élèves, le plus souvent dans les cahiers de l'élève.

Travail sur un thème : dans cet item les activités d'écriture regroupées proposent à l'élève de produire un texte, plus ou moins long (une phrase ou plus), sur un thème donné. On a placé ici aussi une forme dérivée du même exercice dans lequel il s'agit de poursuivre un texte et le terminer.
Travail sur les actions et les personnages : certaines activités sollicitent une production de texte ciblée sur un personnage (Décris Mélanie, Comment est habillé Pierre ?) ou une série d'actions (Raconte ce que fait Ratus).

Travail sur les mots : dans certains cas, des mots sont proposés aux élèves. Ils doivent produire un texte qui les utilise. Ces mots servent de point d'appui pour la rédaction de la courte histoire. Dans d'autres cas, un seul mot sert de prétexte. D'une certaine façon, la production marque la réflexion sur ce mot pilote. D'une manière plus générale, cet item regroupe les productions autour d'un ou plusieurs mots.
Travail "à la manière de" : ces activités sont fréquentes. Il s'agit d'écrire un texte comme… en poésie, ou bien des textes fonctionnels (recettes, jeux, etc.). Cet item regroupe les activités de production qui font travailler le style, ou les caractéristiques d'un type ou d'un genre textuel.
Textes libres : parfois une activité du cahier de l'élève propose de rédiger un texte dont le sujet n'est pas précisé. Sans doute l'enfant s'attachera-t-il au texte de lecture du jour, mais il a la liberté de raconter ce qu'il veut.
Production de texte/image : les activités ici regroupées proposent de partir d'une image et de produire du texte. L'image est un support. Néanmoins cette forme de production n'est pas anecdotique, elle est en "positif/négatif" dans la même perspective que de nombreuses activités de lecture reposant sur de l'image. Cette production est donc fortement induite par la compréhension de l'image.
Production d'objet matériel à partir d'un texte : certaines activités demandent une production d'objet. Il s'agit bien entendu de mettre en œuvre les capacités de lecture. Mais l'esprit productif est là et se matérialise concrètement. De plus, ces activités de production (construire un objet en papier) se complètent souvent d'une phrase ou d'un petit texte à rédiger. Nous avons ainsi préféré placer ces activités, plutôt rares, dans ce critère.

9 Pratiques culturelles

Ce critère reflète les activités qui se préoccupent de faire connaître l'entité livre et les textes ou images qui les composent. Il regroupe par ailleurs les activités qui proposent une manipulation d'ouvrages et une reconnaissance de leurs caractéristiques.

Rencontrer une culture du livre : les activités de cet item favorisent l'intérêt pour le livre, et montrent en quoi c'est une richesse, par exemple en proposant une page de document motivant et en demandant d'où peut venir ce document.
Étudier et manipuler les livres, y naviguer : dans cet item, les activités favorisent une connaissance des éléments qui composent un livre, par exemple distinguer la couverture, la quatrième de couverture, le nom de l'auteur, le titre, etc. L'élève peut aussi être invité à relier des fac-similés de couverture et des textes qui leur

appartiennent, ceci impliquant un dialogue pour rechercher les liens pertinents entre illustrations, titres, textes, etc.

Pour développer ce critère, la reproduction de couvertures ou de textes d'ouvrages authentiques est nécessaire, on peut tout à fait prolonger un tel travail avec d'autres supports.

10 Lecture orale

Ce critère rassemble les activités qui demandent aux élèves de réaliser une lecture orale de texte, en focalisant sur un point particulier susceptible d'imposer une première lecture-compréhension accompagnée.

Mettre le ton : les activités de cet item proposent des textes ou des phrases qui seront lus "en mettant le ton", c'est à dire en essayant de marquer le sens de ce qui est lu, souvent lié au type de phrase ou à une alternance de discours direct/indirect/dialogué. La lecture peut se faire seul ou à plusieurs.
Faire les liaisons : ces activités sont moins liées au sens qu'au rituel de la lecture orale. Cela fait néanmoins partie d'une lecture qui, pour être oralisée, est accompagnée d'un travail de compréhension de ce qui est lu. Par exemple, on demandera une première lecture silencieuse puis une lecture "en marquant les liaisons" et enfin de "raconter ce que tu as lu".

Grille d'analyse

10 critères	Activités observées	
1. Compréhension générale	**1.1 La compréhension d'un écrit (dit oralement par l'enseignant à la classe)**	
	Comprendre un texte oral	101
	Comprendre une phrase orale	209
	1.2 La connaissance des textes, la polyvalence	
	Fréquenter différents genres de textes (conte, album, fait divers, ...)	**105-401***
	Caractériser divers types de textes (narratif, descriptif, recherche d'informations) et polygestion des textes	**402-403**
	1.3 La compréhension d'un texte écrit (lu par les élèves)	
	Choisir ou produire : un résumé – une trame – un titre	102
	Paraphraser ou reformuler ou raconter un texte	103
	Mettre en relation simultanée image(s)-texte(s)	**141-241-341**
	Lier image > texte	342
	Lier texte > image	143-343
	Gérer la temporalité dans le texte	107
	Gérer la représentation spatiale dans le texte	108
	Argumenter ou juger	**104**
	Travailler sur la causalité, la rhétorique, les jeux de langage (humour, etc.)	**110**
	Mettre en œuvre l'intertextualité (mise en relation avec l'auteur, l'époque, d'autres textes, etc.)	106
	Activer l'arrière-fond culturel	304
	Lire des textes nouveaux de manière autonome	**109**
2. Inférences dans le texte	Faire des inférences internes au texte (mise en relation d'informations éloignées, implicites, etc.)	121
	Faire des inférences externes (hors texte, sous-entendus, appel à l'expérience, etc.)	122
3. Enchaînements et cohérence	**3.1 Les enchaînements et la cohérence dans un texte**	
	Construire la continuité et l'ordre des actions (images ou phrases à mettre en ordre, liaisons logiques, segmentation de texte, etc.)	132-411-414
	Étudier l'enchaînement formel des actions (les connecteurs, les liaisons causales, etc.)	413
	3.2 La continuité référentielle dans un texte (anaphores, cataphores lexicales et pronominales)	
	Travailler sur les pronoms de substitution (anaphores pronominales) ou de reprise dans le texte	221
	Repérer la chaîne référentielle (continuité des personnages, des objets, etc.)	312-412

4. Sens littéral et sens local	**4.1 Le sens littéral dans le texte ou la phrase**	
	Rechercher et repérer des informations discrètes et explicites	**111**
	Construire le sens à partir d'information(s) explicite(s) dans un fragment de texte ou quelques phrases	**112**
	Percevoir les modalisations locales (agissant sur un paragraphe, une phrase ou un mot)	214
	4.2 Sens local dans la phrase	
	Compréhension de la phrase	
	Trouver le sens global d'une phrase (compléter des phrases, répondre à des questions, etc.)	201
	(Re)constituer des phrases avec des mots ou groupes de mots donnés	**202**
	Varier le sens local dans une phrase (travail sur les compléments, choix de mots dans une phrase, etc.)	205
	Utiliser la polysémie	432
	Répondre à des questions ouvertes	208
	Manipuler les métaphores, les images, etc.	210
	Cohésion de phrases	
	Étudier la continuité référentielle dans la phrase (identification des personnages, anaphores, etc.)	**131 et 231**
	Étudier la continuité et l'ordre des actions (liaisons logiques et sémantiques, chronologie, connecteurs, etc.)	232
	Travailler sur la localisation dans la phrase	206
	Travailler sur la temporalité dans la phrase	207
	Construction sémantique texte/image	
	Faire le lien phrase - image (production d'image à partir d'une phrase, question sur l'image, etc.)	**243**
	Production de phrases	
	Produire des phrases avec mots ou groupes de mots donnés	203
	Produire des phrases à partir d'un texte lu, phrases à continuer	204
	Construire le lien image - phrase (production de phrase à partir d'une image)	242
	4.3 Les aspects sémantiques et l'enrichissement culturel	
	Étudier des champs sémantiques	**302**
	Observer les registres de langue	303
	Étendre ou utiliser le vocabulaire	**311**
	Travailler sur la signification et le sens	**312**
5. Grammaire, syntaxe	**5.1 Les types de phrases**	
	Travailler sur les phrases impératives, déclaratives exclamatives, interrogatives	501
	Manipuler les formes affirmative et négative	502
	Rencontrer les discours direct, indirect, etc.	503
	Distinguer phrase orale / phrase écrite	504
	Travailler sur les phrases nominales, verbales, incomplètes	505
	Observer les formes active / passive	506
	Lire des formes présentatives et des focalisations	211
	Mettre en œuvre thématisation et conceptualisation	212

	5.2 La syntaxe de phrase Reconstruire une phrase ... 526 Explorer les composants du GN ... 525 Travailler sur l'ordre des groupes de mots (GS - GV) ... 512 Segmenter la phrase en groupes de mots (GS-GV-CC, aspect structural) ... 523 Segmenter la phrase en propositions (aspect fonctionnel) ... 524 Découvrir les introducteurs de complexité et les indicateurs de fonction ... 522-534 Étudier la ponctuation (et les majuscules) de phrases ... 513-514 **5.3 Les mots dans la phrase** Étudier la position syntagmatique (relation des segments dans la phrase) 511 Étudier la position paradigmatique (position de mots ou groupes de mots 512 Segmenter la phrase en mots ... 531 Manipuler la catégorisation des mots (présentation, production, etc.) ... **532, 541** Utiliser la ponctuation interne dans la phrase ... 515
6. Lexique	Travailler sur les champs lexicaux (familles de mots) ... 301 Travailler sur les racines de mots ... 601 Travailler sur les mots dérivés ... 602 Manipuler, substituer les synonymes, les antonymes, les homonymes ... 313 Observer et manipuler le marquage typographique (majuscules lexicales) 548
7. Morphologie flexionnelle	Manipuler des morphèmes ... 542 Manipuler les accords GS - GV ... 543 Manipuler la morphologie des verbes (flexion, négation, pronominaux, lien pronoms/verbes...) ... 544 Manipuler les accords en genre - et les accords en nombre, dans le GN ... 545 Travailler sur le genre (dans une catégorie : noms, déterminants, pronoms...) ... 546 Travailler sur le nombre ... 547 Manipuler les homonymes grammaticaux ... 533
8. Production de texte	Travailler sur un thème, continuer un texte ... 151 Travailler sur les actions et les personnages ... 152 Travailler avec les mots ... 153 Écrire des textes "à la manière de...", travail sur le style ... 154 Écrire des textes libres ... 155 Écrire un texte à partir d'images ... 156 Produire un objet matériel à partir d'un texte ... 157
9. Pratiques culturelles de lecture	Rencontrer une culture du livre ... 161 Étudier et manipuler les livres, y naviguer ... 162
10. Lecture orale	Mettre le ton ... 171 Faire les liaisons ... 441

* *Remarque : les codes indiqués en gras dans notre tableau représentent les activités particulièrement développées dans tous les manuels. Ceci ne signifie pas pour autant qu'elles soient plus importantes en termes d'apprentissage de la lecture.*

Les activités que nous retrouvons le plus fréquemment dans les manuels, comme celles qui sont le moins présentes, concourent au sentiment de proximité entre des manuels, même s'ils sont de présentation différente. Les activités qui sont spécialement développées dans un manuel et pas dans les autres participent au contraire au sentiment de différence qu'ils nous inspirent. Les manuels étudiés ont aussi en commun de ne pas proposer parfois certaines activités qui nous semblent pourtant importantes.

On peut considérer que ce tableau est très/trop complet et ambitieux. Il ne s'agit pas en fait de s'assurer que tout est abordé de manière explicite, comme un sujet de leçon, mais nous avons recherché tous les aspects possibles qui pouvaient être observés sur la langue dans les manuels.

C Analyse de cinq manuels de lecture

Introduction

Dans cette partie, nous étudions chaque manuel retenu, au filtre des critères de notre grille d'analyse. Dans un premier temps nous caractérisons les manuels les uns par rapport aux autres afin de situer leurs orientations générales. Puis nous étudions chacun des cinq manuels séparément.

Les manuels sont proposés dans l'ordre de leur année de publication, du plus ancien au plus récent. Il ne faut donc voir là aucun "classement".

Nous présentons la synthèse commentée d'une analyse de contenus. Nous rappelons que nous n'avons voulu établir aucun palmarès. Il n'est pas dans notre intention de réaliser un choix à la place des enseignants mais plutôt de permettre à chacun de mieux connaître les ouvrages : ce sur quoi ils insistent et ce qu'ils font en matière d'apprentissage. Par voie de conséquence, nous remarquons aussi les manques qu'ils manifestent par rapport aux critères d'observation que nous avons retenus.

Nous avons choisi de focaliser la présentation de nos travaux autour de certaines caractéristiques représentatives de chaque manuel. Nous accompagnons parfois le propos de schémas d'illustration pour favoriser une meilleure visualisation de l'ouvrage.
Nous avons accordé une nécessaire importance à l'analyse rigoureuse et homogène des statistiques établies par la Direction de la Programmation et du Développement : elles sont significatives. Nous nous sommes, par ailleurs, attachés à réaliser un commentaire sur les tendances et les orientations plus générales qui donnent une image intéressante de chaque manuel.

Notre présentation, même si elle apparaît déjà riche et dense, n'est pas pour autant exhaustive de l'ensemble des observations que nous avons pu réaliser pour chaque manuel.
Des détails sur l'étude approfondie sont disponibles sur notre site internet : www.inrp.fr/onl, dans la rubrique « Les manuels de lecture du CP ».

Notre objectif demeure que chaque enseignant puisse se faire une idée d'un manuel après la lecture du chapitre qui lui est consacré, et qu'il puisse poursuivre cette réflexion en fonction de ses attentes.

Présentation des activités réalisées dans les cinq manuels

Nous avons réalisé une étude comparative des activités de compréhension et d'identification des mots dans les cinq manuels observés. Cette première approche d'ensemble permet d'éclairer les grandes orientations des manuels. C'est aussi le moyen de montrer comment on peut comparer des outils qui semblent souvent si proches ou si différents.

Nombre des activités de compréhension et d'identification des mots des manuels (livres et cahiers)[1]

	Lecture en fête	Ratus	Lire au CP	Gafi	Grindelire
Identification des mots					
Livre	357	340	238	450	449
Cahier	280	396	297	523	413
Sous-total	637	736	535	973	862
Compréhension					
Livre	391	226	364	394	398
Cahier	371	383	406	474	590
Sous-total	762	609	770	868	988

Nous présenterons toujours les tableaux et illustrations comparatives en plaçant les manuels par ordre chronologique de leur année d'édition, du plus ancien au plus récent.

Cette étude globale montre les orientations des manuels : *Ratus* et *Gafi* accentuent le travail sur l'identification des mots ; *Lecture en fête*, *Lire au CP* et *Grindelire* portent particulièrement attention à l'apprentissage de la compréhension et au texte.

La répartition des activités entre livre et cahiers est parlante : *Lecture en fête* met en œuvre la plupart de ses activités dans le livre, *Ratus*, *Lire au CP*, *Gafi*, donnent la priorité aux exercices des cahiers, *Grindelire* joue la complémentarité : les activités d'identification sont plutôt développées dans le livre et celles concernant la compréhension plutôt dans le cahier. La répartition des activités semble être une caractéristique importante en ce qui concerne la cohérence des progressions et l'usage des supports par l'enseignant et les élèves, ce qui a un impact sur l'organisation pédagogique des apprentissages.

Nous avons effectué, par ailleurs, une étude chronologique de l'évolution de ces données globales sur l'année et par sous-périodes, mais elle ne s'avère pas très éclairante en terme de comparaison, parce que très hétérogène.

Étude comparative de l'apprentissage de l'identification des mots dans les cinq manuels

Cette étude quantitative permet de repérer le poids accordé aux différentes composantes de l'apprentissage de l'identification des mots, dans les cinq manuels. L'aspect qualitatif sera ensuite traité dans l'analyse de chacun des manuels.

1 Nombre total d'activités recensées dans les manuels (livre, cahier d'activités)

a Observation d'ensemble

Tous les ouvrages proposent un nombre significatif d'activités ce qui tend à prouver l'intérêt reconnu pour cet apprentissage. Nos manuels sont ordonnés selon leur année de parution ; à partir de *Gafi*, le nombre d'activités consacrées à l'identification des mots est plus important. Le nombre d'activités proposées par les différents manuels varie du simple au double entre *Lire au CP* et *Gafi*. Ce ne sera pas sans incidence sur le temps à accorder dans la journée à ce type d'activités, et la forme d'apprentissage induite.

Certains manuels proposent un plus grand nombre d'activités sur l'année. Une comparaison exclusive en nombre d'activités pourrait fausser la répartition générale des différents critères. Nous proposons en parallèle une représentation en pourcentage qui permet de savoir quel poids est accordé dans chaque manuel à tel ou tel apprentissage sur l'ensemble de l'année dans le livre et le cahier.

On constate un certain équilibre récurrent entre les livres et les cahiers d'exercices, mise en évidence d'une cohérence dans ce domaine entre les activités de découverte ou de prise de connaissance et les activités de réinvestissement. Trois des publications vont encore plus loin dans le rôle du cahier d'exercices puisque le pourcentage d'activités est supérieur à celui proposé dans le livre.

1 Tableau réalisé à partir des synthèses de l'actuelle DEP, Direction de l'évaluation et de la prospective. Nous remercions vivement Michèle Thaurel-Richard qui a collaboré aux travaux d'élaboration des grilles et a effectué le traitement statistique.

Nombre total des activités livre et cahier des 5 manuels

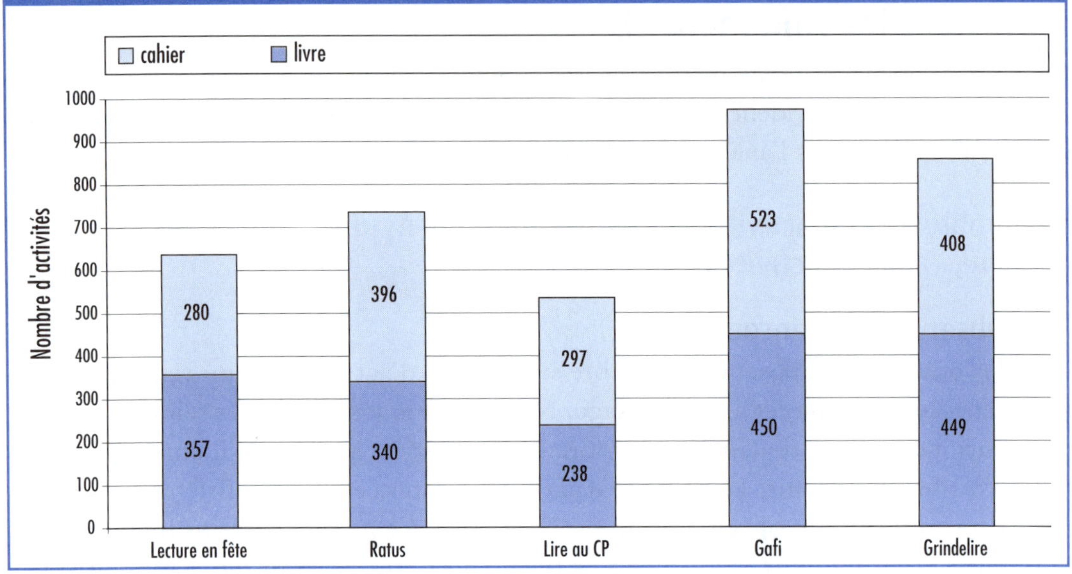

Nombre total d'activités livre et cahier en pourcentage dans les 5 manuels

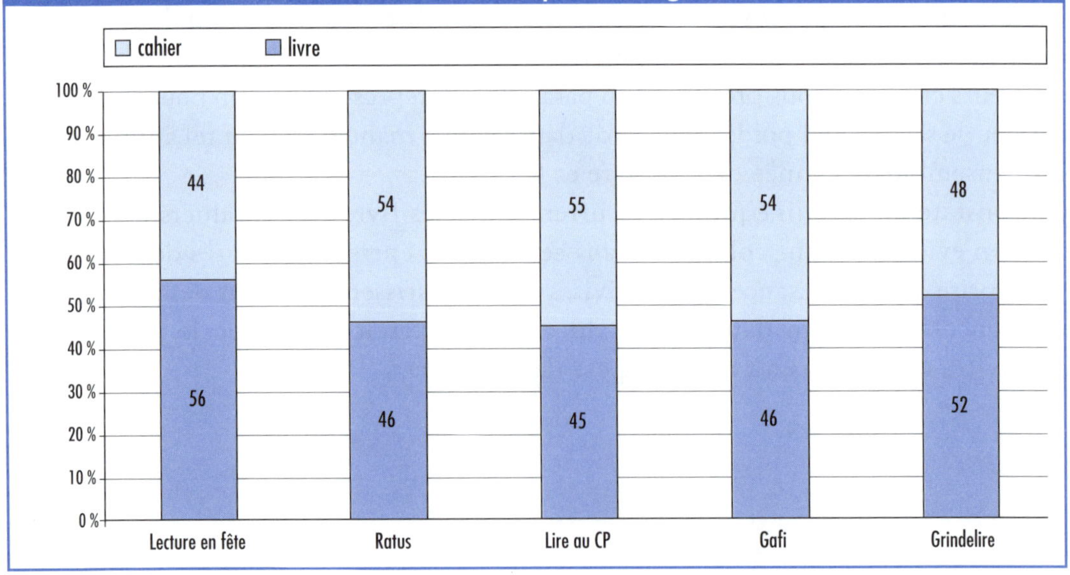

Conclusion

Livre et cahier forment un tout pédagogique cohérent où les deux supports proposent des activités et des approches complémentaires. Les maîtres utilisateurs doivent savoir que toute exploitation partielle rompt cet équilibre.

b Approche longitudinale : répartition sur l'année des activités d'identification des mots

Le graphique suivant montre comment se répartissent les activités d'identification des mots, sur l'année dans les 5 manuels, selon un découpage en 6 périodes égales.

Répartition sur les 6 périodes des activités d'identification des mots

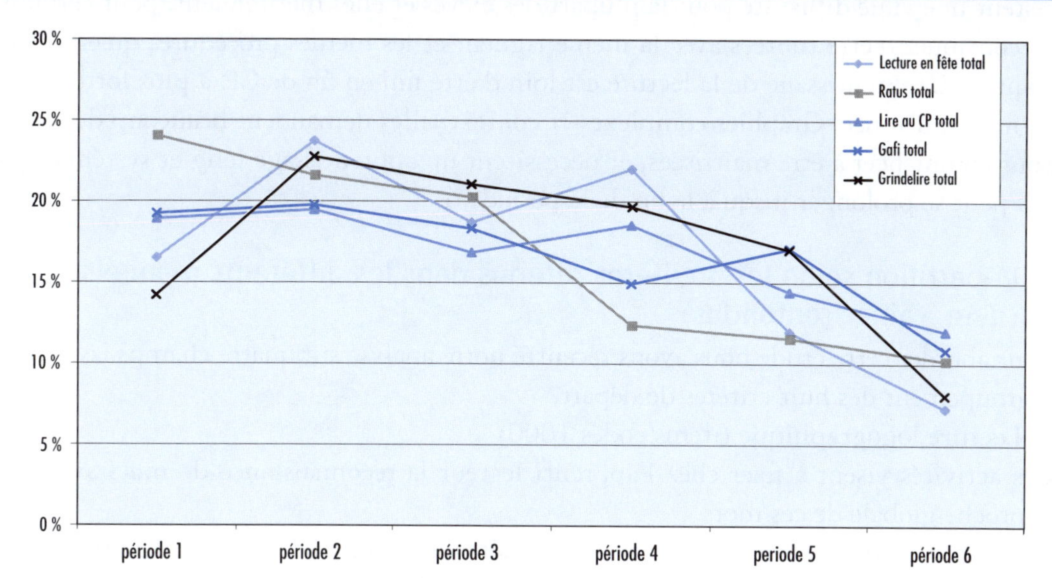

Un manuel consacre dès le début de l'année beaucoup d'importance à ce type d'apprentissage. Tous consacrent beaucoup de temps à l'identification des mots en milieu d'année. La période 4 marque plus de diversité : certains ouvrages prolongent, voire renforcent, ces activités pour les faire diminuer plus tard. Dans l'ensemble, vers la fin de l'année, le nombre d'activités décline : ces apprentissages ne sont plus aussi prenants, peut-être pour laisser place à d'autres apprentissages.

Conclusion

Cette analyse doit être mise en rapport avec celles qui traitent de l'autonomie de lecture de l'enfant, celles qui abordent la progression des phonèmes et celles qui développent les démarches mises en œuvre afin de montrer :

– le décalage qui peut naître entre un travail important sur les activités d'identification des mots et le développement d'une réelle capacité d'autonomie de lecture de l'élève induite par le choix de la progression des phonèmes ou par l'absence de mots dans les textes ou les phrases à lire contenant les phonèmes étudiés ;

– la cohérence entre l'autonomie croissante de lecture de l'apprenti lecteur et la baisse sensible de propositions d'activités d'identification des mots à partir de la période 4. Cela est légitime si l'on considère que les graphies complexes, comme ill, gn, x,…, étudiées en fin d'années, ont déjà été rencontrées lors de l'expérience de l'apprentissage et que l'enfant peut déjà commencer à les traiter de manière implicite. Ceci dit, le plus souvent, le travail sur le code continue. Néanmoins, on peut modaliser cette évidence : les graphies complexes restent une vraie difficulté pour la plupart des élèves et elles mériteraient, pour certains, de continuer d'être traitées avec la même rigueur et les mêmes procédures qu'en début d'année. L'apprentissage de la lecture est loin d'être fini en fin de CP, à plus forte raison en milieu d'année. Graphies complexes et contextuelles demandent beaucoup de temps pour commencer à être maîtrisées, et nécessitent un apprentissage long et systématique qui peut se prolonger jusqu'à la fin de la période 6.

2 Répartition selon les 4 critères retenus dans les différents manuels (livre, cahier confondus)

Pour aborder cette étude nous avons recentré notre analyse sur quatre champs issus d'un regroupement des huit critères de départ.

– **Lecture logographique** (items codés 1000)

Ces activités visent à fixer chez l'apprenti lecteur la reconnaissance de mots avec une approche globale de ces mots.

– **Accès à la découverte du principe alphabétique** (items codés 2000 à 4000)

Ces activités se répartissent en trois critères. Les activités qui s'intéressent au développement d'une discrimination auditive des constituants de la langue, celles qui développent une discrimination visuelle des composants des traces écrites de la langue et enfin celles qui cherchent à mettre en œuvre la compréhension du principe alphabétique de notre langue.

– **Connaissance du code et combinatoire** (items 5000 à 6000)

Ces activités présentent aux élèves les éléments qui composent le codage du français ainsi que celles qui mettent en œuvre le déchiffrage des mots.

– **Fixation orthographique et codage de l'écriture** (items 7000 et 8000)

Ces activités cherchent à fixer les apprentissages, à les automatiser, en réception (lecture) et en production (écriture).

Tableau de répartition en pourcentages

Pourcentage \ ouvrages	Lecture en fête	Ratus	Lire au CP	Gafi	Grindelire
Lecture logographique	**15**	**13**	**10**	**10**	**17**
Vers le principe alphabétique	**28**	**37**	**29**	**32**	**34**
Discrimination visuelle	13	29	16	22	13
Discrimination auditive	8	4	3	9	11
Principe alphabétique	7	4	10	1	10
Code et combinatoire	**49**	**40**	**45**	**44**	**35**
Connaissance du code	30	21	27	15	27
Lecture de mots combinatoire	19	19	18	29	8
Fixation et codage	**8**	**10**	**15**	**13**	**13**
Fixation orthographique	6	10	13	13	8
Ecriture codage	2	0	2	0	4

Dans l'ensemble, on constate que les cinq manuels font travailler les élèves dans les mêmes domaines d'apprentissage. Ils se centrent principalement sur :
1) les activités qui conduisent **à l'accès à** la découverte du principe alphabétique,
2) les activités qui permettent l'appropriation de la connaissance du code du français ainsi que les activités qui recomposent les mots (activités de déchiffrage).

➤ Le pourcentage des activités de lecture de mots appris globalement est relativement faible par rapport au pourcentage de l'ensemble des activités proposées. Cet apprentissage se centre souvent sur la mémorisation de mots-outils et de quelques mots courants : personnage de la méthode, actions simples. Ce constat est logique. En effet, l'objectif de l'année du CP est de développer une certaine autonomie de lecture, en faisant découvrir le fonctionnement du codage du français aux élèves. La place accordée à la lecture logographique est un élément à prendre en compte pour discriminer les différents manuels.

➤ Les activités de fixation et de codage sont également peu présentes, pourtant ce sont elles qui vont aider les élèves à automatiser les apprentissages. Ce constat est significatif de la croyance de certains auteurs qu'ils développent plus vite une vraie autonomie de lecture chez les apprentis lecteurs par la lecture logographique.

Répartition des 4 critères entre les manuels

Quel que soit le manuel, la répartition des activités se distribue dans les mêmes proportions.

L'intérêt accordé au code et à la lecture-combinatoire représente plus d'un tiers, voire la moitié, des activités sur l'année selon certains manuels. C'est le critère le plus fort quel que soit le manuel.

Viennent ensuite les activités qui permettent la découverte du principe alphabétique. Tous les manuels y accordent environ un tiers de leurs activités. Deux manuels proposent de consacrer presque autant de temps à deux types d'activités, celles qui préparent à la découverte du principe alphabétique et celles qui s'intéressent au code et à la combinatoire.

Ainsi, les activités de lecture globale et les activités de fixation orthographique et de codage de la langue, sont des critères moins bien développés. L'écart entre les deux est souvent peu significatif. Toutefois ne pourrait-on pas envisager de développer les activités de fixation orthographique et de codage de la langue afin de mieux lier les activités de lecture et d'écriture ?

Conclusion

On ne peut s'arrêter à cette analyse générale qui tendrait à démontrer une similitude d'approche dans tous les manuels, alors qu'il n'en est rien. Nous allons le démontrer dans les pages suivantes en étudiant des critères plus affinés.

a Analyse des 3 critères qui permettent la découverte du principe alphabétique dans les 5 manuels

Lorsqu'on étudie le traitement des différentes activités qui conduisent à la découverte du principe alphabétique, on s'aperçoit d'un profond déséquilibre dans la gestion des éléments qui composent cet apprentissage dans les différents manuels.

Les trois critères (graphe A)

Les activités de discrimination visuelle sont globalement bien représentées dans les différents manuels. Il faut reconnaître que ces activités sont faciles à illustrer sur un support papier. Il en va tout autrement pour les activités de discrimination auditive qui sont plus souvent orales, sans trace écrite tangible. Ces activités sont proposées et explicitées dans les guides du maître qui accompagnent les manuels. On peut donc penser que les pourcentages présents ne sont pas totalement significatifs de l'apprentissage réellement mené. En revanche, on ne peut pas nuancer de la même manière le peu d'attention porté aux activités mettant en évidence le principe alphabétique, en particulier dans certains manuels.

A Répartion des critères selon chaque manuel

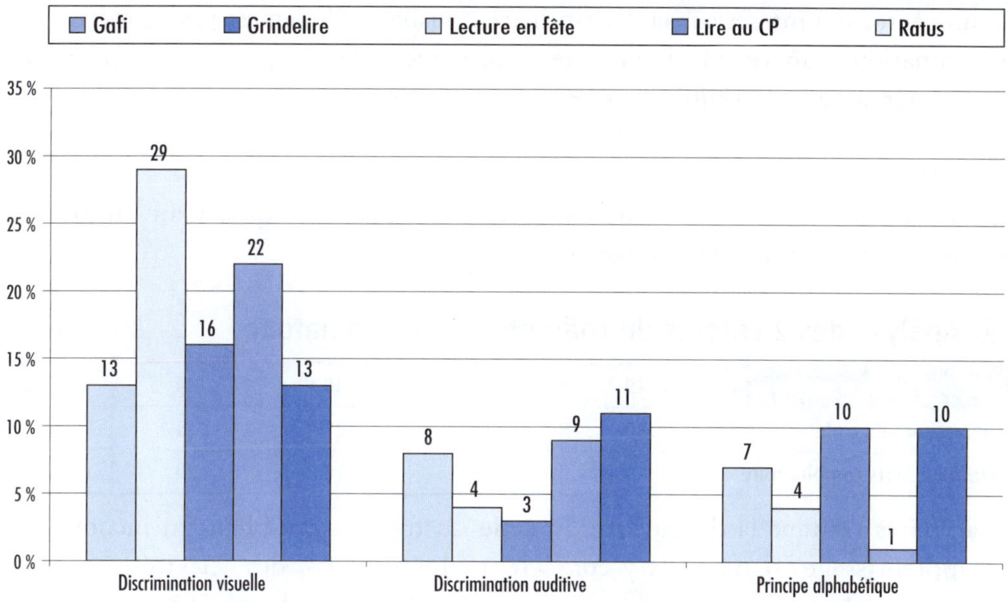

B Répartion des critères selon chaque manuel

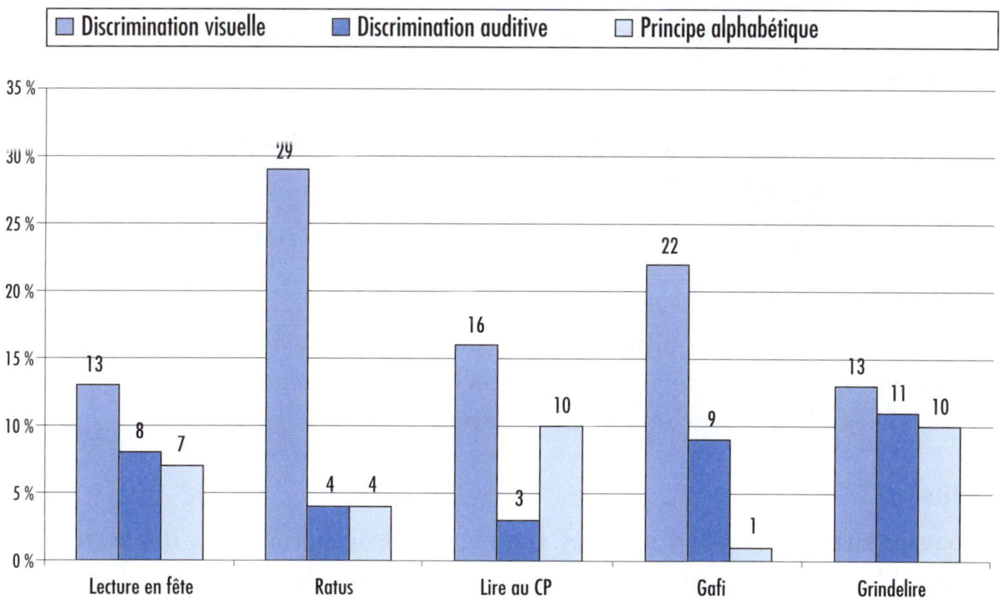

Les différents manuels (graphe B)

Pour les 4 premiers manuels, on constate un déséquilibre réel entre les trois critères. Si chacun centre son intérêt sur la discrimination visuelle, il n'en est pas de même pour la discrimination auditive et la découverte du principe alphabétique. Seul un manuel essaie de présenter autant d'activités dans les trois domaines.

Conclusion

Au regard des connaissances actuelles, il semble souhaitable qu'il y ait un plus grand équilibre entre ces trois critères dans les manuels.

b Analyse des 2 critères du code et de la combinatoire

Code et combinatoire	**49**	**40**	**45**	**44**	**35**
Connaissance du code	30	21	27	15	27
Lecture de mots combinatoire	19	19	18	29	8

Les activités traitant la découverte du code du français semblent un incontournable de l'apprentissage : 4 manuels y consacrent plus de 20 % des activités. Toutefois la connaissance du code ne suffit pas si l'apprenti lecteur ne la met pas en œuvre pour recomposer le mot à découvrir avec des activités de lecture combinatoire.

Conclusion

Un équilibre entre la connaissance du code et la combinatoire nous semble important alors qu'il apparaît rarement.

c Analyse des critères de codage et de fixation orthographique

Fixation et codage	**8**	**10**	**15**	**13**	**13**
Fixation orthographique	6	10	13	13	8
Ecriture codage	2	0	2	0	4

On observe un profond déséquilibre entre les deux critères, sauf pour un manuel. On peut imaginer que les activités qui visent à coder la langue se fassent sur un autre support que les fichiers, peut-être ardoise ou cahier de classe.

Conclusion

Ne pouvant analyser le vécu des classes, il nous semble important d'attirer l'attention des maîtres sur le fait que **ces activités sont essentielles**. Il est donc nécessaire d'apporter une véritable attention à chacune.

3 Analyse des différents critères dans le livre et le cahier séparément selon les 5 Manuels

Pourcentage d'activités recensées dans les manuels : livre et cahier séparés

	Lecture en fête Livre	Lecture en fête Cahier	Ratus Livre	Ratus Cahier	Lire au CP Livre	Lire au CP Cahier	Gafi Livre	Gafi Cahier	Grindelire Livre	Grindelire Cahier
Lecture globale	**16**	**14**	**13**	**13**	**10**	**10**	**13**	**8**	**12**	**22**
Vers le principe alphabétique	**27**	**29**	**38**	**36**	**32**	**27**	**20**	**43**	**40**	**27**
Discrimination visuelle	17	8	30	29	16	17	20	24	11	14
Discrimination auditive	0	18	0	7	1	5	0	18	14	9
Principe alphabétique	**10**	**3**	**8**	**0**	**15**	**5**	**0**	**1**	**15**	**4**
Code et combinatoire	**57**	**40**	**46**	**37**	**56**	**38**	**57**	**33**	**40**	**32**
Connaissance du code	33	28	25	19	32	24	13	17	30	25
Lecture de mots combinatoire	24	12	21	18	24	14	44	16	10	7
Fixation et codage	**0**	**19**	**3**	**15**	**2**	**25**	**12**	**16**	**7**	**19**
Fixation orthographique	0	14	3	15	2	21	12	15	6	12
Ecriture codage	0	5	0	0	0	4	0	1	1	7

Analyse selon les quatre critères

Pour la lecture globale de mots et les activités permettant la découverte du principe alphabétique, le livre et le cahier proposent un nombre sensiblement équivalent d'activités sauf pour les deux ouvrages les plus récents.

En revanche, on observe un net décalage dans les propositions d'activités entre le livre et le cahier pour les autres critères. Les activités de code et de combinatoire sont plus développées dans le livre. Inversement, les activités de fixation et de codage de la langue, peu présentes dans le livre, apparaissent plus dans le cahier.

➤ En approfondissant l'analyse, on s'aperçoit que certains critères peuvent apparaître soit dans le livre, soit dans le cahier selon les manuels, mais pas dans les deux en même temps.

À propos des différentes activités qui permettent la découverte du principe alphabétique, on constate qu'elles sont très inégalement abordées. Au regard du tableau, la mise en œuvre du principe alphabétique apparaît rarement et quand elle existe, les activités se focalisent sur l'un des deux supports. Trop peu représenté, il se peut que les élèves ne puissent accéder à la compréhension du principe alphabétique du français.

Conclusion

Cette observation est essentielle sur les conséquences que peut avoir une utilisation partielle des manuels. En effet, il apparaît que les manuels sont composés pour être utilisés dans leur ensemble : livre et cahier. Toute utilisation, livre seul ou cahier seul, engendre un déséquilibre dans les apprentissages puisque certains aspects peuvent alors ne pas être abordés.

Conclusion générale

- Cette approche montre combien il est important d'observer en détails le contenu des critères, sans cela les méthodes semblent identiques, ce qui n'est pas le cas.
- Les manuels sont conçus avec une répartition livre - cahier que les maîtres doivent s'efforcer de respecter, puisque toute utilisation partielle met les apprentissages en déséquilibre.
- Les activités qui guident vers la découverte du principe alphabétique sont inégalement représentées. Elles préparent sans aller jusqu'à la mise en place du principe alphabétique lui-même. Ce constat s'explique peut-être par le fait que cette notion est traitée depuis peu par les chercheurs. Il reste donc à inventer et à développer les situations pédagogiques adaptées dans les manuels.
- Il est indispensable de rapprocher le présent travail, sur l'identification des mots, de l'étude des activités de compréhension et d'autonomie du déchiffrage, pour une plus grande objectivité d'analyse.

Étude comparative de l'apprentissage de la compréhension dans les 5 manuels

Cette analyse propose de comparer les unités de la langue sur lesquelles repose le travail d'apprentissage de la compréhension. Les activités réalisées sont regroupées en sept domaines. Ils pourront paraître hétérogènes, néanmoins ils sont tout à fait récurrents dans les manuels, ce qui les rend pertinents.

Nombre total d'activités recensées dans les manuels (livres plus cahiers d'activités)

Nombre total d'activités autour de la compréhension livre/cahier

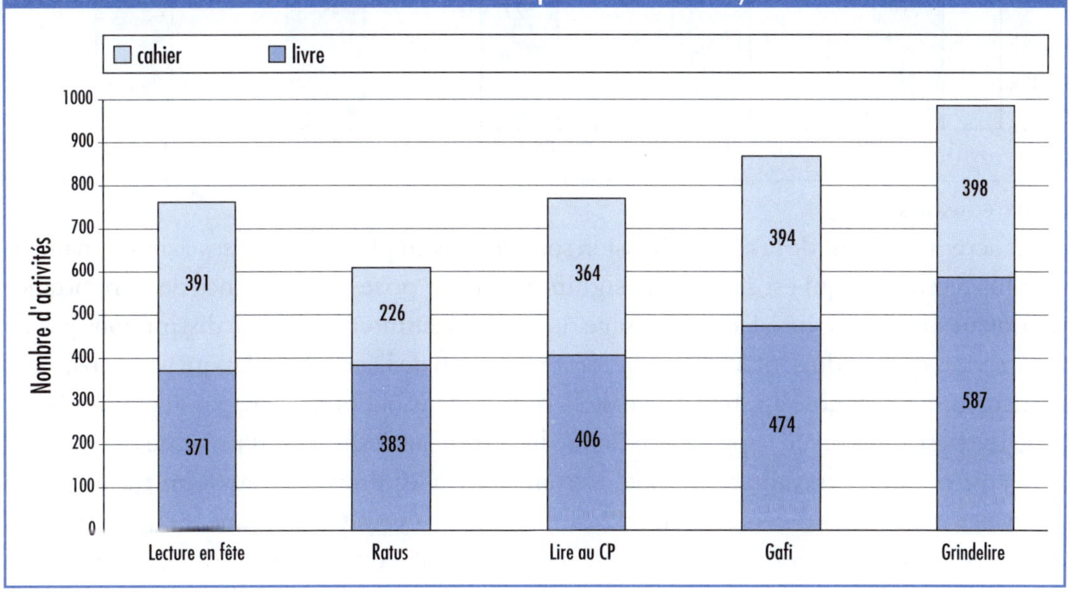

Répartition en pourcentage des activités sur la compréhension dans les livres et cahiers

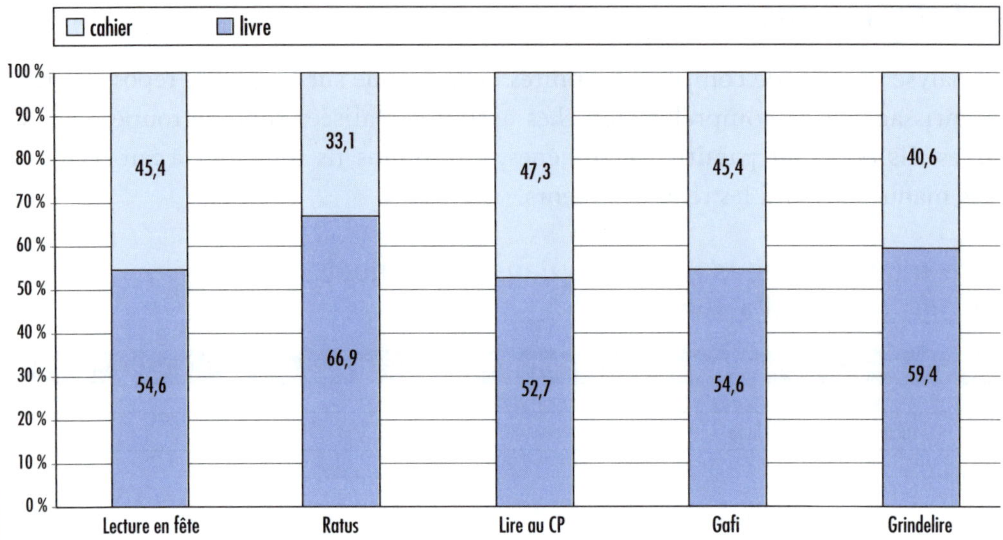

Deux constats:

– les activités autour de la compréhension sont de plus en plus nombreuses dans les manuels les plus récents, ce qui est sans doute significatif d'une prise de conscience de l'importance du travail sur le sens, lié à l'apprentissage du code. Néanmoins, nous ne distinguons pas ici les activités qui conduisent à évaluer la compréhension de l'écrit de celles qui accompagnent et dirigent un véritable apprentissage de la compréhension, or ce n'est pas la même chose;

– le livre est toujours le support privilégié du travail sur les textes, il présente souvent des textes prétextes au travail sur le code. Certains ouvrages proposent aussi un travail sur la polyvalence de textes divers et variés. Le cahier semble s'y prêter dans une moindre mesure. D'une certaine manière, plusieurs ouvrages exploitent la compréhension, comme si elle était donnée dès lors qu'on apprend à déchiffrer, au lieu d'en faire un objet d'apprentissage à part entière.

Répartition des activités autour de l'apprentissage de la compréhension (livres plus cahiers d'activités des manuels)

Avec le concours de la DPD, nous avons choisi de recomposer ici les critères issus de la grille d'analyse des activités autour de la compréhension, en indiquant les unités de la langue sur lesquels ils opèrent: le texte, la phrase ou le mot. Cela a paru, dans un premier temps, plus représentatif des orientations d'activités des manuels, dans l'esprit d'une comparaison. On retrouvera la distinction des éléments constitutifs de la compréhension dans l'analyse spécifique des cinq manuels.

Type d'activité / ouvrages	Lecture en fête	Ratus	Lire au CP	Gafi	Grindelire
Compréhension portant sur le texte	358	262	311	323	423
Compréhension portant sur la phrase	256	215	302	270	318
Compréhension portant sur le mot	96	115	117	216	161
Travail sur la morphologie flexionnelle	31	10	13	35	15
Production de textes	12	1	23	23	39
Pratiques culturelles de lecture	4	1	2	1	26
Lecture orale	5	5	2	0	6
Total	**762**	**609**	**770**	**868**	**988**

Comparatif d'activités des 5 manuels : total

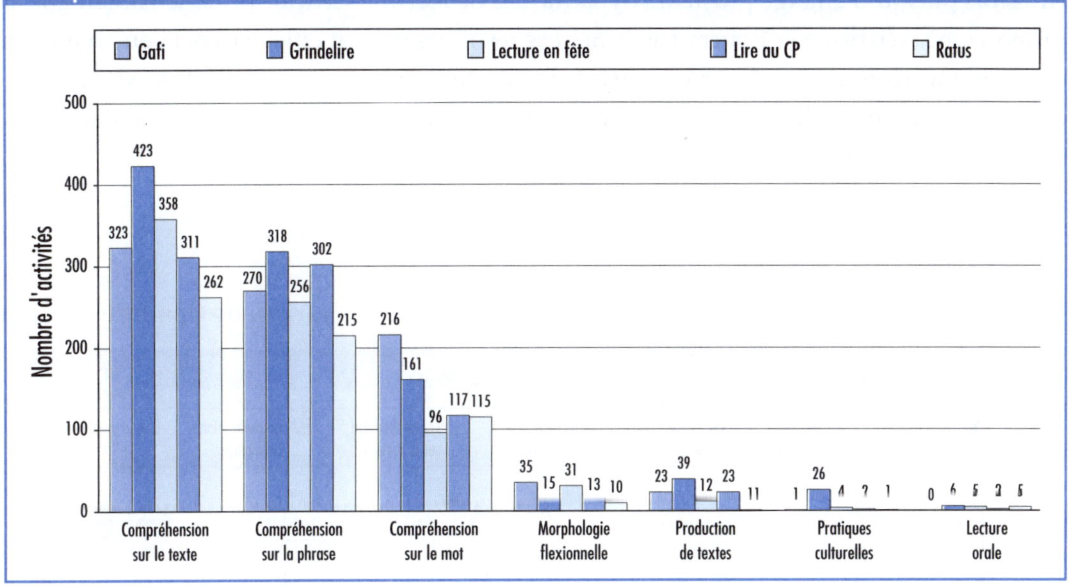

Il est aisé de voir sur quelles unités les manuels travaillent le plus.

Grindelire (manuel qui propose le plus d'activités pour l'apprentissage de la compréhension) impose 62 % d'activités supplémentaires par rapport à *Ratus* (qui en propose le moins). Ce n'est pas sans incidence sur l'emploi du temps de la classe, sur la forme d'apprentissage induit, et sur la possibilité de terminer l'ouvrage en fin d'année. C'est donc un facteur non négligeable.

On constate que les 5 manuels conduisent les élèves à travailler principalement sur l'unité texte, puis dans une moindre mesure sur la phrase et enfin sur le mot. Les activités sur la morphologie grammaticale et la production d'écrits sont rares et celles portant sur les pratiques culturelles et l'oralisation négligeables. Cela dit, les variations d'un manuel à l'autre restent de mise : tandis que *Lire au CP* propose un nombre d'activités quasi identiques sur le texte et sur la phrase, *Gafi* organise de nombreuses activités sur l'observation des mots et *Grindelire* est le seul à s'intéresser de manière plus importante à la production de textes et aux pratiques culturelles.

On sera surpris, peut-être, de découvrir que les manuels s'intéressent plus au texte qu'on ne pourrait le croire. En effet, dans l'ensemble, c'est l'unité sur laquelle porte le plus grand nombre d'activités. Il est vrai que notre système de codage permet de noter les différentes activités engagées par un même exercice ; par exemple, un travail de résumé sur un mini-texte accompagné de questions en lien avec une photo peut être codé jusqu'à trois fois puisqu'il engage plusieurs dynamiques de lecture. Cela amplifie sensiblement la proportion statistique et pourrait justifier ces résultats mais n'enlève rien à l'engagement cognitif multiple réclamé par ce travail d'apprentissage de la lecture. Les proportions révèlent donc une réalité du manuel. Ainsi, même les manuels qui « montrent » le moins de textes s'en préoccupent assez réellement.

Répartition des activités proposées dans le livre de l'élève et dans le cahier d'activités

La distribution entre livre et cahier révèle plus finement des variations significatives :

Répartition en pourcentage des activités dans les livres

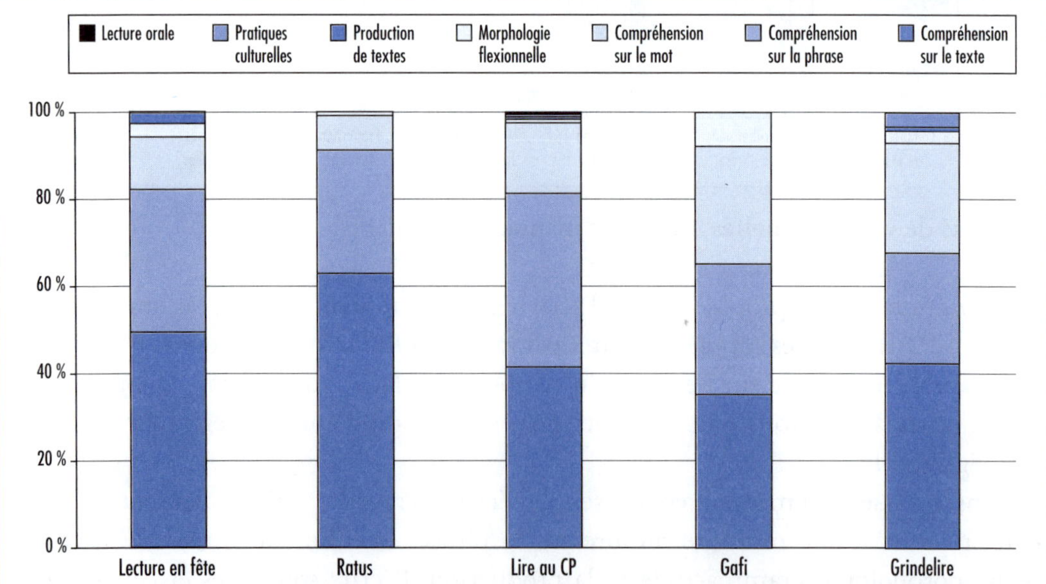

Répartition en pourcentage des activités dans les cahiers

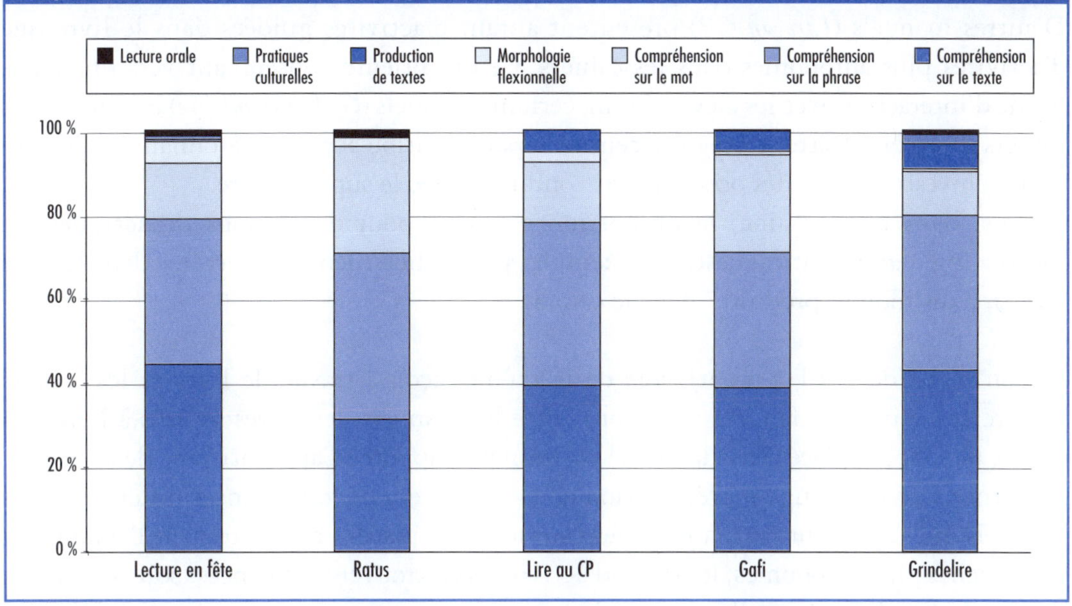

	Lecture en fête Livre	Lecture en fête Cahier	Ratus Livre	Ratus Cahier	Lire au CP Livre	Lire au CP Cahier	Gafi Livre	Gafi Cahier	Grindelire Livre	Grindelire Cahier
Compréhension sur le texte	**193**	**165**	**142**	**120**	**151**	**160**	**139**	**184**	**169**	**254**
Compréhension sur la phrase	**128**	**128**	**64**	**151**	**145**	**157**	**118**	**152**	**101**	**217**
Compréhension sur le mot	**47**	**49**	**18**	**97**	**59**	**58**	**106**	**110**	**100**	**61**
Morphologie flexionnelle	12	19	2	8	3	10	31	4	11	4
Production de textes	10	2	0	1	2	21	0	23	4	35
Pratiques culturelles	1	3	0	1	2	0	0	1	13	13
Lecture orale	0	5	0	5	2	0	0	0	0	6
Total	**391**	**371**	**226**	**383**	**364**	**406**	**394**	**474**	**398**	**587**

Plusieurs remarques sont susceptibles d'aider à comprendre les divers fonctionnements des manuels.

Pour certaines publications, l'essentiel des activités est plutôt confié au livre de l'élève (*Lecture en fête*). Dans ce cas, l'enseignant est mis plus précisément en position de

médiateur: il guide l'apprentissage en s'appuyant sur le livre; le cahier est un appui. D'autres manuels (*Lire au CP*) présentent autant d'activités guidées dans le livre que d'activités plus autonomes dans les cahiers. Ce qui oriente l'enseignant vers une autre forme d'interaction avec les élèves. Enfin, certains manuels (*Gafi*, *Grindelire*) misent sur les cahiers de l'élève. Cette stratégie accentue la participation active et tâtonnante de l'élève ou le réinvestissement des observations conduites avec le support livre.
Parfois, dans un domaine, la proportion s'inverse pour des raisons didactiques: la morphologie grammaticale est, par exemple, particulièrement « observée » dans le livre (*Gafi*), mais moins "produite" dans le cahier.

Or, on n'aborde pas l'apprentissage de la même façon à travers le livre et les cahiers d'exercices. Ainsi, du fait des variations entre les manuels, les élèves soumis à l'un ou à l'autre ne sont pas placés dans la même position par rapport à l'apprentissage de la lecture. Ils auront sans doute une représentation de la lecture et des compétences différentes. Les manuels qui s'appuient particulièrement sur le cahier placent régulièrement l'enfant face à des tâches plus autonomes, les types d'activités s'en trouvent influencés (soit ce sont des découvertes et l'effort intellectuel sur la langue est accru, soit ce sont des activités plus répétitives). Les manuels plus symétriques misent sur un lien plus direct entre ce qui est abordé dans le livre puis dans le cahier (les activités de l'un prolongent celles de l'autre). Cette différence de distribution des activités manifeste une approche méthodologique volontairement marquée.

La répartition des activités est donc un critère pertinent pour mieux percevoir sur quoi et comment le manuel opère l'apprentissage de la lecture.

Lecture en fête propose un travail sur le texte plus développé dans le livre, tandis que l'intérêt pour la phrase et le mot (bien que marquant un intérêt nettement plus fort pour la phrase) est équilibré entre les deux supports.
Pour *Ratus*, les activités sont, dans l'ensemble, plus développées dans le cahier que dans le livre, à l'exception de l'intérêt porté au texte. Le travail sur la phrase et le mot est vraiment prépondérant, le reste est moins développé.
Lire au CP est totalement équilibré. Il suit une logique qui privilégie le travail sur le texte en même temps que sur la phrase. Le mot est moins étudié mais toujours de manière équilibrée. La production de texte est quelque peu développée dans le cahier.
Dans *Gafi*, une activité dans le livre est liée, en moyenne, à une activité dans le cahier. L'étude du texte, de la phrase, et du mot est relativement partagée, sur l'année.

Quelques activités sur la morphologie apparaissent dans le livre, le cahier se charge de quelques activités sur la grammaire.
Grindelire donne moins d'importance au mot et s'attache plus au texte et à la phrase. Une activité d'observation dans le livre donne lieu à un renforcement important dans le cahier en ce qui concerne ces unités de la langue. Les pratiques culturelles autour de la connaissance de l'objet livre sont développées dans le livre comme dans le cahier. C'est donc un objet d'intérêt manifeste, bien que moins important. *Grindelire* multiplie les activités différentes et paraît très dense.

Le texte, la phrase ou le mot sont des unités de la langue diversement travaillées d'un manuel à l'autre. Les stratégies sont variables : tantôt l'ouvrage étudie particulièrement la phrase et le texte, tantôt il privilégie le texte mais donne une égale importance à la phrase et au mot, etc. La répartition entre livre et cahier est aussi significative et variable selon le "projet pédagogique" des auteurs. Mieux vaut-il savoir exactement où sont placées les priorités de chaque manuel pour l'exploiter au mieux en comblant ce qui apparaît comme des déficits. En fait, plusieurs stratégies pédagogiques sont pertinentes (travailler d'une certaine façon dans le livre ou le cahier sur la phrase ou le texte, voire le mot, selon les moments de l'année), mais il faut faire un choix didactique rigoureux en fonction du manuel disponible ou choisi.

Conclusion

On tire trois enseignements de cette analyse globale et comparative de l'apprentissage de la compréhension :
– le nombre total d'activités à réaliser est significatif de la place que devra occuper l'apprentissage de la lecture dans l'emploi du temps ;
– le nombre d'activités qui portent sur les différentes unités de la langue est significatif des orientations données à l'apprentissage ;
– la distribution des activités dans les différents supports (livre ou cahier de l'élève) est significative du positionnement pédagogique, dont l'enseignant doit tenir compte. L'orientation de l'apprentissage est en fait marquée par la place octroyée aux diverses activités sur lesquelles les élèves seront invités à travailler, selon qu'elles sont réflexives et collectives dans le livre, ou plus personnelles et autonomes dans le cahier.

Pour les cinq manuels que nous avons étudiés, on voit nettement les grandes tendances qui les distinguent. Ils n'accordent pas tous la priorité aux mêmes unités de langue. Ces différences montrent, s'il fallait le prouver, que ces manuels n'ont pas les mêmes perspectives d'approche sur la compréhension de la langue écrite.

Analyse spécifique de chacun des cinq manuels de notre échantillon

Ces analyses ne doivent pas paraître fastidieuses ; elles sont systématiques, descriptives et cherchent à être précises.

Analyse de Lecture en fête

➤ L'identification des mots

1 Analyse générale

a Étude longitudinale du nombre d'activités au cours de l'année

Répartition sur l'année des activités de Lecture en fête

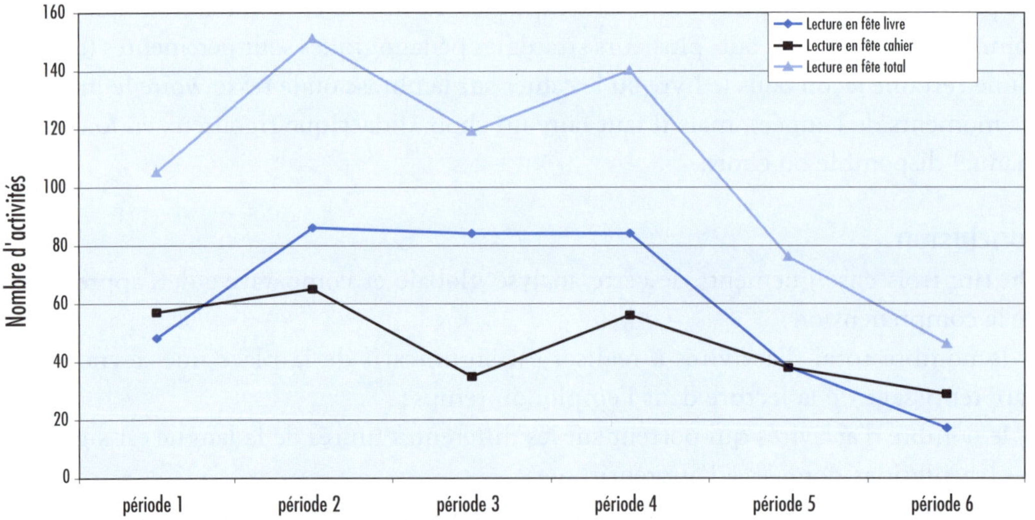

Lecture en fête centre les apprentissages d'identification des mots sur les quatre premières périodes. Ces activités tendent progressivement à disparaître par la suite. Le livre propose sensiblement plus d'activités que le cahier. On sera sensible au net décalage lors de la période 3, période centrale dans l'année scolaire, où le cahier vient moins renforcer les apprentissages. Nous avons noté qu'au cours des périodes 2, 3 et 4, le cahier renforce peu les activités de découverte réalisées dans le livre.

b Étude des critères

Répartition livre et cahier Lecture en fête

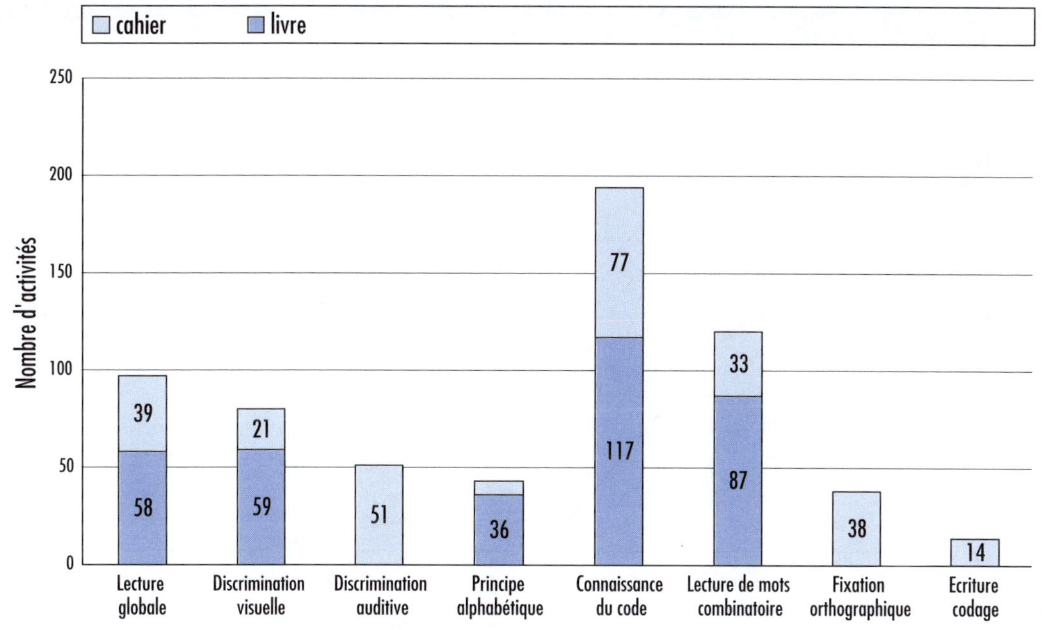

On constate que seulement quatre critères proposent un nombre important d'activités, majoritairement développées dans le livre. Les activités de lecture globale représentent 15 % des activités sur l'année. En revanche les ensembles "discrimination visuelle et auditive" ainsi que le "principe alphabétique", qui permettent la prise de conscience de notre système d'écriture, sont assez mal répartis. Seules les activités de discrimination visuelles semblent être suffisamment développées. La discrimination auditive est faiblement explorée, mais nous savons que le guide du maître décrit de nombreuses activités complémentaires pour renforcer cet aspect de l'apprentissage. Les activités concernant le principe alphabétique sont, en revanche, très peu abordées.
Si les ensembles "connaissance du code" et "lecture de mots – combinatoire" représentent 49 % des activités sur l'année à eux deux, les ensembles, "fixation orthographique" et "écriture codage", sont trop peu représentés pour mettre réellement en place des apprentissages.

2 Analyse des activités les plus représentées

1 Lecture globale (15 % des activités sur l'année)

Répartition sur l'année des activités de lecture globale Lecture en fête

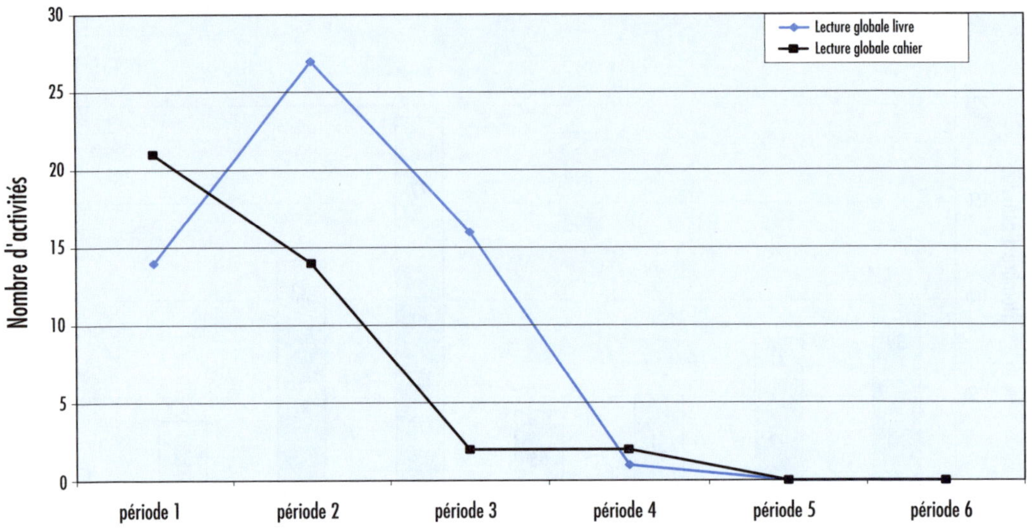

Ces activités, bien représentées (58 activités dans le livre et 39 dans le cahier), apparaissent dans la première moitié de l'année. Dans le livre, ces activités représentent 100 % du travail sur les 2/3 de la première période. Le cahier se centre moins sur la lecture globale.

Le livre propose des activités de lecture de mots. En particulier, l'item 1155 (40 occurrences) engage une lecture de mots avec un classement en relation avec des indices graphophonologiques.

Dans le cahier, les activités, moins nombreuses, sont plus diversifiées. On relève de la copie (items 1130 à 1135), des closures (items 1140 à1142), et de la lecture de mots, qui viennent renforcer les activités déjà présentes dans le livre (items 1150 à 1154) mais ne portant pas sur le même type de classement de mots.

2 Discrimination visuelle (13 % des activités sur l'année)

Répartition sur l'année des activités de discrimination visuelle Lecture en fête

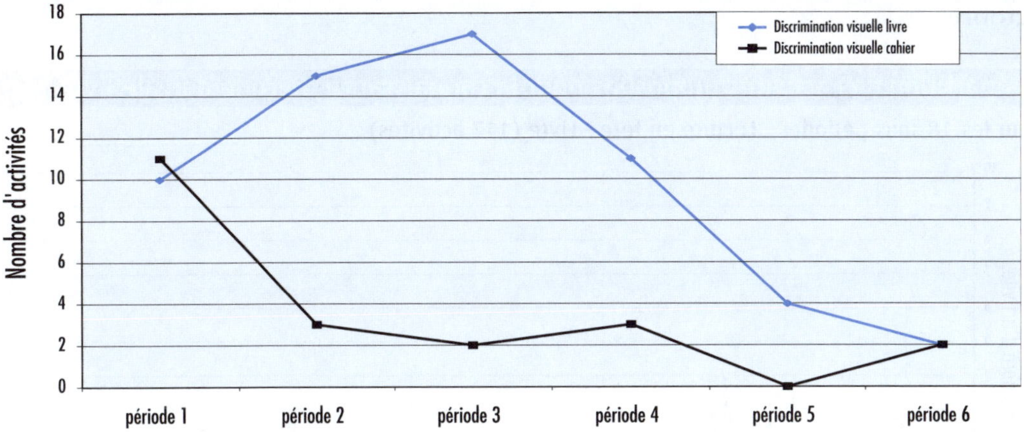

Toutes les activités sont proposées dans le livre sur les quatre premières périodes, puis disparaissent en fin d'année.

Les activités proposées dans le livre sont toutes identiques : il s'agit de présentation de calligraphies différentes de lettres (item 2301), ou de mots (item 2303). L'élève prend connaissance des différentes calligraphies ; il n'a pas l'occasion de réinvestir ces observations dans des exercices pour s'en imprégner.

3 Connaissance du code (30 % des activités sur l'année)

Répartition sur l'année des activités de connaissance du code

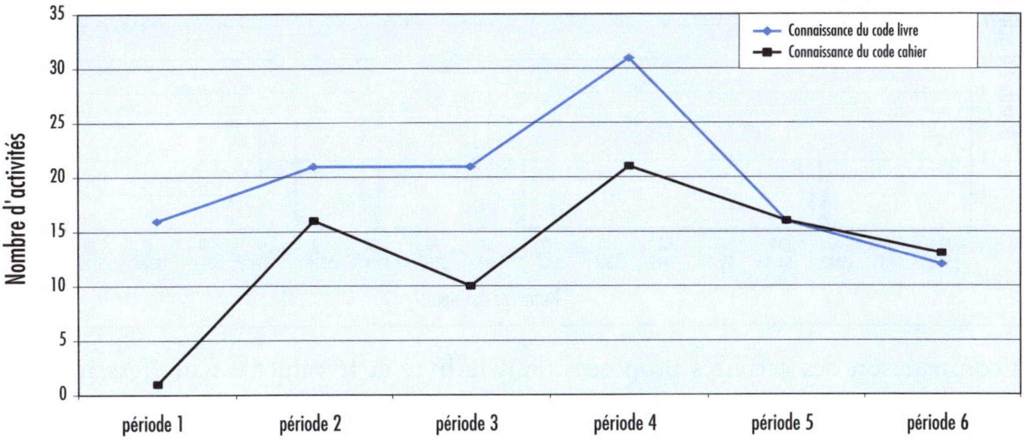

Lecture en fête propose de nombreuses activités de ce type. Elles sont plus présentes dans le livre (117 activités) que dans le cahier (77 activités), mais le livre et le cahier suivent à peu près le même profil. Le travail sur la connaissance du code se met en place **dès début octobre**.

Répartition des activités proposées pour la connaissance du code dans le livre

sur les 18 sous-périodes - Lecture en fête - Livre (117 activités)

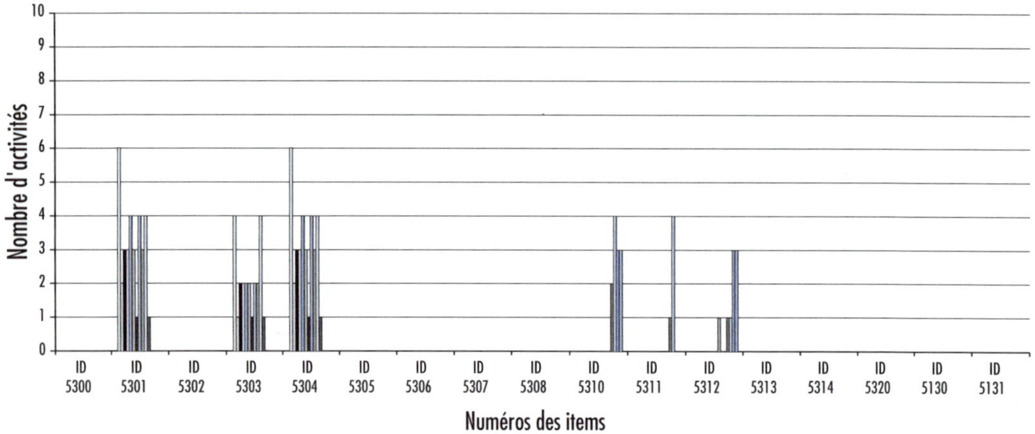

Répartition des activités proposées pour la connaissance du code dans le cahier

sur les 18 sous-périodes - Lecture en fête - Cahier (77 activités)

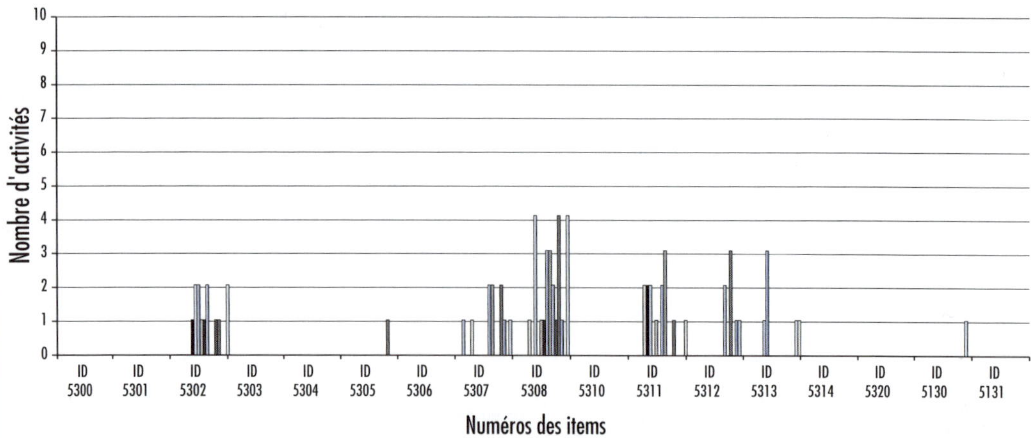

La comparaison des activités proposées dans le livre et le cahier est intéressante. C'est pourquoi nous avons choisi de présenter ces deux graphiques qui montrent leur complémentarité.

Les activités du livre sont de trois types. L'item 5301 (34 occurrences) expose la ou les différente(s) graphie(s) d'un phonème. Les items 5303 (23 occurrences) et 5304 (34 occurrences) proposent des lectures de mots contenant la ou les graphie(s) étudiée(s) et enfin les items 5310 à 5312 qui apparaissent en fin d'année présentent des activités de lecture de mots contenant les irrégularités de notre système d'écriture.

Le cahier propose des activités différentes et vient donc compléter l'approche abordée dans le livre : activités de segmentation (item 5307), de lecture de mots abordant les difficultés de notre langue : les graphies complexes (item 5308, 25 occurrences) ou les irrégularités (items 5311 à 5313).

4 Lecture combinatoire (19 % des activités sur l'année)

Répartition sur l'année des activités sur la lecture de mots combinatoire

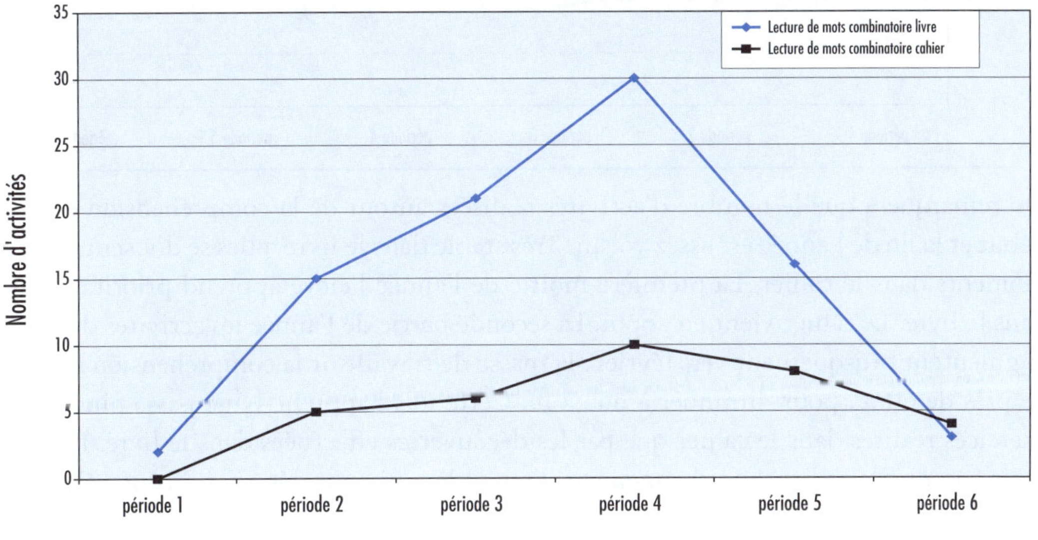

Presque absentes durant la première période dans les deux supports, ces activités s'installent progressivement dans le livre, en relation avec les activités travaillant la connaissance du code.

Dans le livre, les activités proposées sont toujours des lectures de mots, selon un étayage prenant appui sur les graphies étudiées, leur localisation, etc.

Le cahier propose une mosaïque d'exercices, seul l'item 6302 se distingue légèrement.

Cet apprentissage est donc centré autour d'une seule catégorie d'activités : la lecture de mots.

➤ La compréhension

1 Étude longitudinale du nombre d'activités au cours de l'année

Répartition des activités de compréhension Lecture en fête sur l'année

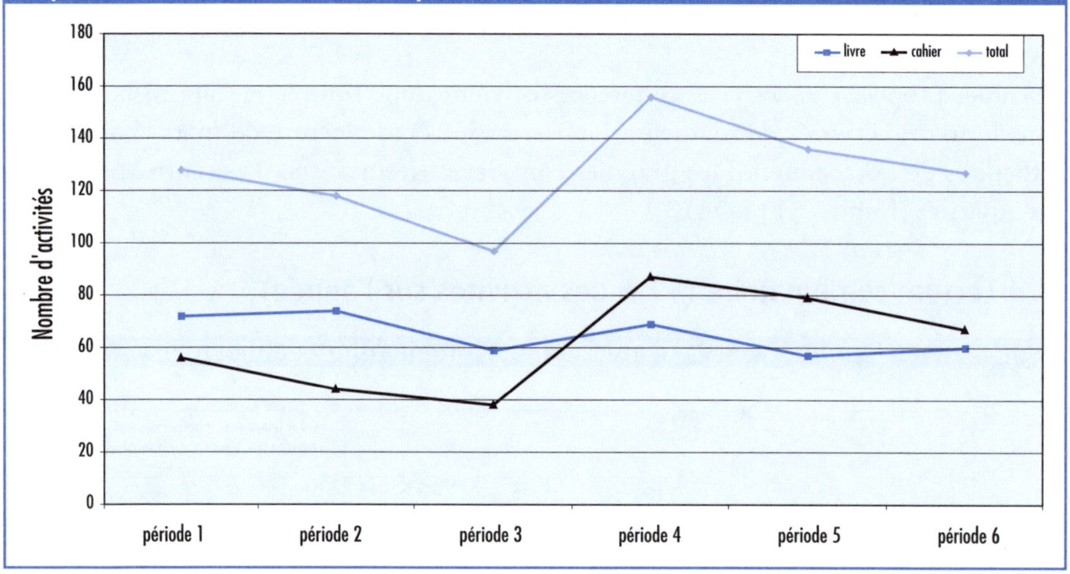

On remarquera que le nombre d'activités réalisées autour de la compréhension entre le début et la fin de l'année est assez voisin. Très stable dans le livre, elles se divisent en deux moments dans le cahier. La première moitié de l'année l'élève apprend prioritairement dans le livre. Le cahier vient en appui. La seconde partie de l'année les activités du cahier augmentent brusquement vers février : la masse de travail sur la compréhension s'accroît de près de 60 %, pour diminuer à nouveau. Cette fois l'apprentissage passe plus par les exercices réalisés dans le cahier que par les découvertes effectuées dans le livre. Il faudra tenir compte de ce brusque changement d'attitude, qui peut dérouter certains élèves.

2 Étude de la répartition par type d'activités

Deux préoccupations se dégagent clairement. L'une concerne le travail sur le texte, avec des activités importantes de compréhension générale, accompagné d'une exploration des enchaînements de phrases, plus particulièrement développées dans le livre. L'autre concerne le sens local, manipulé plutôt dans le cahier, et largement renforcé par l'étude syntaxique et morphologique de la langue dans le livre.

Par ailleurs, on se rappelle que la maîtrise de la langue écrite passe fortement par le travail sur les inférences, le lexique et la production d'écrits. Ceux-ci sont absents dans cet ouvrage.

Comparaison des critères Lecture en fête livre et cahier

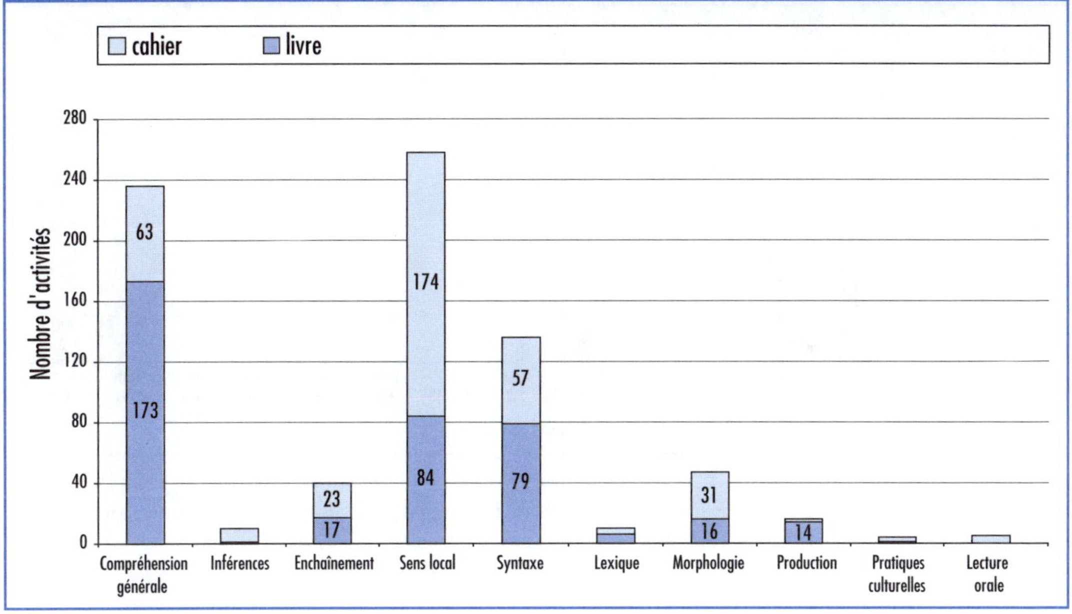

3 Étude spécifique des domaines particulièrement travaillés

Trois domaines sont particulièrement développés dans cette publication à travers une dizaine d'activités très récurrentes. L'approche des textes et de leur compréhension est donc ciblée précisément et met l'accent sur certains faits de langue.

La compréhension générale des textes

Elle est développée massivement dans les livres (deux tomes) de l'élève, beaucoup plus faiblement dans les cahiers (deux tomes).

On constate une confrontation fréquente et régulière avec divers types et genres de textes (items 401 à 405) ; ce qui permet, même implicitement, de développer la polyvalence, en tout cas la sensibilisation à la diversité des écrits.

La relation texte / image est assez perceptible (items 141, 242 et 341). Cette approche du sens global d'un texte est renforcée dans le cahier par quelques activités de résumé ou de reformulation des textes (items 102 et 103, dans les cahiers), et par des questions qui induisent une justification, une argumentation de type « Untel fait ceci, pourquoi ? ». Enfin, la caractéristique principale est la présence massive de nombreux textes à lire de manière quasi-autonome, dans le livre (item 109). Mais l'appel à l'arrière-fond culturel est trop épisodique et il manque une approche intertextuelle de la littérature de jeunesse.

Détails des activités : compréhension générale de textes - Livre LF

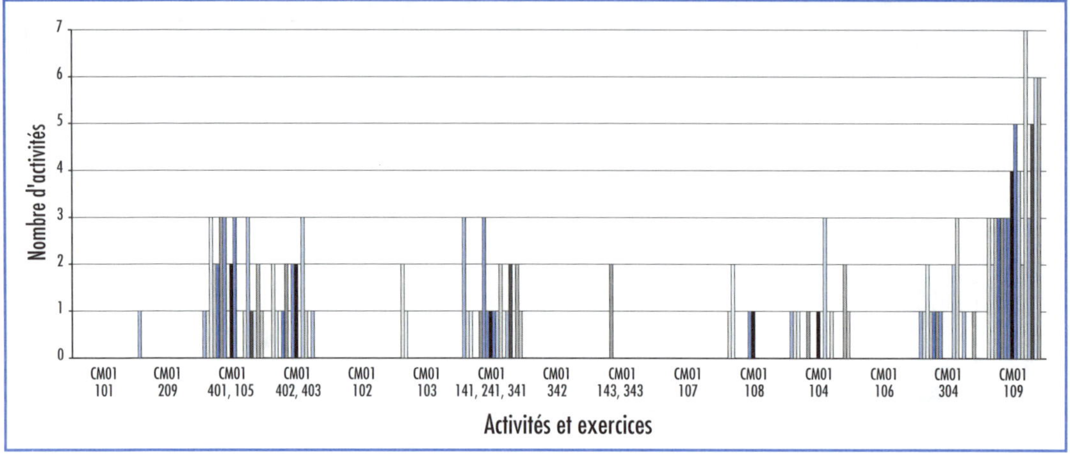

Ce graphique montre le nombre d'activités réalisées à chacune des 18 sous-périodes de l'année, pour chaque item (voir la grille d'observation des manuels). L'item 109 montre clairement une forte activité régulièrement croissante tout au long de l'année.

Le sens local et le sens littéral

Ce critère est le plus développé dans le manuel, notamment dans les cahiers d'exercices. Les apprentissages s'articulent autour de deux grands types d'activités.

– Les cahiers proposent, au cours de l'année, de plus en plus d'activités sur le repérage d'informations explicites du texte, permettant le travail sur la compréhension littérale (items 111 et 112). Des questions précises de lecture conduisent, par exemple, l'apprenti lecteur à rechercher des mots dans le texte : « qui se présente devant le pont ? », « complète les phrases avec les mots du texte », « quel est le nom de la maman de Michel ? »...

– Cahiers et livres proposent des activités permettant l'extension du vocabulaire et la réflexion sur la signification ou le sens des mots dans une phrase (items 302, 311 et 312). Cela renforce les activités sur le sens littéral.

Enfin quelques activités développent le travail de réflexion sur le sens local, en particulier la cohésion de phrases (observation des manières de nommer ou repérer les personnages, par exemple, items 131 et 243).

Le travail sur la syntaxe complète cette approche de la langue par une sensibilisation aux types de phrases, un travail régulier de catégorisation des mots (en particulier lié à l'identification des mots et leur structure) et la manipulation de fonctionnels.

Livres et cahiers sont plutôt complémentaires : tantôt les activités s'y partagent également, tantôt un type d'activités n'est réalisé que dans le cahier.

Conclusion sur Lecture en fête

L'identification des mots

Ce manuel centre les apprentissages d'identification des mots sur les quatre premières périodes de l'année. Cependant, dans 2/3 de la première période, le manuel focalise sur la mise en mémoire de mots appris globalement. Il ne cherche pas à faire mémoriser les petits mots outils. Livres et cahiers sont complémentaires et offrent un éventail large d'activités.

Les trois périodes suivantes sont principalement centrées sur deux grands domaines d'apprentissage : la connaissance du code et la lecture combinatoire. Ils forment un tout homogène, condensé et très largement développé dans les livres. L'enseignant(e) devra proposer des activités d'imprégnation variées pour consolider les apprentissages.

Par ailleurs, on remarque que les activités qui aident à comprendre notre système d'écriture sont peu développées et déséquilibrées. L'enseignant(e) devra élargir les apprentissages en proposant plus d'activités, en particulier sur le principe alphabétique.

La compréhension

La dizaine d'activités vraiment récurrentes, regroupées dans trois domaines particulièrement développés, composent un tout assez cohérent en ce qui concerne la question de la compréhension. Le manuel montre qu'il fonde véritablement son action sur quelques priorités : le travail sur les mots, seuls ou en contexte phrase, et la rencontre avec du texte. Il s'agit souvent d'activités d'enrichissement et de proximité avec les écrits et la signification, qui insistent plus sur une mise en oeuvre de la compréhension que son apprentissage. Les questions renvoient ainsi plutôt à une réflexion personnelle ou à un repérage littéral. Il faudrait renforcer cette rencontre avec la langue écrite par des activités portant sur :

– la structure de la langue : lexique, morphologie, structure de la phrase et ses composantes, structure des textes…

– les composantes de la compréhension des textes : inférences, chaîne référentielle et pronominale, mots d'articulation…

– d'autres activités de production d'écrits.

Analyse de Ratus

➤ L'identification des mots

1 Analyse générale

a Étude longitudinale du nombre d'activités au cours de l'année

Répartition des activités de Ratus sur l'année

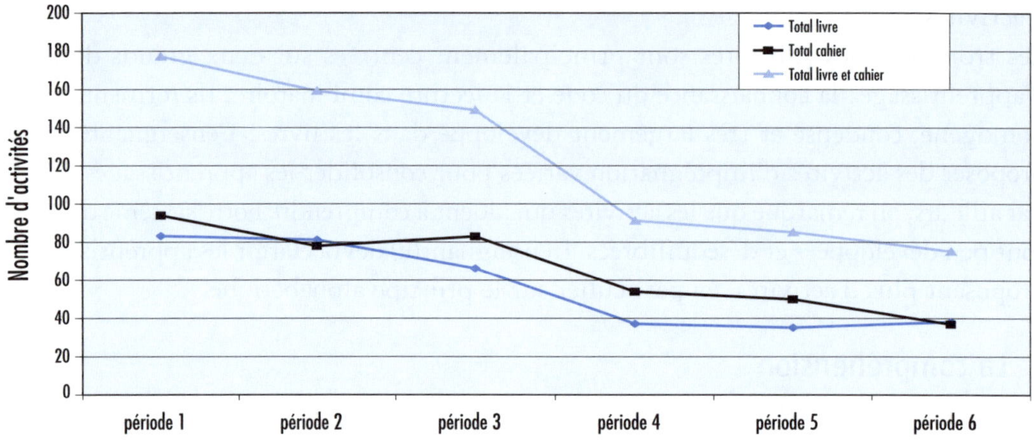

Ratus engage dès le début de l'année l'apprentissage de l'identification des mots. La charge de travail va en diminuant par la suite. Livre et cahier suivent sensiblement le même profil.

b Étude des critères

Comparaison des indicateurs dans le livre et le cahier Ratus

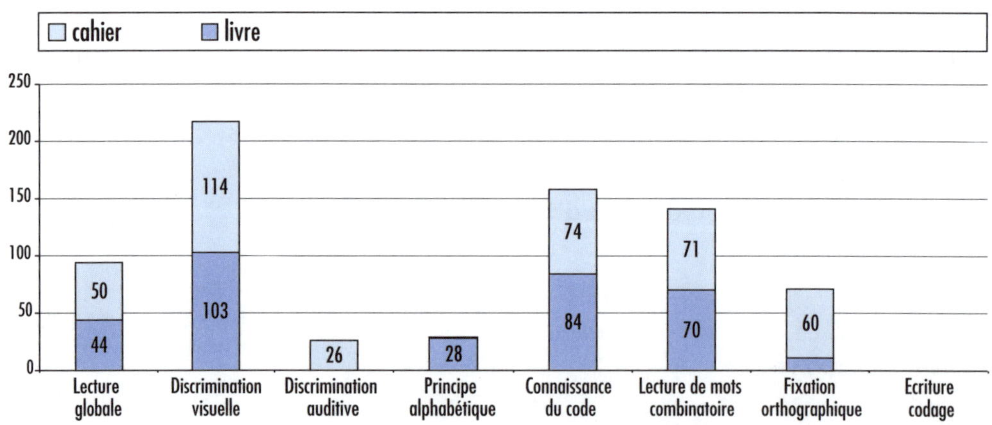

Cinq critères se détachent. Les activités de lecture globale représentent 13 % des activités sur l'année. Les activités de "discrimination visuelle et auditive" ainsi que de "principe alphabétique" sont très mal réparties. La discrimination visuelle est extrêmement développée (29 % des activités sur l'année). La discrimination auditive, totalement absente dans le livre et très peu représentée dans le cahier, doit être réalisée essentiellement à l'oral. Or, dans le guide du maître, ces activités sont signalées, mais explicitées succinctement. On relève très peu d'activités sur le principe alphabétique. Les ensembles "connaissance du code" et "lecture de mots - combinatoire" représentent 40 % des activités, à eux deux. 10 % d'activités portent sur la fixation orthographique, mais les activités de codage et d'écriture de la langue sont totalement absentes.

2 Analyse des activités les plus représentées

1 Lecture globale (13 % des activités sur l'année)

Répartition des activités de lecture globale Ratus

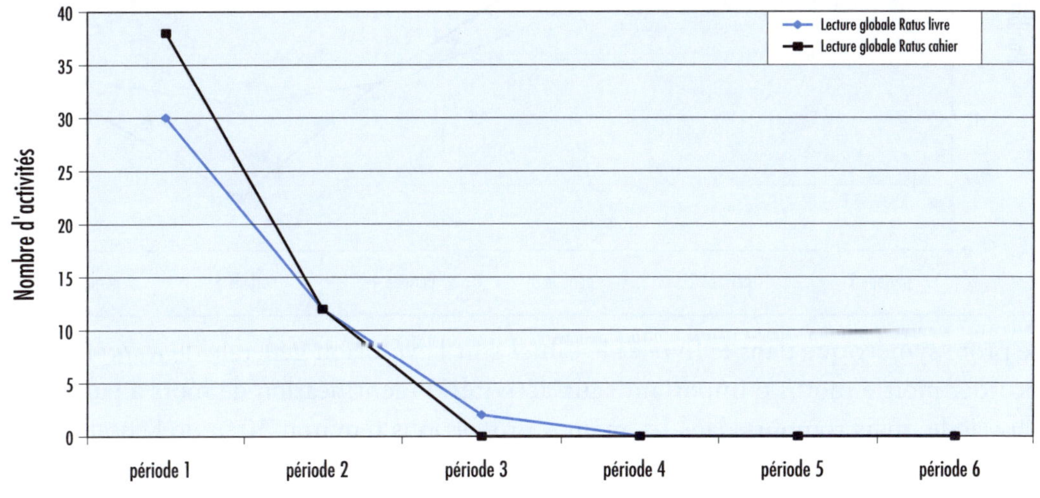

Les deux supports ont le même profil : très présentes en début d'année, ces activités disparaissent totalement dès la 3e période, ce qui est très significatif d'une méthode mixte enchaînée.

13 items sont abordés. Toutefois, 4 d'entre eux seulement sont présents plus de 10 fois. Dans le livre, l'item 1101 (18 occurrences) développe la mémorisation des mots-outils au cours de la première partie de l'année. L'item 1155 est le seul qui apparaisse en écho dans le livre et le cahier (13 occurrences dans le livre et 8 dans le cahier). Il s'agit de lecture de mots isolés non déchiffrables, obligeant l'élève à prendre des indices graphophonologiques.

2
Deuxième partie

Dans le cahier, les items 1141 et 1154 (13 et 11 occurrences) proposent des activités de classement, ou de closure, du lexique susceptible de revenir souvent dans le manuel. Ces activités se situent dans un champ sémantique.
Livre et cahier se complètent et permettent de proposer une certaine variété d'activités.

2 Discrimination visuelle (29 % des activités sur l'année)

Répartition sur l'année des activités de discrimination visuelle Ratus

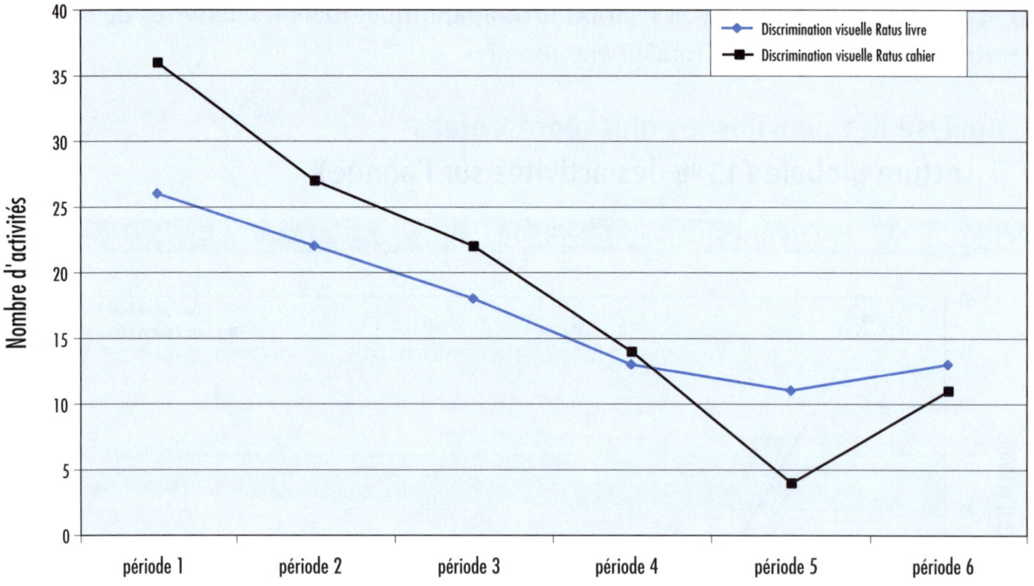

Ce profil symétrique dans le livre et le cahier suit l'évolution générale de *Ratus* et tend à accorder moitié moins d'importante aux activités d'identification de mots à partir de la 3e période, mais toujours dans les mêmes proportions (environ 30 % de l'ensemble des contenus). Quelle que soit la période de l'année, ces contenus sont donc privilégiés.
Nous observons de très nettes différences entre le livre et le cahier : dans le livre, sur nos 37 items, deux d'entre eux (2301 et 2303) apparaissent particulièrement toute l'année (43 et 53 fois). Ils servent à visualiser les calligraphies différentes de lettres ou de mots dans une phrase. Les 10 items traités dans les cahiers sont plus diversifiés. Certains consolident les activités abordées dans le livre sur les différentes calligraphies des lettres, attention portée sur la lettre isolée ou sur le mot et la phrase. D'autres abordent une discrimination qui touche plus la composition des mots ou l'inversion de lettres éventuelles. Le nombre des activités tend à disparaître vers la 3e période.

3 Connaissance du code (21 % des activités sur l'année)

Répartition des activités connaissance du code Ratus

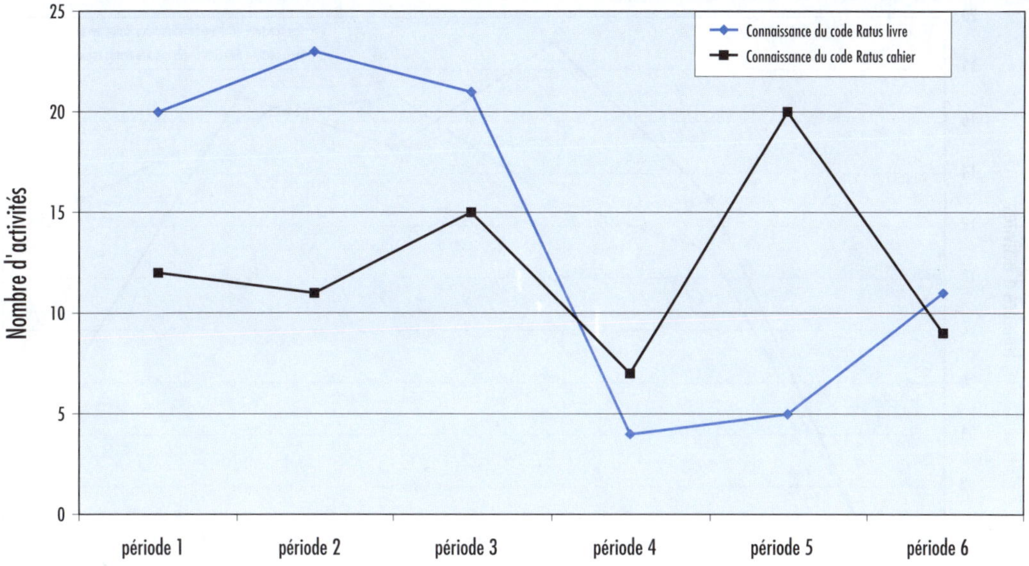

Le livre et le cahier offrent sensiblement le même nombre d'activités, mais la répartition sur l'année est très différente. Le livre suit l'évolution générale de la méthode avec un point bascule à partir de la 3e période. En revanche le cahier maintient des activités toute l'année. Lorsque l'on regarde le poids accordé à ces activités, on observe que celles-ci se maintiennent au détriment d'autres types d'activités dans la deuxième partie de l'année. Autrement dit, lorsque les activités sur l'identification des mots sont en baisse générale le travail sur le code reste bien représenté.

Dans le livre, deux activités se détachent nettement (items 5301 et 5304) : présentation des différentes graphies qui correspondent au phonème étudié, isolément ou selon la position du phonème dans le mot. Dans le cahier, il s'agit de relever des mots pouvant illustrer le phonème étudié (item 5131). Deux items seulement se font écho dans le livre et le cahier (5311 et 5312). Il s'agit du traitement des irrégularités du code du français. Ces activités apparaissent à partir du milieu d'année.

4 Lecture combinatoire (19 % des activités sur l'année)

Répartition des activités de lecture combinatoire Ratus

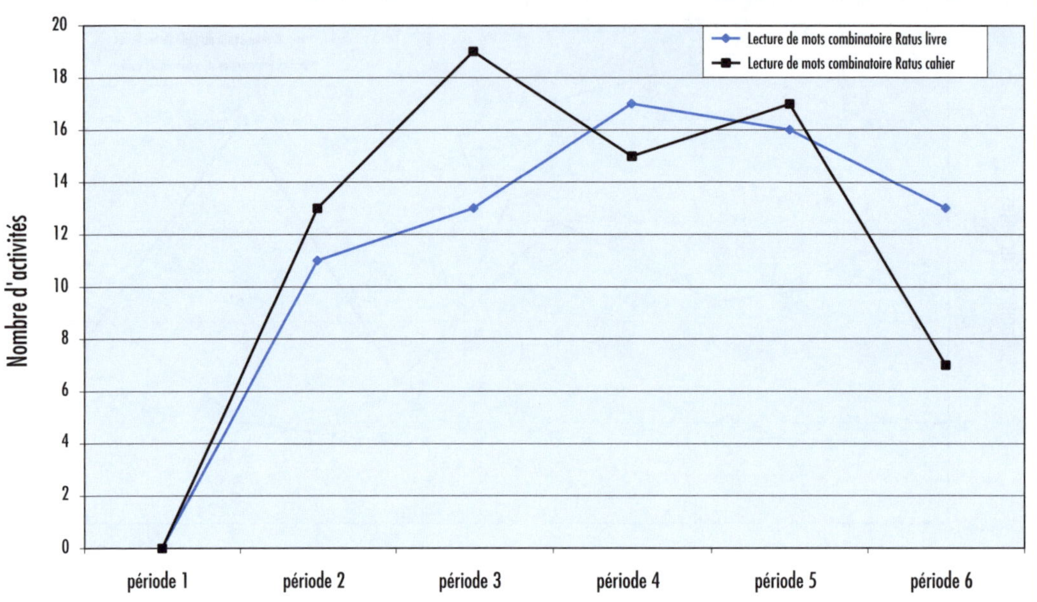

Ratus propose trois grands groupes d'activités pour traiter ce domaine d'apprentissage :

– la lecture de syllabes, abordée dans le livre à partir de la 4e période et jusqu'à la fin de l'année (item 6400, 22 occurrences) ;

– la lecture de mots déchiffrables avec des aides variées (items 6201 à 6600), ces activités sont très présentes à partir de la 4e période dans le livre et cahier, parfois séparément ou en écho (23 et 24 occurrences) ;

– la lecture de mots portant sur les irrégularités (item 6302) est essentiellement abordée dans le cahier à partir de la 5e période.

Les activités de classement ou de recomposition de mots sont inexistantes dans les deux supports.

5 Fixation orthographique (10 % des activités sur l'année)

Répartition des activités de fixation orthographique Ratus

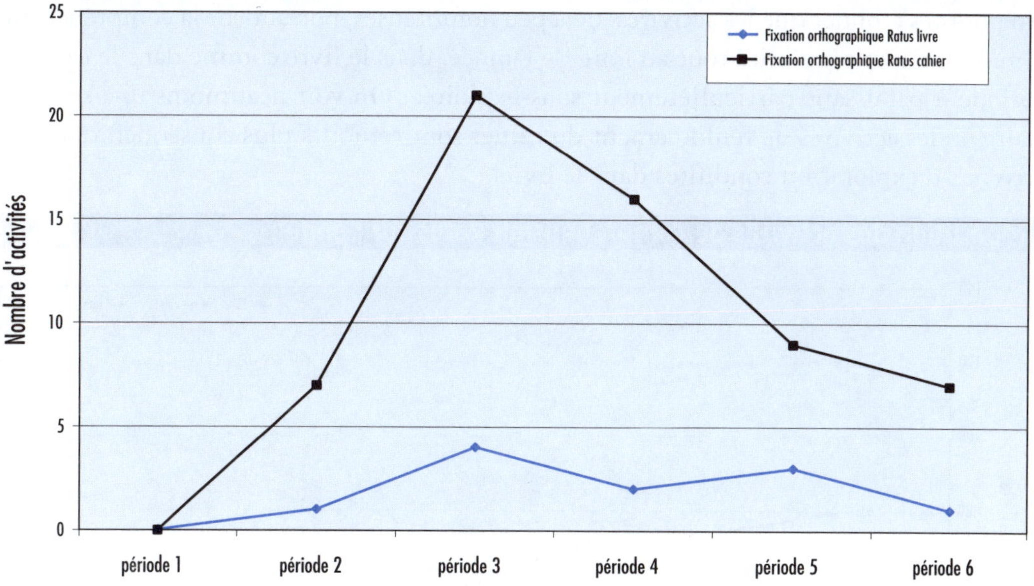

Très peu présentes dans le livre (11 occurrences), ces activités apparaissent dans le cahier (60 occurrences), à partir de la 3e période et fléchissent ensuite : on peut s'étonner de cette baisse en deuxième période de l'année ; il faudrait la compenser.

Dans le livre, un seul item (7130) est présent, il s'agit de relire des mots déchiffrables déjà rencontrés en relation avec le phonème étudié. Il apparaît régulièrement à partir de la 4e période jusqu'à la fin de l'année.

Dans le cahier, deux items se distinguent : l'item 7152 (14 occurrences) concerne la copie de mots déchiffrables : plus présent en milieu d'année, il tend à disparaître par la suite. L'item 7171 (15 occurrences) vise à fixer des mots anciens déchiffrables isolément, dans une catégorie grammaticale particulière ; il est mieux représenté au milieu de l'année.

➤ La compréhension

1 Étude longitudinale du nombre d'activités au cours de l'année

On pourra s'étonner que les activités, déjà peu nombreuses, portant sur la compréhension, diminuent avec régularité tout au long de l'année, dans le livre comme dans le cahier, la période 4 paraissant particulièrement sous-exploitée. On voit néanmoins une structure claire où les activités de renforcement du cahier sont toujours plus conséquentes que les activités d'exploration conduites dans le livre.

Répartition des activités de compréhension Ratus sur l'année

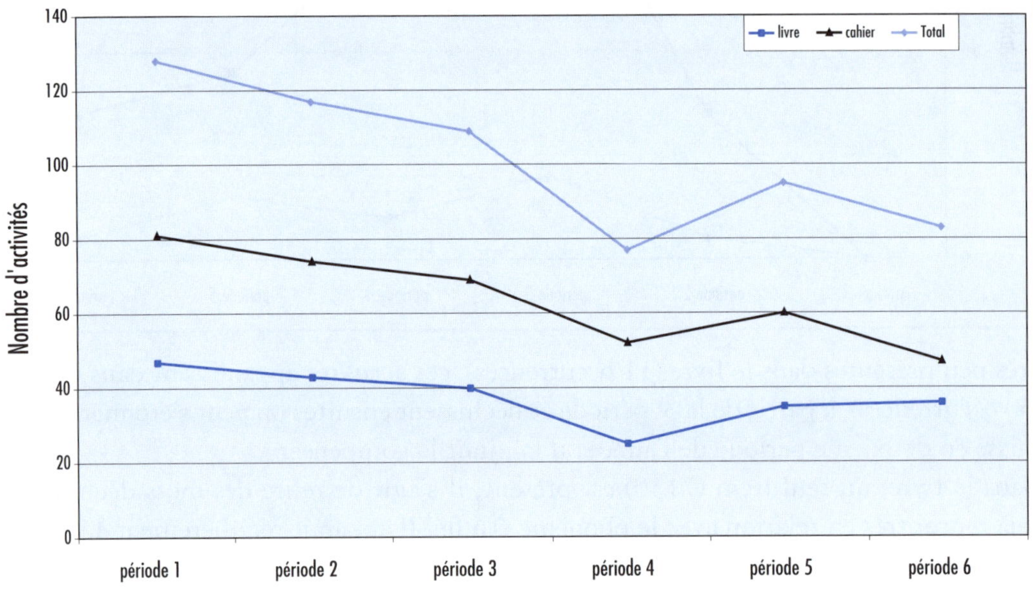

2 Étude de la répartition par type d'activités

L'essentiel des activités portant sur la compréhension de l'écrit repose sur l'approche du sens littéral des unités (mots et phrases) et du sens local (travail sur des paragraphes courts). L'étude de la syntaxe est secondaire. Le travail sur les textes un peu plus important.

C'est dans le cahier d'exercices qu'apparaît la majorité des activités d'apprentissage.
Une focalisation aussi forte sur certains domaines de la langue peut permettre une véritable imprégnation, mais cela exclut, parallèlement, tous les autres domaines et donne nécessairement une certaine image de la langue aux élèves.

Compréhension Ratus, comparaison livre/cahier

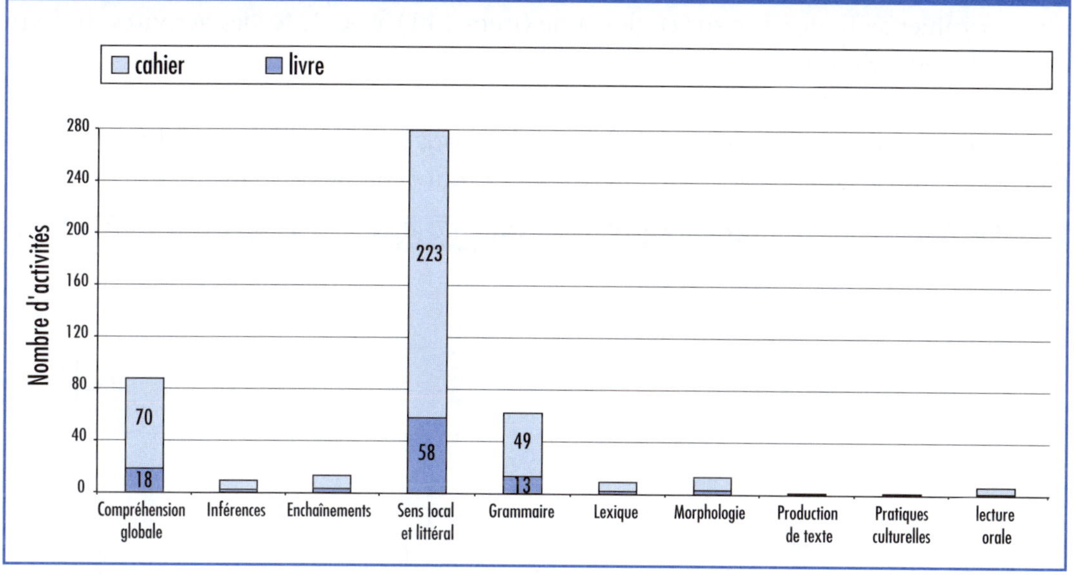

3 Étude spécifique des domaines particulièrement travaillés

On s'intéressera prioritairement au travail engagé sur le sens littéral et la compréhension locale, qui est de très loin le plus développé.

Le sens local et le sens littéral

Le cahier regroupe l'essentiel des cinq types d'activités les plus développées :

– le travail sur le vocabulaire et son extension. C'est une volonté marquée (items 302, 311 et 312) puisque ces activités de type "relier des définitions à des mots", ou "relier des mots à des images" représentent 43 % du travail proposé sur le sens local et littéral et 25 % du travail sur la compréhension dans le cahier ;

– la compréhension de phrase est aussi largement travaillée, mais de manière décroissante dans l'année (items 243 et 343), avec des activités de liaison entre des phrases et des images. Cette réflexion est renforcée, toujours dans la première moitié de l'année, par des activités multiples de recomposition ou de production de phrases (items 201 et 202) à partir de mots ou groupes de mots donnés, issus des textes travaillés dans le livre ;

– l'ouvrage aborde l'observation de la continuité et des enchaînements de phrases ou petits paragraphes (items 131 et 231), grâce à quelques activités de recomposition de textes fragmentés et mis en désordre, ou à travers un travail sur l'identification des personnages au fil du texte (particulièrement dans le livre) ;

– enfin, ce dispositif de travail sur le sens local, autour du mot et de la phrase, est très fortement encadré par les activités de réflexion sur le sens littéral, tout au long de l'année. Livre et cahier se renforcent sur ce domaine (item 111) avec 22 % des activités du livre et 7 % de celles du cahier.

À titre d'exemple, voici la répartition des activités dans le cahier d'exercices. On remarque bien les items travaillés et les items inexplorés, profil typique de ce manuel.

Détails des activités sur le sens littéral et local : cahier Ratus

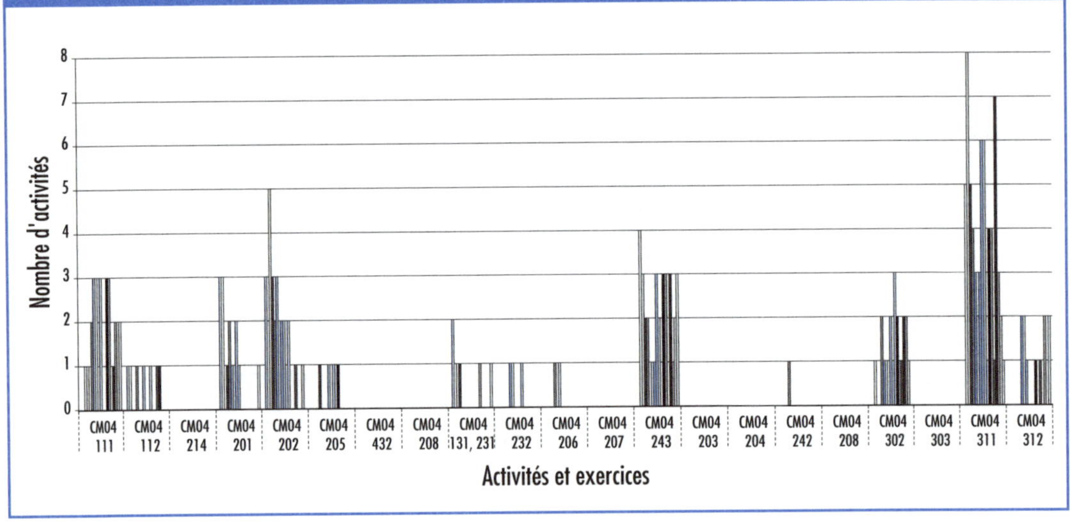

Pour chaque item, les pics montrent le nombre d'activités réparties en 18 périodes de l'année ; ce qui permet d'étudier l'évolution.
Beaucoup des activités de ce domaine de la compréhension sont abordées fortement dès le début de l'année puis vont décroissantes.
Cela explique, en partie, l'impression d'un ralentissement des activités en fin d'année.

La compréhension générale des textes

Les activités portant sur le texte se traduisent essentiellement par une interrogation régulière, dans le livre, de type "vrai/faux" : des assertions sont proposées, en lien avec le texte, et le lecteur doit dire s'il est d'accord ou pas.
Ces questions se présentent sous diverses formes qui constituent finalement l'orientation du travail sur la compréhension :
– certaines phrases proposées reformulent un fragment du texte et le lecteur doit les valider ;
– certaines phrases imposent au lecteur d'argumenter son choix "vrai ou faux" ;
– certaines phrases imposent une lecture de l'image qui accompagne le texte (image

complémentaire), ou une mise en relation entre un texte donné et une illustration pertinente à choisir ;
– quelques phrases imposent une activation des connaissances personnelles pour s'interroger sur le texte.
Les textes sont présents dans *Ratus* (parfois même des lectures autonomes), mais le travail sur l'apprentissage de la compréhension des textes (14 % des activités totales) n'est pas une priorité.

La grammaire et la syntaxe

Peu d'activités sont régulièrement proposées dans ce domaine. Quelques-unes favorisent la catégorisation des mots (items 532 et 541) et une observation de leur positionnement, notamment en début d'année dans le cahier (items 522 et 534). Un aspect de la langue est ici et là ponctuellement développé : travail sur les types de phrases, le dialogue, l'ordre des groupes de mots, etc. La participation de la syntaxe à la construction du sens n'a pas vraiment retenu l'attention de ce manuel.

Conclusion sur Ratus

L'identification des mots

Les activités proposées dans ce manuel sont équilibrées dans leur répartition livre et cahier surtout dans les activités fortement représentées. Les critères *connaissance du code* et *lecture combinatoire*, bien structurés, devraient permettre aux élèves de développer un réel apprentissage dans ces domaines. D'autant plus que les activités de fixation orthographique proposées renforcent les acquisitions et les automatisent. Cependant, dans ce domaine, *Ratus* préconise beaucoup d'activités autour de l'observation mais aucune d'imprégnation. L'enseignant(e) doit également prévoir d'introduire des activités d'écriture et de codage de la langue.
Il faut prévoir des activités qui aideraient les élèves à comprendre notre système d'écriture. En effet, *Ratus* se concentre sur la discrimination visuelle, l'enseignant(e) devra donc compléter par des activités de discrimination auditive et des exercices sur le principe alphabétique.

La compréhension

L'impression d'homogénéité est forte quand on travaille sur *Ratus*. Cela est essentiellement dû au resserrage des priorités données par le manuel à certains contenus d'apprentissage portant sur la compréhension : il met massivement l'accent sur l'étude locale et littérale de textes courts, à travers quelques types d'activités très systématiques et récurrentes,

notamment sur les mots et les phrases. Sur ces points, l'imprégnation est forte et formalise une certaine image assez simplifiée de la langue, pour l'apprenti lecteur.
Par voie de conséquence, de nombreux domaines de la langue ne sont pas, ou peu, observés et manipulés : l'apprentissage de la compréhension des textes et celui de la syntaxe sont rarement abordés dans ce manuel ; les inférences, la morphologie et le lexique sont absents, de même que la production d'écrits et la mise en relation de textes entre eux et avec l'environnement culturel.

Ratus est l'ouvrage le plus court et probablement le moins chronophage de notre sélection. Ce manuel laisse à l'enseignant(e) une place réelle pour un travail de découverte et d'approfondissement des domaines qu'il n'aborde pas, afin de renforcer, notamment, la fixation orthographique ou l'apprentissage de la compréhension.

Analyse de Lire au CP

➤ L'identification des mots

1 Analyse générale

a Étude longitudinale du nombre d'activités au cours de l'année

Répartition des activités d'identification des mots Lire au CP sur l'année

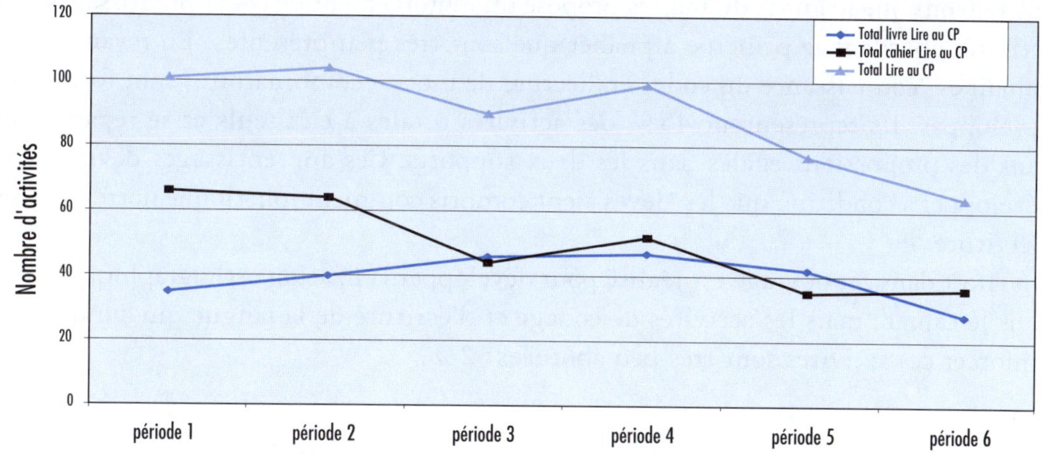

Lire au CP propose des activités d'identification des mots de façon régulière toute l'année.

b Étude des critères

Répartition livre et cahier Lire au CP

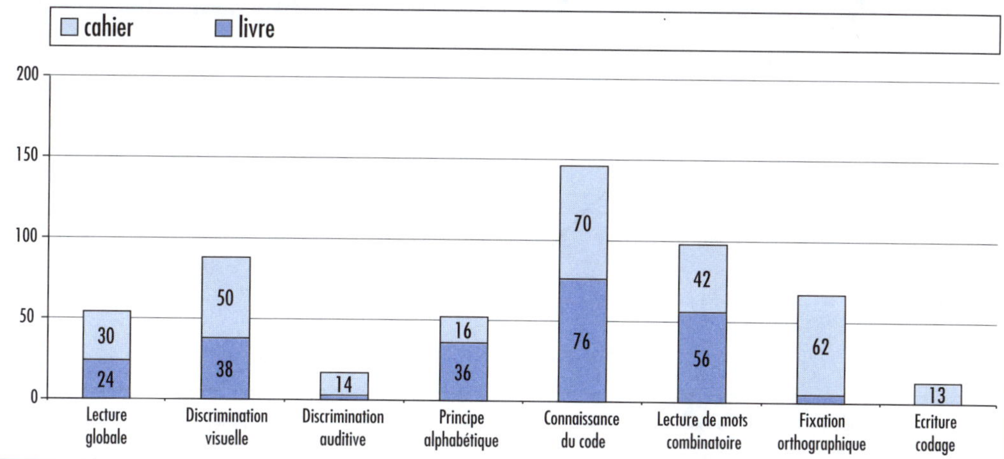

Quatre critères se détachent. Les activités de lecture globale qui représentent 10 % des activités sur l'année sont centrées essentiellement sur les deux premières périodes. Pour les ensembles "discrimination visuelle et auditive" ainsi que "le principe alphabétique" qui permettent à eux trois la prise de conscience de notre système d'écriture, les activités sont assez mal réparties. Seules les activités de discrimination visuelle semblent être suffisamment développées. Les activités de discrimination auditive, qui apparaissent exclusivement dans le cahier, restent très faiblement représentées mais nous savons que le guide du maître propose un renforcement de ces apprentissages. Les activités abordant le principe alphabétique sont très peu présentes. En revanche, les domaines "connaissance du code" et "lecture de mots – combinatoire" sont fortement développés. Ils représentent 45 % des activités totales à eux seuls et se répartissent dans des proportions égales dans les deux supports. Ces apprentissages devraient se développer à condition que les élèves aient compris comment fonctionne notre système d'écriture.

Un effort dans cet ouvrage est réalisé pour développer la fixation orthographique, 13 % dans le cahier; mais les activités de codage et d'écriture de la langue qui auraient pu renforcer ces activités sont très peu abordées : 2 %.

2 Analyse des activités les plus représentées dans Lire au CP

1 Discrimination visuelle : 16 % des activités sur l'année

Répartition des activités de discrimination visuelle Lire au CP

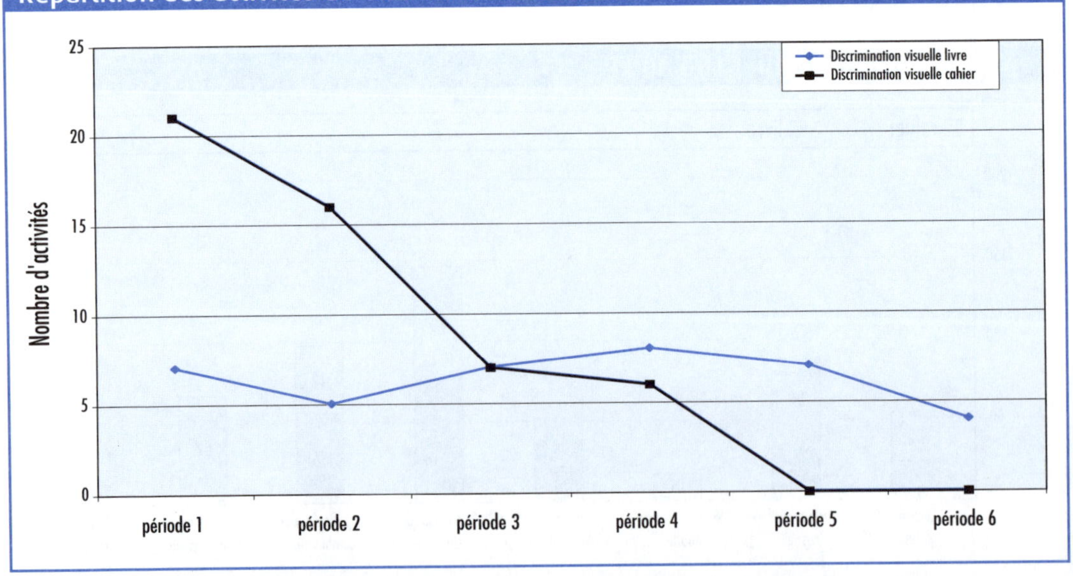

On constate un net décalage entre le livre et le cahier d'exercices dans la répartition des activités. Le livre propose un nombre constant d'activités sur l'année. En revanche, dans le cahier, elles sont fortement représentées durant les deux premières périodes de l'année puis elles diminuent et disparaissent totalement. L'apprentissage initial est donc centré sur le premier trimestre.

Dans le livre, un item (2301) porte seul l'ensemble des activités proposées (38 occurrences). Il s'agit de présenter aux élèves les calligraphies différentes de lettres. Cette activité récurrente se maintient toute l'année.

Le cahier propose un éventail plus large d'une cinquantaine d'activités : par exemple, rechercher des éléments identiques dans les phrases (les items 2102 à 2113), dans les mots (la syllabe item 2203 et 2204, la lettre item 2313 et 2314), ou compter le nombre de lettres dans un mot (item 2330). Le cahier vient régulièrement compléter l'activité du livre.

2 Connaissance du code : 27 % des activités sur l'année

Répartition des activités connaissance du code Lire au CP

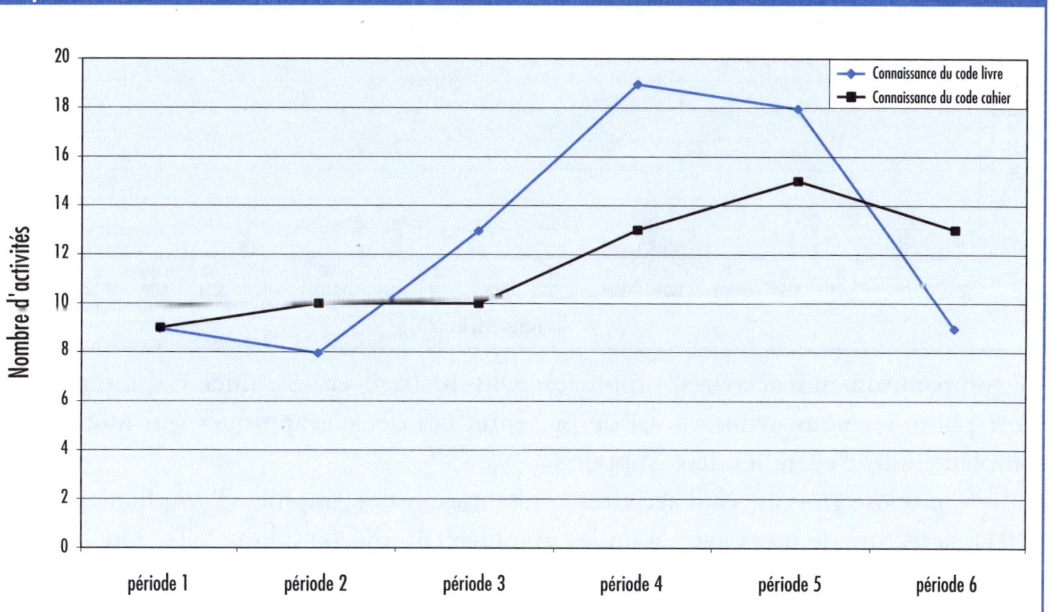

Lire au CP propose un nombre important d'activités de ce type, distribuées équitablement entre le livre (76 activités) et le cahier (70 activités). En revanche, cette répartition varie selon les périodes : très proches en début d'année, livre et cahier se distinguent sensiblement ensuite quand les activités sont plus nombreuses.

Répartition des activités proposées pour la connaissance du code dans le livre

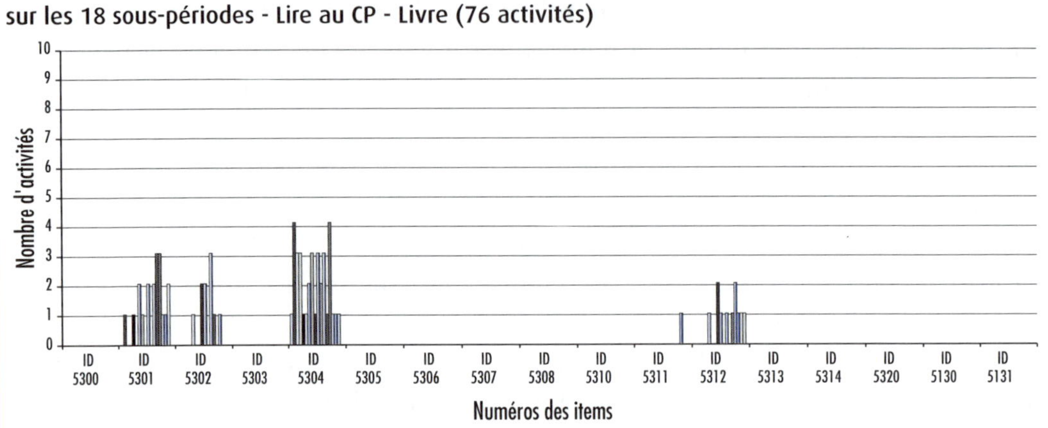

Répartition des activités proposées pour la connaissance du code dans le cahier

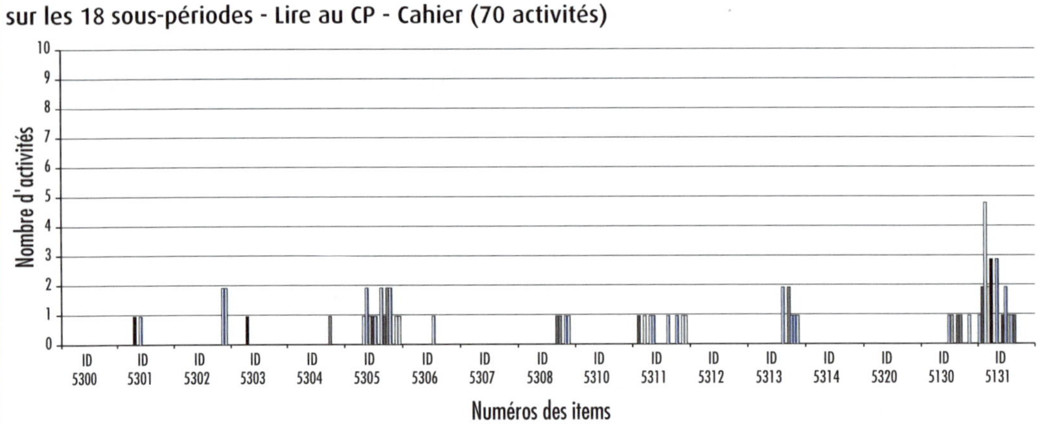

La comparaison des activités proposées dans le livre et le cahier est intéressante. C'est pourquoi nous avons choisi de présenter ces deux graphiques qui montrent la complémentarité entre les deux supports.

Le livre propose trois types d'activités : présentation des graphies d'un phonème (item 5301), la lecture de mots avec la ou les graphie(s) étudiée(s) (items 5302 mots repères, 5304 selon la position du phonème) et enfin la lecture de mots abordant les irrégularités de la langue (item 5313) qui n'apparaît qu'en milieu d'année.

Le cahier propose des activités d'imprégnation avec des exercices de classement de mots selon les différentes graphies (item 5305) ou selon les différentes valeurs phoniques des lettres (item 5311) ou encore de recherche de mots selon les graphies étudiées.

Le livre et le cahier offrent un éventail large d'activités complémentaires.

3 Lecture combinatoire : 18 % des activités sur l'année

Répartition des activités de lecture de mots combinatoire Lire au CP

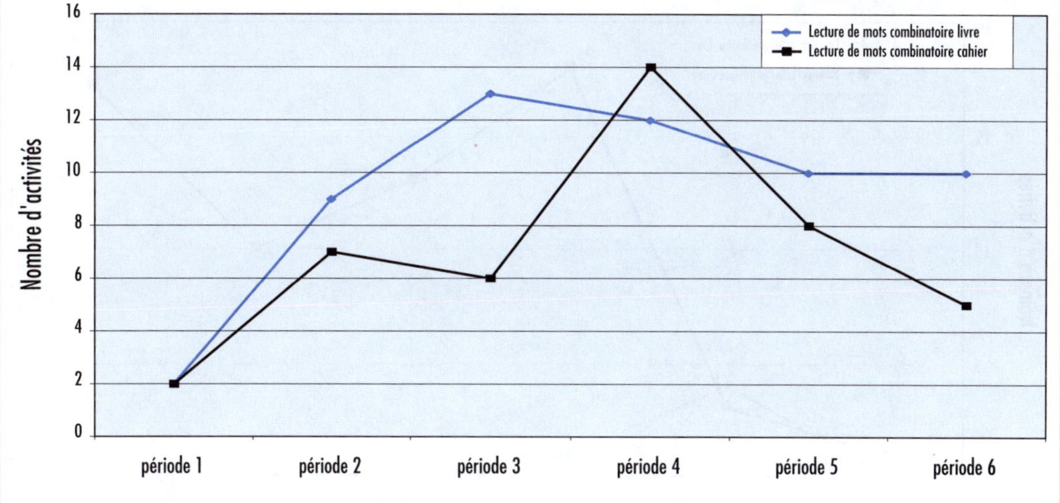

Absentes durant la première période dans les deux supports, ces activités s'installent progressivement en relation avec celles travaillant la connaissance du code. Elles culminent à la quatrième période.

On ne retrouve pas le même type d'activités dans le livre et le cahier. Ils sont donc complémentaires.

Dans le livre, il s'agit de lecture de mots selon un étayage prenant appui sur les graphies étudiées, leur localisation… (items 6201 à 6300).

Dans le cahier, les activités sont de trois types : recomposition de mots à partir de syllabes ou de lettres avec ou sans dessins (items 6123, 6120, 6136) ; des activités de segmentation de mots (item 6220), des lectures de mots contenant de graphies ou des sons proches (item 6302).

4 Fixation orthographique : 13 % des activités sur l'année

Répartition des activités de fixation orthographique

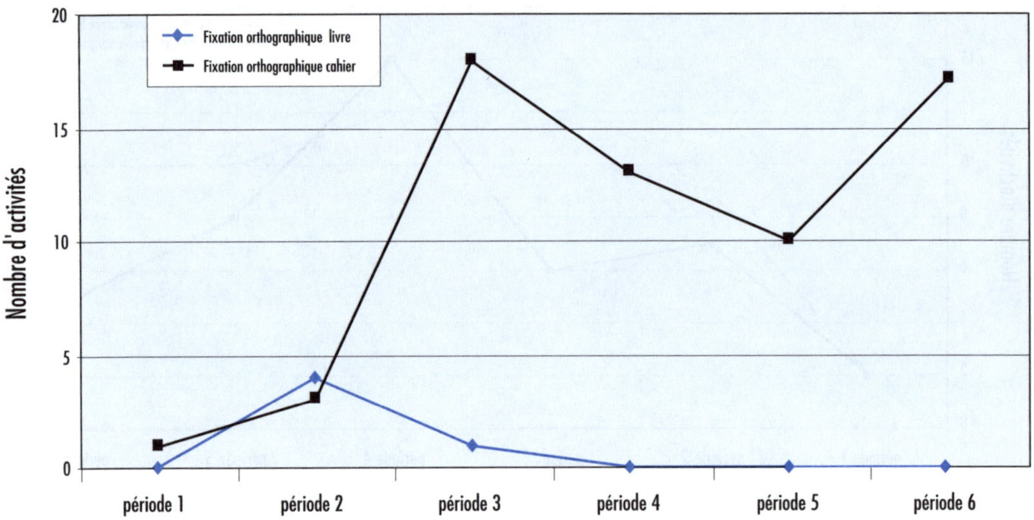

Les activités de fixation orthographique s'installent durant la troisième période pour se maintenir jusqu'à la fin de l'année. Elles figurent presque exclusivement dans le cahier, dans des proportions qui dépassent parfois 40 % des activités proposées.

Les activités sont de deux types : des copies de mots (item 7151 et 7153) ou de phrases (items 7155 et 7156) et des exercices de closure (item 7182). Ces activités diversifiées se centrent sur les mots et sur les phrases. Ces exercices placent l'élève dans des activités d'imprégnation accompagnées d'écriture.

➤ Compréhension

1 Étude longitudinale du nombre d'activités au cours de l'année

Répartition des activités de compréhension Lire au CP sur l'année

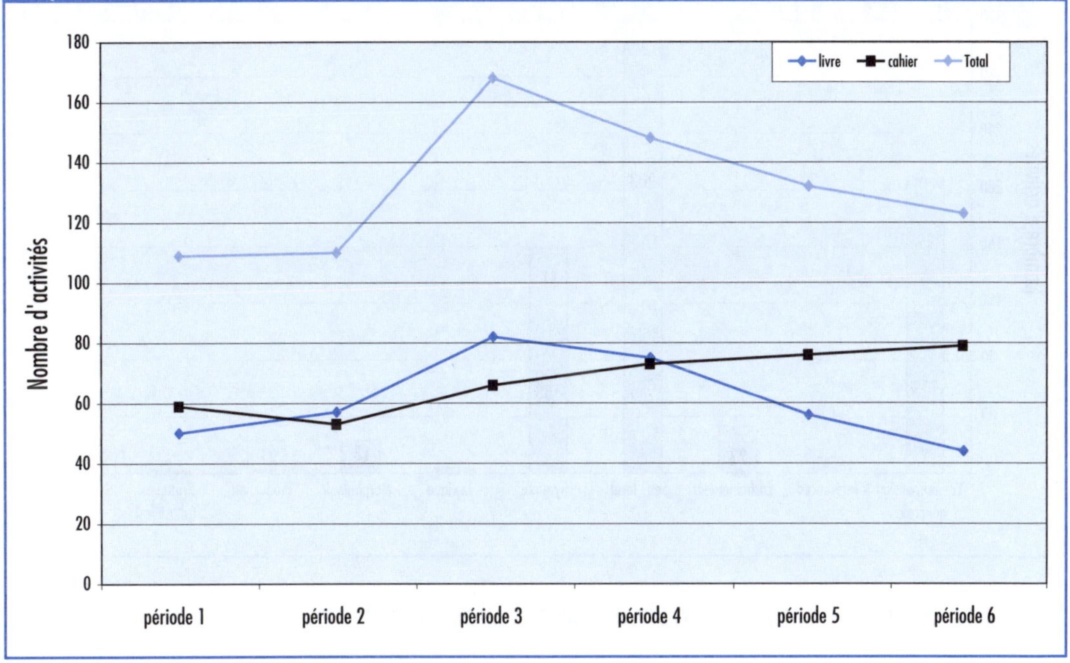

Le rythme change à la troisième période de l'année : après Noël, il s'intensifie brusquement. Tandis que les activités dans le livre vont aller décroissantes, celles du cahier vont augmenter régulièrement, provoquant un changement de tendance, où le renforcement et la manipulation plus autonome s'accentuent dans l'apprentissage. On sera attentif à la surcharge quantitative sur la compréhension, après Noël, mais aussi à son ralentissement régulier par la suite.

2 Étude de la répartition par type d'activités

40 % des activités sont tournées vers l'observation et la manipulation du sens local et littéral. Cela est renforcé par la confrontation avec des formes syntaxiques de l'écrit. L'étude du sens général des textes est abordée d'une manière assez implicite. Les domaines les moins explorés sont ceux de la production d'écrits, du lexique (totalement ignoré), de la morphologie, des inférences et des pratiques culturelles autour des textes. Si les livres proposent des activités plutôt empiriques sur le sens, les cahiers poursuivent, en les cadrant un peu plus, la même philosophie de découverte de l'écrit : une immersion et une attitude de questionnement.

Comparaison des critères de compréhension Lire au CP sur l'année

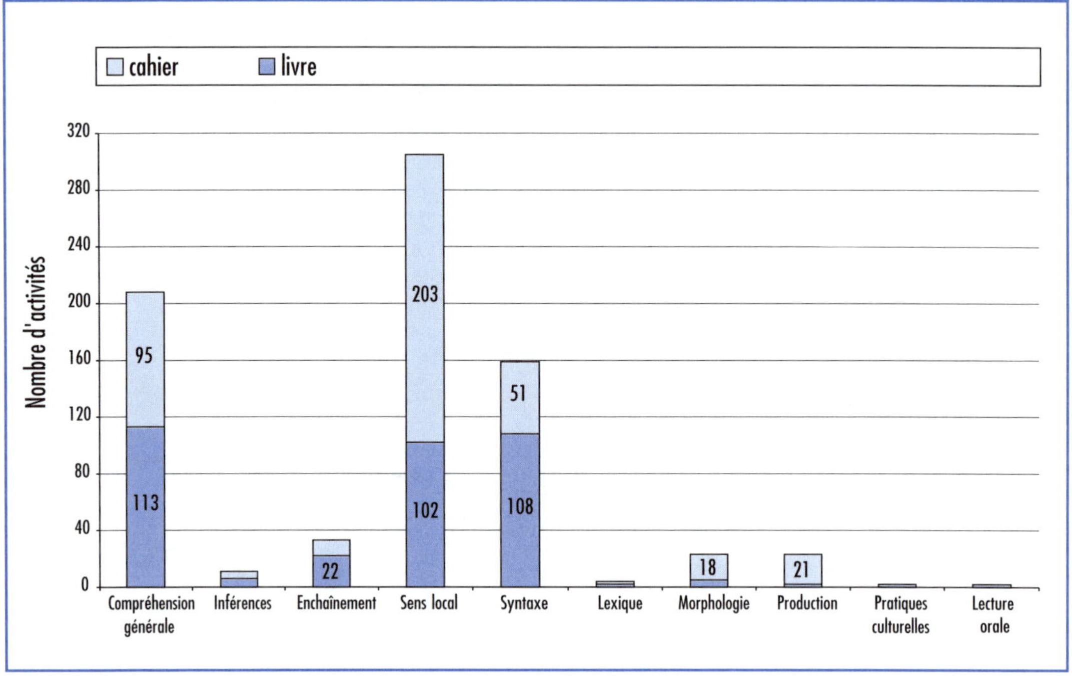

3 Étude spécifique des domaines particulièrement travaillés

Nous allons détailler les trois domaines particulièrement représentatifs. On s'apercevra que le dispositif d'apprentissage repose sur quelques points clés.

Le sens local et le sens littéral

Deux remarques permettent de caractériser rapidement le profil des activités conduites dans ce domaine. D'une part, les activités sont largement réparties, même si l'accent est mis sur certaines d'entre elles. On pourrait d'ailleurs se demander si certaines activités, éparpillées comme au hasard, n'apparaissent pas parce que notre observation les a recherchées que par la volonté des auteurs dans un souci d'apprentissage. D'autre part, à deux exceptions près, les activités se complètent : soit elles sont développées dans les livres (deux tomes), soit dans les cahiers (trois tomes).

Nous avons choisi, à titre d'exemple, de montrer la relation entre livre et cahier, pour les items de ce critère. Chaque numéro d'item est plus ou moins développé tout au long de l'année. On sera attentif au fait qu'un type d'activités est souvent développé dans le livre OU le cahier : c'est une caractéristique de cet ouvrage.

Détails des activités sur le sens littéral et local : livre Lire au CP

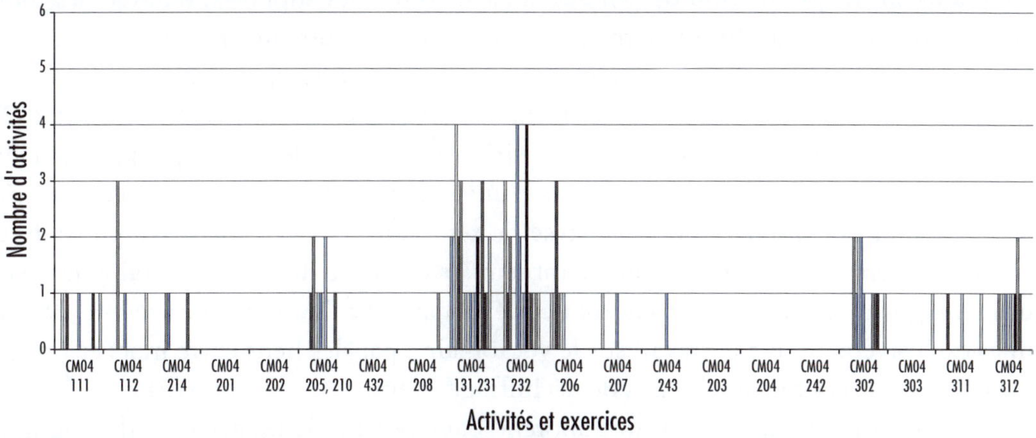

Détails des activités sur le sens littéral et local : cahier Lire au CP

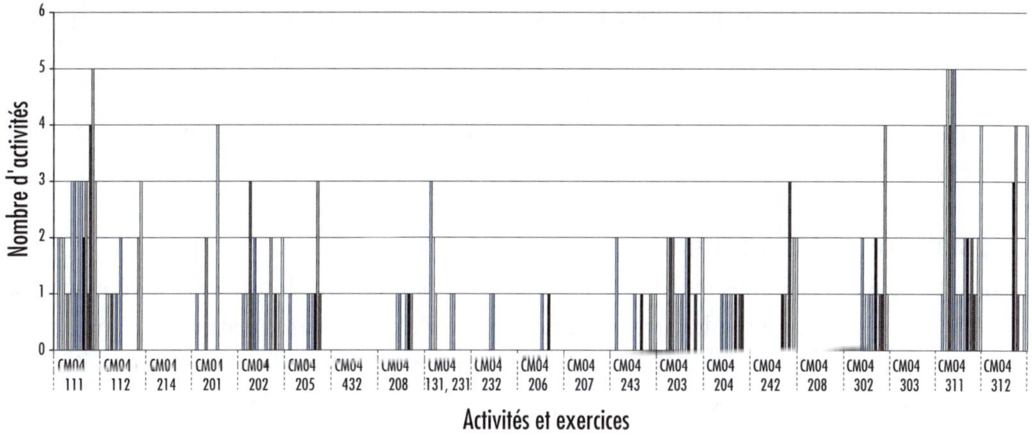

Si l'on s'en tient aux éléments saillants (activités régulières qui sont manifestement l'objet d'un apprentissage organisé), on constate qu'ils couvrent divers aspects du travail sur le sens littéral et local.

Le sens littéral est travaillé dans le cahier sous la forme d'interrogations sur des petits textes prétextes (items 111 et 112), par exemple « Lis les phrases. Mets une croix si c'est vrai », puis suivent quelques assertions. C'est un questionnement classique de type vrai/faux. Parfois, il faut retrouver une phrase écrite dans le texte ou compléter un texte à trous, etc. Ce travail va croissant tout au long de l'année.

En ce qui concerne le sens local, le travail sur la compréhension de phrase est majoritairement développé dans le cahier à partir de nombreux exercices de complément

de phrases et de phrases à trous (items 202 et 205), les mots manquants appartenant ou non à la leçon. La production de phrases, à partir d'images supports, ou avec des mots nouveaux (parfois rangés implicitement en catégories) est aussi un travail régulier.
Deux axes de découverte de la langue sont particulièrement développés. Le premier est le travail sur la cohésion de phrase et les enchaînements (dans le livre, items 131, 206 et 232). En fait, il s'agit plus exactement d'une exposition à des séries de phrases, desquelles peut surgir la perception d'un phénomène, lors d'une observation comparative ou enchaînée. Dans ces conditions, notre propre analyse ne sera jamais assez exhaustive puisque les potentiels offerts par la langue sont nombreux et qu'il est difficile de cataloguer ceux que l'enseignant et les élèves retiendront et développeront. Le deuxième axe fort, dans le cahier exclusivement, est le travail sur le vocabulaire, par des liens entre mots et images et par l'usage de ces mots à des fins de déchiffrage (items 302, 311 et 312).
Dans ce domaine, il y a donc un fort apprentissage potentiel : les activités dans le livre donnent à observer très fréquemment des phrases significatives. Ce qui est favorisé, c'est plus une posture vis-à-vis de la langue que la progression véritable d'un apprentissage sur sa structuration. Le risque, pour l'élève, est d'être mis dans la situation d'utiliser ses capacités fragiles de compréhension, pour aborder les phrases proposées, au lieu d'engager une démarche d'apprentissage continue de la compréhension.
L'enseignant, vigilant, est donc un médiateur nécessaire et omniprésent de la compréhension.

La syntaxe et la grammaire

Essentiellement abordé dans les livres, ce domaine est largement dominé par la rencontre des mots organisés en listes et colonnes, manifestant un début de catégorisation grammaticale (items 532 et 541 : 55 activités). L'observation des types de phrase, du texte en dialogue et des mots fonctionnels est possible parce que présente (items 501 et 503 : 37 activités), mais elle est peu systématisée dans le sens d'une volonté marquée de structuration de la langue (quelques activités autour de la segmentation de la phrase en mots dans les cahiers).

La compréhension générale des textes

Elle est totalement dominée par la fréquentation croissante de textes, à lire de manière plus ou moins autonome, dans les livres et les cahiers (item 109, 90 activités croissantes sur l'année). A partir de la seconde partie de l'année, dans les livres, apparaissent des textes divers propices à une exploration de la polyvalence textuelle, ainsi que des occasions de faire référence à l'arrière-fond culturel et au jugement personnel (items 104 : 19 activités ; 304 : 16 activités ; 401 : 28 activités et 402 : 19 activités).
Quelques observations sur les enchaînements sont par ailleurs possibles dans le livre.

Conclusion sur Lire au CP

L'identification des mots

Les activités proposées dans ce manuel se répartissent bien entre le livre et le cahier qui sont totalement complémentaires. Découverte, imprégnation, consolidation sont dans des rapports intéressants pour l'élève.
Lorsqu'on analyse les grands ensembles d'activités largement représentés : connaissance du code et lecture combinatoire, ils devraient permettre aux élèves de développer un réel apprentissage dans ces domaines. Toutefois ceux-ci ne sont pas bien introduits par les trois groupes d'activités qui visent à faire découvrir à l'élève les principes de notre système d'écriture. Discrimination visuelle, auditive et principe alphabétique ne sont pas dans une répartition cohérente et l'enseignant(e) devra pallier les manques. Une réelle volonté est manifestée dans les cahiers d'exercices pour favoriser l'automatisation de la lecture des élèves en proposant des activités de fixation orthographique. Cependant, le manuel ne présente pas d'activités de codage ou d'écriture de la langue qui pourraient renforcer ces acquisitions. L'enseignant(e) devra guider les apprentissages et compléter quelques activités afin d'aider au mieux tous ses élèves.

La compréhension

Ce manuel semble assez riche en potentiels de travail sur l'écrit. Il se centre en fait sur quelques priorités qui sont aussi des préalables théoriques : la présence de textes et de phrases, prétextes à des observations de l'écrit, conduites par l'enseignant. L'apprentissage dans le livre passe par une fréquentation des formes de l'écrit et de certaines de ses composantes, mais reste assez centré sur le mot et la phrase. Le livre est un lieu d'observation, un vivier d'usages, dont l'enseignant fait ce qu'il veut, beaucoup ou peu de choses. La lecture du "livre du maître" est une nécessité.
Les cahiers engagent plus réellement l'apprentissage organisé, principalement sur le sens littéral et le sens local, dans des textes de plus en plus longs et nombreux, avec des activités variées. Les cahiers sont essentiels aux apprentissages.

Il faudrait prolonger l'usage de ce manuel par des activités portant sur la structure de la langue et des textes, notamment aborder les questions relatives aux inférences, aux enchaînements d'un point de vue formel, au lexique (totalement absent), à la morphologie (à peine effleurée), et multiplier les moments de production de textes.

Il faut sans doute une certaine expérience de l'apprentissage de la compréhension pour extraire le meilleur de ce manuel et savoir le prolonger.

Analyse de Gafi

➤ L'identification des mots

1 Analyse générale

1a Répartition de l'ensemble des activités d'identification des mots sur l'année

Répartition des activités d'identification des mots sur l'année chez Gafi

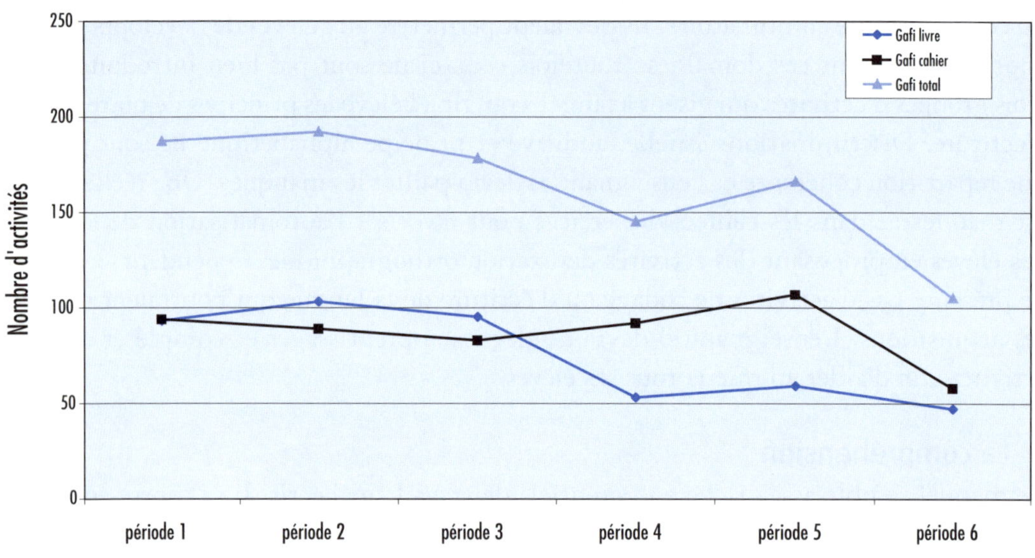

Cet ouvrage propose beaucoup plus d'activités tout au long de l'année que les autres manuels étudiés. Il faut remarquer que dans le cahier, elles se maintiennent toute l'année dans les mêmes proportions, sauf à la dernière période. Le livre en revanche diminue le nombre d'activités de moitié à partir du milieu de l'année.

1b Étude des critères

En observant les grands ensembles, on constate que six d'entres eux se détachent, dont deux plus particulièrement. Ainsi les activités de lecture globale représentent 10 % des activités. Pour la "discrimination visuelle et auditive" et le "principe alphabétique", les poids des activités ne sont pas équilibrés. Seules les activités de discrimination visuelle et, dans une moindre mesure, les activités de discrimination auditive sont développées. Les activités abordant le principe alphabétique sont, en revanche, inexistantes. Les ensembles "connaissance du code" et "lecture de mots – combinatoire" sont abordés régulièrement ; ils représentent 34 % des activités à eux deux. Il est intéressant de remarquer que contrairement aux autres manuels, celui-ci consacre plus d'activités à la

Répartition des indicateurs pour Gafi livre et cahier

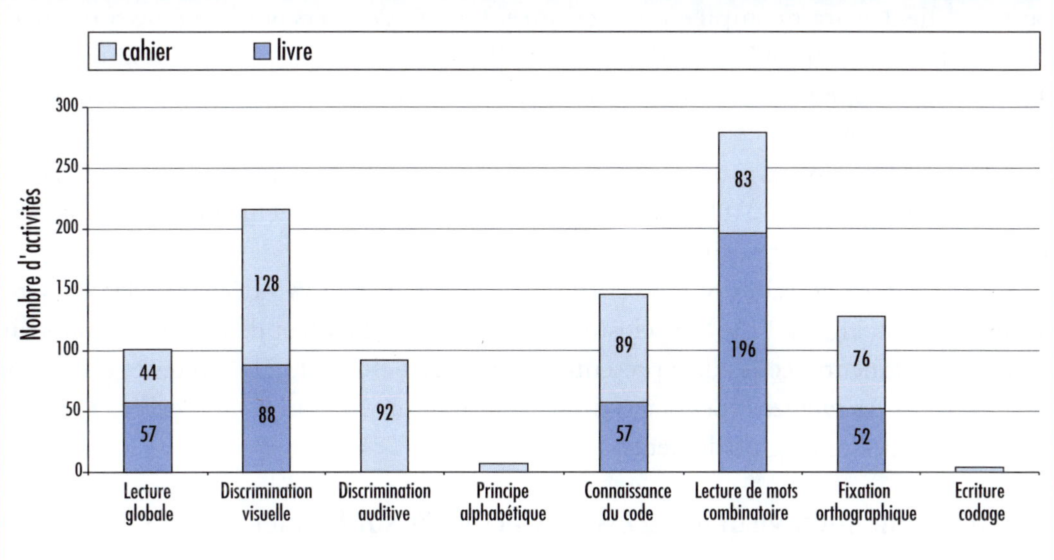

lecture combinatoire qu'à la connaissance du code. Un effort est réalisé pour développer la fixation orthographique (13 %) mais les activités de codage et d'écriture de la langue, qui pourraient renforcer ces activités, sont inexistantes.

2 Analyse des activités les plus représentées dans Gafi

1 Lecture globale : 10 % des activités sur l'année

Répartition sur l'année des activités de lecture globale

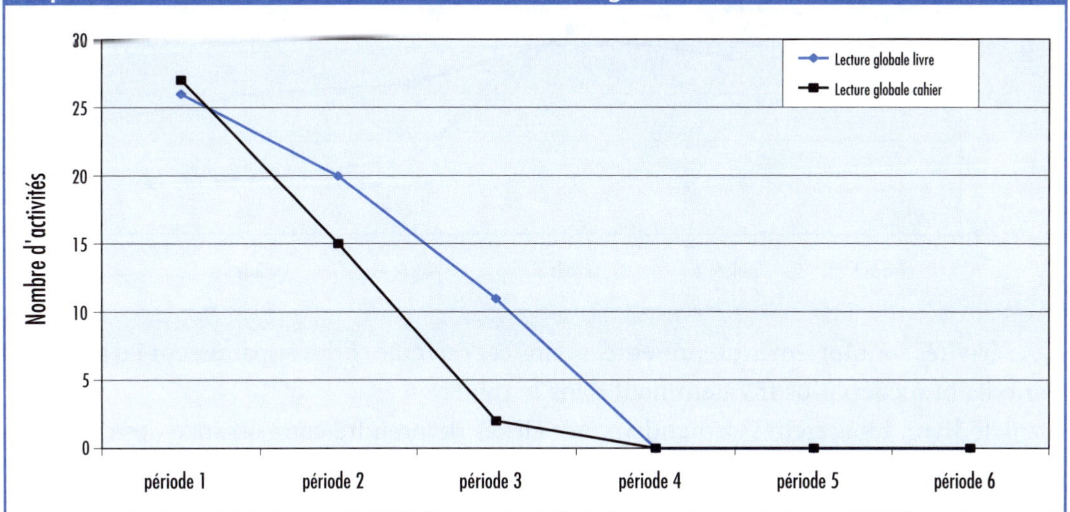

La lecture globale est centrée essentiellement sur les deux premières périodes de l'année. Elle disparaît complètement ensuite. Livres et cahiers ont le même profil mais les activités sont plus présentes dans le livre (57 activités pour 44 dans le cahier). *Gafi* cherche à développer la lecture autonome des élèves en limitant la durée des activités de lecture globale.

Dans le livre, les activités proposées sont toutes des activités de lecture et de mémorisation de mots outils, (item 1102 : 33 occurrences), et plus largement aussi les mots qui reviennent dans les textes, (item 1123 : 18 occurrences).

Dans le cahier, les activités proposées sont plus diversifiées. On y découvre des activités de copie (items 1131 à 1135), de closure (items 1141 et 1142) et de lecture de mots qui viendront augmenter celles déjà présentes dans le livre (items1121). Livres et cahiers ne proposent pas les mêmes types d'activités : ils offrent un éventail large d'exercices visant à mémoriser des mots globalement.

2 Discrimination visuelle : 22 % des activités sur l'année

Répartition des activités de discrimination visuelle sur l'année Gafi

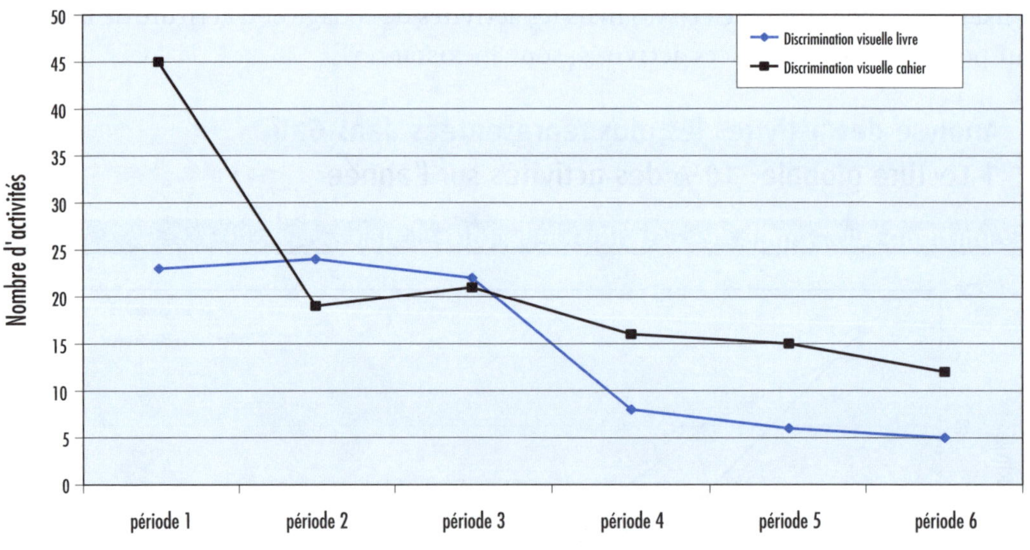

Ces activités sont fortement représentées dans cet ouvrage. Elles apparaissent en première période, beaucoup plus fréquemment dans le cahier.

Dans le livre, les activités demandent aux élèves de prendre connaissance des différents modèles d'écriture : script-cursive, majuscule-minuscule, de lettres : item 2301 (présent toute l'année) ou de phrases (item 2304, n'apparaissant qu'en début d'année).

Dans le cahier, les activités plus diversifiées réinvestissent les observations que l'élève a réalisées dans le livre. Elles proposent de rechercher les éléments identiques, sur les phrases (item 2102), les mots (items 2111 et 2112), les syllabes dans les mots (items 2201 et 2203) et enfin surtout les lettres (items 2311à 2324).
Livre et cahier présentent des activités différentes et complémentaires, portant sur l'observation possible de la phrase, de la syllabe ou de la lettre.

3 Discrimination auditive : 9 % des activités sur l'année

Répartition des activités de discrimination auditives sur l'année Gafi

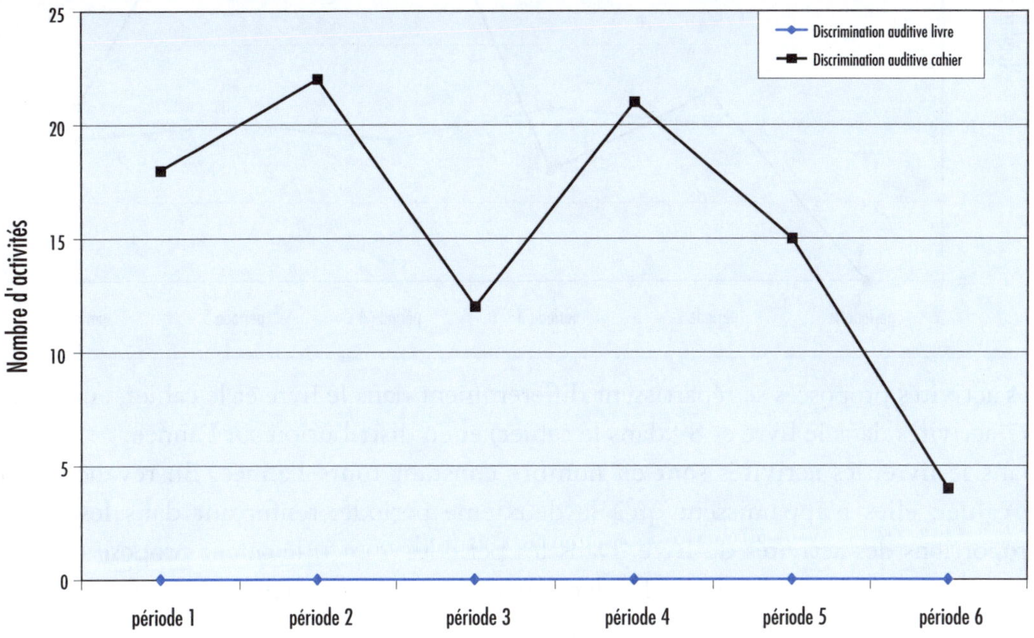

Ces activités n'apparaissent **que** dans les cahiers. Elles peuvent être renforcées par les propositions du guide du maître. Les cahiers proposent de nombreuses activités au cours de l'année, avec une répartition qui constitue un certain équilibre.
Les activités portent sur la syllabe, surtout en début d'année, et le phonème. Dans les deux cas, il est demandé de repérer leur présence (item 3201, la syllabe, item 3301, le phonème) et de les localiser (item 3203, la syllabe, et 3303, le phonème). En fin d'année, il est proposé quelques activités de segmentation du mot en phonèmes (item 3304). Les activités relevées sont plutôt diversifiées, avec un souci de programmation.

4 Connaissance du code : 15 % des activités sur l'année

Répartition sur l'année des activités sur la connaissance du code Gafi

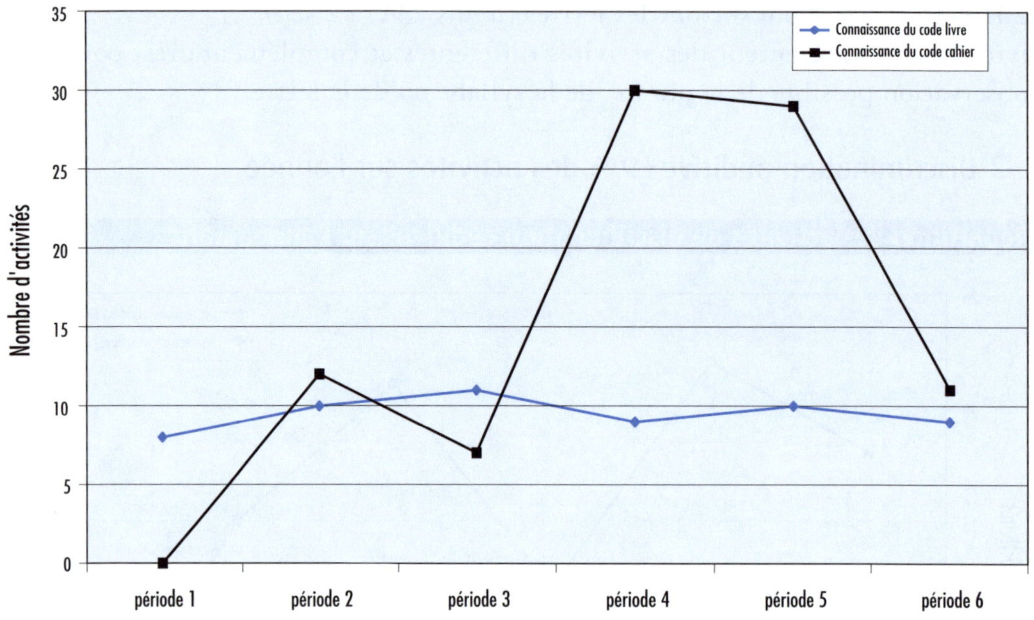

Les activités proposées se répartissent différemment dans le livre et le cahier, en nombre (57 activités dans le livre et 89 dans le cahier) et en distribution sur l'année.

Dans le livre, les activités sont en nombre constant toute l'année. En revanche dans le cahier, elles n'apparaissent qu'à la deuxième période, renforçant dans les mêmes proportions des activités du livre. Dans les périodes 4 et 5, le cahier propose trois fois plus d'activités d'imprégnation. En dernière période, les activités se répartissent dans les mêmes proportions dans le livre et le cahier.

Le livre propose des activités récurrentes. Le cahier d'exercices les consolide.

Répartition des items retenus pour la connaissance du code Gafi livre

57 activités

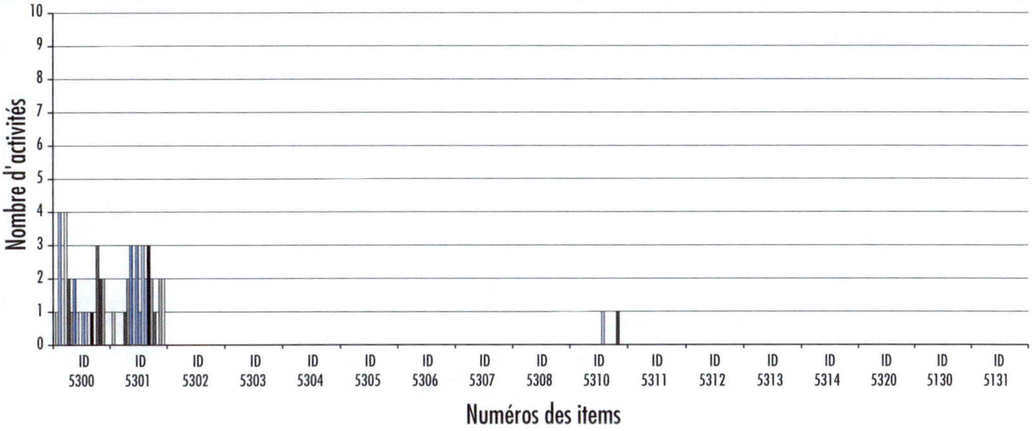

Répartition des items retenus pour la connaissance du code Gafi cahier

89 activités

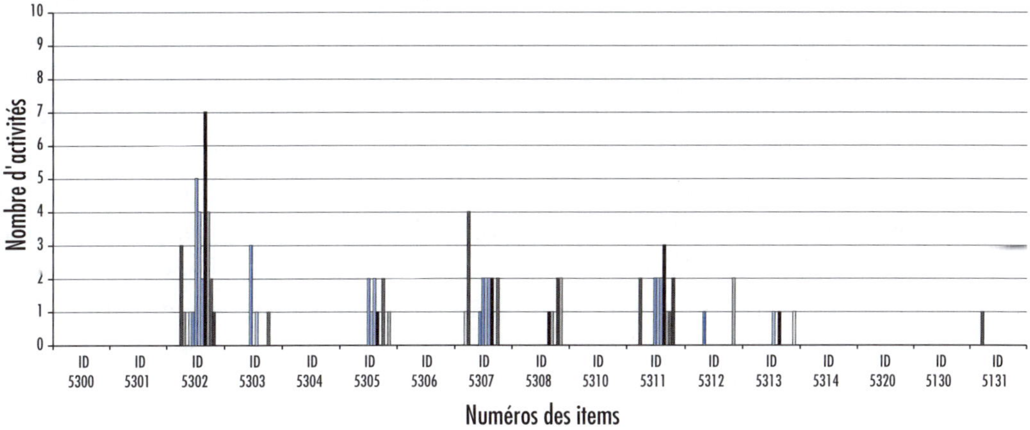

Livre et cahier sont complémentaires.

Dans le livre, on relève deux types d'activités : présentation des graphies d'un phonème item 5300 (27 occurrences), la lecture de mots repères avec la ou les graphie(s) étudiées item 5302 (28 occurrences). Le cahier propose des activités de lecture de mots pour consolider la gestion des différentes graphies d'un phonème (items 5302 et 5303) ou les irrégularités de notre langue (items 5311 à 5313) et des activités de classement (item 5305) ou de segmentation (item 5307).

5 Lecture combinatoire : 29 % des activités sur l'année

Répartition sur l'année des activités de lecture de mots combinatoire

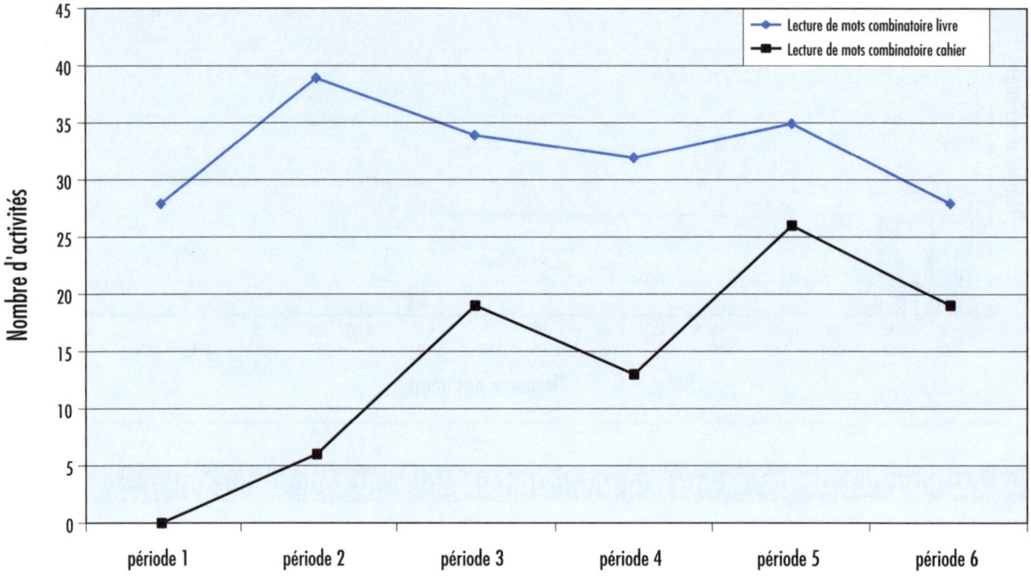

Ces activités, très fortement appuyées dans *Gafi*, sont nettement plus présentes dans le livre (196 activités) que dans le cahier (83 activités). Dans le livre, elles apparaissent dès la première période, en nombre très significatif.

Dans le livre, trois items se détachent très nettement. L'item 6400 (71 occurrences) propose une lecture de syllabes ou pseudo-syllabes, combinées parfois. Les items 6500 (63 occurrences) et 6700 (50 occurrences) sont deux activités de lecture de mots déchiffrables isolés ou classés selon différentes catégories grammaticales. Le cahier (non illustré ici) renforce les activités de lecture, il propose peu d'activités de recomposition ou de segmentation de mots.

Dans ce domaine fortement représenté, chez *Gafi*, livre et cahier manquent de complémentarité.

6 Fixation orthographique : 13 % des activités sur l'année

Répartition sur l'année des activités de fixation orthographique

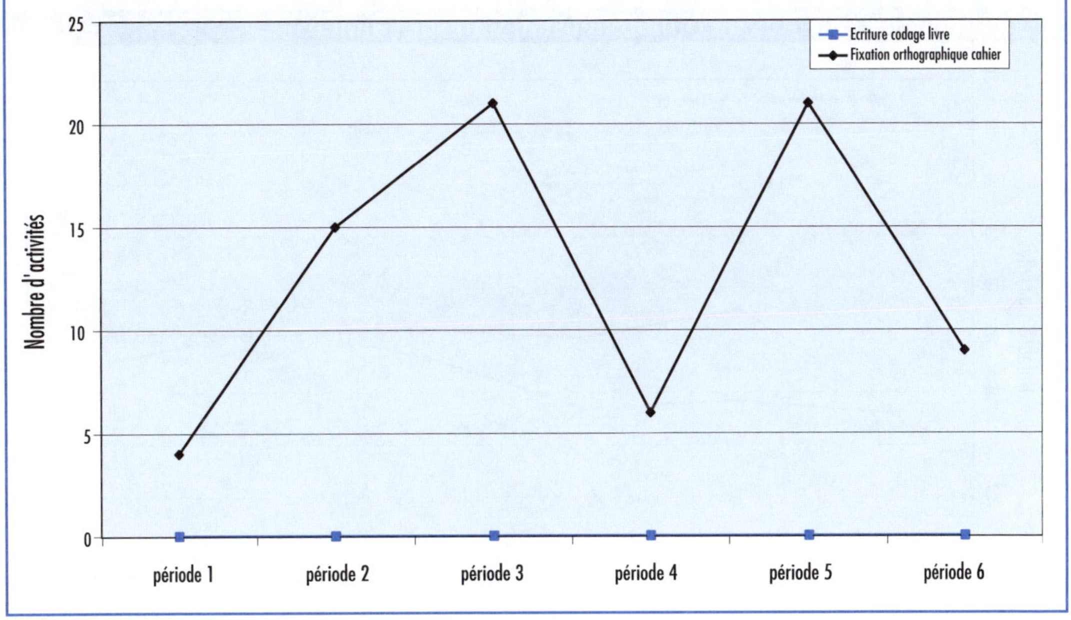

Ces activités sont traitées exclusivement dans le cahier. Il semble qu'il y ait une volonté de développer la lecture orthographique, sans régularité dans les acquisitions.

Les activités diversifiées sont de trois types : lecture de mots anciens avec désir de mise en mémoire ou non (items 7101,7102, 7171 à 7175), copie (items 7151 à 7156) et exercice de closure (items 7181 et 7182).

➤ Compréhension

1 Étude longitudinale du nombre d'activités au cours de l'année

Répartition des activités de compréhension Gafi sur l'année

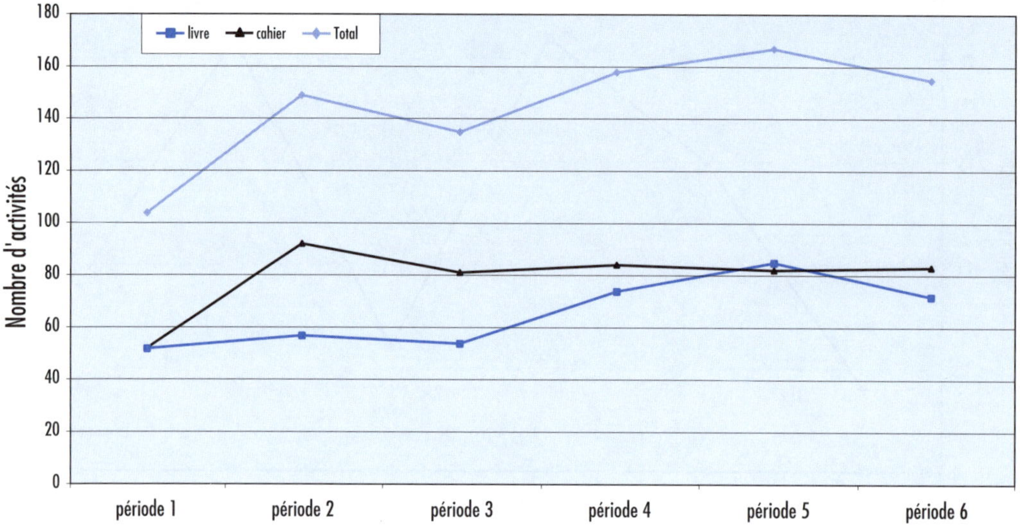

L'organisation des activités portant sur la compréhension est simple et régulière. De plus en plus d'attention est portée au sens au cours de la première moitié de l'année, le renforcement dans le cahier étant prioritaire. La seconde moitié de l'année, le nombre d'activités se stabilise et se partage également entre livre et cahier. Il faut étudier plus en détail ce profil pour voir si cette stabilité de surface est réelle dans les différents domaines de l'étude de la langue.

2 Étude de la répartition par type d'activités

Gafi propose un grand nombre d'activités au cours de l'année. Elles sont par ailleurs diversifiées. Le travail sur le sens local est prédominant ; il inclut une forte proportion d'observations de la structure de la langue (syntaxe, morphologie). La compréhension générale des textes est éclairée par des activités sur les enchaînements et même les inférences.

On constate, par ailleurs, une répartition significative des tâches entre livre et cahier, qu'il faudra étudier de plus près.

Reste que ces approches sont souvent techniques. Elles laissent peu de place aux aspects littéraires ou culturels ; tout comme la production d'écrits qui est, proportionnellement, négligeable.

Comparaison des critères de compréhension Gafi sur l'année

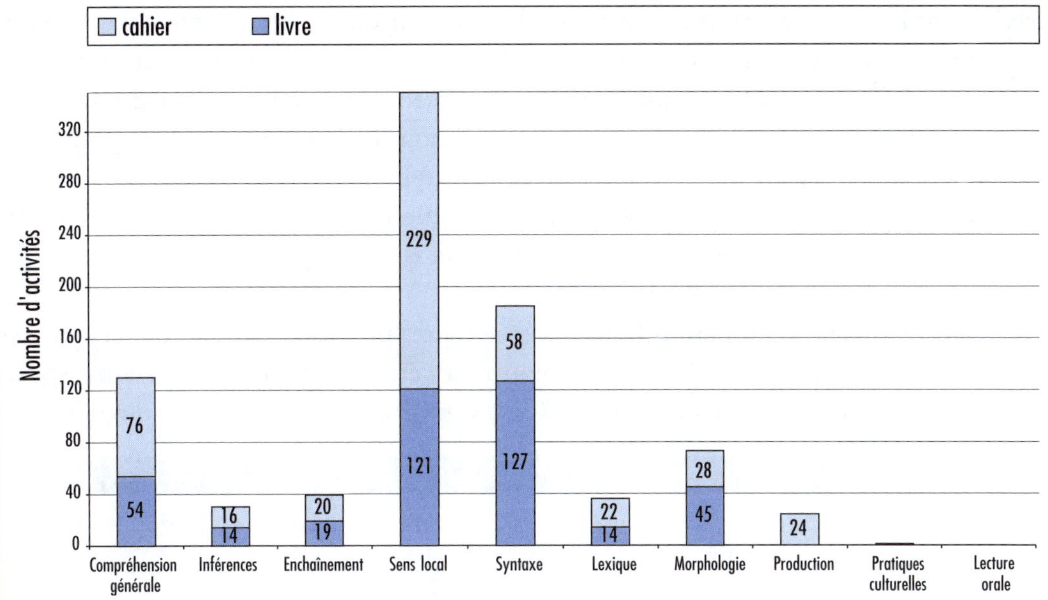

3 Étude spécifique des domaines particulièrement travaillés

Huit des dix critères qui ont cadré notre analyse sont activés entre 24 et 350 fois chacun au cours de l'année. On remarque, par exemple, l'importance accordée au travail sur la syntaxe et la grammaire de phrase. Nous allons donc rapidement caractériser chacun des critères.

Le sens local et littéral

C'est de loin le plus exploré au cours de l'année, pour 1/3 dans les livres (deux tomes) et 2/3 dans les cahiers (deux tomes). Le profil d'organisation des activités réalisées est assez typique du fonctionnement de ce manuel : quatre activités se renforcent mutuellement dans les livres et les cahiers, tout au long de l'année. Six autres apparaissent de manière importante, dans un support ou dans l'autre exclusivement, et sur une période donnée. Il y a donc des points d'ancrage récurrents et des habiletés développées ponctuellement et fortement.

Le sens littéral est très régulièrement étudié de manière croissante tout au long de l'année. Il fait l'objet d'activités réparties dans le tome 2 du livre (à partir de questionnements sur le texte support, dans chaque séance) et dans les cahiers (à partir de nouvelles questions sur le texte support et de recherches d'informations précises de type "Retrouver qui a fait quoi").

L'étude de la continuité dans la phrase ou entre deux phrases, qui contribue à l'apprentissage de la compréhension locale d'un texte, est développée dans les deux supports. Ce sont des activités sur les personnages et les pronoms de substitution le plus souvent (items 131 et 231). On constate que, très ponctuellement, le livre propose l'exploration précise de l'ordre des actions dans la phrase et la question de la représentation de l'espace et des lieux. Le cahier prend en charge diverses activités d'observation des constituants de la phrase, ou de production de phrases, avec des mots ou des groupes de mots donnés.
Il y a donc une "progression" de l'étude de la langue écrite et chaque notion nouvelle étudiée est à la fois l'occasion d'une manipulation et d'une imprégnation.

À titre d'exemple, nous proposons le profil des activités proposées dans les cahiers pour ce critère. On constate au moins des pics qui montrent l'étude ponctuelle de certains aspects de la langue à divers moments de l'année. C'est significatif du profil de cet ouvrage.

Détails des activités sur le sens littéral et local : cahier Gafi

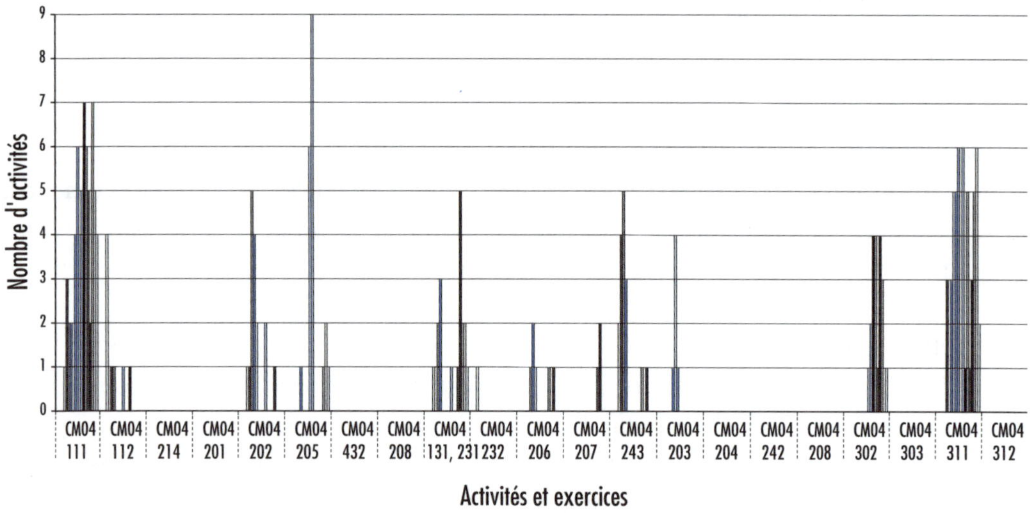

La syntaxe et la grammaire

Les cahiers focalisent, ponctuellement, tantôt sur les types de phrases (item 501), leur ponctuation (item 513), tantôt sur leur segmentation (item 531) ou la place des mots (item 512). Le livre travaille massivement, bien que de manière implicite, sur la catégorisation des mots en noms, verbes, etc. (item 532 : 82 activités). Il explore également la segmentation des groupes de mots.

Ce travail est complété par une étude morphologique de la langue écrite s'intéressant régulièrement aux formes des verbes, en lien avec leurs pronoms, et, plus épisodiquement, à la question du genre et du nombre des mots.

Le travail sur le sens local et littéral est ainsi appuyé par des observations ponctuelles sur la structure de la langue.

La compréhension générale des textes

Dans ce domaine, le manuel propose le même type d'approche : certaines notions sont développées et manipulées à un moment précis. Elles ne seront pas abordées le reste du temps, avec la même intention d'apprentissage.
Ainsi, le tome 2 du livre met en oeuvre la paraphrase ou la reformulation de texte (item 103) tandis que les cahiers proposent des activités de résumé ou d'invention de titres à certaines périodes (item 102), et un lien de production texte – image (item 342) seulement en début d'année (compléter une image ou un texte). Du texte à lire de manière plus autonome émaille les livres tout au long de l'année (item 109) tandis que la relation texte / image (item 141) est régulièrement employée pour travailler le sens d'un texte ou d'une image (activités de choix).

Ce travail sur la compréhension de texte est complété par des questions qui font appel, parfois, à des inférences internes au texte (item 121, une douzaine de fois dans l'année, c'est peu), ou à une étude des enchaînements et de la continuité des actions dans le texte (items 132, 411, 413 et 414 : 37 activités dans l'année).

On voit que le manuel *Gafi* aborde certaines notions, mais pas toutes (il manque une observation des anaphores et des pronoms, une réflexion sur l'expression du temps et de l'espace dans le texte, la rencontre avec divers genres d'écrits et un intérêt pour l'aspect culturel de la lecture, entre autres), suivant une progression construite.

Pour compléter ce panorama, nous signalerons que le lexique est travaillé particulièrement à travers la synonymie et l'antonymie, mais pas du tout sous l'angle de la générativité favorisée par la connaissance du principe de dérivation autour d'une racine.
Enfin, quelques activités de production invitent à prolonger un texte, à écrire sur un thème ou "à la manière de", et, plus régulièrement, à faire un écrit à partir d'images.

Conclusion sur Gafi

L'identification des mots

Gafi est un manuel qui propose beaucoup d'activités presque tout au long de l'année. Le cahier d'exercices, par sa régularité, assure la consolidation des apprentissages.

Les ensembles "connaissance du code" et "lecture combinatoire" s'organisent dans un rapport inverse aux autres manuels. En effet, *Gafi* propose moins d'activités sur la connaissance du code et plus sur la lecture combinatoire. Ces apprentissages devraient favoriser la lecture autonome des élèves, laquelle est assez bien automatisée par les activités de fixation orthographique proposées, très tôt dans l'année. Pourtant, l'enseignant(e) devra concevoir les activités d'écriture codage de la langue inexistante dans cet ouvrage.

De même les activités qui visent à comprendre le système d'écriture de notre langue sont assez mal réparties. En effet, les activités sur le principe alphabétique restent à créer par l'enseignant(e) alors que les activités de discrimination visuelle et auditive sont assez bien développées.

La compréhension

Ce manuel propose un grand nombre d'activités parfois implicites, souvent explicites. Il met particulièrement l'accent sur la connaissance et la manipulation des phrases et s'intéresse plutôt au sens local et littéral et moins à la compréhension de textes. Il propose ainsi de nombreuses activités sur la syntaxe et la morphologie de la langue écrite, et manifeste une approche plus linguistique que littéraire. Ce support est structuré autour d'une progression qui se centre autour de quelques priorités, tout en explorant divers aspects de la langue : il propose un "programme" et une "programmation".

Il n'est pas vraiment complet pour autant : il effleure le travail sur les inférences et les enchaînements, la réflexion sur le lexique est peu développée ; la production d'écrits, la dimension culturelle de la langue et la rencontre avec la polyvalence textuelle devront être approfondies parallèlement.

Dans la mesure où ce manuel rassemble un grand nombre d'activités, il sera sans doute difficile de le travailler jusqu'au bout ; l'enseignant devra donc probablement sélectionner les activités qu'il va réaliser tout en conservant la cohérence de l'ensemble et en palliant les diverses lacunes.

Analyse de Grindelire

➤ L'identification des mots

1 Analyse générale

a Répartition de l'ensemble des activités d'identification des mots sur l'année

Répartition des activités Grindelire sur l'année

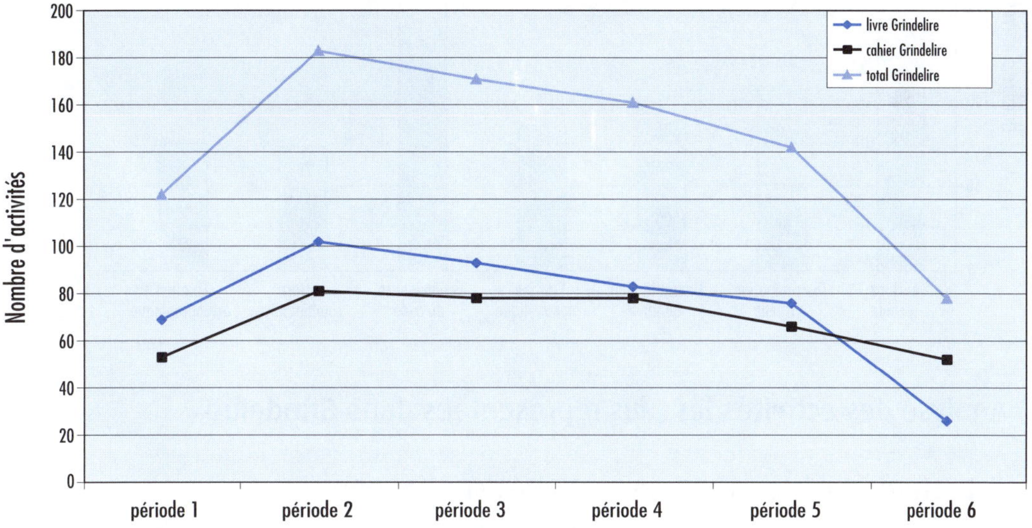

Grindelire est un manuel qui prévoit de présenter les activités d'identification des mots, progressivement. Le dernier tiers de l'année, ces activités semblent ne plus retenir l'attention des auteurs. On constate un réel équilibre dans la répartition des activités entre le livre et le cahier, et ce, toute l'année.

b Étude des critères

On constate que la plupart des ensembles d'activités sont traités. Les activités sur la lecture globale sont fortement représentées. Les activités de discrimination visuelle, auditive, ainsi que les activités sur le principe alphabétique (35%), sont toutes les trois dans le même rapport d'importance. En revanche, les activités connaissance du code représentent un poids considérable (27 %) au détriment semble-t-il des activités de lecture combinatoire (8 %). Un effort dans cet ouvrage est réalisé pour développer la fixation orthographique (8 %) mais les activités de codage et d'écriture de la langue qui auraient pu renforcer ces activités sont très peu représentées (4 %).

Répartition livre et cahier Grindelire

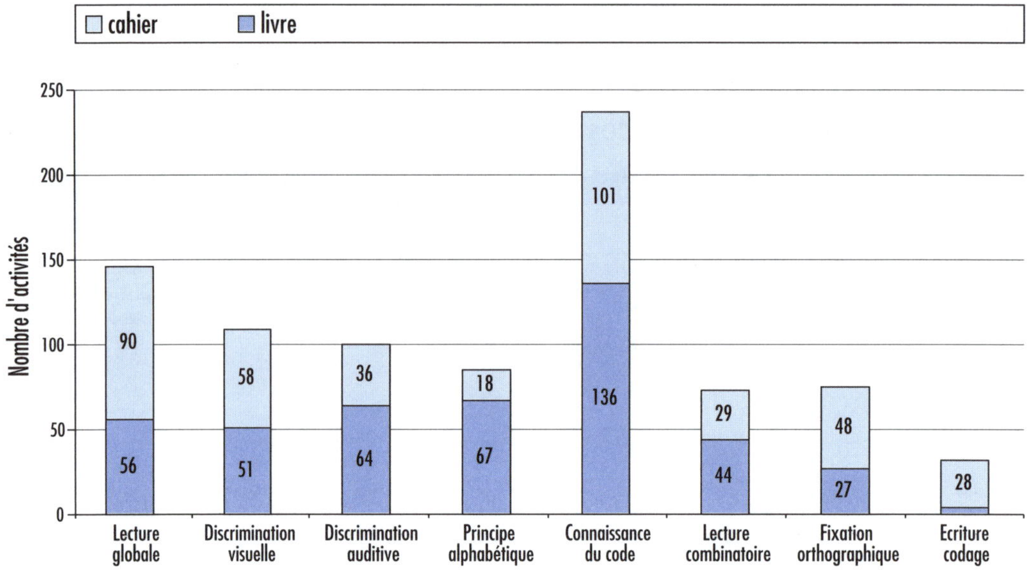

2 Analyse des activités les plus représentées dans Grindelire

1 Lecture globale : 18 % des activités sur l'année

Répartition sur l'année des activités de lecture globale

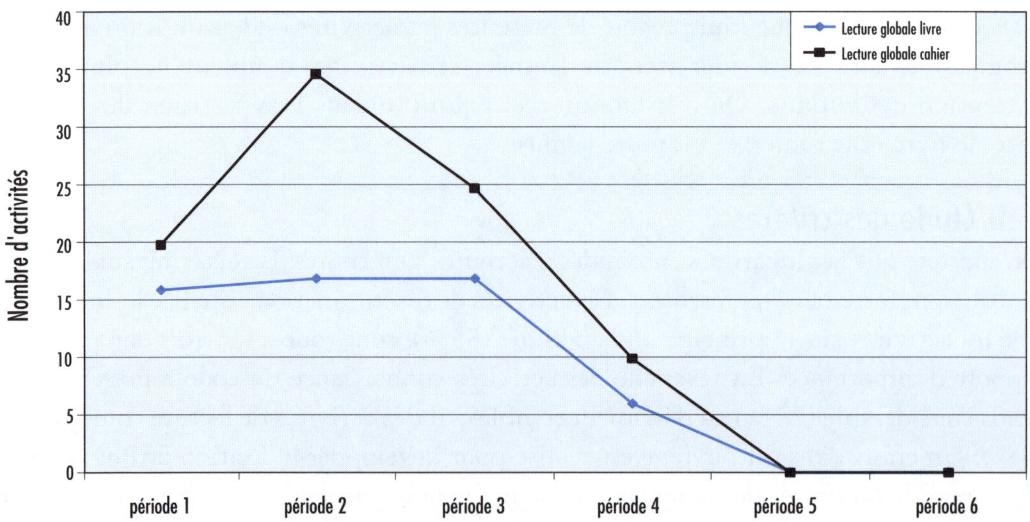

Ces activités fortement représentées (90 activités dans le livre et 56 dans le cahier) sont concentrées sur la première partie de l'année et disparaissent totalement en fin d'année. Elles représentent à elles seules 30 % des activités proposées sur les trois premières périodes. Livre et cahier suivent le même profil tout au long de l'année. Les activités sont plus massivement présentes dans le cahier surtout dans la deuxième période de l'année.
Les activités proposées dans le livre et le cahier sont complémentaires.
Dans le livre les activités sont essentiellement des lectures de mots en vue de mémoriser les petits mots outils non déchiffrables (items 1122 et surtout 1123) ou plus largement les mots qui reviennent dans la lecture des textes, personnages, actions répétées…(items 1154 et surtout 1155)
Les activités du cahier abordent d'autres types d'activités. Il s'agit de copie de mots (items de 1132 à 1135) et d'exercices de closure (item 1142). Les activités des items 1151 à 1160 s'intéressent à la lecture de mots et viennent donc renforcer les mêmes activités du livre.
Livre et cahier proposent un éventail large d'approches visant à mémoriser des mots globalement.

2 Discrimination visuelle : 13 % des activités sur l'année

Répartition des activités de discrimination visuelle sur l'année

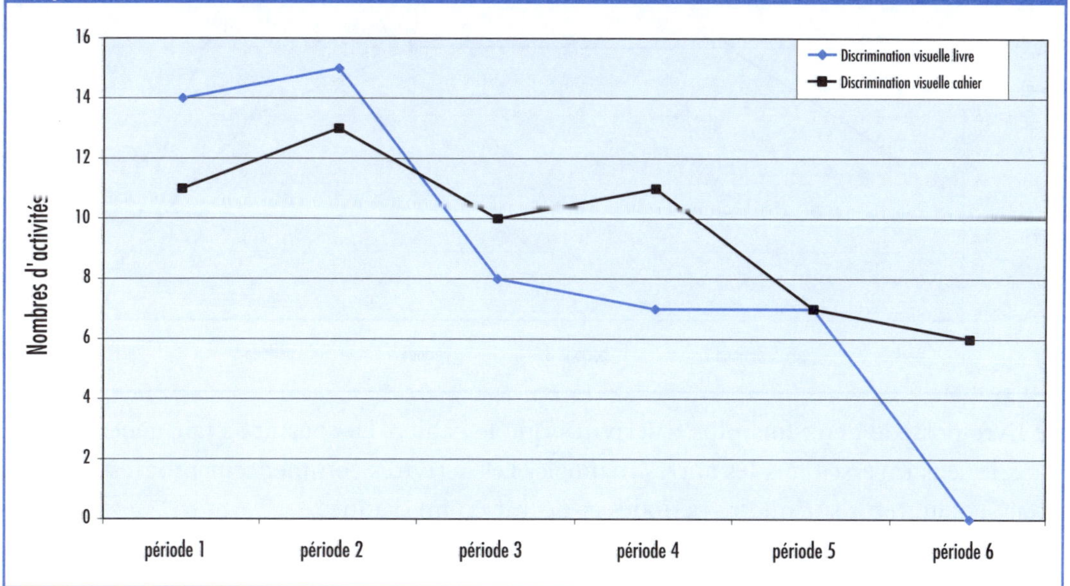

Bien présentes en début d'année, elles se maintiennent durant les périodes 3, 4, 5 et tendent à disparaître dans le 6e période (surtout dans le livre). Le livre et le cahier suivent le même profil toute l'année, avec un léger décalage au profit de l'un ou de l'autre.

Dans le livre, les deux activités proposées montrent des modèles d'écriture script-cursive, majuscule-minuscule, de lettres (item 2301) ou de phrases (item 2304) dont l'élève doit prendre connaissance. Ces activités sont très fortement présentes en début d'année.
Les activités du cahier proposent des exercices qui consistent à retrouver les éléments identiques. Ils s'intéressent aux phrases (items 2101 et 2102), aux mots (items 2111 et 2112) et enfin surtout aux lettres (items 2311 à 2324). Livre et cahier offrent des activités différentes et complémentaires qui placent l'élève à la fois dans la découverte et l'imprégnation.

3 Discrimination auditive : 12 % des activités sur l'année

Répartition sur l'année des activités de discrimination auditive

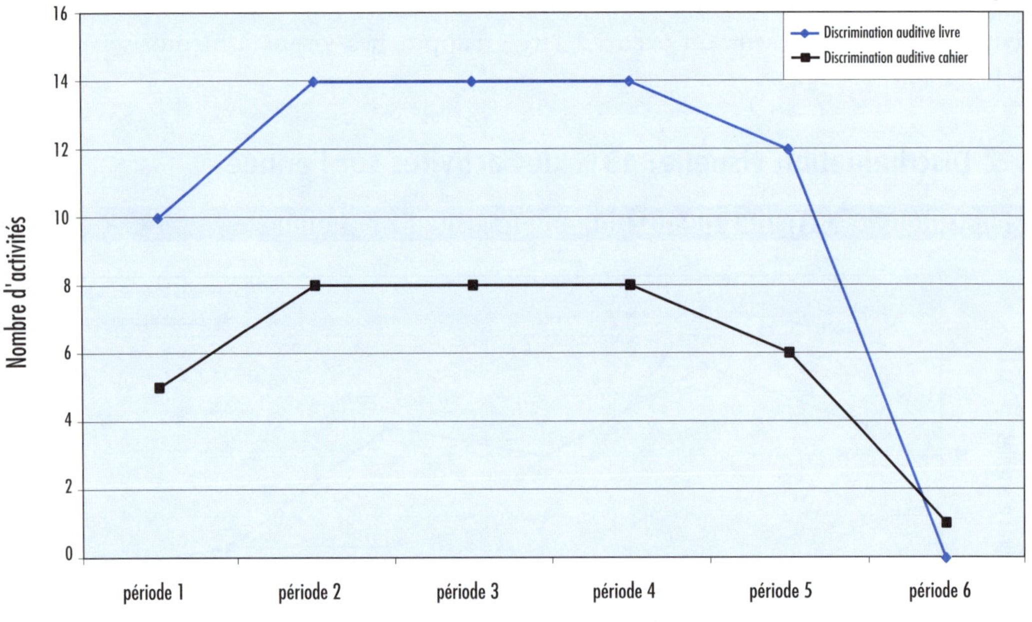

Le livre possède deux fois plus d'activités que le cahier. Le constat se fait généralement dans le sens inverse dans les autres manuels. Les activités commencent progressivement pour se maintenir sur quatre périodes et fléchir en fin d'année.
Dans le livre (64 activités), les deux activités proposées portent sur le phonème, dans les deux cas il s'agit de le repérer (items 3301, 3302). Ces activités disparaissent en fin d'année.
Dans le cahier (non illustré), l'activité la mieux représentée vient renforcer celle qui est déjà dans le livre (items 3301) il s'agit de repérer le phonème étudié. Quelques activités

de localisation du phonème dans le mot (item 3303) sont proposées. Les activités portant sur la segmentation du mot en syllabes sont presque inexistantes (items 3203 et 3204) et apparaissent ponctuellement en cours d'année.

Les apprentissages sont très fortement orientés vers le repérage des phonèmes. On pourrait diversifier les activités proposées pour une meilleure étude des éléments sonores de la langue.

4 Le principe alphabétique : 10 % des activités sur l'année

Répartition sur l'année des activités sur le principe alphabétique Grindelire

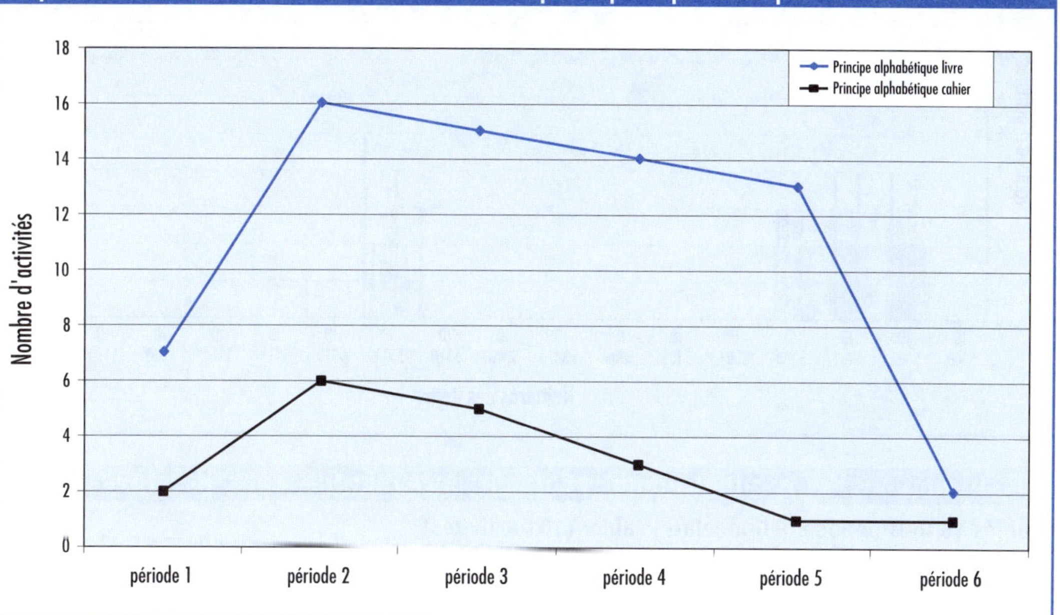

La répartition des activités est très inégalement distribuée entre le livre (67 activités) et le cahier (18 activités). Ce type d'activités est peu présent dans la première période. Le livre assume ensuite, pratiquement seul mais régulièrement, cet apprentissage.

Dans le livre, les 67 activités se répartissent sur deux items. L'un (item 4201, 30 occurrences) visualise la formation de syllabes avec une grande régularité et l'autre (l'item 4301, 37 occurrences) présente la relation phonème-graphème avec un support image de façon constante.

Dans le cahier, les activités sont beaucoup plus parsemées et nettement moindres, seul l'item 4205 se détache avec 9 occurrences. Il s'agit de compléter un mot illustré avec une syllabe.

Le cahier renforce peu les apprentissages abordés dans le livre.

5 Connaissance du code : 27 % des activités sur l'année

Grindelire propose énormément d'activités de ce type (136 dans le livre et 101 dans le cahier). Présentes dès le début de l'année, les activités se maintiennent jusqu'à la cinquième période.

Répartition des items retenus pour la connaissance du code dans le livre

sur les 18 sous-périodes - Grindelire - Livre (136 activités)

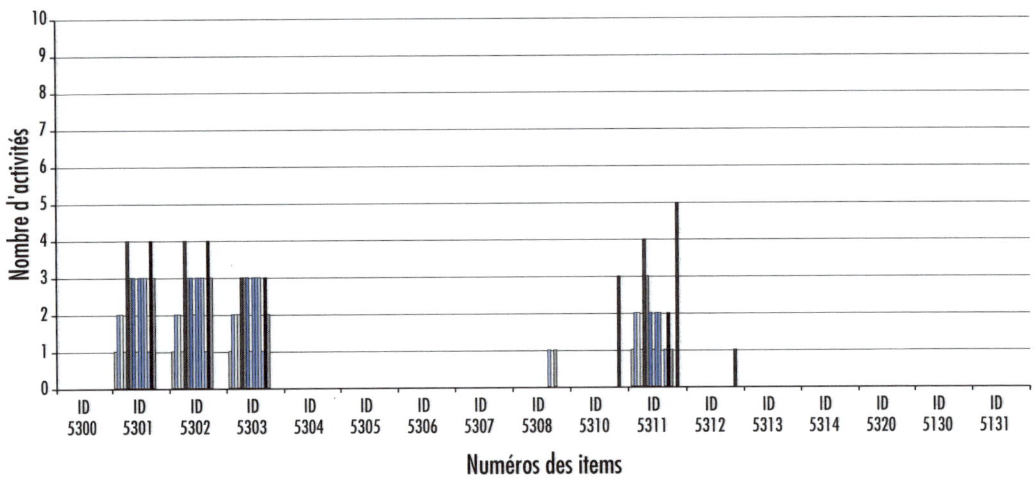

Répartition des items retenus pour la connaissance du code dans le cahier

sur les 18 sous-périodes - Grindelire - Cahier (101 activités)

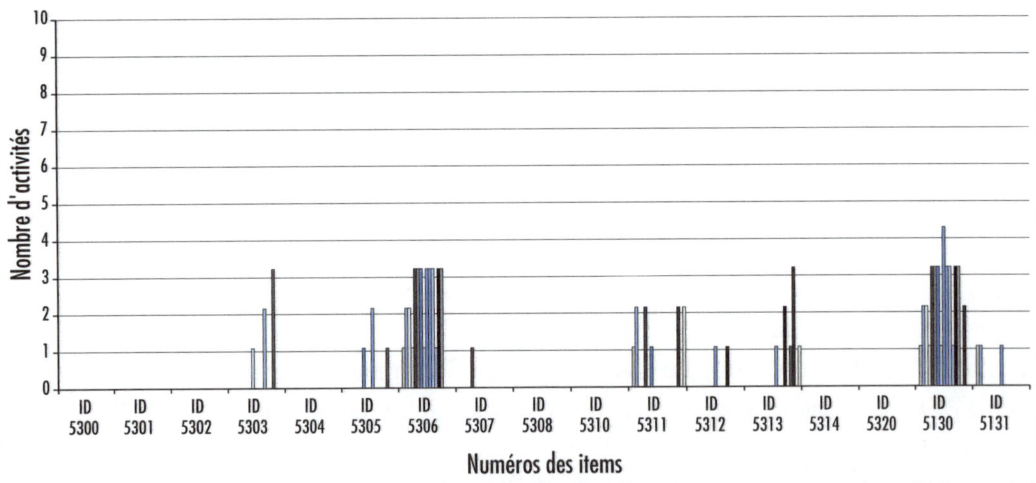

Les activités dans le livre sont de trois types. L'item 5301 (34 occurrences) montre la ou les différentes graphies d'un phonème. Les items 5302 (35 occurrences) et 5303 (32 occurrences) proposent la lecture de mots contenant la ou les graphies étudiées. L'item 5311 (29 occurrences) apparaît dès le début de l'année et présente des activités de lecture de mots contenant les irrégularités de notre système d'écriture.

Le cahier propose des activités différentes. Deux items se détachent : l'item 5306 (32 occurrences) il s'agit d'activités d'écriture de la ou des graphie(s) du phonème et 5130 (35 occurrences) de copie de mots contenant la ou les graphies étudiées.

Au regard des deux histogrammes, on constate une très grande complémentarité. L'élève est placé devant une grande variété d'approches.

6 Lecture combinatoire : 8 % des activités sur l'année

Répartition sur l'année des activités sur la lecture de mots combinatoire

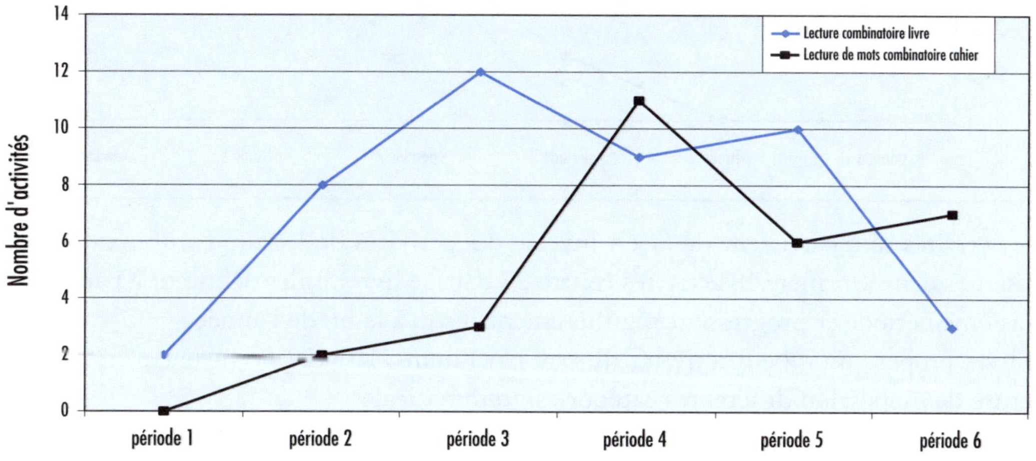

Ces activités, peu représentées dans ce manuel, sont plus marquées dans le livre (44 activités) que dans le cahier (29 activités). Très progressif, dans les trois premières périodes, le nombre d'activités se répartit plus confusément dans les trois suivantes. Il se dégage moins de cohérence dans la répartition de ces activités.

Dans le livre, deux items sont particulièrement traités : l'item 6201 (31 occurrences) lecture de mots avec l'aide de syllabes repères et l'item 6202 (19 occurrences) lecture de mots avec des repères de groupements consonantiques.

Dans le cahier on relève une grande dispersion d'activités. Elles viennent plutôt renforcer les activités de lecture.

Cet apprentissage est centré autour d'un seul type d'activités : la lecture de mots.

7 Fixation orthographique : 8 % des activités sur l'année

Répartition sur l'année des activités de fixation orthographique

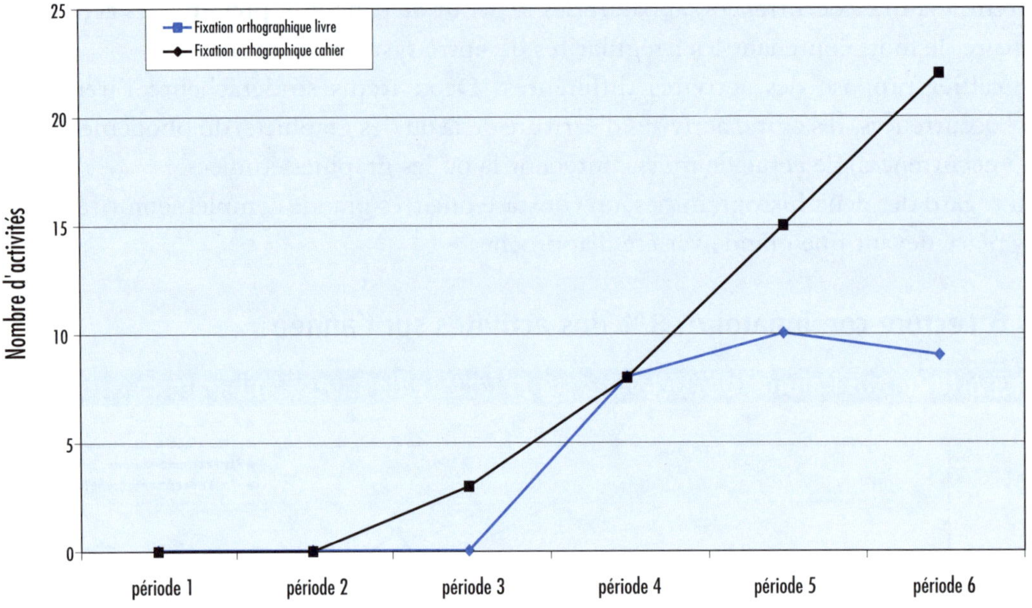

Ces activités se répartissent de façon inverse des activités de lecture combinatoire plus présentes dans le cahier (48 activités contre 27 dans le livre). Elles débutent à partir de la troisième période et progressent régulièrement jusqu'à la fin de l'année.

Le livre propose un type d'activités illustré par l'item 7103 (23 occurrences) il s'agit de lecture de mots selon différentes catégories grammaticales.

Le cahier diversifie ces activités mais avec beaucoup moins d'occurrences. Il propose des copies (items 7152 à 7156), des activités de closure (item 7182), et quelques activités de lecture de mots.

Grindelire propose des activités variées sur l'ensemble de ces deux supports.

➤ Compréhension

1 Étude longitudinale du nombre d'activités au cours de l'année

Les exercices du cahier renforcent systématiquement et fortement les activités engagées dans le livre. Celles-ci vont croissantes jusqu'en fin d'année. En fait, la quantité d'exercices n'augmente pas dans le temps, mais chacun se complexifie et introduit de plus en plus de consignes explicites ou implicites successives. Chaque exercice propose alors plusieurs activités de compréhension enchaînées, comme le font certains problèmes de mathématiques. On notera aussi que le travail sur la compréhension est important dès le début de l'année.

Répartition des activités de compréhension Grindelire sur l'année

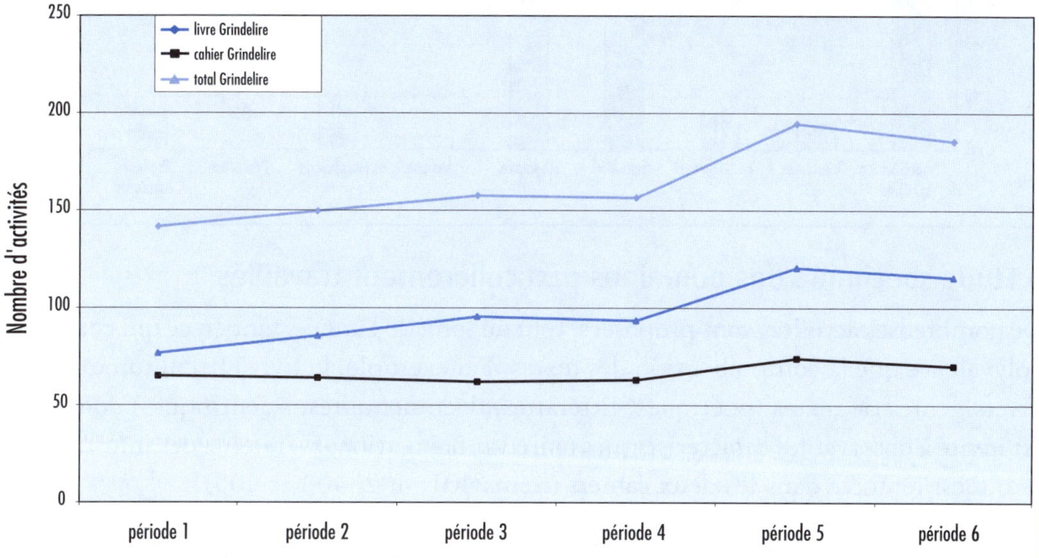

2 Étude de la répartition par type d'activités

L'accent est mis sur l'étude littérale et sur l'apport de l'analyse de la langue (syntaxe morphologie) à la compréhension des textes. Les questionnements sur des textes suivis l'emportent dans le livre et reposent sur le sens littéral et général de l'histoire, imposant parfois la relecture du début du texte, plusieurs fois en cours de lecture suivie. L'intertextualité et la production d'écrits sont présentes. Le travail sur les phrases est conduit essentiellement dans les cahiers, le reste est surtout observé dans le livre. L'étude du lexique, le travail sur les inférences et l'usage de la langue orale en lien avec l'écrit ont une présence anecdotique.

Comparaison des critères Grindelire livre et cahier

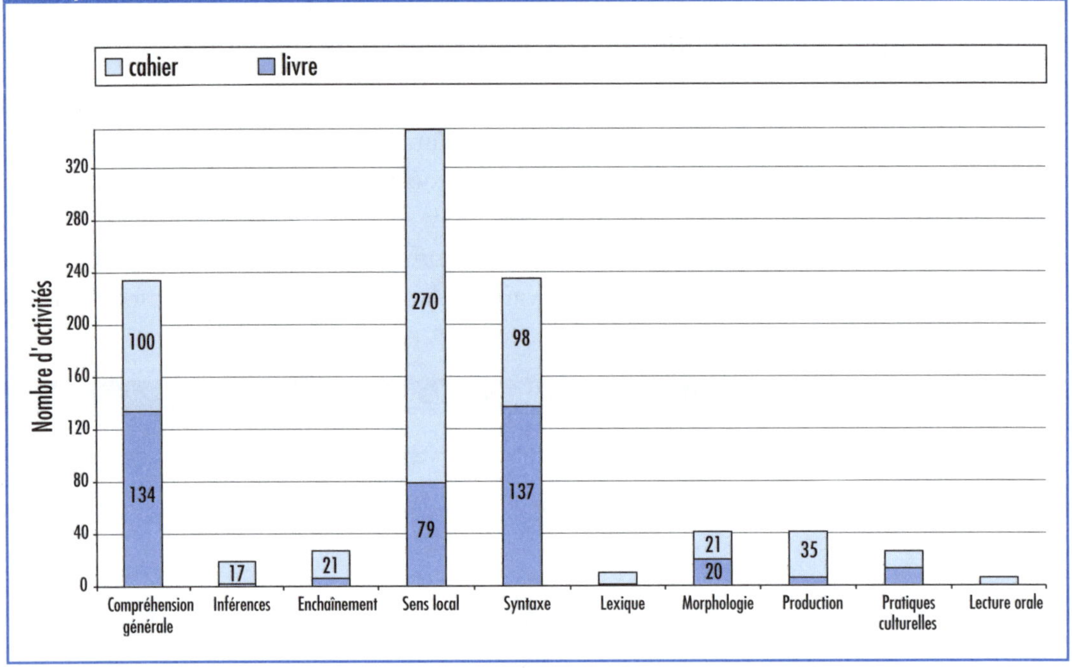

3 Étude spécifique des domaines particulièrement travaillés

De nombreuses activités sont proposées, tout au long de l'année, tant en ce qui concerne la polyvalence que la compréhension des textes. Par exemple, le livre (1 seul tome) propose divers genres de textes (poétiques, littéraires, documentaires, scientifiques) dont l'élève est invité à observer les caractéristiques (auteurs, navigation, hiérarchie des informations), ce qui est renforcé dans les deux cahiers (items 401, 402, 403 et 405).

Travail sur les caractéristiques des genres de textes dans le livre et les cahiers (item 401)/18 périodes

	1	**2**	**3**	**4**	**5**	**6**	**7**	**8**	**9**	**10**	**11**	**12**	**13**	**14**	**15**	**16**	**17**	**18**
Livre	0	0	0	**4**	0	0	0	**2**	0	1	0	**4**	0	1	**5**	0	1	**4**
Cahier	0	0	0	1	**2**	0	0	**8**	0	0	0	1	0	0	1	0	0	**2**

Cette approche est appuyée par une certaine forme d'intertextualité, avec quelques appels aux connaissances de l'élève ou une demande de jugement personnel, dans le livre (items 104, 106 et 304).

En ce qui concerne la compréhension générale, elle est sollicitée dans les cahiers par des activités liant souvent textes et images (à relier ou à compléter), et permettant un travail sur la trame de l'histoire, ou son résumé (items 102, 141, 143).

Le livre propose, parallèlement, de nombreux textes divers assez courts à lire d'une manière autonome (item 109).
Ces activités sont renforcées par une approche ponctuelle des inférences internes au texte (item 121) et une manipulation de la continuité (item 132) et de l'organisation des textes (par exemple, par une mise en ordre de paragraphes).
Ce travail varié est une caractéristique de cet ouvrage.

Le sens local et le sens littéral

Si la recherche d'informations précises dans les textes est une activité prépondérante pour le développement de l'apprentissage de la compréhension littérale (item 111), l'étude du sens local est explorée par de nombreuses activités très diverses : le livre permet d'étudier l'identification des personnages, l'analyse d'images, les énumérations et l'usage de la signification des mots.
Le cahier couvre plutôt la (re)construction ou le complément de phrases avec des mots proposés (items 202 et 204), une observation de la temporalité (item 207) et de nombreuses activités permettant l'enrichissement du vocabulaire (par champs sémantiques ou notionnels, par exemple). Il renforce, enfin, la reconnaissance des personnages de l'histoire (item 131).

Nous illustrons le profil de *Grindelire* par ce schéma. Il donne une idée de la multiplicité des activités proposées régulièrement, même si certains domaines sont moins abordés.

Détails des activités sur le sens littéral et local : cahiers Grindelire

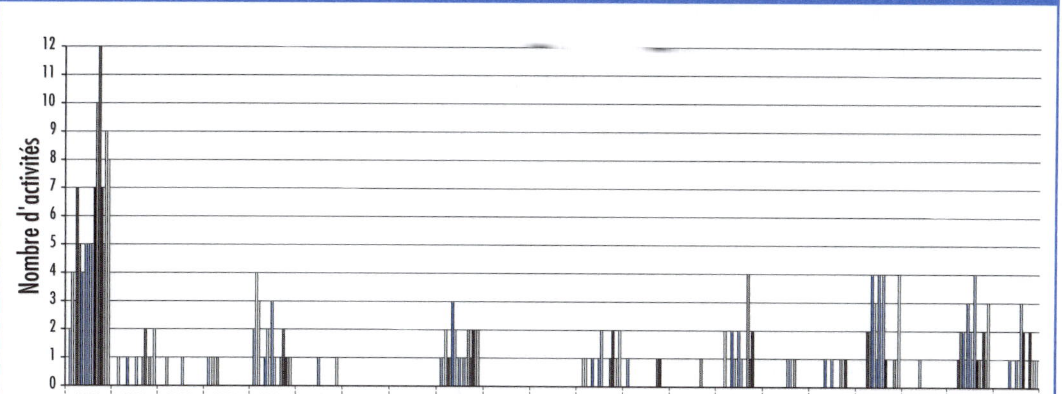

D'autres activités, que nous ne détaillons pas, explorent explicitement divers points de la langue écrite, de manière plus ponctuelle : l'approche linguistique est dense.

La grammaire et la syntaxe

Quantitativement équilibrée avec la compréhension générale des textes, l'étude syntaxique a pour autant un profil différent : elle s'appuie, cette fois, sur quelques priorités centrées, objets d'une forte redondance. Le manuel s'intéresse fortement à la phrase et à sa construction, notamment la place des mots et leur catégorisation (items 512, 522 et 532) : les élèves sont conduits à manipuler des mots, par exemple dans des exercices à trous, sous forme de choix, dans des positions implicites très marquées dans la phrase (adjectifs, noms communs, déterminants, positions relatives de groupes de mots – item 521, etc.). Le livre réclame la mémorisation régulière de mots, qu'il présente en les classant par catégories (les verbes sont conjugués, les noms communs sont précédés de leurs déterminants, etc.).
La sensibilisation syntaxique s'accompagne d'une étude plus pointue et quasi grammaticale de la morphologie des genres et des nombres, ainsi que de la flexion verbale.

On constate donc un véritable souci d'observation puis d'instrumentalisation de la langue écrite. On note enfin la diversité des exercices, très souvent différents dans leur présentation.

On se demandera s'il est opportun d'éclairer la langue avec une mosaïque d'activités aussi étendue, à la fois fonctionnaliste et structuraliste. L'enseignant peut, en effet, ne pas saisir exactement les priorités fondamentales sous-jacentes à transmettre et les objectifs poursuivis, tout en restant tout à fait dans le domaine de la langue et de son apprentissage.

La production de phrases

Elle est assez souvent sollicitée, en particulier dans le tome 2 du cahier. Elle se présente sous la forme de construction de phrases avec des mots ou groupes de mots constitués en catégories. La production de textes est beaucoup moins fréquente.

Conclusion sur Grindelire

L'identification des mots

En première analyse, cet ouvrage offre un équilibre dans la gestion des grands domaines d'activités. En effet, les ensembles qui permettent la découverte du principe alphabétique sont bien présentés avec un souci de cohérence. Toutefois largement développés dans le livre, ces apprentissages placent l'élève très souvent dans la découverte et n'offrent pas suffisamment d'exercices qui auraient pu renforcer les acquisitions. Des activités connaissance du code se répartissent dans les deux supports avec une réelle complétude et une grande diversité d'approches. En revanche, les activités de lecture combinatoire de mots sont sous-représentées et centrées sur un seul type d'activité : la lecture de mots. Par ailleurs, les activités de fixation orthographique, bien gérées dans le manuel, auraient pu être renforcées par des exercices d'écriture codage de la langue qui sont trop peu développés.

Grindelire, ouvrage récent, présente un équilibre dans les différents domaines d'apprentissages afin de développer chez l'élève apprenti lecteur une lecture autonome. Mais alors pourquoi consacrer autant d'activités en début d'année à l'acquisition de lecture de mots appris globalement ? Ces activités ne vont-elles pas parasiter les apprentissages à venir ? L'enseignant(e) dans son utilisation devra se montrer vigilant pour ne pas dévier ses élèves des acquisitions à réaliser et compléter les manques éventuels.

La compréhension

Grindelire est un manuel ambitieux et dense. Il cherche à ménager un travail sur des textes complets et suivis, un apprentissage de la compréhension et une étude déjà métalinguistique. Il donne la priorité à l'étude des textes (en en montrant les caractéristiques), et à la phrase (en manipulant de multiples façons sa structure et ses composants).

Sur les textes, l'élève est fréquemment invité à s'interroger empiriquement d'une manière plutôt fonctionnaliste et implicite.

Sur la structure de la langue, au contraire, les activités très diverses conduisent à une manipulation explicite, pointue et précise. Sur ce point, les priorités de maîtrise de la langue écrite sont fortement inscrites dans une progression qui rappelle un peu l'organisation grammaticale du cycle 3.

Malgré cette diversité, l'étude du lexique est absente (ce n'est pas si étonnant, l'accent est mis sur la mémorisation de mots et le vocabulaire), le travail sur les inférences est négligé et la production de textes reste très insuffisante, entre autres.

Il faut sans doute une certaine compétence littéraire et linguistique de la part de l'enseignant(e) pour pouvoir exploiter au mieux cet ouvrage, à la fois technique et hétérogène, et compléter de manière pertinente et efficace les manques qu'il manifeste.

De plus, la diversité des activités pourrait peut-être déstabiliser certains élèves fragiles dans les apprentissages et déjà en proie à des difficultés avec la langue.

Conclusion de l'étude spécifique des manuels de notre sélection

L'ONL rappelle régulièrement dans ses publications l'importance qu'il faut accorder conjointement à l'apprentissage du code de la langue écrite et son automatisation, et à l'apprentissage de la compréhension. On a compris que ces deux composantes fondamentales peuvent être développées en classe par des activités spécifiques, et observées distinctement dans les manuels, même si elles sont étroitement liées dans la pratique de la lecture, ce qu'il faudra montrer à l'élève.
Chaque enseignant doit donc s'interroger pour savoir si le manuel qui retient son attention développe ces deux grands objectifs et comment.

Nos travaux ont vraiment montré des profils spécifiques pour chaque manuel étudié, tant dans le domaine de l'identification des mots que pour la compréhension, induisant ainsi une orientation de l'apprentissage et une représentation particulière de la lecture. Il en est vraisemblablement de même pour les autres.

Utiliser un manuel est souhaitable, le connaître au mieux est une nécessité.

Nous avons constaté que les manuels, parce qu'ils se fixent sur des priorités diverses et restreintes, ne couvrent pas l'ensemble des activités pourtant essentielles aux apprentissages. Chaque manuel doit donc être complété, enrichi, prolongé par des activités construites et mises en œuvre par l'enseignant(e).
La place du professeur médiateur reste donc centrale et essentielle pour un choix éclairé et un usage pertinent et efficace du manuel de lecture de CP.

Livres et cahiers d'un manuel se complètent toujours, se partageant souvent la tâche de travail. Notre étude montre, dans tous les cas, qu'il est dangereux de ne pas les exploiter simultanément et de n'utiliser que l'un ou l'autre, voire, ce qui est pire, de mélanger l'utilisation du livre d'une collection et le cahier d'une autre. Il faut ainsi éviter les pratiques "mosaïques" qui consistent à piocher des activités dans les divers manuels, à les photocopier en "montages", en croyant extraire ce qu'il y aurait de meilleur dans chacun. Par contre, on pourra s'appuyer sur un manuel et le compléter là où il manifeste des manques.

Il apparaît que les différents manuels requièrent, de la part des enseignants qui les utiliseront, des niveaux divers de compétences sur la langue et une expérience plus ou

moins développée du cours préparatoire et de l'apprentissage de la lecture.
Pour mieux homogénéiser l'accès et la maîtrise de la langue écrite par les élèves, il semble qu'il serait nécessaire que les enseignants de cycle 2 de chaque école aient une réflexion collective sur le choix et l'usage des manuels de lecture, puis de français. Notre étude donne, dans cette optique, quelques clés qui seront un support pour cette réflexion commune de cycle.
Il faudrait de même favoriser un lien cycle 2 / cycle 3, afin de permettre une véritable continuité de l'apprentissage de la langue écrite. Dans les écoles de plusieurs classes par niveau, on comprend, en effet, la difficulté de certains professeurs de cycle 3 qui reçoivent des élèves ayant des représentations et des performances déjà diverses de l'écrit, acquises par leur fréquentation de différents manuels et méthodes dans les CP.

Notre analyse des manuels de lecture montre que ces ouvrages proposent un travail important et riche, à travers de nombreuses activités. Elle montre aussi que chaque manuel porte la marque de la sensibilité de ses auteurs. Il importe donc de compléter la publication par l'ajout d'activités qui lui manquent. Se priver d'un manuel de lecture, c'est se priver de propositions variées, d'activités progressives et constructives toutes dirigées vers le même but : apprendre à lire.

D Analyse comparée de cinq manuels de lecture

Prendre le temps de comparer des manuels de lecture de Cours Préparatoire peut s'avérer précieux.
Cela permet, bien entendu, de repérer ce qui les rapproche (et qui peut passer pour des incontournables, notamment au niveau des contenus et des modes pédagogiques d'apprentissage à engager) et ce qui les distingue (et qui peut passer pour le positionnement théorique et spécifique des ouvrages et des éditeurs). Chaque enseignant doit alors faire ses choix, d'une manière plus ou moins subjective.

Comparer, c'est aussi focaliser sur l'objet manuel avec une méthodologie qu'on s'assigne et avec des objectifs précis. On découvre alors des dimensions et des réalités difficilement perceptibles de prime abord et pourtant significatives. Cela devrait être une démarche régulièrement engagée dans les équipes d'enseignants, par exemple en réunion de cycle 2, ou les réunions pédagogiques de circonscription.

Nous avons choisi de comparer tout d'abord l'organisation didactique des cinq manuels–tests dans leurs progressions d'apprentissage, par rapport aux fréquences et régularités de la langue orale et écrite. Nous avons ensuite étudié les textes supports à l'apprentissage dans les livres de l'élève, en particulier leur difficulté lexicale et syntaxique, ainsi que l'autonomie de décodage qu'ils offrent. Enfin, nous nous sommes intéressés au profil didactique des activités et donc à l'orientation des pratiques qu'il induit.

In fine, nous essayons, par cette démarche, de montrer que ces publications ne se ressemblent pas, même lorsque leur présentation pourrait laisser croire le contraire. Un vrai choix raisonné et convaincu de l'un ou de l'autre de ces supports de l'apprentissage en classe s'en trouve d'autant moins superflu.

Les progressions dans les manuels de lecture : pour un principe de cohérence

En collaboration avec Jean-Marc Muroni, *Linguiste, Professeur des écoles, maître formateur*

Tout manuel doit reposer sur des progressions cohérentes (puisqu'il propose un apprentissage dans le temps), c'est-à-dire fondées sur les faits de langue, écrite et orale. Nous nous intéressons ici plus particulièrement aux progressions d'un point de vue linguistique. Chaque publication explique, dans le guide de l'enseignant(e), comment elle a voulu organiser cette progression et sur quels critères. On se demandera, sur ce point et en dépit de qualités pédagogiques indéniables, ce qu'il en est exactement.
Nous avons choisi d'étudier la cohérence des ouvrages sur trois points.

1 Les fréquences visuelles (les lettres les plus fréquentes)

Le matériau de base nouveau avec lequel l'apprenti lecteur doit se familiariser est l'ensemble des lettres du français (les *graphèmes* ou *grammes*). Certaines ont beaucoup de chances d'apparaître (e, s, a, t, i, r,...) d'autres beaucoup moins (â, k, w, ë,...).
De la même manière, les groupes de lettres (on peut dire, les *polygrammes*) ont des fréquences variables. Lorsqu'un enfant de CP découvre une ligne et demie de texte (une centaine de caractères), il rencontrera de façon quasi certaine les graphies « en », « ai », « ou », « on ». Mais il lui faudra parcourir environ 400 lignes (plus de 25 000 caractères !) pour trouver « ey », environ 1000 lignes (69 000 caractères !) pour « cy », et 79 000 caractères pour « eim » ! On peut se demander s'il est bien utile de donner à apprendre initialement des graphies rarissimes qui pourraient être apprises l'année suivante dans la continuité du cycle des apprentissages fondamentaux. Il s'agit là d'un fait de langue qu'aucun manuel de CP ne devrait ignorer. Certains d'ailleurs évoquent cette réalité lorsqu'ils écrivent « *Étant donné la forte fréquence de ce graphème...* », mais ils n'exploitent pas forcément cette logique jusqu'au bout.
Sous peine de risquer de se mettre “à côté de la langue écrite”, la progression graphophonologique d'un manuel de lecture actuel devrait tenir compte des fréquences statistiques des *grammes* et *polygrammes*. Bien entendu “en tenir compte” signifie “être attentif au phénomène, mais sans excès” et l'on convient qu'une progression commençant par « e », souvent inaudible, et « s », souvent en position de marque morphologique, serait assez farfelue. Toutefois, et sérieusement, certaines publications, tentent de s'y intéresser, parfois de manière maladroite, c'est-à-dire sans une vraie rigueur.

Voici, sous forme de graphiques, une étude succincte des progressions visuelles des manuels (les 15 premières graphies étudiées dans l'année[1]), comparée à une progression de référence des 15 graphies les plus présentes dans la langue (réalisée à partir d'un corpus de littérature de jeunesse[2] réuni par l'ONL). Les enseignants pourront les interpréter en fonction de leur point d'intérêt ou du manuel qu'ils utilisent.

Nota : exemple de lecture des graphiques.

En abscisses sont indiquées les graphies nouvelles telles qu'elles apparaissent chronologiquement lors des leçons. En ordonnées, le pourcentage des fréquences rappelle celui du corpus de référence[3]. On peut ainsi comparer les diverses progressions par rapport au corpus de référence des livres de jeunesse.

Fréquence de référence

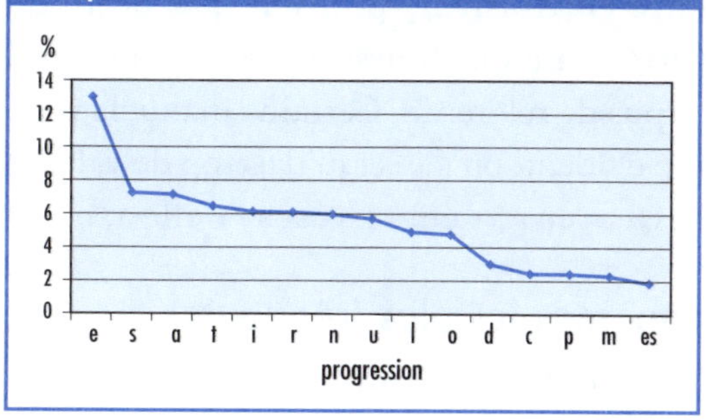

Lecture en fête

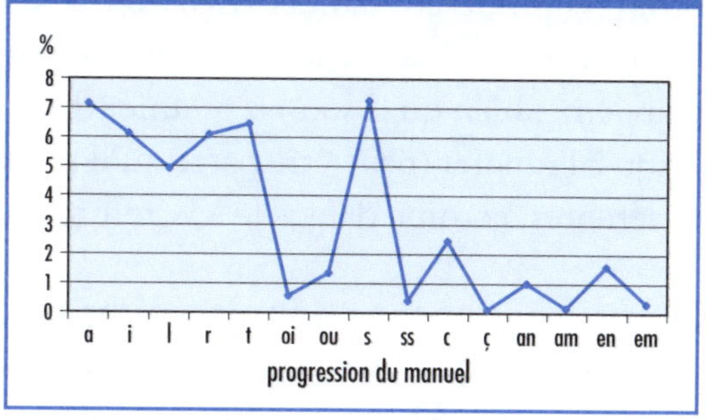

Ratus et ses amis

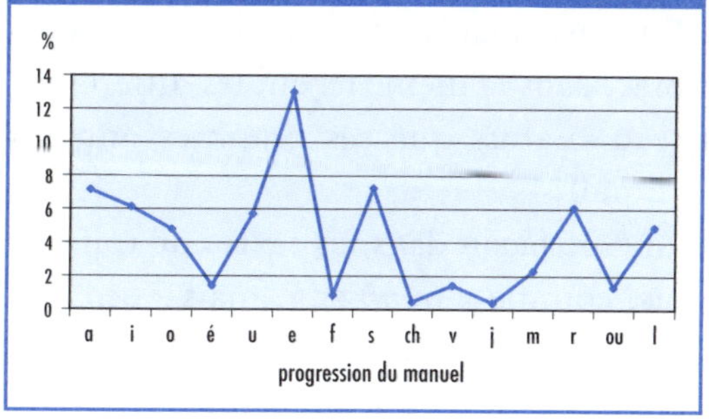

Lire au CP

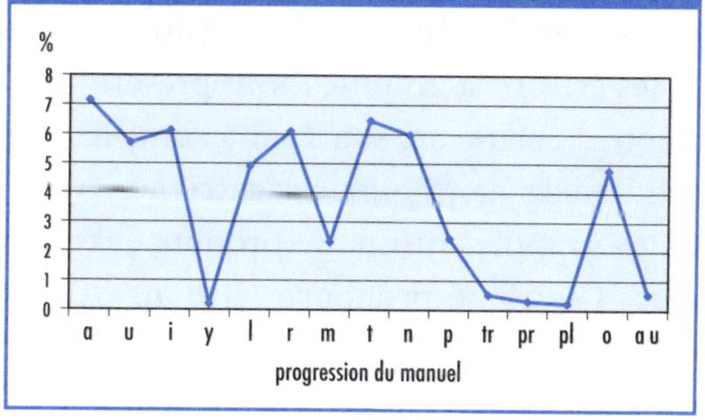

1 Il est apparu que l'étude des 15 premières graphies (donc les 15 premières leçons environ) est une période déjà suffisamment représentative de la tendance générale de l'ouvrage.

2 Il s'agit d'un corpus de plus de 500 000 mots et 2 800 000 caractères (espaces compris), composé d'ouvrages de littérature à destination des jeunes (narrations, textes informatifs divers, albums, etc.), récemment publiés chez divers éditeurs. Un document plus complet sur cette étude est en cours d'élaboration à l'ONL et sera disponible sur le site Internet.

3 Ce pourcentage est calculé en divisant le nombre d'occurrences de chaque graphie (simple ou complexe) par le nombre total de caractères ou groupe de caractères du corpus ; par exemple, le programme de traitement du texte distingue /t/ et /r/ de /tr/, etc.

Gafi

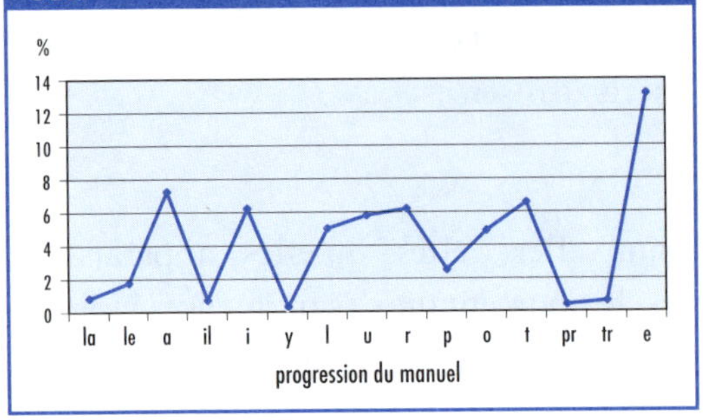

Grindelire

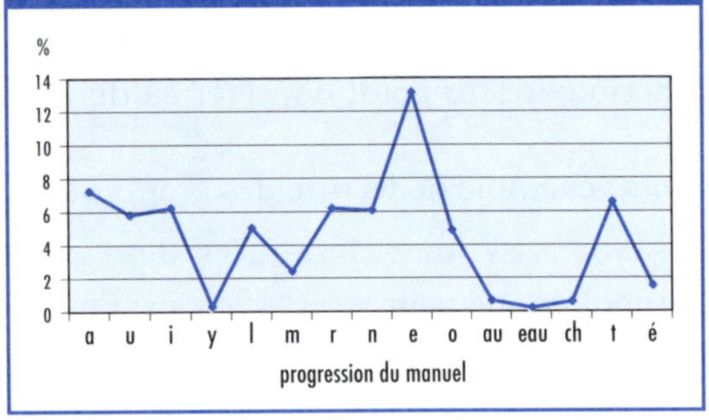

Pour *Grindelire*, par exemple, on constate que « a » est étudié en premier dans la progression de ce manuel, mais on le rencontre en troisième position, par ordre de fréquence, dans le corpus écrit de référence (littérature de jeunesse). « e » apparaît en neuvième, bien qu'il soit en premier dans le corpus de référence. Certains manuels vont jusqu'à l'ignorer (peut-être parce qu'il paraît trop évident, ou parce qu'il a trop de valeurs différentes, comme dans « le », « femme », « des », « en », « eur », « est », « elle », etc.).

2 Les fréquences phonologiques (les phonèmes les plus fréquents)

La transcription de l'oral à l'écrit n'est pas toujours régulière. Cela relève de l'orthographe. Mais un manuel de CP doit veiller à ne pas tomber dans le piège de la dictée, qui appartient davantage au CE1, et privilégier la simplicité des graphies, pour aller du plus simple au plus complexe. En conséquence, mieux vaut-il éviter :

– les "tiroirs à graphies" qui présentent d'emblée, dans la même leçon, les différentes façon d'écrire un son (par exemple « o, au, eau ») alors que ces graphies ont des différences de fréquences extrêmes (voir graphique) ;

– les graphies qui ne se prononcent pas de la même façon dans les textes de tous les jours (« an » se prononce /ã/ dans 90 % des cas, comme « m*an*ger », mais « am » se prononce /ã/ dans 20 % des cas seulement ; « en » se prononce /ã/ dans 75 % des cas, comme « d*en*t », mais "em" se prononce /ã/ dans 30 % des cas seulement).

Graphies à tiroir

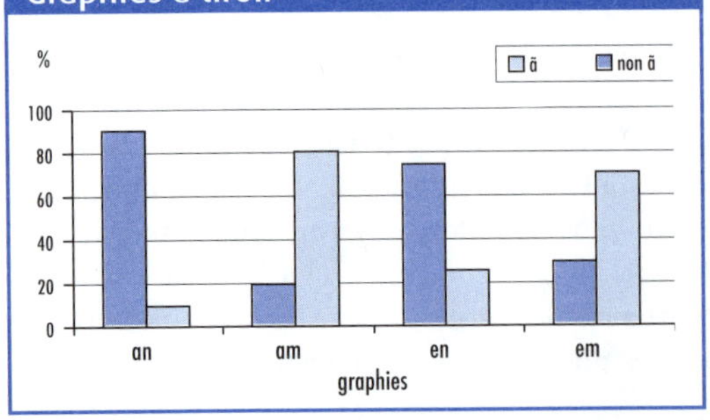

Tiroir pour / o /

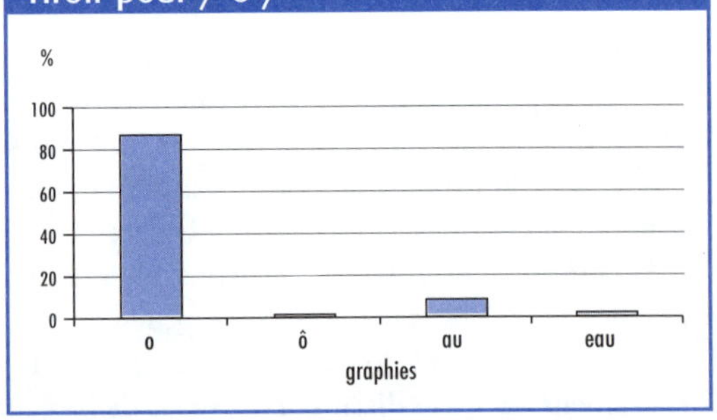

D'une certaine façon, on peut penser que les manuels qui ne prennent pas ces précautions risquent de mettre certains élèves en difficulté, alors que ce n'est pas nécessaire.

Les progressions des phonèmes doivent également refléter les faits de la langue orale, et les manuels devraient proposer une progression qui présente de façon décroissante les sons les plus fréquents de la langue. Voici, pour nos 5 manuels, ce qu'il en est :

(Nota : le schwa, ou e caduc, est représenté par *.)

Fréquence orale de référence

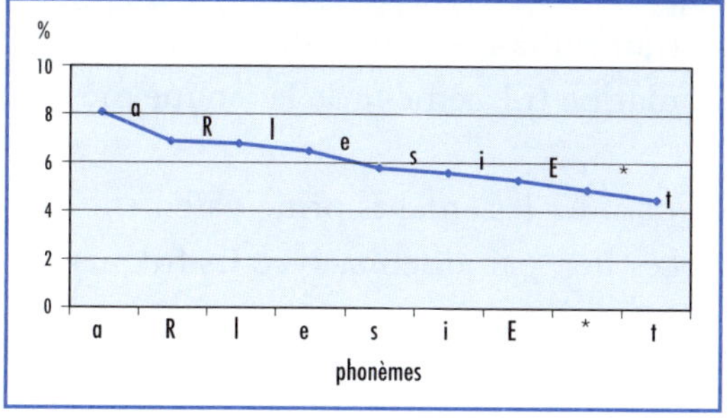

Progression Lecture en fête

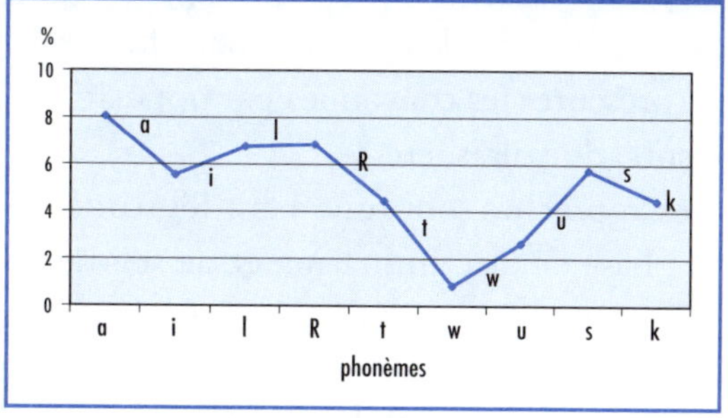

Progression orale de Gafi

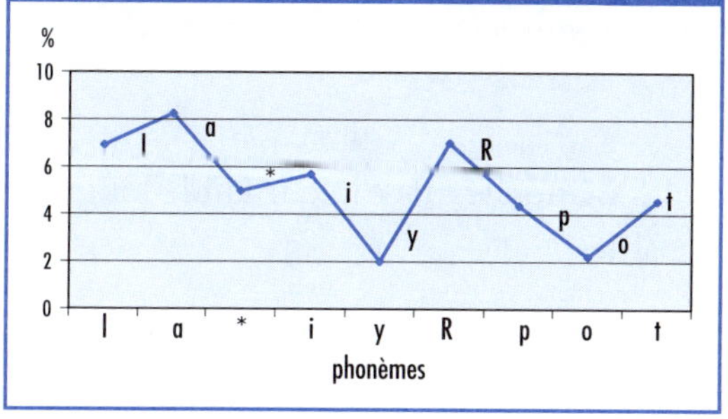

Progression Grindelire

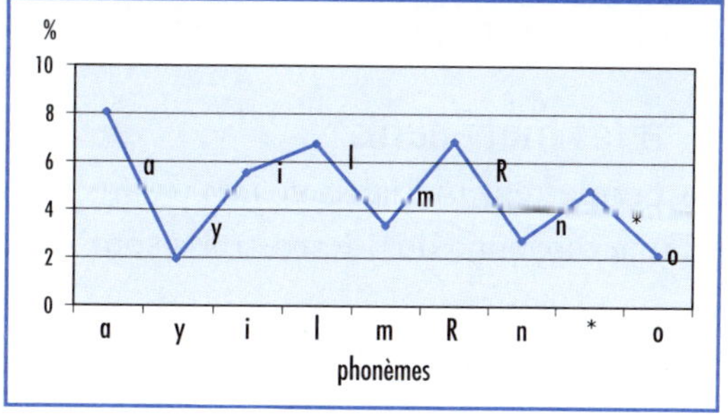

Progression Ratus et ses amis

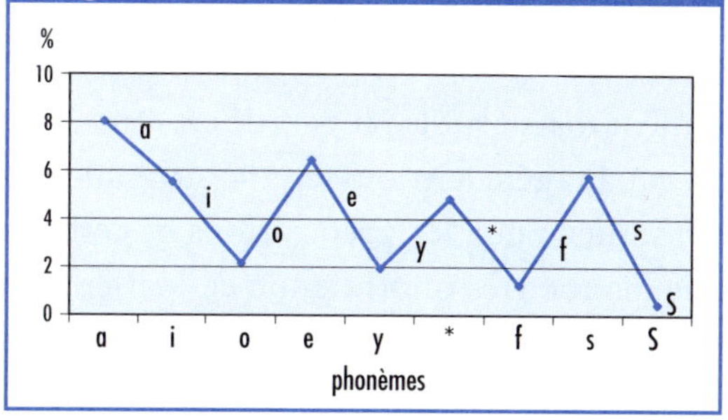

Progression orale de Lire au CP

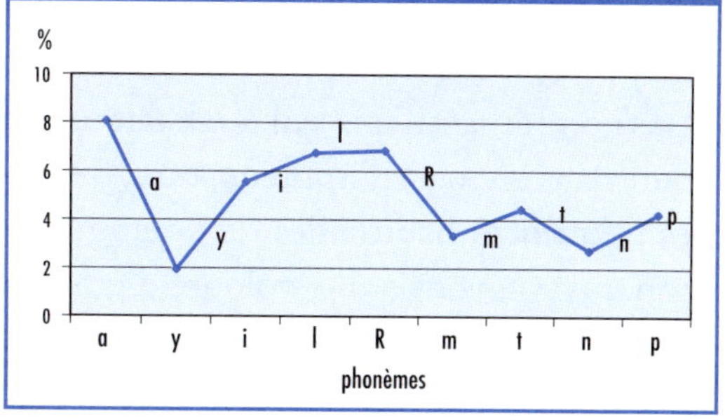

Nous n'avons noté ici que les 9 premiers phonèmes étudiés dans les manuels. C'est, en fait, bien suffisant pour montrer la nette irrégularité des progressions par rapport à la fréquence du français oral.

L'irrégularité par rapport aux fréquences avérées de la langue se justifie souvent par un autre choix pédagogique, d'ailleurs phonologique :

– présenter des consonnes qui "tiennent", comme /f/, /R/, /s/ etc. que l'on peut "prononcer" longuement « rrrrrr », « ssssss », etc., de façon à permettre aux élèves de s'entraîner à les "dire" et à les reconnaître (même s'il faut bien admettre qu'une consonne ne peut en fait s'entendre que si elle est vocalisée, par exemple ici « sssss » s'entend parce qu'on met du [e] dans le [s]) ;
– présenter les consonnes par opposition : par exemple les consonnes sonores ou sourdes, comme /t/-/d/, /k/-/g/, etc., pour faire sentir un trait saillant qui les différencie ;
– présenter les consonnes par opposition d'articulation (placement de la langue près des dents, du palais, etc.).

Ces approches sont tout à fait légitimes et doivent aider les enfants principalement dans la phase de discrimination et de segmentation. Les lier, par ailleurs, avec les fréquences, serait un croisement d'autant plus judicieux.

3 Les fréquences lexicales

La suite attendue des deux premiers points se situe au niveau de l'étude de la fréquence des mots. Mais quels mots ? Ceux que nous avons retenus sont de deux types.

a les mots-outils

Ils permettent un repérage facile dans les textes des manuels, grâce à leur faible longueur (d'une moyenne de 3 lettres). Ils sont incontournables.

Du point de vue des mots-outils du français, les textes des manuels s'alignent le plus souvent sur la fréquence de la langue, ce qui n'est pas pour étonner. Quels que soient les textes, la logique de la langue apparaît, notamment dans sa construction syntaxique, ce qui implique l'usage des indicateurs de fonction principaux (prépositions, conjonctions) et des déterminants les plus habituels.

Dans notre échantillon, seul *Ratus* fait un renforcement massif sur la plupart de ces mots, sans doute dans un souci d'imprégnation, peut-être un peu exagéré. Cet ouvrage se situe au-delà des fréquences habituelles de la langue, en particulier pour les prépositions et certains pronoms ; on voit là une volonté d'employer une langue très quotidienne et "parlée". La plupart des autres ouvrages se situent près des moyennes ce qui montre un emploi plus proche de la langue écrite standard.

Comparatif des mots-outils avec fréquences lexicales de référence

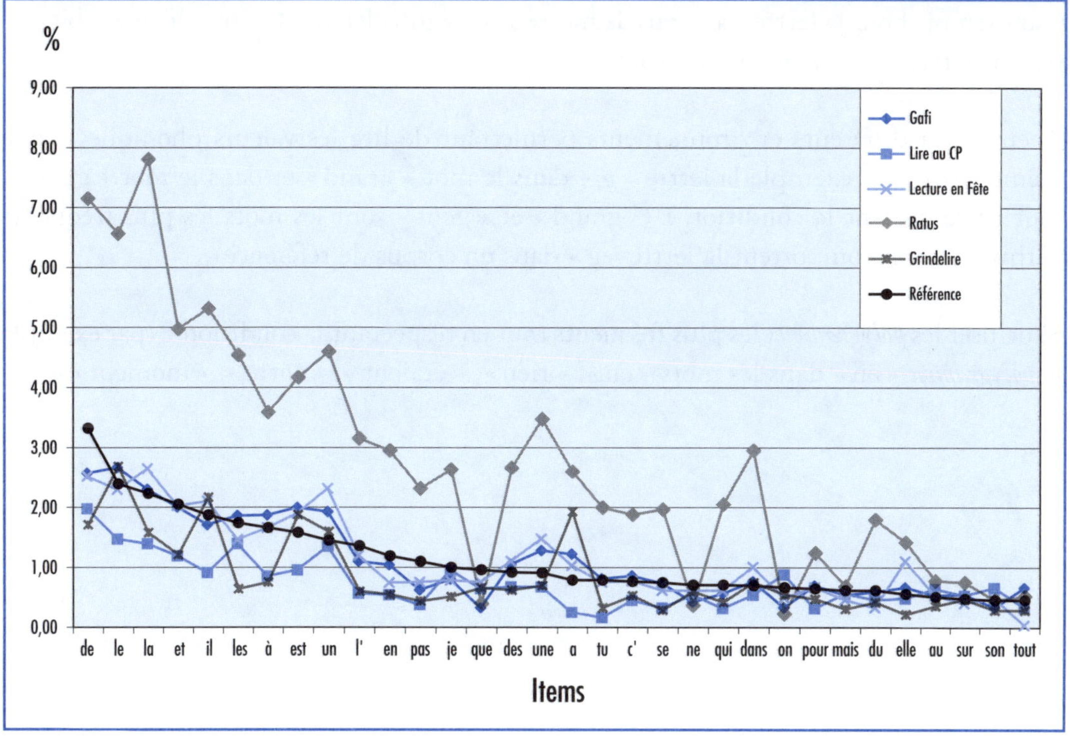

Le chevauchement des courbes montre ici que les manuels se sont presque tous alignés sur les fréquences du français écrit.

b le vocable*

La combinatoire, qui permet d'assurer un apprentissage évolutif, reste une priorité (le sens est le but, non le moyen de la lecture). Pour cette raison, le vocable pourrait représenter le mieux possible le système phonologique du français. Nous avons établi ce vocable ; il se compose de 141 items (dont les mots-outils) selon la méthodologie suivante :

À partir d'un corpus de 7 102 659 mots puisés dans l'ensemble de la littérature et de la presse écrite (35 089 925 caractères, 17 290 pages), nous avons extrait tous les mots différents (le vocabulaire de base) dont le nombre s'élève à 102 698 (le profil de cette extraction s'avère voisin du corpus de littérature à destination de la jeunesse de 500 000 mots que nous avons établi par ailleurs).

*(Tous les mots différents d'un texte, y compris les dérivées et flexions d'une même racine, par exemple : *est / était / fut /…*)

1) utiliser toutes les lettres de l'alphabet en prenant pour chacune le mot le plus fréquent (par exemple pour la lettre « a », on a le mot « la », pour la lettre « b » on a le mot « bien », pour la lettre « v » on a le mot « vous », etc.);

2) employer différents environnements permettant de lire les valeurs phoniques d'une même lettre (par exemple la lettre « g » dans le mot « grand » et dans le mot « gens »), tout en respectant la condition 1 (« grand » et « gens » sont les mots les plus fréquents parmi ceux qui comportent la lettre « g » dans un corpus de référence);

3) utiliser les *polygrammes* les plus fréquents tout en respectant la condition 2 (par exemple le *polygramme* « en » dans les mots « en », « rien », « étaient », « entre », « moment »).

Tableau des 141 mots[4]
Lettres de l'alphabet avec environnement proche, et polygrammes

la	bien	ce	avec	comme
de	de	faire	grand	gens
visage	regard	chez	chose	Christophe
il	je	kilomètre	la	comme
me	ne	comme	encore	chose
pour	pas	que	quand	pour
rien	se	était	une	vous
avec	votre	wagon	dix [s]	expression [ks]
deux	dix-huit [z]	exemple [gz]	y [i]	yeux [j]
pays [i]	voyait [j]	chez	avez	assez
nez	quinze [z]	était	travail	ailes
aime	faim	main	capitaine	jamais
chambre	dans	manière	au	autre
pays	ayant	Jean	Jeanne	beaucoup
peine	soleil	Reims	plein	femme
temps	premier	encore	rien	étaient
étaient	entre	moment	vers	premier
les	es (tu es)	toutes	presque	besoin
(il) est	reste	et puis	cette	petit
effet	deux	leur	feuille	exemple
expression	asseyez-vous	jockey	chez	signe
bien	étaient	conscience	sienne	il
fille	aime	sentiment	simple	vraiment
immobile	point	enfin	cœur	sœur
vœu	moi	point	point	moines
comme	comment	son	personne	vous
brouillard	voyait	phrase	que	conversation
question	un	une	jeune	jaune
appuyé				

Ce mini-dictionnaire de base de vocables de la langue peut servir de point de départ pour un travail sur les graphies du français avec les élèves. Il ne peut, en aucun cas, suffire, malgré sa fréquence importante dans la langue écrite à laquelle l'enfant est soumis.

4 Ces mots ont par ailleurs permis de constituer un test de quinze phrases, avec une absence d'amorce sémantique, afin de réaliser un inventaire des erreurs de lecture d'élèves en CP, pour une analyse de la notion de déchiffrage.

Les déictiques

Au-delà de l'étude très technique de l'apprentissage phono-graphique du codage de la langue, les textes proposés par les manuels de lecture doivent rester proches du discours naturel et des relations logiques qui le construisent, notamment l'organisation séquentielle chronologique et spatiale (avec les marques qui les manifestent : mais, ainsi, donc, là, au-dessus…). Le manuel doit rester vivant et proche de l'enfant. Les déictiques, ces mots propres aux situations de communication (là, ici, aujourd'hui, maintenant…), peuvent être considérés comme des révélateurs d'un texte vivant.

Comparatif pour les déictiques

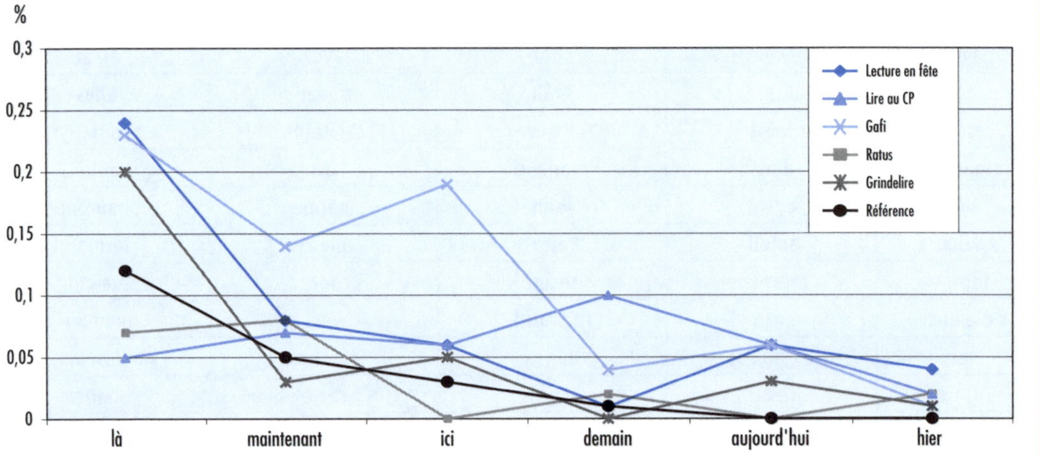

La lisibilité

En fin d'année, les textes à lire doivent avoir, pour être accessibles, un degré de lisibilité [5] "assez facile" (selon la formule de Flesch, qui prend en compte la moyenne de mots par phrase, et la moyenne de syllabes par mot, on a : 0-30 très difficile, comme chez Proust, 30-50 difficile, 50-60 assez difficile, 60-70 standard, 70-80 assez facile, 80-90 facile, 90-100 très facile, comme une bande dessinée).

5 D'après J.-F. Rouet, « la lisibilité est ce qui confère à un texte la capacité à être lu et compris. Elle peut se définir de deux manières complémentaires : en référence à la perception du texte (lisibilité "de surface") ou en référence à sa compréhension (lisibilité "profonde"). Un texte est lisible s'il peut être déchiffré facilement : les caractères sont suffisamment grands, bien formés, et d'une couleur contrastée. Mais la lisibilité désigne aussi la possibilité pour le lecteur de comprendre ce qui est lu. Les paramètres susceptibles d'influencer la lisibilité sont alors beaucoup plus nombreux et difficiles à quantifier : familiarité du vocabulaire, complexité syntaxique des phrases, présence d'organisateurs, structure rhétorique claire et cohérente, mise en forme matérielle (Cf. Beaudet, 2001 ; Labasse, 1999) ».

Le corpus de littérature de jeunesse a un degré de 48,10 (difficile/assez difficile). Par comparaison, en prenant le dernier texte de chaque manuel (hormis les textes d'auteurs), on a ceci : *Grindelire* 43,41 (difficile), *Lire au CP* 49,16 (difficile/assez difficile), *Gafi* 56,78 (assez difficile), *Ratus* 57,10 (assez difficile), *Lecture en fête* 63,11 (standard).
Quant à l'intelligibilité (la compréhension), bien qu'elle s'instaure dès la maternelle, elle ne devient la priorité qu'à partir du CE1, lorsque l'enfant est (quasi) débarrassé des efforts du déchiffrage. On découvre donc que les manuels présentent souvent des textes très (trop ?) ambitieux en fin d'année de cours préparatoire. Peut-être faudrait-il qu'ils proposent une alternative aux enfants moins avancés, avec des textes plus lisibles, qui pourraient côtoyer des textes plus denses et difficiles.

Note : nous n'avons pas travaillé ici sur la question de la lisibilité de surface : le choix des polices de caractère, l'interlignage, la justification aux marges, les titrages et inter-titrages, les éléments de navigation, voire même le choix des mots en fonction de leur nombre de lettres et de leur empattement. Ce sont des choix éditoriaux stricts, quasi graphiques et techniques ; même si l'on peut raisonnablement penser que cela a un impact sur la lecture et son apprentissage, ce n'est pas dans le champ de notre investigation.

Conclusion

Ce bref comparatif sur l'intérêt à porter aux fréquences dans la langue, lors de l'apprentissage, ne cherche pas à être exhaustif, on le voit. Il a pour but de présenter certains indicateurs de cohérence sur les progressions des manuels de lecture et montre qu'en général chaque manuel étudié a mis en pratique, tout au plus, et plus ou moins fidèlement, un ou deux faits de langue qui serviront de support à l'apprentissage de la lecture. Parfois, la volonté de bien faire amène les auteurs à organiser le manuel avec des progressions très scolaires, mais de niveau CE1, inadaptées pour un enfant en deuxième année de cycle 2.

Autant l'utilisation du manuel en classe doit rester pédagogique et dépendante des élèves, autant la conception de l'outil doit s'appuyer sur des principes rigoureux : le principe de cohérence est fondamental si l'on cherche à utiliser un manuel-support à la fois proche de la pratique de la langue et des réalités de la langue écrite. L'enseignant devra donc y être vigilant.

La difficulté des textes et leur richesse

Nous avons choisi d'étudier la complexité des textes auxquels les enfants sont soumis dans leur usage quotidien du manuel de lecture. Pour ce faire, nous avons observé l'ensemble des textes servant de support de lecture ou de prétexte à l'étude de la langue dans le(s) livre(s) de l'élève.

Nous disposons de deux types d'informations.
D'une part, une analyse quantitative des corpus[6] : le nombre de mots au total, le nombre de mots différents, le nombre de vocables et le nombre d'hapax (mots n'apparaissant qu'une seule fois). La comparaison de ces données avec les corpus de référence de textes écrits de littérature pour les jeunes (un peu plus de 500 000 mots au total, mais un corpus traité plus restreint à 400 000, dans cette partie) et d'écrits pour adultes (plus de 7 millions de mots) permet d'établir le profil comparatif de ce qui est donné à lire dans les manuels.
D'autre part, nous avons analysé chaque texte (en respectant la chronologie du livre partagé en six périodes) et quantifié les catégories de mots et les typologies de phrases les plus représentatives de leur complexité. Cela permet d'établir le portrait robot et les progressions de la difficulté relative des textes proposés à la "lecture découverte" ou "accompagnée" des élèves, lors de la leçon.

Nous avons pu tirer quelques remarques intéressantes de cette étude des textes. Il est vrai qu'un tel travail est long et fastidieux et ne peut que très difficilement être réalisé par l'enseignant dans sa pratique courante de la classe.

	Lecture en fête	Ratus	Lire au CP	Gafi	Grindelire	Littérature de jeunesse
Nombre total de mots	9422	3403	8711	10281	5344	391257
Nombre de vocables	1911	727	1565	1699	1216	25994
Nombre d'hapax	1213	423	923	1005	806	12894
Pourcentage d'hapax	12,87	12,43	10,60	9,78	15,08	3,30
Hapax par rapport au corpus de référence	X 3,91	X 3,76	X 3,21	X 2,96	X 4,56	égal
Pourcentage de vocables	20,28	21,36	17,97	16,53	22,75	6,64
Vocables par rapport au corpus de référence	X 3,05	X 3,22	X 2,70	X 2,49	X 3,43	égal

6 Traitement effectué par Jean-Marc Muroni, que nous remercions ici.

Il est beaucoup plus difficile qu'il n'y paraît de choisir des termes et de les définir très précisément, afin de permettre un traitement automatisé. Par commodité ici, nous admettrons que :
Le *vocabulaire* est le nombre total de mots (un mot qui apparaît une fois au singulier et une fois au pluriel correspond à deux mots de vocabulaire).
Les *vocables* sont les mots différents (un mot qui apparaît cent fois de façon identique correspond donc à un seul vocable).
Les *hapax* sont les mots n'apparaissant qu'une seule fois dans l'ouvrage, néanmoins on ne distingue pas les mots fréquents de la langue mis ici en situation d'hapax, des mots par ailleurs peu fréquents. Cela dit, lorsqu'un ouvrage contient environ 12 % d'hapax, il est rare que ce soit des mots fréquents de la langue.
Il reste impossible de différencier, à l'heure actuelle, les sens différents d'un vocable ("droit" civique ou "droit" comme un i), et le décompte informatique ne retiendra qu'un mot. Heureusement, pour les manuels de lecture, il n'y a guère d'ambiguïtés, et les homographes sont rares.

Il apparaît très nettement que chaque manuel triple environ le pourcentage de son vocable et ses hapax par rapport au corpus de littérature de jeunesse.
Bien sûr, l'objectif et les fonctions de la littérature, ensemble de textes divers, sont éloignés des impératifs d'apprentissage des textes des manuels. On a en tête les travaux de chercheurs qui ont montré, plus particulièrement pour les manuels de collèges, que le nombre de mots nouveaux qui apparaît sur une année est d'environ 7 500, dont les élèves retiennent environ le tiers, soit près de 42 mots nouveaux par jour, toutes matières confondues ; c'est énorme !
Bien sûr, on a à l'esprit les nouveaux programmes qui rappellent que l'acquisition lexicale vient de la lecture. Il semble que les manuels de lecture du CP suivent, toutes proportions gardées, le même schéma : l'ouvrage participe grandement à l'extension du vocabulaire de l'enfant. Il en fait même un objectif assigné, allant très au-delà de ce que la langue écrite fait dans sa littérature.

La multiplication des vocables tendrait à montrer que les manuels veulent également apprendre à parler ou à employer un registre proche de la parole, peut-être par proximité. Souci par ailleurs discutable, s'il devient trop systématique tout au long de l'année.

La richesse des hapax se traduit par la multiplication de mots présentés une seule fois dans des textes dont la richesse devient peut-être plus un handicap qu'une utilité réelle. Ces mots représentent 12 % de l'ensemble des mots rencontrés dans les manuels et sont le plus souvent des mots peu fréquents de la langue. Il ne s'agit pas d'appauvrir les textes, mais on garde en mémoire qu'un texte contenant plus de 2 % de mots inconnus engage des difficultés de compréhension, particulièrement en cours d'apprentissage. Or, un moment de lecture ne peut pas, pour des enfants jeunes, devenir une véritable course au trésor lexical, ni une multiplication d'interrogations auprès de l'enseignant(e). De plus, on sait que l'imprégnation des mots nouveaux se fait par la récurrence de leur rencontre lors des lectures. Un hapax a donc toute chance d'être une surcharge, sans garantir, loin s'en faut, l'enrichissement du vocabulaire "thématique" de l'élève. Enfin, la multiplication des hapax est-elle bien nécessaire pour la découverte de nouvelles graphies et de nouveaux phonèmes ? N'est-elle pas en définitive un obstacle supplémentaire à la lisibilité ? A vouloir trop bien faire, on en fait parfois un peu trop. Si la facilité est un gage de réussite et de confiance pour l'élève, l'abondance de mots différents (et qui n'apparaissent qu'une seule fois) ne peut que multiplier les difficultés de lecture, en contexte d'apprentissage, sauf à en faire une activité ponctuelle et volontaire de questionnement métalinguistique du sens.

Recensement de certaines catégories lexicales et structures grammaticales

Nous n'avons pas choisi d'analyser les textes en observant toutes les structures de mots et de phrases qui les composent mais de noter quelques éléments caractéristiques entrant particulièrement dans l'exercice de la compréhension. Le tableau rassemble quelques données qui éclairent la richesse des textes : certaines catégories de mots (noms communs / propres, adverbes, pronoms, etc.) et leur structure morphologique (verbes à forme simple ou complexe), et certaines structures des phrases (simples, complexes).

Nombre de formes attestées dans les manuels, en pourcentages relatifs[7]

(en gras le plus important et le plus faible)

	Lecture en fête	Ratus	Lire au CP	Gafi	Grindelire
Nombre de mots	9422	**3403**	8711	**10281**	5344
Pronoms personnels compléments	**2.66**	1.10	2.00	**1.00**	1.44
Adverbes	**10.00**	**5.00**	8.10	5.20	4.70
Expansions du nom	**7.30**	6.40	4.80	**3.90**	5.50
Verbes forme simple	82.40	**71.70**	84.80	80.50	**85 .50**
Verbes forme complexe/ nombre de verbes	17.60	**28.30**	15.20	19.50	**14.50**
Verbes forme complexe/ nombre de mots	2.55	**4.00**	1.95	1.78	**1.12**
Phrases simples ou simples multiples	78.50	**77.50**	**84.90**	78.50	80.00
Phrases complexes/nombre de phrases	21.50	**22.50**	**15.10**	21.50	20.00
Phrases complexes / nombre de mots	2.29	**2.30**	1.80	1.52	**1.44**

7 Nous remercions Aoda Baali, professeur des écoles, pour son aide précieuse à l'analyse systématique des textes.

Le tableau présente la proportion, en pourcentage, de formes qui apparaissent dans les textes des manuels. Les types de mots ou de formes verbales sont comparés par rapport au nombre total de mots ou de verbes conjugués. Les types de phrase sont comparés au nombre total de phrases ou de mots[8].

Une analyse rapide permet de proposer quelques remarques sur les textes des manuels.

1) Le corpus le plus étendu est celui de *Gafi*, le plus court celui de *Ratus* : les enfants lisant la totalité du premier rencontreront trois fois plus de texte que dans le second. La quantité de texte rencontrée dans l'année est un facteur important, mais on restera vigilant : cela ne tient pas compte des autres supports complémentaires des publications (dans notre exemple, *Ratus* possède également une collection de petits livres et albums de lecture associés). Il faut donc s'assurer des supports dont on dispose : le livre de l'élève et son cahier seulement, ou bien des albums ou "bibliothèque" complémentaire, etc.

2) *Lecture en fête* propose la proportion la plus grande de déterminatifs (mots qui complètent les noms et les verbes) et de pronoms anaphoriques compléments (J'ai un livre. Je *le* donne à Jean. *le* est un pronom complément qui renvoie à l'antécédent de référence *livre*). Cette "richesse", outre la multiplication des substituts des noms, est aussi un facteur de complexité des textes. De ce point de vue, c'est l'ouvrage le plus difficile à lire. *Ratus* et *Gafi* étant les plus simples mais aussi les moins riches en informations et en modalisations.

Ratus est l'ouvrage qui propose le plus de formes fléchies complexes des verbes (formes composées), tant par rapport à l'ensemble des verbes conjugués que par rapport au nombre de mots dans les textes. De ce point de vue, *Grindelire* est celui qui présente le moins de ces formes. La complexité des conjugaisons, support de la construction temporelle et chronologique du texte, est aussi un facteur de difficulté de compréhension.

Ratus, proportionnellement au nombre de phrases et de mots de ses textes, impose la plus forte fréquence de lecture de phrases complexes. *Lire au CP* en propose le moins par rapport à son nombre de textes et *Grindelire* très peu aussi par rapport à son nombre de mots. Le degré de complexité des phrases, c'est à dire la difficulté syntaxique, est un facteur intervenant particulièrement dans la lisibilité des textes.

8 On peut consulter l'exellente base de données lexicale sur le lexique adressé à l'enfant dans les manuels scolaires de lecture *Manulex*, réalisée par Bernard Lété, INRP : *www.lpl.univ-aix.fr/lpl/ressources/manuelex*

La question restant de savoir s'il vaut mieux simplifier les phrases pour permettre une entrée facilitée dans la compréhension, ou de soumettre d'emblée le futur lecteur à la réalité complexe de la langue écrite.
En d'autres termes, un corpus de textes (comme celui de *Ratus*) peut être court, la complexité de lecture due aux déterminations des noms et des verbes peut être faible, mais la difficulté peut venir de la complexité syntaxique. Pour d'autres (comme *Lecture en fête*), c'est presque l'inverse : beaucoup de textes, une vraie richesse de représentation et de description par la langue, avec beaucoup d'expansions des noms et des verbes, mais moins de difficultés dans les structures verbales et phrastiques (par exemple, les phrases complexes peuvent être moins nombreuses et plus courtes). Certains ouvrages font le choix d'une certaine simplicité textuelle (comme *Grindelire*). Les textes comportent peu d'expansions des noms et verbes, peu de formes verbales ou de phrases complexes, même si les phrases sont souvent plus longues. Les textes sont donc plus accessibles de ce point de vue. *Gafi* semble, également, l'ouvrage qui propose les textes les moins difficiles. La structure des phrases est la plus simple et les compléments des noms et des verbes sont les moins fréquents. L'enfant lecteur est donc confronté à un texte plus épuré de ce point de vue. Une étude comme celle-là montre en fait que la langue est abordée différemment selon les manuels. Chacun montrera donc, à l'enfant qui apprend, une réalité de langue écrite particulière qu'il s'agit de confronter à d'autres par le recours à des albums et textes issus d'autres publications.

Autre conclusion de cette étude, les manuels n'ont pas tous la même progression par rapport à la complexité des textes au cours des six périodes de l'année[9]. Ainsi, certains textes deviennent-ils de plus en plus complexes, tandis que d'autres ont des progressions plus chaotiques. Dans le premier cas, on constate que les auteurs ont véritablement été attentifs à la complexité croissante des textes, particulièrement à la structure syntaxique. Dans le second cas, on constate que c'est la thématique des textes et le contenu sémantique qui ont primé, bien plus que l'organisation de ces textes. Ce sont là deux philosophies distinctes.
Bien entendu, il nous semble qu'elles pourraient être conjointement travaillées et qu'une légitime progression sémantique ne devrait pas faire pour autant l'économie d'une attention à la progression de la complexité de la lecture. Cela accompagnerait d'autant mieux l'apprentissage nécessaire de la compréhension et la familiarisation avec le texte écrit.

9 On consultera sur ce point le site internet de l'ONL, où l'on trouvera la question développée et exemplifiée.

Quand les textes deviennent-ils déchiffrables ?

L'autonomie de lecture de l'élève de CP

Sur une page à lire, l'enfant rencontre des mots déchiffrables et d'autres qui ne le sont pas. Nous avons cherché à savoir quel pourcentage de mots rencontrés étaient déchiffrables par l'enfant seul, de façon à connaître son degré d'autonomie de lecture en présence d'un texte, d'une phrase ou d'un mot.

Mot déchiffrable

C'est un mot dont le lecteur connaît tous les graphèmes simples ou complexes qui le composent au moment où il le rencontre.

Nous avons pris en compte toutes les notions traitées dans le manuel en respectant l'ordre dans lequel elles sont présentées. Nous n'avons pas supposé que certaines notions aient pu être abordées sans indication dans le manuel (par exemple « h » ou « e » final) car il nous est impossible de savoir si cela a été le cas ou non.

Bien entendu, en terme de connaissances, et dans une étude plus globale, ainsi que le rappelle Laurence Rieben, Professeure en psychologie et en sciences de l'éducation à l'Université de Genève, on ne doit pas faire l'économie des diverses rencontres et sensibilisations qui enrichissent, par ailleurs, quotidiennement l'apprentissage de chaque élève, dans son expérience individuelle ou de classe, mais nous ne pouvons pas ici en faire l'extrapolation.

Pourcentage de mots déchiffrables dans une page

Nous avons retenu un pourcentage égal ou supérieur à 51 % en précisant trois niveaux possibles :

De 51 à 70 %, de 71 à 90 %, de 91 à 100 % de mots déchiffrables sur une même page.

Le seuil de 51 % de mots déchiffrables peut paraître généreux aux yeux de certains. En effet, comment arriver à comprendre correctement une page de texte si seulement 51 % des mots sont réellement déchiffrables dans cette page ?

En choisissant ce pourcentage, nous avons voulu tenir compte du fait que l'élève a des capacités d'autonomie de lecture accrues grâce à :

– tous les mots non déchiffrables déjà rencontrés à plusieurs reprises dans les pages précédentes ou sur la page concernée ;

– tous les mots ayant fait l'objet d'un travail de mémorisation en classe comme les mots "outils" ;

– tous les mots dont le sens est connu de l'enfant, mots contenant des syllabes déchiffrables ce qui permet à l'élève grâce au contexte de les comprendre même s'ils ne sont pas entièrement déchiffrables.

Pourcentage de pages déchiffrables dans une sous-période

Il nous a semblé indispensable de compter le pourcentage de pages déchiffrables dans chaque sous-période de façon à pouvoir comparer ces sous-périodes entre elles puis les manuels entre eux.

Nombre de sous-périodes choisies

Notre étude a porté sur les neuf premières sous-périodes aussi bien pour le livre que pour le cahier. Cela représente en général le contenu de la moitié du manuel, livre et cahier. Après neuf sous-périodes le pourcentage de mots déchiffrables augmente considérablement dépassant largement les 51 %. En effet, tant de phonèmes et de graphèmes ont alors été travaillés que même s'il n'y a pas volonté claire de la part des auteurs du manuel de faire lire des textes déchiffrables, ils le deviennent.

Analyse des histogrammes

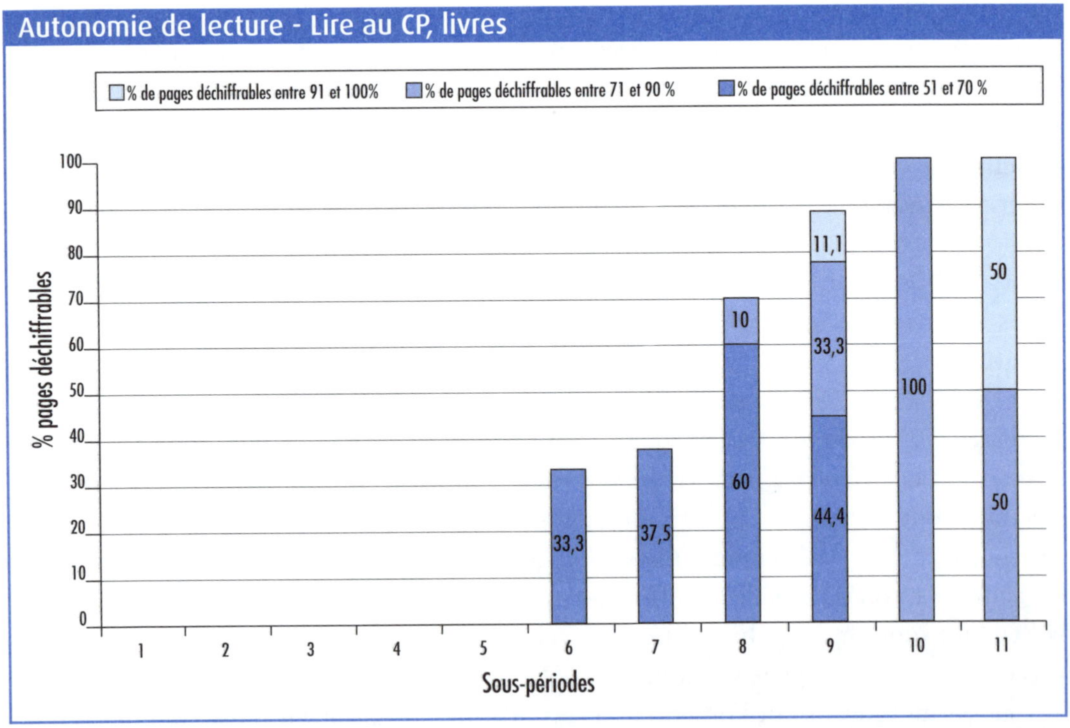

Nous avons obtenu ce type d'histogramme pour chaque livre et chaque cahier des manuels retenus dans notre analyse. Celui-ci présente onze sous-périodes pour faciliter la compréhension des données.

Il montre combien de sous-périodes se sont écoulées sans atteindre le seuil de 50 %

de mots déchiffrables. Ici, il s'agit de cinq sous-périodes complètes, dans d'autres cas cela peut aller jusqu'à six. En général, il s'agit de deux ou trois sous-périodes, exceptionnellement d'une seule.

Lorsque le taux de 50 % est atteint, il faut encore souvent attendre plusieurs sous-périodes supplémentaires pour atteindre un taux de 71 à 90 % de mots déchiffrables. Il faut donc pour certains manuels attendre 9 sous-périodes pour obtenir 71 % de mots déchiffrables comme nous le montre l'histogramme. Cette représentation graphique montre une progression régulière dans le pourcentage de mots déchiffrables. Ce n'est pas toujours le cas. Il y a même des manuels où des sous-périodes avec un pourcentage de mots déchiffrables relativement important sont suivies de sous-périodes où ce nombre diminue considérablement.

Autonomie de lecture de l'élève de CP

Tableau de pourcentages de pages déchiffrables dans les différents manuels

Nombre de pages déchiffrables	Lecture en fête livre	Lecture en fête cahier	Ratus livre	Ratus cahier	Lire au CP livre	Lire au CP cahier	Gafi livre	Gafi cahier	Grindelire livre	Grindelire cahier
SP1 de 51 à 70 %										
SP1 de 71 à 90 %										
SP1 de 91 à 100 %										
SP2 1de 51 à 70 %							10			11,1
SP2 de 71 à 90 %										
SP2 de 91 à 100 %										
SP3 de 51 à 70 %							12,5			
SP3 de 71 à 90 %										
SP3 de 91 à 100 %								11,1		
SP4 de 51 à 70 %			33			12,5	36,3			
SP4 de 71 à 90 %										
SP4 de 91 à 100 %				25				22,2		
SP5 de 51 à 70 %			37,5	50		12,5	44,4	10		
SP5 de 71 à 90 %				16,6				10		
SP5 de 91 à 100 %				33 3				40		
SP6 de 51 à 70 %			37,5	25	33,2	20	33,3	18,1		16,6
SP6 de 71 à 90 %			37,5	37,5				9,1		
SP6 de 91 à 100 %		12,5		37,5				27,2		
SP7 de 51 à 70 %	10		33,3	75	37,5	28,5	50		11	
SP7 de 71 à 90 %			66,6					10		
SP7 de 91 à 100 %		12,5		25			30	40		
SP8 de 51 à 70 %	11,1		62,5	62,5	60	62,5	30			
SP8 de 71 à 90 %			37,5					37,5		
SP8 de 91 à 100 %				37,5	10	16,6	40	63,3		
SP9 de 51 à 70 %	22,2		12,5	100	44,4	66,5	10		10	66 ,4
SP9 de 71 à 90 %			75		33,3		50	63,3		
SP9 de 91 à 100 %			12,5		11,2	16,6	10	36,3	30	

Le tableau montre que d'un manuel à l'autre, il apparaît une très grande variation de pourcentage de pages déchiffrables, le moment où le seuil de 50 % est atteint changeant beaucoup.
La plupart des livres présente au moins trois sous-périodes avant d'atteindre le taux de 51 % de mots déchiffrables, ce qui représente plusieurs semaines de lecture avec un taux de déchiffrage inférieur à 50 %. Un minimum de 16 à 20 pages (et dans certains manuels, beaucoup plus) est ainsi non déchiffrable. La comparaison des différents histogrammes et des données chiffrées nous permet de dire que certains manuels ont le souci de donner plus de mots déchiffrables dans le cahier d'exercices que dans le livre.

Bien entendu, des objectifs pédagogiquement valables peuvent justifier de choisir la présentation de pages de texte plus ou moins déchiffrables lors de l'apprentissage.
Lorsque peu de mots sont déchiffrables, le travail s'organise autour d'une démarche hypothétique de recherche et de tâtonnement sur les mots et leur composition. C'est un travail en forte collaboration avec l'enseignant médiateur. Lorsque les textes comportent de plus en plus de mots déchiffrables, c'est un travail plus autonome qui est engagé. Ces attitudes d'apprentissage sont chacune pertinentes et pourraient d'ailleurs être mises en œuvre de manière complémentaire dans les livres et cahiers de lecture.

Conclusion

Faut-il voir dans ce nombre important de pages non déchiffrables une impossibilité à faire autrement ou une volonté délibérée de se dégager de la contrainte du déchiffrable ?
Certains manuels privilégient le travail de compréhension en faisant des propositions riches dans ce domaine sans tenir compte des possibilités de déchiffrage des élèves. Se posent alors trois questions fondamentales :
– quelles stratégies les enfants mettent-ils en place en début d'année pour lire ?
– ces stratégies peuvent-elles facilement évoluer chez le jeune enfant, au cours de l'année ?
– quelle compréhension des textes, des phrases ou des mots peut-il y avoir sans autonomie de lecture ?

Une comparaison des résultats de cette étude avec ceux expliquant le choix des progressions dans le domaine de la découverte des phonèmes et ceux traitant du travail du code et de la combinatoire s'impose. Cela permet de mieux percevoir les décalages qui peuvent naître entre le travail accompli et les possibilités de déchiffrage réellement développées.

Comparaison DICURE des 5 manuels

Sans entrer dans l'observation de la diversité pédagogique susceptible d'être exploitée à travers les différents manuels, nous avons choisi d'explorer les tendances didactiques induites par le choix des activités. Nous espérons ainsi éclairer une autre dimension des manuels et aider les enseignants à mieux établir leur positionnement, leur action de médiation lors de la leçon. En effet, le type d'approche choisi par l'enseignant de CP induit la représentation de l'apprentissage de la lecture que l'enfant intégrera et donc l'orientation qu'il donnera à son appropriation et son emploi de l'écrit.

La diversité des possibles dans un manuel peut être rassemblée de manière cohérente et complémentaire en trois grandes catégories d'activités.

DICURE

Découverte – Imprégnation – Consolidation – Usage – Révision – Evaluation

L'apprentissage initial

Certaines activités sont construites pour favoriser l'appropriation de nouvelles notions sous la forme d'une *découverte*. Celle-ci peut se traduire par une sensibilisation implicite ou organisée qui sera complétée ultérieurement, un repérage guidé ou informel, une identification de formes ou de procédures clairement formalisées.
D'autres activités, par la suite, les prolongent en les reprenant, suivant le même schéma. Une *imprégnation* est alors réalisée, à travers des exercices ou des activités toujours répétés sur le même modèle.

Ces activités d'apprentissage initial, plutôt fréquentes dans les manuels, alternent néanmoins différemment selon les ouvrages. Les actions de découverte peuvent se faire par tâtonnement ou par démonstration, en groupe classe ou par manipulation individuelle, dans le livre de l'élève ou dans son cahier d'application. Elles présentent à la fois le degré de dynamisme et le rythme d'approche des nouveautés. Les activités d'imprégnation manifestent l'importance accordée à la répétition et à la mémorisation des contenus et des procédures.

La mise en œuvre

Bien sûr, on peut dire que tout est dans tout et que la mise en œuvre est activée dès lors que la découverte est engagée. Néanmoins, dans la réalité des manuels, certains exercices d'entraînement offrent une dichotomie observable. Soit une notion est travaillée pour elle-même, en laissant volontairement de côté toute intégration dans un ensemble plus naturel (par exemple un exercice de discrimination visuelle de lettres dans une liste de mots, qui n'implique aucune activité de compréhension de lecture de texte), soit la notion est travaillée dans un environnement qui sollicite d'autres habiletés. Dans ce cas, nous parlons de mise en œuvre de ces habiletés, qu'elle soit implicite ou explicitement demandée.

La ***consolidation*** regroupe les activités qui traitent une notion déjà découverte, d'une façon nouvelle, ou dans un contexte d'exercice différent de ceux proposés précédemment. D'une certaine manière, l'activité opère un transfert de la notion, qui est donc mise en relief autrement. Par exemple, dans un texte à lire, et sur lequel des questions seront posées pour en éclairer la compréhension, l'enfant doit aussi surligner certains mots ayant une caractéristique particulière déjà découverte auparavant. L'objectif du travail est la compréhension du texte, de ses articulations, mais il y a une consolidation plus structurelle relevant de l'identification des mots ou de la syntaxe. Ces activités sont importantes, elles peuvent, entre autres, permettre de repérer d'éventuelles difficultés d'application de notions mal comprises ou de les éviter.

*L'**usage*** est retenu lorsque la mise en œuvre d'une notion ou d'un processus est engagée de manière discrète. Par exemple, un travail d'identification de mots contenant une graphie complexe, sujet de la leçon, et reposant sur des mots par ailleurs organisés en catégories lexicales. Il y a usage implicite d'un outil linguistique syntaxique ou lexical (si ces catégories ont déjà été découvertes auparavant).

La fréquence des activités de mise en œuvre manifeste la régularité de l'emploi des notions découvertes, en les resituant sans cesse dans les divers contextes de la langue. Elles sont donc utiles à l'exploration de la diversité de la langue et à la mise en situation des acquis. Elles développent la maîtrise quotidienne de la langue et de la lecture.

La vérification

Certaines activités permettent la vérification des acquisitions ou des apprentissages, à période régulière, ou de manière plus diffuse, et s'intitulent souvent *bilan*, *révisions*, etc. Elles peuvent se présenter sous la forme de ***contrôles*** (nous avons choisi par commodité le terme de *révision*). Il s'agit des exercices qui montrent si l'enfant sait restituer à l'identique ce qui a été appris. Ces exercices ressemblent dans leur forme à ceux régulièrement travaillés auparavant.

Elles peuvent aussi se présenter sous la forme ***d'évaluations***, dans lesquelles l'enfant met en œuvre des notions, et les restitue en les adaptant à la situation linguistique proposée ou en les transférant. Ce sont des activités de production plus ouvertes, en général, et qui permettent autant de juger de l'intégration d'habiletés ou capacités des élèves que d'organiser la suite de l'apprentissage pour l'enseignant (évaluations diagnostiques ou formatives).

Les activités de vérification n'apparaissent pas toujours dans les manuels. Elles sont parfois suggérées dans le guide du maître, en laissant le loisir de les construire. C'est pourtant une dimension essentielle de l'organisation didactique de l'apprentissage de la lecture et un outil précieux pour les enseignants.

Ces diverses catégories semblent suffisamment repérables pour permettre d'établir un classement de tendances d'activités.

Critères de différenciation des catégories d'activités proposées par les manuels

Nous avons choisi de récapituler les catégories sous l'acronyme DICURE

Apprentissage		Mise en œuvre		Vérification	
Ce sont les activités consacrées à l'appropriation et à l'acquisition de l'identification des mots et de la compréhension.		Ce sont les activités de réinvestissement des apprentissages, favorisant la maîtrise de notions déjà découvertes. Elles peuvent permettre le transfert de ces notions dans divers contextes.		Ce sont les activités de bilan des acquisitions et de maîtrise des compétences en développement.	
Découverte **D**	**Imprégnation** **I**	**Consolidation** **C**	**Usage** **U**	**Révision (contrôle)** **R**	**Evaluation** **E**
Ce sont les activités nouvelles qui favorisent la découverte d'une notion, son exploration et sa compréhension. Dans les cahiers, ce sont aussi, les formes nouvelles d'exercices sur un sujet, une notion, un savoir.	Ce sont les activités de répétition sur une notion déjà vue, ainsi que les exercices d'application qui répètent à l'identique un exercice précédent, sur le même savoir ou la même notion.	Ce sont les activités ou exercices qui traitent explicitement une notion déjà abordée, mais en la présentant dans un contexte différent, avec un éclairage nouveau ou transversal. Ces activités peuvent favoriser le transfert des compétences.	Ce sont les activités qui sollicitent, de manière transversale ou intégrée, une notion ou un savoir faire déjà abordé, sans que ce soit focalisé. C'est une mise en pratique du déjà connu de manière implicite.	Ce sont les activités de contrôle des connaissances et acquisitions. Ce contrôle vérifie l'homologie entre l'appris et le restitué à l'identique, par rapport aux référents donnés dans les "leçons".	Ce sont les activités qui visent à connaître l'étendue de l'apprentissage, par rapport à un référentiel. Par exemple en demandant une production qui fait la synthèse de plusieurs notions étudiées. Cela nécessite une application des connaissances.
Discriminer, trier, observer, classer…	Répéter, remplacer, mémoriser…	Substituer, associer…	Produire, lire, mettre en œuvre…	Restituer…	Produire…
L'activité porte sur une nouveauté qui sollicite la curiosité, l'étude, la recherche, la réflexion. Exploration d'une notion ou d'une singularité. Les exercices sont nouveaux sur un sujet nouveau.	L'activité consiste à reprendre à l'identique une notion déjà vue (renforcement, redondance). Les exercices sont répétitifs et favorisent la mémorisation ou l'assimilation.	L'activité porte sur une notion connue mais l'éclaire autrement ou la prolonge. L'exercice porte explicitement sur une notion mais il en mobilise d'autres plus implicitement (par exemple, un travail sur le sens imposant un décodage spécifique).	L'activité sollicite des notions acquises précises sans le dire. L'exercice sollicite la mise en œuvre de savoir pour réaliser la consigne (par exemple, un exercice à trous propose une liste de mots à décoder et à choisir, sans dessin support. Cela impose l'usage d'un certain vocabulaire).	Lors d'un exercice de révision, la consigne de travail propose une formulation connue sur une notion supposée acquise. Ou bien, elle réclame la restitution de mots dont l'orthographe particulière a dû être mémorisée. Il y a contrôle entre le donné et le restitué, à l'identique.	La consigne de l'exercice est à la fois ouverte et engage certaines notions étudiées. Il y a évaluation des potentiels mis en œuvre et étude des erreurs pour constituer la suite de l'apprentissage (par exemple, on demande l'écriture d'une phrase utilisant entre autres des mots proposés et connus).
Contenu nouveau. Forme nouvelle ou pas.	Forme et contenu répétitifs.	Contenu répétitif. Forme nouvelle.	Exploitation informelle d'un contenu connu.	Contenu et forme connus, contexte connu.	Contenu connu mais transféré dans un contexte inconnu.

Dans ce tableau, nous n'avons pas pratiqué de classement de ces activités selon qu'elles apparaissent dans le livre de l'élève ou les cahiers d'application. En effet, l'organisation des activités dans les publications est très variable, comme on le verra ; le livre n'est pas systématiquement le lieu des activités de découverte et le cahier n'est pas nécessairement le lieu des consolidations, des restitutions ou des productions.

Comparaison DICURE des manuels : apprentissage de l'identification des mots

1 Analyse quantitative DICURE, dans les livres et les cahiers, sur l'ensemble des activités

La première approche consiste à observer la répartition de l'ensemble des activités d'identification des mots entre le livre et le cahier selon les différents types d'activités (découverte, imprégnation, consolidation, usage, contrôle, évaluation).

Analyse Dicure dans les livres et les cahiers

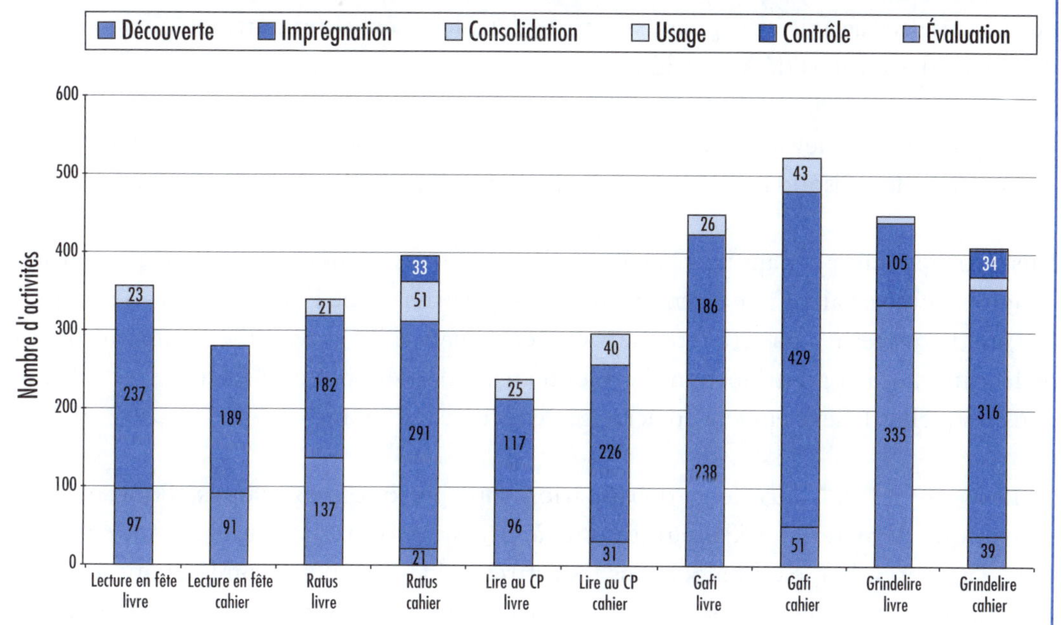

1) Les activités d'apprentissage, c'est-à-dire les activités de découverte et d'imprégnation, sont très fortement développées.

➤ Les activités de découverte proposent une nouvelle notion ou une nouvelle forme d'activités. Notre analyse quantifie ce type d'activités mais elle ne dévoile pas la mise en œuvre proposée. Plus l'année de parution est récente, plus ces activités sont largement représentées (du simple au triple). Lorsqu'on regarde comment ces activités se répartissent dans le livre et le cahier on s'aperçoit d'un profond décalage. Ces activités apparaissent essentiellement dans le livre de l'élève, sauf pour l'ouvrage le plus ancien qui offre une répartition plus équilibrée entre livre et cahier.

➤ Les activités d'imprégnation, venant renforcer les activités de découverte, sont encore plus représentées. À l'inverse des activités de découverte, celles-ci sont plus nombreuses dans le cahier sauf pour l'ouvrage le plus ancien.

Entre *Lecture en fête* et *Grindelire* l'approche pédagogique n'est plus la même. Dans les parutions plus récentes, les activités de découverte sont plus fortement développées avec une diversité dans la présentation et l'approche pédagogique. La répartition "découverte" et "imprégnation" entre livre et cahier est très différente. Les livres proposent les activités de découverte et les cahiers les activités d'imprégnation.

2) Les activités de consolidation sont en revanche très peu développées. Il est toutefois normal que ces activités n'apparaissent pas dans les mêmes proportions puisqu'il s'agit de réviser des notions déjà abordées.

Les apprentissages devant s'inscrire dans le temps, il semble nécessaire de ne pas négliger les activités de consolidation pour répondre aux différents besoins des élèves.

L'usage n'apparaît pas dans notre analyse parce que nous avons essentiellement regardé les activités qui affichaient une orientation sur l'apprentissage de l'identification des mots. La lecture des textes n'a pas été retenue dans cette analyse. Le travail mené sur l'autonomie de lecture chez l'apprenti lecteur dans les textes proposés permet d'éclairer les conditions dans lesquelles l'élève entrera en activité de lecture autonome.

3) Les activités de contrôle et d'évaluation sont presque inexistantes. Pourtant, nous savons que le matériel pédagogique mis à la disponibilité des enseignants prévoit ce type d'activités. Il apparaît alors dans les coffrets pédagogiques accompagnant les guides du maître ou dans des livrets à part. Ne pouvant analyser tout le matériel proposé parce que très variable d'un ouvrage à l'autre, nous avons centré notre étude sur ce qui était commun à tous. Les résultats qui apparaissent ici, font ressortir un manque dans le livre de l'élève et le cahier, que l'enseignant doit s'efforcer de compenser. Seuls *Ratus* et *Grindelire* intègrent des activités de contrôle dans le cahier. Il semble logique que ces activités soient présentes dans ce support qui a généralement la forme d'un livret sur lequel les élèves ont la possibilité d'écrire.

2 Analyse longitudinale DICURE : évolution sur l'année dans le livre et le cahier

Cette analyse propose de visualiser comment les activités se répartissent durant les six périodes qui structurent l'année scolaire. Autrement dit, comment les manuels envisagent l'apprentissage sur l'ensemble de l'année. Changent-ils de stratégies pédagogiques ? Nous avons retenu de regarder particulièrement les activités les plus développées : découverte, imprégnation et consolidation dans le livre et le cahier de chacun des ouvrages.

a Les activités de découverte

	Période 1	Période 2	Période 3	Période 4	Période 5	Période 6
Lecture en fête Livre	27	39	19	11	1	0
Lecture en fête cahier	35	20	16	13	7	0
Ratus livre	51	39	23	7	7	10
Ratus cahier	13	5	2	0	1	0
Lire au CP Livre	19	11	17	22	21	6
Lire au Cp cahier	15	2	3	4	4	3
Gafi Livre	39	48	43	38	38	32
Gafi cahier	14	10	4	10	3	10
Grindelire Livre	46	75	76	61	60	17
Grindelire Cahier	11	10	8	3	1	6

Selon l'année de parution du manuel, les activités ne sont pas traitées de la même façon au cours de l'année.

➤ Pour *Lecture en fête* et *Ratus*, ces activités très présentes durant les trois premières périodes, décroissent pour disparaître en fin d'année. Dans *Lecture en fête*, le livre et le cahier suivent le même profil dans les mêmes proportions. Dans *Ratus*, les activités décroissent de façon similaire dans les deux supports. Toutefois, pour ce dernier, les activités sont nettement plus présentes dans le livre.

➤ *Lire au CP* propose des activités sur les cinq premières périodes, c'est seulement à la fin de l'année qu'elles sont réduites considérablement. Si le livre et le cahier se renforcent dans la première période, dans les suivantes seul le livre propose ce type d'activités.

➤ *Gafi* et *Grindelire* sont remarquables par le nombre très important d'activités qu'ils proposent. Les activités se maintiennent toute l'année chez *Gafi* alors qu'elles diminuent nettement dans *Grindelire* durant la dernière période. Ces activités sont abordées essentiellement dans le livre, elles sont peu renforcées dans le cahier.

Conclusion

Les activités de découverte prennent de plus en plus de place dans les apprentissages à mesure que l'on se rapproche des nouvelles parutions des manuels. Si dans les premières parutions elles étaient situées essentiellement dans les trois premières périodes de l'année, elles paraissent se maintenir toute l'année dans les ouvrages les plus récents.

b Les activités d'imprégnation

	Période 1	Période 2	Période 3	Période 4	Période 5	Période 6
Lecture en fête livre	21	47	65	71	24	9
Lecture en fête cahier	22	45	19	43	31	29
Ratus livre	24	37	38	29	27	27
Ratus cahier	54	63	60	45	37	32
Lire au CP livre	11	24	25	21	19	17
Lire au CP cahier	43	56	35	40	25	27
Gafi livre	48	49	47	13	17	12
Gafi cahier	72	69	75	76	96	41
Grindelire livre	23	25	15	20	14	8
Grindelire cahier	42	60	61	66	51	36

Les activités d'imprégnation sont fortement représentées dans tous les manuels aussi bien dans le livre de l'élève que dans les cahiers d'exercices et cela toute l'année.

➤ *Lecture en fête* est le seul ouvrage qui propose plus d'activités d'imprégnation dans le livre que dans le cahier, surtout en milieu d'année, le cahier prend le relais dans les deux dernières périodes.

➤ *Ratus* et *Lire au CP* proposent toute l'année ce type d'activités, avec un léger fléchissement à partir de la troisième ou quatrième période. Elles sont présentées dans le livre puis renforcées dans le cahier (dans un rapport du simple au double entre le livre et le cahier).

➤ *Gafi* et *Grindelire* se distinguent parce qu'ils proposent un très grand nombre d'activités, centrées très fortement dans le cahier surtout pour les périodes deux, trois, quatre et cinq. Tous les deux réduisent sensiblement ce type d'activités en fin d'année.

Conclusion

Les activités d'imprégnation sont globalement bien représentées dans tous les manuels. Cependant on remarque un fléchissement en fin d'année. Dans les ouvrages les plus récents, les activités de ce type sont plus fortement développées et plus particulièrement dans le cahier. Toutefois on ne sait pas, avec cette analyse, comment ces activités sont réalisées. Il nous semble nécessaire de rappeler que les activités d'imprégnation sont essentielles dans le processus d'apprentissage.

C Les activités de consolidation

	Période 1	Période 2	Période 3	Période 4	Période 5	Période 6
Lecture en fête livre	0	0	0	2	13	8
Lecture en fête cahier	0	0	0	0	0	0
Ratus livre	8	5	5	1	1	1
Ratus cahier	19	5	11	5	9	2
Lire au CP livre	4	5	4	4	2	6
Lire au CP cahier	8	6	6	8	6	6
Gafi livre	6	6	5	2	4	3
Gafi cahier	8	10	4	6	8	7
Grindelire livre	0	2	2	2	2	1
Grindelire cahier	0	4	3	2	6	1

➤ *Lecture en fête* est le manuel qui propose le moins d'activités de ce type. Elles n'apparaissent qu'à partir de la quatrième période et seulement dans le livre. Tous les autres manuels proposent toute l'année des activités de consolidation, dans le livre et dans le cahier.

➤ *Ratus* est le seul manuel qui consolide les apprentissages plus fortement en début d'année.

➤ *Grindelire* ne commence à proposer ce type d'activités qu'à partir de la deuxième période et en de très faibles proportions.

Conclusion

Ces activités de consolidation sont faiblement représentées. Sans consolidation programmée, comment les élèves peuvent-ils stabiliser et appliquer leurs acquisitions et s'orienter vers une lecture orthographique ?

Conclusion sur l'identification des mots

Cette analyse a le mérite d'attirer l'attention sur des aspects pédagogiques essentiels et de soulever un certains nombre de questions :

➤ Le nombre et la répartition des activités d'imprégnation étant très différents d'un manuel à l'autre, on peut s'interroger sur leur nombre éventuellement nécessaire pour mener à bien les apprentissages.

➤ Devant le peu d'activités de consolidation généralement rencontrées, on peut se demander de quelle manière certains élèves peuvent fixer leurs apprentissages.

➤ Le livre et le cahier ne portant pas sur les mêmes activités, il ne semble pas raisonnable de n'utiliser que l'un des supports.

➤ Dans les ouvrages, les types d'activités ne sont pas définis : on peut s'interroger sur la façon de présenter les différentes activités pédagogiques aux élèves, pour plus de clarté.

Analyse DICURE des manuels : apprentissage de la compréhension

1 Analyse comparative DICURE globale livre/cahier des 5 manuels sur l'année

La première approche consiste à observer la répartition de l'ensemble des activités de compréhension entre le livre et le cahier selon les différents types d'activités (découverte, imprégnation, consolidation, usage, contrôle, évaluation).

Analyse DICURE dans les livres et cahiers - compréhension

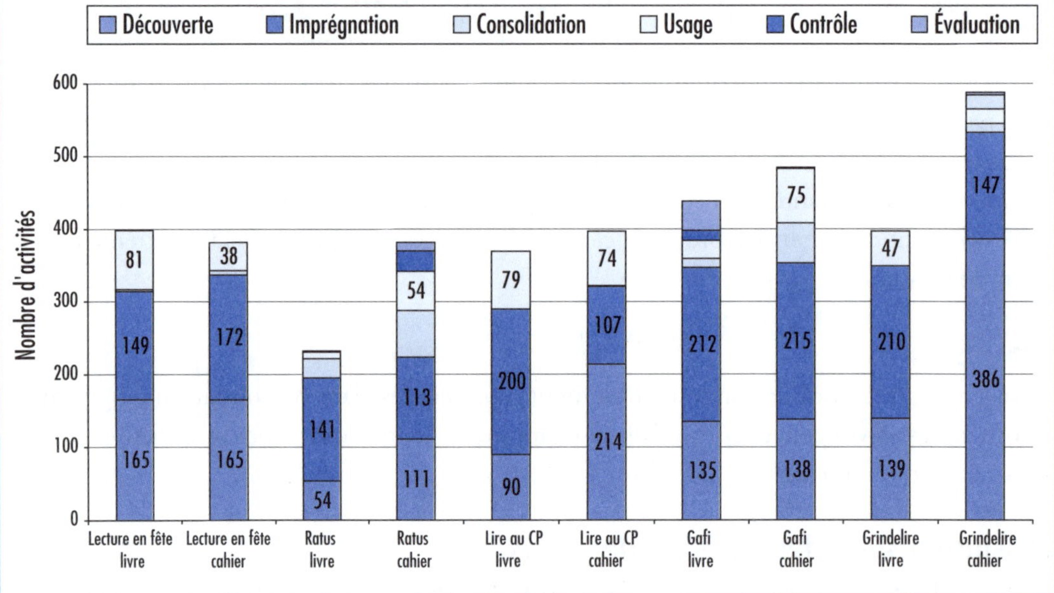

Il apparaît clairement que les activités d'apprentissage (découverte, imprégnation), de mise en œuvre (consolidation, usage) et de vérification (révision, évaluation) sont diversement présentes. Rien d'étonnant à ce que la situation didactique induise une forte prégnance des activités d'apprentissage, une moindre présence des activités de mise en œuvre et une activité de vérification ponctuelle.

Néanmoins l'absence parfois totale de l'une de ces dimensions est significative. Par exemple, *Lecture en fête* et *Lire au CP* n'ont aucune activité de "vérification" dans le cahier ou le livre, tandis que *Gafi* propose surtout des activités de "révision/contrôle" dans le livre et *Ratus* des activités "d'évaluation" dans ses cahiers. Cela est manifestement caractéristique d'une volonté pédagogique.

En ce qui concerne les activités de "mise en œuvre", la "consolidation" est rarement exploitée. Elle apparaît dans *Ratus*, sans doute en complément de "l'imprégnation" plus faible, et dans *Gafi*, en alternative peu fréquente à "l'imprégnation". Or, la consolidation est importante pour le transfert d'une notion à d'autres contextes, ou pour sa généralisation à partir d'un exemple ou d'une approche particulière.
"L'usage" de notions déjà apprises dans des activités est un phénomène commun à tous les manuels. Présent à parts égales dans *Lire au CP*, cet "usage" est plus marqué dans le livre chez *Grindelire* et *Lecture en fête*, plus présent dans le cahier chez *Gafi* et *Ratus*. Là aussi on voit comment la publication exploite les acquisitions, et donc l'importance accordée au support collectif (le livre) ou plus individuel (les cahiers), ce qui est une caractéristique didactique.

L'étude la plus intéressante concerne les activités "d'apprentissage", c'est-à-dire la répartition des activités de "découverte" et "d'imprégnation".
Les activités de "découverte" manifestent la nouveauté à laquelle l'élève est soumis, tantôt dans la forme d'activité, tantôt dans le contenu. C'est une phase dynamique de l'apprentissage : il est plus particulièrement explicite et nécessite l'engagement intellectuel et raisonné. *Grindelire* est le seul manuel à développer de manière largement prépondérante cette forme d'apprentissage, et en particulier dans le cahier. "L'imprégnation", très présente tout de même, vient en appui. Ceci est une caractéristique pédagogique forte : ce manuel met fréquemment l'élève devant la nouveauté de la langue, ce qui nécessite une régulière remise en question de la lecture, un enrichissement fort, la focalisation de l'attention et la mobilisation intellectuelle quotidienne. C'est donc un manuel exigeant, l'élève étant confronté de manière autonome à la difficulté.
D'autres manuels proposent un équilibre entre activités de "découverte" et "d'imprégnation". C'est le cas de *Lecture en fête* et de *Lire au CP*. Néanmoins, ils n'opèrent pas de la même façon. *Lecture en fête* est à la fois très équilibré pour les activités pédagogiques mais aussi dans leur répartition livre/cahier : à chaque fois, un type d'activité dans le livre semble renvoyer au même type d'activité dans le cahier. Alors que dans *Lire au CP* on remarque beaucoup plus d'activités de "découverte" dans le cahier et d'activités "d'imprégnation" dans le livre. Ceci signifie que l'apprentissage n'est pas organisé de la même façon. Dans *Lire au CP*, l'élève est plutôt conduit à découvrir par tâtonnement dans le cahier et à réinvestir dans le livre, collectivement, tandis que dans *Lecture en fête* découverte et réinvestissement se partage entre activités collectives et individuelles. La médiation de l'enseignant n'opère donc pas de la même façon avec ces deux manuels.

Enfin, certains manuels emploient plus d'activités "d'imprégnation" que de "découverte", c'est-à-dire qu'ils mettent l'accent sur la répétition comme apprentissage et induisent plus d'acquisitions implicites, favorisant moins la réflexion sur la langue que l'émergence d'automatismes. C'est le cas de *Gafi* et *Ratus*, qui sont d'ailleurs tous deux équilibrés entre livre et cahier : ils offrent donc le confort et les caractéristiques d'une démarche systématique.

Cette analyse se révèle ainsi riche en indications sur les manuels, en ce qui concerne l'apprentissage de la compréhension.

Percevoir la place accordée par le manuel aux divers types d'activités nous informe assez clairement sur les intentions pédagogiques et didactiques des auteurs.
En ce qui concerne la répartition des types d'activités, on constate que l'accent est tantôt mis plutôt sur la découverte de la langue écrite, avec un tâtonnement individuel ou collectif, ce qui donne à l'enfant une certaine image de la langue écrite, tantôt sur l'imprégnation, c'est-à-dire un apprentissage par la répétition, tantôt sur les deux de manière plus ou moins équilibrée entre le cahier et le livre.
En ce qui concerne la répartition dans le livre ou le cahier, cela nous indique la place donnée à l'enseignant médiateur : parfois il agit plutôt avec le groupe classe, parfois plus individuellement auprès de chaque élève.

Cette analyse montre précisément que des ouvrages, qui pourraient paraître proches dans leur conception, manifestent au contraire une grande diversité d'approches pédagogiques de l'apprentissage. Et l'on pourrait, par exemple, ramener notre travail à distinguer *Gafi*, avec une structure favorisant des activités de répétition (après découverte), mises en œuvre ensuite et régulièrement contrôlées dans le livre, de *Ratus* où prédominent aussi des activités de répétition dans le livre, mais qui offre, proportionnellement, plus d'activités de "découverte", de "consolidation" et "d'évaluation" dans son cahier. Ainsi, *Gafi* mise sur une présence symétrique de l'enseignant au cours de l'apprentissage. Lors de l'usage du livre comme du cahier, le maître est très présent, et de manière linéaire, tandis que l'usage de *Ratus* induit un type d'approche systématique lors des leçons, alterné d'actions plus diversifiées sur le cahier d'exercices. De la même façon, on pourrait distinguer *Lecture en fête,* avec ses activités équilibrées de "découverte" et "d'imprégnation", réparties également dans les deux types de supports et intégrant une mise en usage de l'acquis particulièrement dans le livre, de *Lire au CP* qui maintient l'équilibre entre la "découverte" et la répétition mais en favorisant largement la rencontre de la nouveauté dans le cahier et la répétition dans le livre, tout en intégrant une mise en "usage" équilibrée entre les deux types de support. *Lecture en fête* induit donc une alternance pédagogique dans le livre et le cahier

mêlant activités guidées par l'enseignant et activités plus autonomes. *Lire au CP* privilégie la découverte autonome et l'acquisition encadrée.
Grindelire, pour sa part, est le seul à manifester son intérêt particulier pour la "découverte" dans le cahier et "l'imprégnation" dans les deux supports. On constate que dans ce manuel la prépondérance est accordée à un apprentissage par la manipulation de la langue dans toute sa complexité et sa richesse. Ce qui pourrait être aussi une difficulté pour les élèves les plus fragiles et pour l'enseignant, toujours sollicité.

Afin d'affiner ces résultats, d'une manière plus exhaustive, une analyse de l'évolution de ces répartitions, par période dans l'année, peut s'avérer instructive. En effet, on peut considérer qu'un manuel peut évoluer dans ses stratégies au cours de l'année, et favorise une démarche ou une autre en fonction des besoins de l'apprentissage.

2 Analyse comparative DICURE : évolution livre/cahier des 5 manuels sur l'année

Ce qui paraît le plus intéressant, ce sont les points pivots. C'est-à-dire le moment où une orientation pédagogique ou de contenu apparaît, tant dans le livre que dans le cahier qui l'accompagne. Les illustrations qui suivent montrent assez précisément les variations de types d'activités qui apparaissent dans les progressions des manuels.

Lecture en fête

Évolution Dicure Lecture en fête, livre

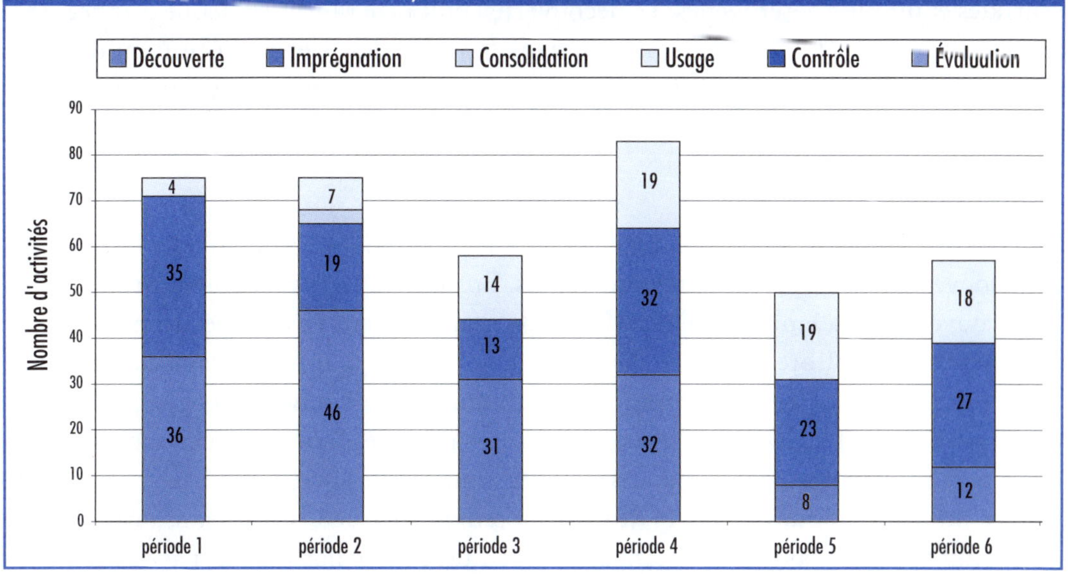

Évolution Dicure Lecture en fête, cahier

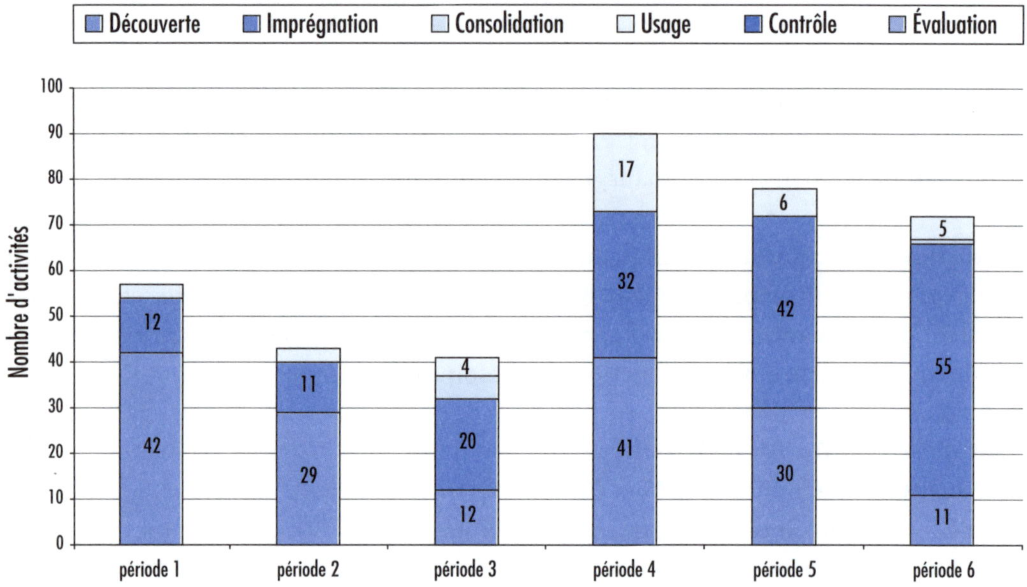

A première vue, les variations sont nombreuses et le lien didactique entre cahier et livre difficile à faire dans cette publication. Néanmoins, dans l'ensemble, c'est une procédure de renforcement qui apparaît en début et fin d'année. Les deux périodes centrales étant plus hétérogènes. La découverte l'emporte plutôt en début d'année dans les deux supports. Le rapport s'inverse dans les périodes 5 et 6. En milieu d'année, une tendance forte est plus difficile à extrapoler. L'usage est assez systématique dans les deux supports.

Ratus

Ratus marque un point pivot à la fin de la première période, durant laquelle les activités de découverte sont largement prépondérantes. Ensuite, le livre propose beaucoup moins de découverte de la langue que d'activités de renforcement et de répétition. Le cahier maintient un équilibre entre les deux types d'activités d'apprentissage durant deux nouvelles périodes. Un second point pivot, au milieu de l'année, engage le cahier sur le même dispositif que le livre. A partir de cette période, livre et cahier accentuent la répétition et l'apparition d'automatismes. On peut ajouter que le livre, tout au long de l'année, utilise quelques activités de mise en œuvre, ce que le cahier fait aussi à partir du second semestre, avec une accentuation de l'usage des notions déjà apprises.

Évolution Dicure Ratus, livre

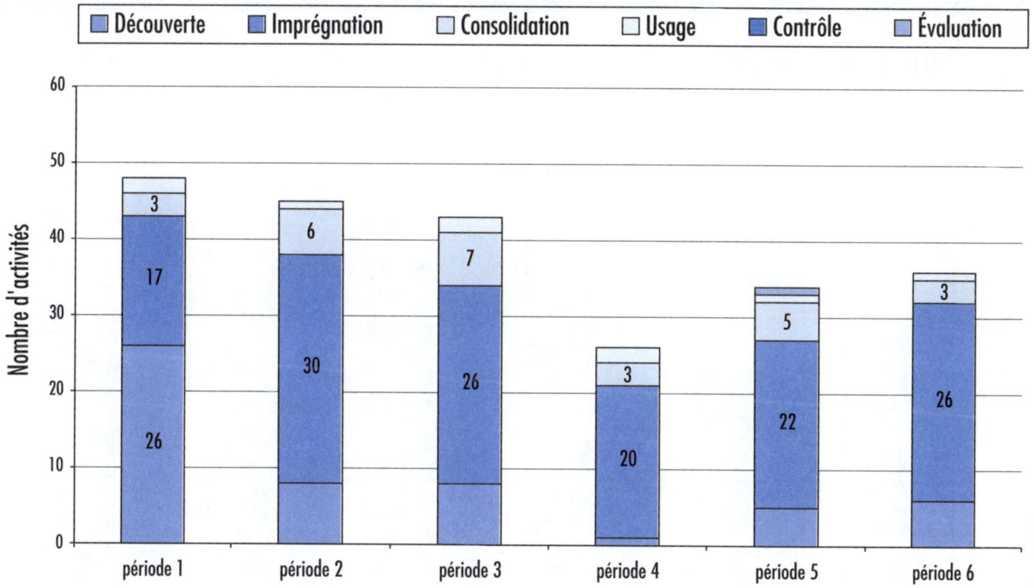

Évolution Dicure Ratus, cahier

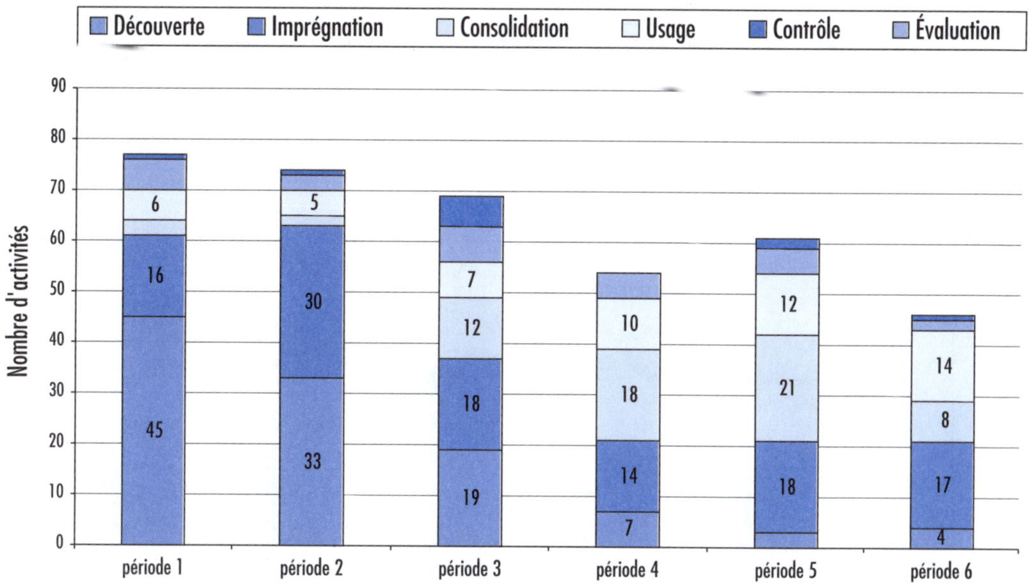

Lire au CP

Évolution Dicure Lire au CP, livre

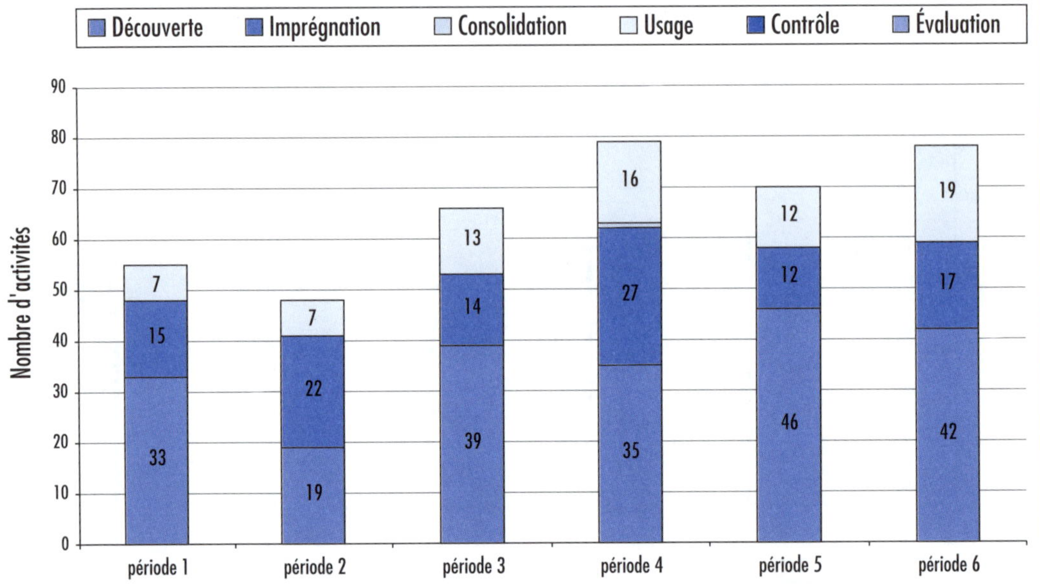

Évolution Dicure Lire au CP, cahier

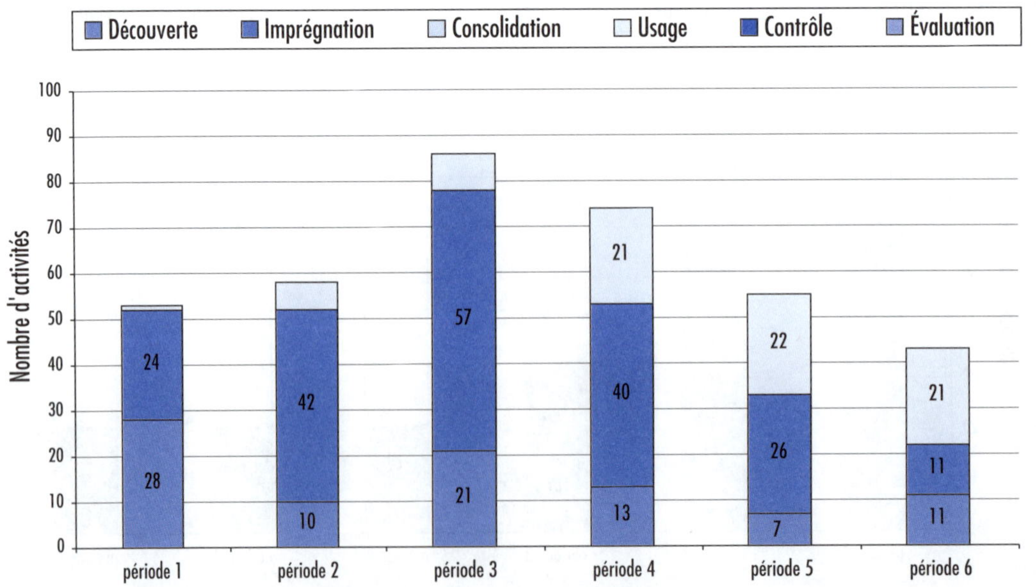

Dans *Lire au CP* on observe deux points pivots, dans le livre et le cahier. Ceci génère, en terme didactique, deux modes d'action.
Première démarche, durant les deux premières périodes : les activités de découverte sont d'abord prépondérantes puis ce sont les activités d'imprégnation qui dominent. Livre et cahier suivent le même modèle et se renforcent réciproquement.
Seconde démarche, les activités de découverte prédominent largement dans le cahier, celles d'imprégnation sont fortement majoritaires dans le livre, dans les périodes 3 à 5 : les deux outils se complètent. La dernière période est plus hétérogène, mais dans l'ensemble la découverte reprend de l'importance, comme en début d'année. On notera que l'usage des notions antérieurement apprises va croissant tout au long de l'année dans les deux supports, ce qui se justifie parfaitement. On perçoit parfaitement les objectifs pédagogiques assignés au cahier (manipulation découverte des notions) et au livre (imprégnation des acquis).

Gafi

Pour *Gafi*, on constate une progression quasi symétrique entre livre et cahier, les deux supports se renforçant. Le point pivot se situe en milieu d'année. Jusque-là les activités de découverte sont moins nombreuses que les activités d'imprégnation systématique : sans doute pour favoriser l'émergence d'automatismes. Puis elles sont équilibrées,

Évolution Dicure Gafi, livre

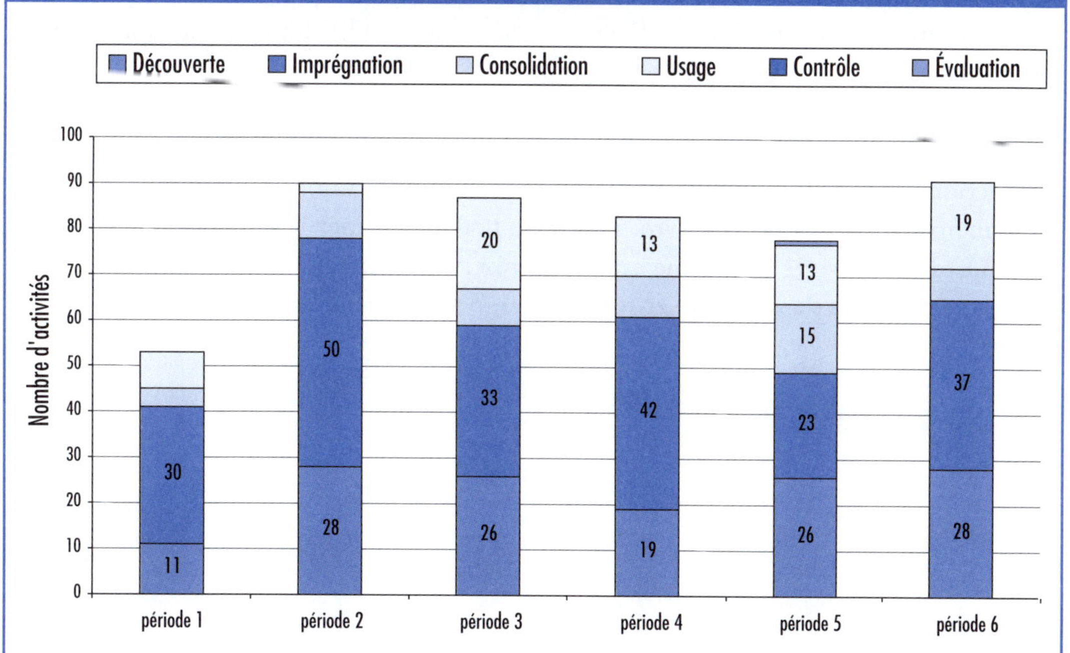

Évolution Dicure Gafi, cahier

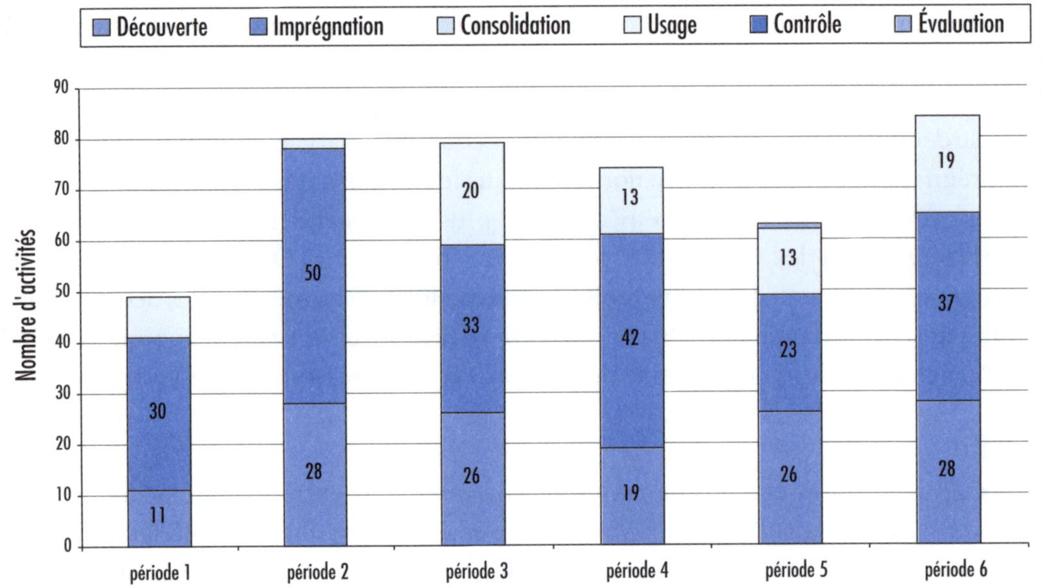

probablement pour multiplier la découverte des variations et des irrégularités de la langue, au détriment de la répétition. *Gafi* privilégie donc l'émergence d'automatismes sur les points que les auteurs considèrent fondamentaux en limitant la réflexion critique, puis il fait explorer l'étendue de la langue.

Grindelire

Le fonctionnement de *Grindelire* est aisément identifiable : l'imprégnation accompagnée est principalement confiée au livre, peut-être pour confirmer le sens des procédures et contenus, la découverte autonome est plutôt réservée au cahier, tout au long de l'année. L'usage va croissant dans le livre et reste peu significatif dans le cahier.

Évolution Dicure Grindelire, livre

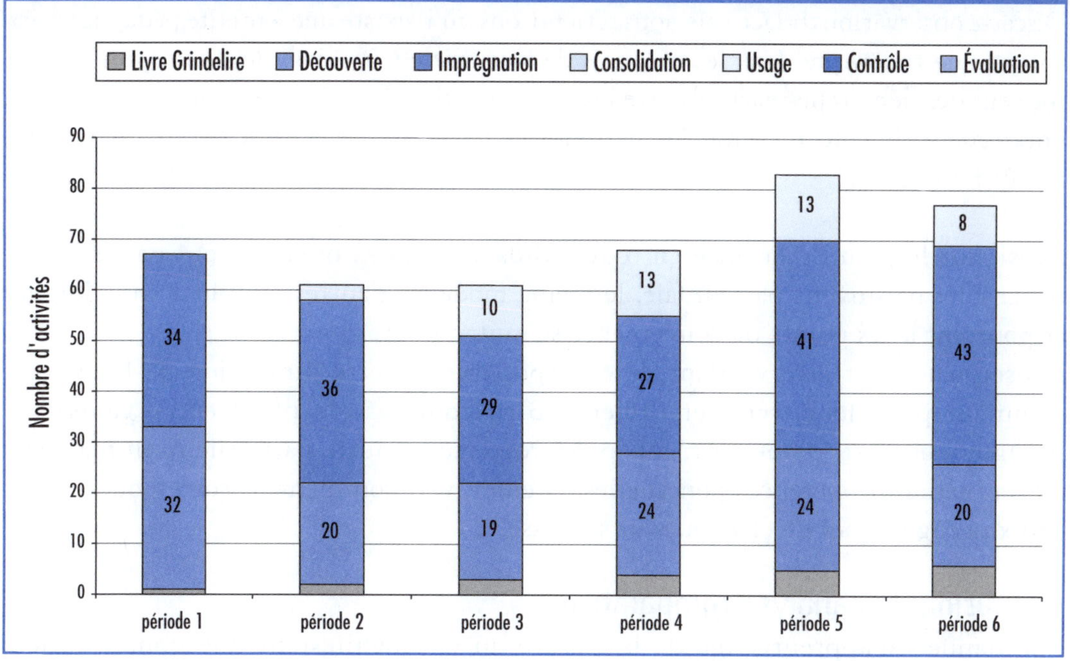

Évolution Dicure Grindelire, cahier

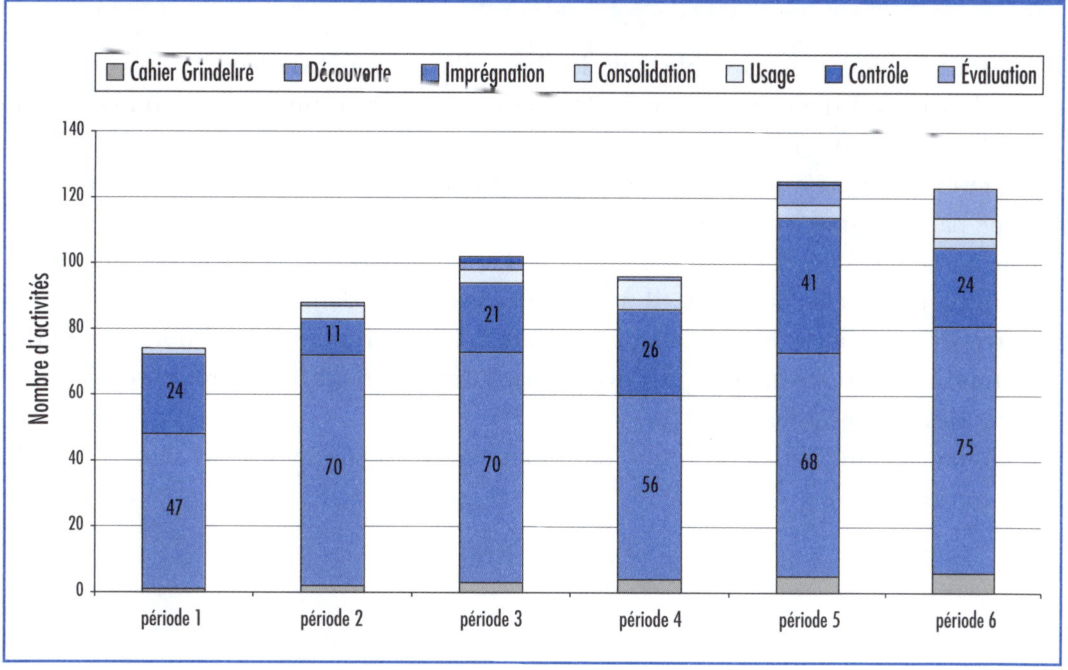

Conclusion

De cette observation didactique nous retiendrons qu'il existe une « mixité pédagogique » autant que théorique dans les manuels de lecture de CP. Ainsi, les manuels utilisent souvent des démarches variées entre les types d'activités : découverte et imprégnation, notamment, balancent selon les périodes et les supports, tantôt complémentaires, tantôt renforcées.

Ainsi, sur le plan de la mise en œuvre didactique, des ouvrages qui paraissent se ressembler ne suivent pas, en fait, le même modèle ; d'autres semblent très éloignés et pourtant leurs points de convergence se multiplient…

L'enseignant doit être vigilant, si c'est possible, à cette dimension de l'ouvrage : comment procèdent livres et cahiers ? Bien connaître le profil et l'organisation pédagogique c'est, d'une part, mieux les respecter, d'autre part, mieux en maîtriser d'éventuelles incohérences ponctuelles, et enfin, voir comment ils correspondent aux choix pédagogiques de chacun pour sa classe.

Conclusion de l'analyse comparative

Les manuels d'apprentissage de la lecture du CP manifestent une grande variété d'organisation et d'activités. Une observation superficielle ne suffit pas pour avoir une idée précise de l'apprentissage que l'on va engager avec tel ou tel autre manuel.

Il faudrait, quand c'est possible, que le choix d'un manuel de lecture du CP soit le fruit d'un travail d'équipe du cycle 2 ; non pas l'œuvre d'un seul enseignant, mais celui d'un collectif.

Ainsi ce choix serait mis en œuvre par l'enseignant responsable du CP et, par ailleurs, assumé par les autres enseignants du cycle.

On ne rappellera sans doute jamais assez que l'apprentissage de la lecture se fait dans la continuité et dans la cohérence. Il ne peut pas se réaliser dans de bonnes conditions si le parcours est chaotique et totalement diversifié. L'intérêt des élèves, notamment des plus fragiles linguistiquement, ne doit-il pas l'emporter sur les querelles didactiques éventuelles des enseignants ?

Un choix raisonné est donc souhaitable, au sein du cycle, voire au sein de l'école élémentaire.

CONSEILS AUX ENSEIGNANTS POUR UNE ANALYSE DES MANUELS DE LECTURE AU CP

Nous avons conduit une étude complète et approfondie
de quelques manuels de lecture de CP.
Un enseignant ou une équipe pédagogique peut difficilement investir
autant de temps pour en faire de même avec de nombreux autres ouvrages.
Nous rappelons ici quelques priorités qui pourront servir d'orientation
ou de canevas[1] à une observation plus rapide mais toujours sérieuse des manuels.
Nos recommandations ne sont pas rangées par ordre d'importance mais par domaines.
Les enseignants qui le souhaiteront s'en inspireront pour choisir un manuel
ou pour mieux connaître celui qu'ils ont à leur disposition.

1 Nous empruntons ce terme à Claude Thélot, Président du Haut Conseil de l'évaluation de l'école avant février 2003, car il s'agit bien ici d'une trame sur laquelle chacun pourra broder à sa manière.

Recommandations portant sur l'apprentissage de l'identification des mots

Identification globale des mots

Il importe de s'assurer que le travail de lecture globale de mots non déchiffrables ne se substitue pas, dans des proportions trop lourdes et durant trop longtemps, à d'autres activités permettant l'accès à la reconnaissance des mots. On se souvient que rien ne prouve qu'un enseignement global spécifique est nécessaire en début d'année. On repérera éventuellement les activités de lecture qui permettent de prendre des repères graphophonologiques, les exercices de copie de mots non déchiffrables ou de closure (notamment les items 1132, 1142, 1155)[2].

Discrimination visuelle et auditive

Il importe d'être attentif à la présence d'exercices de discrimination visuelle tout au long de l'année, dans des proportions raisonnables. Ces activités porteront sur le repérage de phrases, de mots, de syllabes ou de lettres de même calligraphie ou de typographie différente, et cela tout au long de l'année, afin d'éviter que s'installent des confusions entre les graphies complexes lors de leur présentation (notamment les items : 2110, 2301, 2310).

On veillera à la présence d'activités de discrimination auditive dans le livre et le cahier. Ces activités sont importantes et doivent être diversifiées : elles peuvent porter sur la segmentation orale d'un mot en syllabes, sur le repérage auditif de syllabes ou de phonèmes et sur leur localisation, etc. (notamment les items 3204, 3301, 3303).

Principe alphabétique et découverte du code

Il importe de repérer s'il existe, en début d'année, des activités favorisant la mise en application du principe alphabétique dans le manuel, c'est-à-dire des exercices de correspondances graphèmes-phonèmes. La compréhension du principe alphabétique par l'élève étant indispensable, il faudra développer parallèlement ces activités si elles sont absentes ou trop peu nombreuses (notamment les items 4201, 4205, 4303).

On pourra rechercher si le manuel présente des activités autour des régularités et des irrégularités de l'écrit. Il est intéressant d'observer si un même phonème est représenté par

2 Les numéros renvoient aux items de notre grille d'observation. Ils permettent une lecture plus opérationnelle de chaque recommandation.

ses différentes graphies (ou seulement par certaines et selon quels critères) dans les mots donnés à la lecture. On recherchera la cohérence et la variété dans les activités proposées (notamment les items 5305, 5313, 5130, 5131).

Lecture combinatoire

Les activités de combinatoire doivent être nombreuses, diversifiées et en adéquation avec celles portant sur le code. Il faudra observer si les mots proposés à la lecture correspondent bien aux graphèmes étudiés. Quelquefois, les activités de code sont trop nombreuses par rapport aux activités de lecture combinatoire. Celles-ci ne doivent pas reposer exclusivement sur des activités de lecture, il importe de proposer des exercices amenant à classer, ou à compléter ou à recomposer des mots. (notamment 6123, 6120, 6130, 6136, 6600).

Lors d'une séquence, on s'interrogera sur le travail d'ajustement du texte à lire aux capacités de lecture de l'apprenant (d'autres textes plus complexes peuvent être lus par l'enseignant). Il est intéressant d'observer si les mots, phrases et textes proposés à la lecture, lors d'une séance, contiennent particulièrement les graphèmes travaillés précédemment. Un minimum de 50 % de mots déchiffrables dans un texte paraît indispensable pour permettre une entrée dans la réflexion sur le sens ; il en faudra plus encore pour engager une lecture plus autonome.

Reconnaissance (fixation) orthographique

Il importe de vérifier la présence d'activités de mémorisation de mots déjà rencontrés et décodables, grâce à des exercices variés de copie, de classement, de décomposition, etc. (notamment les items 7120, 7141, 7142, 7150 à 7178, 7181, 7182).

Ecriture et codage de la langue

Lecture et écriture sont des activités complémentaires, à conduire parallèlement. Il importe de repérer si des activités d'écriture, telles que copies, dictées, écriture tâtonnée, etc., sont régulièrement proposées, en quantité suffisante (on sera attentif aux conseils éventuellement donnés dans le guide du maître) (notamment, items 8110, 8150).

Recommandations portant sur la compréhension et son apprentissage

Au CP, la maîtrise de la compréhension de la langue est plutôt globale et indifférenciée. Elle repose néanmoins sur quelques priorités identifiables, en particulier dans les activités proposées par les manuels.

Les activités favorisant la maîtrise de la langue

➤ Sens local et sens littéral

Il faut travailler l'un et l'autre.

Pour le sens littéral, il importe de proposer des activités de recherche précise de mots ou de phrases dans un texte (par exemple, « qui a bu le lait ? ») ; d'interrogation sur le sens des mots et sur leur éventuelle polysémie ; de jugement sur l'importance d'une information donnée pour la compréhension de l'histoire ou du texte.

Pour le sens local, c'est à dire la compréhension des fragments successifs du texte, il importe de rechercher dans le manuel des activités sur la continuité des actions et leurs enchaînements entre phrases et paragraphes et sur l'identification des personnages. L'ouvrage peut, par exemple, développer des situations problèmes, élucidables ou non, avec des textes à dévoilement progressif (notamment, items 111, 112, 132, 205, 232, 411, 413).

➤ Vocabulaire et lexique

Il importe de permettre la manipulation du lexique et l'augmentation du vocabulaire.

Le travail sur le vocabulaire peut passer par l'usage de mots entrant dans des champs sémantiques et notionnels divers ; il est souhaitable, par ailleurs, que les mots se répètent au cours de l'année pour favoriser leur rétention.

Le travail sur le lexique peut favoriser la rencontre avec des champs lexicaux et des mots diversement dérivés autour de racines identifiables. Il doit stimuler, sans demander l'extraction de règles de fonctionnement, les interrogations et la curiosité sur la signification des mots, en particulier les sens proches (synonymes) et opposés (antonymes) (notamment, items 301, 302, 311, 312, 313, 601, 602).

➤ Syntaxe

Sans parler de grammaire (avec ses catégorisations formelles et son travail métalinguistique explicite), il importe de proposer des activités invitant l'enfant à percevoir le système de la langue (organisation des phrases en mots, positions relatives des groupes de mots, grâce à des activités de segmentation, de permutation, de remise en ordre, de ponctuation, etc.), à catégoriser les mots de manière empirique ou implicite (chaque catégorie étant proposée avec ses caractéristiques : les noms accompagnés de déterminants, les verbes conjugués précédés d'un pronom, etc.), et à rencontrer divers types de phrases, simples et complexes. Il faut s'assurer que l'enfant fréquente quelques structures de l'écrit récurrentes dont l'apparition orale est peu probable (notamment, items 501, 511, 512, 515, 521, 522, 524, 525, 531, 532, 534).

Apprendre à comprendre

➤ Finalités à la lecture

Le futur lecteur doit comprendre ce que lire veut dire, et à quoi cela sert. Ainsi, certaines activités peuvent conduire l'élève, en début d'année, à s'interroger sur les fonctions de la lecture, sur les usages des textes et leurs promesses.

➤ Sens général du texte

Il importe d'inciter le lecteur à s'interroger sur le sens du texte et à avoir une attitude d'alerte lors de la lecture. La démarche de questionnement de texte s'y prête. Plutôt que de multiplier des questions vagues, il est souhaitable que le manuel propose de choisir ou de produire des résumés, des titres, des paraphrases, des reformulations, de recomposer le texte, de porter un jugement, etc. L'entrée dans le sens du texte peut être précédée d'un travail sur le lexique, la syntaxe ou la structure qui le compose. Parce qu'elle ne va pas de soi, la compréhension d'un texte devrait être fréquemment l'objet d'un débat ou d'une discussion avec le groupe classe (notamment, items 101, 102, 103, 104, 109, 141, 143, 342).

➤ Inférences

Pour la plupart, les textes sont elliptiques. Ils imposent de rétablir ou de mettre en relation des informations manquantes ou éloignées dans le texte, afin de construire une représentation mentale unique et enrichie. Il importe de favoriser, de manière simple, quand le texte s'y prête, une démarche de questionnement sur les textes, même implicite, portant sur les inférences internes qu'ils imposent et les inférences externes permises par familiarité, expérience ou connaissances extérieures (notamment, items 121 et 122).

➤ Chaîne de référence et pronoms

Il importe d'attirer l'attention sur la continuité de la référence dans un texte (par exemple, les différentes manières de nommer et de parler d'un objet ou d'un personnage : *Yannick, il, le frère de Marc, le fils de…, l'ami de…, l'homme au cheveux châtains*, etc.). On recherchera si le manuel induit une rencontre (même implicite) régulière et fréquente avec les anaphores, c'est à dire les pronoms de reprise d'un référent (par exemple, d'un personnage : *il, elle, le, lui, celui-ci*, etc.), d'une phrase à l'autre (notamment, les items 131, 221, 312, 321, 412).

Diversifier l'activité de lecture

➤ Culture des textes

Il importe d'engager un comportement de futur lecteur de littérature. La rencontre avec la « littérature de jeunesse » gagne à passer par la manipulation de livres et albums pour les jeunes. Le manuel n'a pas vocation à être un recueil de textes de littérature mais il peut développer la sensibilisation à la diversité en proposant des activités d'observation de textes variés et de mise en relation de textes (plusieurs fragments de textes ou petits textes complets : sont-ils du même auteur ? en quoi vont-ils ensemble ? etc.). La pratique culturelle du livre passe aussi par des activités sur les caractéristiques des publications et la navigation dans les livres et les textes, ainsi que la connaissance des auteurs et illustrateurs.

➤ Production de textes

Il importe de vérifier que le manuel propose des activités variées (compléter, écrire librement, etc.) et régulières de production de phrases et de textes. L'entrée dans la lecture se fait également par le tâtonnement de l'écriture. Quelles que soient les suggestions des manuels, il faudra veiller à les développer par ailleurs, dans diverses situations de classe. (notamment, les items 151, 152, 153, 154, 155, 156).

➤ Révision de la lecture et de l'écriture

Peut-être le manuel propose-t-il des activités invitant le jeune lecteur à relire le texte sur lequel il vient de réfléchir, avec un nouvel objectif ou pour le simple plaisir. Peut-être fait-il de même, avec d'autres orientations, pour la rédaction de phrases. Il importe de vérifier si des activités de révision du texte produit par l'élève sont proposées, même occasionnellement, dans le livre, le cahier (ou le guide du maître), pour la mise en œuvre d'une future autorégulation réussie (notamment, item 133).

Conclusion

Les activités du manuel sont souvent proposées dans le livre ou dans le cahier ; elles sont complétées par les propositions du guide du maître. Autrement dit, il y a complémentarité entre les supports. Il importe donc de travailler avec le livre et son cahier et de se référer au guide du maître, tout en maintenant un regard critique, et sans craindre d'introduire des documents et des activités annexes.

Présentation de l'ONL

L'ONL, placé auprès du ministre de la Jeunesse, de l'Éducation nationale et de la Recherche, en lien avec la Direction des enseignements scolaires et la Direction de l'évaluation et de la prospective, est un organe consultatif qui a pour vocation d'étudier tous les champs de la lecture.

➤ Il recueille et exploite les données scientifiques disponibles afin d'éclairer et d'améliorer l'apprentissage, le perfectionnement, les pratiques pédagogiques de la lecture et de contribuer à la maîtrise de la langue tout au long de la scolarité. Il suscite des recherches en la matière. Il s'interroge sur les déficits et les handicaps de lecture.

➤ Il favorise l'échange constant d'informations et d'expériences entre les partenaires scientifiques, les professionnels et les parents.

➤ Il analyse les outils et les pratiques pédagogiques et recueille des informations sur les dispositifs et expérimentations en cours.

➤ Il formule des recommandations pour améliorer la formation initiale et continue des enseignants, pour prévenir les phénomènes d'illettrisme chez les jeunes adultes, et pour développer la diversification des pratiques pédagogiques adaptées.

Les publications de l'ONL

Continuité de l'apprentissage de la lecture : du CM2 au collège (2003, diffusion ONL)
Actes de la *Journée de l'Observatoire* ; les intervenants évoquent les enjeux, les difficultés et les interrogations soulevées par le prolongement de l'enseignement de la lecture à l'entrée au collège. Ils repositionnent aussi la place et les pratiques de la littérature de jeunesse dans la classe, à travers les programmes.

Livres et apprentissages à l'école (2003, CNDP. / Savoir Livre, *diffusion Hachette*)
Réédition. Un ensemble augmenté de pistes de travail et de propositions pour l'usage des livres de jeunesse dans les trois cycles du primaire, s'appuyant sur les nouveaux programmes.

La formation à l'apprentissage de la lecture (2002, diffusion ONL)
Actes de la *Journée de l'Observatoire* ; un ensemble de pistes de réflexion sur la formation des enseignants à l'apprentissage de la lecture et de l'écriture en IUFM.

La lecture de 8 à 11 ans (2001, diffusion ONL)
Actes de la *Journée de l'Observatoire* ; ils évoquent l'apprentissage de la compréhension en lecture au cycle 3 et son évaluation. Ils présentent des dispositifs ou des pistes de travail concrets.

Maîtriser la lecture (2000, CNDP / Odile Jacob)
Une réflexion théorique et des recommandations pratiques pour l'apprentissage continué de la lecture au cycle 3 du primaire. L'accent est mis sur les processus liés à la compréhension.

La Lecture dans les trois cycles du primaire (2000, diffusion ONL)
Actes de la *Journée de l'Observatoire*; rappel des priorités de l'apprentissage dans chacun des cycles du primaire sous forme de trois communications et des débats qu'elles ont suscités.

Livres et apprentissages à l'école (1999, CNDP / Savoir Livre, *diffusion Hachette*)
Première édition.

Apprendre à lire (1998, CNDP / Odile Jacob)
Un bilan sur l'apprentissage de la lecture et les difficultés qu'il engendre au cycle 2. Etude des compétences minimales nécessaires à l'enfant pour entrer dans la lecture.

Communication et découverte de l'écrit à l'école maternelle (1997, diffusion ONL)
Une synthèse des conditions qui peuvent favoriser l'entrée réussie de l'enfant dans le monde de l'écrit avec des illustrations d'activités pédagogiques.

Lecture, informatique et nouveaux médias (1997, diffusion ONL)
L'étude s'intéresse aux nouveaux modes de lecture induits par les supports multimédias et présente certains « exerciseurs » informatiques scolaires.

Regards sur la lecture et ses apprentissages (1996, diffusion ONL)
Le document aborde les questions essentielles concernant la compréhension, l'évaluation et la mise en œuvre didactique de l'apprentissage.

À paraître :
Regards sur la lecture 2, titre provisoire, nouvelle édition 2004.
La Lecture sur écran, 2004.

Le conseil scientifique de L'ONL

Bernard Cerquiglini, *Président de l'ONL, Professeur d'histoire de la langue - Université Denis Diderot, Délégué Général à la langue française et aux langues de France*

Alain Bentolila, *Professeur de linguistique - Université René Descartes, Paris V, Directeur ERTE/Échill*
Pierre Buser, *Professeur émérite de neurosciences, Membre de l'Institut*
Jean-Louis Chiss, *Professeur de linguistique - Université Sorbonne Nouvelle, Paris*
Jacques David, *Professeur IUFM*
Marie-Carmen Dupuy, *Représentante PEEP*
Michel Fayol, *Professeur de psychologie - Université Clermont-Ferrand, Directeur LAPSCO/CNRS*
Claudine Garcia-Debanc, *Professeure en sciences du langage - IUFM Midi-Pyrénées*
Jean Hébrard, *Inspecteur général de l'éducation nationale*
José Junca de Morais, *Professeur de psycholinguistique et neuropsychologie - Université de Bruxelles*
Francis Marcoin, *Professeur de langue et littérature française - Université d'Artois*
Isabelle Jalabert, *Représentante FCPE*
Martine Rémond, *Chercheuse en psychologie des apprentissages et de l'éducation - INRP*
Laurence Rieben, *Professeure en psychologie et en sciences de l'éducation - Université de Genève*
Jean-François Rouet, *Psychologue, chargé de recherche CNRS Poitiers*
Martine Safra, *Inspectrice générale de l'éducation nationale*
Sylviane Valdois, *Orthophoniste, Neuropsychologue, chargée de recherche CNRS Grenoble*

Le secrétariat général

Isabelle Mazel, *Secrétaire Générale*
Bruno Germain, *Chargé de mission*

Secrétariat :

Geneviève Gallard
ONL 61-65, rue Dutot 75732 Paris cedex 15
Tél. : 01.55.55.96.36 - Fax : 01.55.55.97.17
Courriel : observatoire.lecture@education.gouv.fr
Site Internet : www.inrp.fr/ONL

Imprimé en France par EMD S.A. – N° 11997 – N° D.L. : 39122 – Avril 2004